江苏省高等学校重点教材（编号：2021-2-148）

生物学教育丛书

生物学教学设计

U0646630

丛书主编◎刘恩山 崔 鸿

主　　编◎解凯彬

副主编◎段 巍 尹 苗 戴 国

北京师范大学出版集团
BEIJING NORMAL UNIVERSITY PUBLISHING GROUP
北京师范大学出版社

图书在版编目(CIP)数据

生物学教学设计/解凯彬主编. —北京：北京师范大学出版
社，2023.6
（生物学教育丛书）
ISBN 978-7-303-28284-5

Ⅰ. ①生… Ⅱ. ①解… Ⅲ. ①生物课－教学设计－中学
Ⅳ. ①G633.912

中国版本图书馆 CIP 数据核字(2022)第 212296 号

图 书 意 见 反 馈：gaozhifk@bnupg.com 010-58805079
营 销 中 心 电 话：010-58802181 58805532

出版发行：北京师范大学出版社 www.bnupg.com
　　　　　北京市西城区新街口外大街 12-3 号
　　　　　邮政编码：100088
印　　刷：北京溢漾印刷有限公司
经　　销：全国新华书店
开　　本：730 mm×980 mm 1/16
印　　张：22.25
字　　数：410 千字
版　　次：2023 年 6 月第 1 版
印　　次：2023 年 6 月第 1 次印刷
定　　价：54.90 元

策划编辑：刘风娟　　　　　责任编辑：刘风娟
美术编辑：李向昕　　　　　装帧设计：李向昕
责任校对：陈　民　　　　　责任印制：赵　龙

总　序

　　为落实"立德树人"的根本任务，核心素养成为我国基础教育课程改革深化的主要环节，我国基础教育也迈入了"核心素养时代"。在生物学教育界，生物学学科核心素养也是当前的讨论焦点。一直以来，人们把学科教学理解为知识教育，导致了学科育人功能的结构性沉默。生物学学科核心素养是生物学学科育人价值的集中体现，是学生通过学科学习而逐步形成的正确价值观、必备品格和关键能力。然而，在这个核心素养体系中，"知识"被摆放在了哪里？许多学者和教师曾一度疑惑，无论在曾经的"双基"中还是在"三维目标"中，"知识"都是制订学习目标的基本维度，而在当前的"核心素养"中却隐匿不显。是"知识"不再重要了吗？那么生物学教学教什么？学生学什么？考试考什么？

　　近几年来，以"指向生物学学科核心素养的课程与教学"为主题的教师培训活动屡见不鲜，相关的学术成果也时常见诸各级各类刊物。广大一线教师逐渐接受并开始实施以核心素养为导向的教与学。大家逐渐意识到，"知识"在核心素养体系中仍然占据至关重要的地位，知识、能力、品格、价值观在核心素养体系中得以彼此关联、融合。核心素养时代的生物学教学，不仅仅关注知识教学本身，更关注"知识之后是什么"，教学不是单纯的知识授受，而是通过知识的学习来发展学生的核心素养。

　　可是，知道或理解学科核心素养是什么，仍不代表教师就能在教学中真正实施基于学科核心素养的教学。许多教师似乎有这样一种认识：只要知识教学还是重要的、必要的，那么传统的教学似乎不会发生什么实质性的变化。于是，我们在广泛的教研活动中发现，教师在备课、上课的过程中，还常常抱残守缺，执着于过去"三维目标"的教学。或者"旧瓶装新酒"，在教学设计、教学过程中，在形式上披上几件核心素养的"外衣"，似乎也可以"瞒天过海"。我们还看到：生命观念的教学多停留在概念讲解的层面；科学思维与科学探究犹如隔靴搔痒，不够深入；社会责任的培育浮于表面，流于形式……此时，我们意识到，必须要立足于对生物学学科核心素养的时代审视，以及国际科学教育的前沿动向，为广大一线教师提供系统而适切的教学指导参考，以理论更新观念，以案例引领实践，推动生物学学科核心素养在教学中落地。

于是，我们便萌生了编写本套丛书的念头。

2018 年 9 月，我们召集了本套丛书的编写团队，在风景秀丽的长阳清江河畔，在这座"天然古生物博物馆"中，以"核心素养时代的生物学教学"为主题进行了一次大讨论。围绕着落实生物学学科核心素养，大家再一次交流并梳理了教师教什么、怎么教、怎么发展，以及学生怎么学习、怎么评价等基本问题。与会者一致认为，在贯彻落实以核心素养为宗旨的生物学课程理念下，重新认识和审视这些课程与教学的基本问题是必要的、迫切的。在讨论中，我们凝练形成了 8 个有待深入研究的课题，并分别组建小组，围绕 8 个课题进行了思考、写作和整理。这 8 个课题即为本套丛书的 8 个分册：《生物学课程论》《生物学教学设计》《生物学教育评价与测量》《生物学课程资源与案例（精选）》《课外科学教育的理论与实践》《生物学实验教学论》《生物学教育科学研究方法》《生物学教师专业发展概论》。

丛书各分册彼此联系，形成了一个内容整体，关注了生物学教学的各个方面：既回应了课程教学中，教师教什么、怎么教、如何发展、如何开展研究活动，以及学生怎么学、怎么评价等基本问题；还关注到生物学作为一门实验科学，实验课程如何开设的问题；更把视野从课堂移到课外，从生物学教育领域聚焦到科学教育领域，探讨了课外科学教育环节的理论与实践。

在编写伊始，我们还做出了两条原则性的规定：第一，在每册书稿编写中必须充分阅读国际文献，确保内容的权威性和代表性；第二，每册书稿必须以丰富的、经过实践检验的教学案例为引领，确保内容的实用性、适切性，保证该书能为教师开展教学带来具体参考。

历时两年多的磨砺，本套丛书得以问世。值得一提的是，一批年轻、刻苦的生物学教育研究者成为本套丛书编写的主力军，这不仅是一种传承，也在昭示着生物学教学研究新时代的到来。对此，我们十分欣慰。书中颇多内容，有的是在博士学位论文基础上修改完成的，有的是课题研究的成果，整体达到了较高水平。然而丛书内容牵涉广泛，难免挂一漏万，我们恳请广大读者批评指正，并将组织各册作者继续深化完善有关内容，为新时代生物学教育做出更大的贡献。

　　本套丛书得到了广大教育工作者的关心和帮助，此处不再具名，一并致谢！此外，还要感谢北京师范大学出版社给予的大力支持，谨在此表示衷心感谢！

刘恩山　崔　鸿

2021 年 3 月

前　言

伴随着国际科学教育领域的深入研究和不断发展，我国基础教育课程改革也在不断推进和深化，课程与教学研究的新成果不断涌现，人们对于课程与教学的理解也在发生着改变，高校师范生的培养也出现了显著变化。近年来，师范生课程方案中，原来的"生物学教学论"课程被拆分为"中学生物学课程标准与教材研究"和"中学生物学教学设计与技能训练"两门课程。传统的教学论教材因结构体系的原因不能完全满足这两门独立开设的课程学习的需求，同时生物学课程与教学研究发展迅猛，新思想、新观点、新理论、新方法、新模式等成果如井喷式出现。因此高等师范类院校对这两门课程的教材建设提出了新的要求。编写一部能反映当今科学教育前沿、包含生物学教学最新研究成果、供教学设计使用的教材是我们长期以来的一个心愿。

在北京师范大学和华中师范大学牵头下，包括南京师范大学、湖南师范大学、山东师范大学、浙江师范大学、河南师范大学在内的几所师范类院校生物学课程与教学论的教师共同组建了编写团队，完成了这部《生物学教学设计》教材的编写工作。参与编写的教师大多长期从事生物学课程与教学论的教学和研究工作，具有丰富的教学、研究与实践经验。他们在原有的课程框架基础上，研读了大量的文献，吸收了科学教育最新的理论和研究成果，因此这部教材绝不是简单的内容堆砌，而是融入了大量编写团队对生物学教学设计相关问题的理解。相信编写者基于理解的编写提高了教材的可读性，会更容易引起读者的共鸣，能帮助读者更好地理解和学习与生物学教学设计相关的内容。

呈现在广大读者面前的这部教材是具有自身独特之处的。教材包含绪论和五章，内容涵盖了生物学教学的基本方法、生物学教学的主要策略、生物学教学设计的相关理论、生物学教学设计的流程及教学设计方案的编制。教材尽可能覆盖与生物学教学设计相关的内容，既重视基础理论的学习，如介绍经典的生物学教学方法、建构教学设计的理论基础，又注重反映当今国际科学教育的前沿和我国生物学课程与教学改革的最新动态，如在教学策略的学习中，增加了"5E"教学、论证式教学等内容；同时在社会信息化迅速发展的时代背景下，增加了翻转式教学、WebQuest教学等面向未来的、信息技术与教学深度融合的教学方式的内容；在教学计划的设计中引入了与最新的国家生物学课程标准紧密贴合的基于大概念教学的单元教学设计和追求理解的逆向教学设计（UbD）等内容。教材的编写突出学生主体，强调能力立意，采用了以学生为中心的学习策略，设计了形式多样、内容丰富的学习栏目，聚焦案例教学和对学生的学习支持，注重STS教学和提升学生解决现实问题的能力，凸显了课程育人的理念，回应了时代提出的"培养什么人、怎样培养人、为谁培养人"这一教育的根本问题，很好地体现了党的二十大关于教育的核心精神。在教材编写的方式上强调案例教学和学习支持。每一章都明确了学习目标、内容提要，提出了具体的学法指引，每一节末尾都归纳和总结了本节要点，以帮助学生更好地掌握全书核心的学习内容，达成学习目标。教材中呈现了大量的真实教学案例，围绕案例，引导学生思考问题，聚焦内容，通过案例分析、案例应用等强化学生对所学内容的深入理解，提高理论转化为实践能力的水平，真正做到学以致用。因此，本书不仅适合高等师范类院校生物学专业师范生作为教学设计的教材使用，也适合大部分学科教学（生物）专业的教育硕士作为重要的学习参考书。同时，本教材的编写特点，决定了它能够给那些非生物学师范专业、但有志于成为未来中学生物学教师的各类学生提高生物学教学设计能力带来巨大帮助。

教材的编写得到业内其他同行的帮助，也得到了学者的认可。2021年本教材顺利立项为江苏省高等教育重点教材，这对我们无疑是一个巨大的鼓舞。同时，我们深刻地意识到，由于编写者自身的水平和认知的局限，疏漏在所难免，希望广大读者能够在阅读和学习的过程中给予积极的反馈，提供有价值的建议，以帮助我们不断提高和改进。路远且阻，行则将至；行而不辍，未来可期！有你们同行，我们会持续努力。

编　者
2023 年 5 月

目　录

绪 论

第一节 中学生物学教学概述

一、中学生物学教学是教与学的统一活动

生物学课程是基础教育中学阶段重要的科学课程，是展示生物学基本内容，反映自然科学本质，以发展学生生物学学科核心素养为宗旨的学科课程，是树立社会主义核心价值观、落实立德树人根本任务的重要载体。学习生物学课程是每个公民不可或缺的教育经历，其学习成果是公民素养的基本组成。中学生物学教学是指在中学生物学教师引导和学生参与下的教与学的统一活动，其目的是为了帮助学生习得生物学的知识与技能，逐步形成正确的价值观念、必备品格和关键能力，并获得全面发展。教学不单纯是教书，而是通过"教书"来实现"育人"的教育活动。

二、中学生物学教学兼具自然与人文的特点

生物学是自然科学中的基础学科之一，是研究生命现象和生命活动规律的一门科学。它有着与其他自然科学相同的性质，不仅是一个结论丰富的知识体系，也包括了人类在认识自然现象和规律中一些特有的思维方式和探究过程。在中学生物学的教学过程中，首先要体现科学教育的特点，包括科学性、系统性、客观性、抽象性和继承性等；其次也要体现生命科学不同于其他自然科学学科的特点，包括研究对象的特殊性、思想观念的人文性、概念和规律的概率性、思维方式的灵活性、研究方法的综合性、学科地位的领先性、实践应用的广泛性等方面，以帮助学生主动地参与学习，在亲历提出问题、获取信息、寻找证据、检验假设、发现规律等过程中习得生物学知识，养成科学思维的习惯，形成积极的科学态度，发展终身学习及创新实践能力。

三、中学生物学教师应具有较高的教学设计能力

中学生物学教师的任务是发展学生的生物学学科核心素养，使他们能够更加富有成果地、更加有效地生活。生物学教师要努力满足学生在现实生活中对生物科学和技术的需求，使学生们看到生物科学、技术的发展并能欣赏这些领

域的工作和成就。那么，中学生物学教师应该如何开展中学生物学教学，并在教学中体现生物学科的特点呢？要胜任当代中学生物学教师的工作，教师们必须具有两大方面的能力：一是要有坚实的生物专业知识和实验技能基础；二是要具有包括教学设计能力、课堂教学能力、教学评价能力和教学研究能力在内的教学专业知识和技能。其中，教学设计能力是重中之重。

教学是一种目的性和计划性极强的行为，教师在正式开始一堂课的教学之前，需要考虑学生现阶段的学习情况、下一步的教学目标和实现该目标的教学步骤；在教学过程中，教师需要考查学生的理解和掌握情况，并在教学完成后对教学目标的达成情况进行评价。所有这些都是教学设计的重要内容，教师只有具有较高的教学设计能力，才能更有效地组织教学。那么，什么是教学设计？为什么要进行教学设计？怎样进行教学设计呢？这就是本书要呈现给大家的主要内容。

第二节　中学生物学教学设计概述

一、教学设计概述

（一）教学设计是一个实现教学效果最优化的系统过程

教学设计（instructional design，ID），亦称教学系统设计，是面向教学系统，解决教学问题的一种特殊的设计活动。关于教学设计的具体含义，国内外学者进行了不同的阐述（图 0-1）。

> 教学设计是一个系统化规划教学系统的过程。——加涅
>
> 教学设计是通过系统化分析学习的各项条件来解决教学问题的过程。——西尔斯
>
> 教学设计是一门涉及理解与改进教学过程的学科。任何设计活动的宗旨都是提出达到预期目的的最优途径。因此，教学设计主要是提出关于最优教学方法的处方的一门学科，这些最优的教学方法能使学生的知识和技能发生预期的变化。——赖格卢特
>
> 教学设计意味着系统地同时也深思熟虑地将学与教的原理转换成教学材料、教学活动、信息资源和教学评价的计划的过程。——史密斯和拉甘
>
> 教学设计是对学习者学业问题的解决措施进行预先策划的过程。——帕顿
>
> 如何有效地规划、开发、评价和管理教学过程以使之能确保学生取得良好的业绩表现，这一系统方法被称为"教学设计"。——肯普
>
> 教学设计是设计、开发、实施与评价教学的系统化过程。——迪克和凯里

图 0-1　国内外学者对教学设计的阐述

综合各家观点，本书对于"教学设计"的含义界定如下：教学设计是运用现代学习与教学心理学、传播学、教学媒体论等相关的理论与技术，来分析教学中的问题和需要、设计和规划教学的程序、教学内容的呈现方式及教学结果的评价标准，以实现教学效果最优化为目的的一个系统过程。它不是力求发现客观存在尚不为人知的教学规律，而是运用已知的教学规律创造性地去解决教学中的问题。教学设计过程的具体产物是经过验证的教学系统实施方案，包括教学目标和为实现一定教学目标所需的整套（印刷的或视听的）教材、学习指导、测试题、教师用书等，以及对所有教与学的活动和教学过程中所需的辅助工作做出具体说明的教学实施计划。

（二）教学设计理论体系的发展得益于学习认知的研究成果

教学设计的思想萌芽于 20 世纪初，由美国哲学家、教育家杜威（Dewey）提出，其目的是建立一套系统的与教学活动有关的理论知识体系，以实现教学的优化设计，即建立一门所谓的"桥梁科学"（linking science），以便将学习理论与教学实践联系起来。在第二次世界大战中，教学设计被进一步运用于实践，在此期间，美国为了在最短时间内为军队输送大批合格的士兵和为工厂培养大批合格的工人，召集了大量心理学家和教育工作者，他们根据当时教育、学习和人类行为方面的研究成果，创立了一系列系统分析学习任务的方法。这些方法后来成为现代教学设计概念的基础。此后，随着学习心理学的发展和社会需求的变化，教学设计理论体系不断完善，开始了系统化、理论化和实践化。

20 世纪 50 年代，影响教学设计的主要理论是行为主义学习理论。研究者根据 S-R-S（Stimulate-Reaction-Stimulate）心理反应联结理论，提出应从行为层面明确教学目标，然后围绕目标形成一个教学方案，以帮助大多数学生完成学习任务。这个理论代表性人物是马杰（Mager），他在《准备教学目标》（*Preparing Instructional Objectives*）一书中，详细阐述了可观察、可测量的行为目标。这一时期的教学设计主要依据行为主义总结出来的一些学习规律，进行任务分析和确定学习的行为目标。

20 世纪 60 年代以后，认知学习理论逐渐代替行为主义，成为教学设计的指导思想，行为目标式的任务分析开始转向注重教育情境中不同知识与技能领域内的能力发展过程设计。其代表性人物有加涅（Gagne）和梅里尔（Merrill）等，加涅将自己的教学设计与认知理论相结合，把学习结果分为言语信息、智慧技能、认知策略、动作技能和态度五类，并依据不同的学习结果类型确定学习的内外条件，并与学习者先前的学习行为相联系。梅里尔提出了教学设计的成分呈现理论，在概念学习研究的基础上，设计了一套用于呈现教学内容的教学呈现分类技术，用以传达学习信息和向学生提问，并将学习结果的分类进一步扩展，即将学习内容和学习行为表现分离。

到了 20 世纪 80 年代，教学设计研究者开始倾向将不同的教学设计理论综合成一个行之有效的总体模式。例如，赖格卢特（Reigeluth）的精加工理论就是这样一个整合的教学设计理论。这个理论要求教学设计者通过分析，将概念按照其重要性、复杂性和特殊性进行排列。教学先从大的、一般的内容开始，逐步集中于任务成分的细节和难点，然后又整合成一个较大的观念。通过这样的反复过程，学习者可以获得对这一知识的细致化理解。

从 20 世纪 90 年代至今，建构主义理论对教学设计理论起了较大的作用。在这一时期，学习者与教学媒体、教学情境的结合是教学设计发展的一个重要特征。根据建构主义的观点，学习者具有积极的自我控制、目标导向和反思性特点，通过在学习情境中的发现过程和精加工行为，能建构自己的知识结构。因此，可以利用灵活、智能化的处理来满足变化的学习需求。建构主义这种强调教学整体性、变化性的特点导致教学设计理论中一个重要的思想变化：学生学习的内容应该是知识与技能的整合体，而不是各种子能力或任务的分解；教学设计的内容应该是与特定教学情境相联系的学生整体知识的获得与运用。总之，教学设计的理论体系还在不断地完善中，随着教育学、心理学等相关学科的不断发展及教育工作者的探索，教学设计一定可以更有成效地指导教学。

（三）教学设计有一定的模式

教学设计在长达百年的发展历程中，专家学者们提出了诸多模式。其中，为人熟知的常见模式有 ADDIE 教学设计模式和迪克-凯里教学设计模型等。

1. ADDIE 教学设计模式

谈到教学设计的程序，绝大多数人推崇的是 ADDIE。ADDIE 分别代表了教学设计中分析（analysis）、设计（design）、开发（development）、实施（implement）和评价（evaluation）五个不同的阶段，这五个阶段彼此之间相互联系、互为支持。图 0-2 呈现了 ADDIE 模式的成分与要点，尽管 ADDIE 是立足于有序化解决问题的模式，但这并不意味着 ADDIE 可以忽略各阶段之间的相互联系。解决问题的活动伴随着 ADDIE 的每一个阶段，并且整个过程也不总是以严格的线性方式进行。

图 0-2 ADDIE 模式成分与要点（加涅，2005）

1. 分析（analysis）

明确需求，即教学是不是解决问题的手段。

实施教学分析以确定课程的认知技能、情感技能和心理动作技能的目标是什么。

确定期望学习者拥有什么样的技能以及哪些技能会对课程学习产生影响。

分析学习时间的可利用性以及在规定时间里可以完成多少学习任务。有些作者也推荐开展环境或资源分析。

2. 设计（design）

把课程目标转化成业绩成果以及主要的课程具体目标（单元目标）。

确定要覆盖的教学主题和单元，以及每个单元和主题所要花费的时间。

依据课程具体目标安排单元顺序。

夯实教学单元，确定每个单元（教学）过程中需要完成的主要目标。

对每个单元的课时内容和学习活动进行详细说明。

提出如何评估学习者学会了什么的具体要求。

3. 开发（development）

决定关于学习活动和学习材料的类型。

准备学习材料或学习活动的草案。

向预期的学习者提供学习材料和活动进行试教。

调整、提炼和制作学习材料和学习活动。

开发教师培训或编制附属材料。

4. 实施（implement）

教师或学习者对学习材料进一步予以完善，以便在更大范围内使用。

必要时提供帮助和支持。

5. 评价（evaluation）

实施学习者评价计划。

实施程序评价计划。

实施课程维护和调整计划。

2. 迪克-凯里教学设计过程模型

迪克和凯里（Dick and Carey，1990，1996）提出的教学设计过程模型（简称迪克模型）是另一种备受推崇的教学设计模型，其包括九个环节和最后的信息反馈成分。这些环节是教学设计者在进行有效教学设计时需运用的一些步骤和技术，其具体内容如图 0-3。

（1）确定教学目标。教学设计的第一步是确定在教学之后学生应该能够做什么。教学目标制订的依据是：教学目的、学生需求评估、现实中的学习问题、工作分析或者其他一些因素。

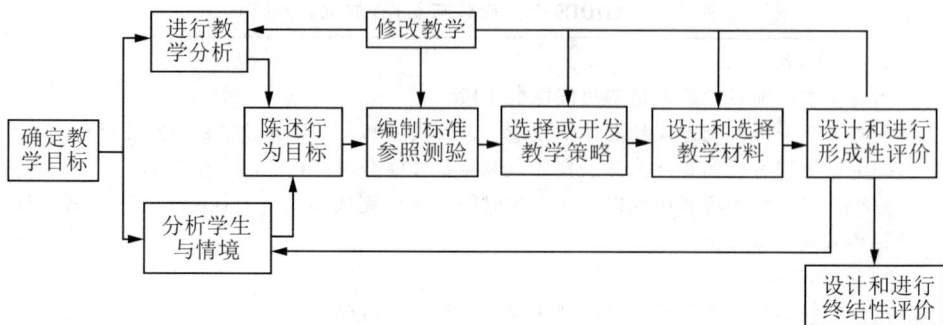

图 0-3　迪克-凯里教学设计模型

(2)进行教学分析。在教学目标制订之后,设计者需要确定目标中包含的学习类型,以及分析完成目标任务所需要的步骤。同样,设计者也需对完成目标所需的子技能进行分析。通过这些分析,可以得出完成目标所需的能力或子能力以及这些能力之间关系的蓝图。

(3)分析学生与情境。除了确定目标能力中的子技能和任务操作的步骤外,设计者还需明确在教学之前学生必须先具有何种知识或技能。这并不是将学生所具有的知识和技能都罗列出来,而是针对这一目标,分析学习者应该具备何种知识、技能。同样,设计者还应明确对本教学活动会产生重要影响的学习者的另外一些学习特征,如学习习惯、态度等。学生学习的情境包括物质的和非物质的,前者如教具、实验设备等;后者如师生关系、班级气氛等。

(4)陈述行为目标。在教学分析和起点能力确定的基础上,设计者还要详细描述在教学任务完成之后,学生应该能做什么或有怎样的表现。行为目标的陈述内容包括学习者将要学习的行为、行为发生的条件及完成任务的标准。

(5)编制标准参照测验。测验项目测量的内容应该是行为目标中所揭示的学习者的习得能力,所以设计者应注意测验项目与行为目标的一致性。

(6)选择或开发教学策略。在前面五个步骤确定之后,设计者将要考虑如何选择或开发教学策略,如教学前后的学生活动安排、知识内容的呈现、练习与反馈的提供等。在师生相互作用的课堂教学中,教学策略的选择应根据现有的学习原理和规律、教学内容和学习者的特征等因素而定。

(7)设计和选择教学材料。在确定运用何种教学策略后,设计者需要考虑采用何种教学材料,进行何种教学活动,如材料准备、测验和教师的指导等。选择这些材料、活动依赖于可利用的教学手段、教学素材和教学资源等。

(8)设计和进行形成性评价。其形式可以是个别、小组和全班的测试。每一种评价的结果都为设计者提供可用于改进教学的数据或信息。

(9)修改教学。在形成性评价之后，设计者总结和解释收集来的数据，确定学习者遇到的问题以及发生这些问题的原因，并修改教学步骤。修改教学还包括重新制订或陈述行为目标、改进教学策略和教学方法，从而达到有效教学。

(10)设计和进行终结性评价。尽管终结性评价是确定教学是否有效的步骤，但在这一教学模式中，迪克和凯瑞认为它不是教学设计中的一个环节。这一步骤是评价教学的绝对价值和相对价值，是教学结束时所进行的活动。通常，终结性评价并非由教学设计者来设计与执行，因此，这一步骤不被认为是教学设计工作中应做的工作。

可以看出，这一模式是基于一般教学过程的教学设计，也是一个以学生为中心的设计过程。其特点在于：强调学习任务的分析以及起点能力的确立；教学设计是一个信息反馈的过程，需要设计者不断进行分析、评估和修正。

二、中学生物学教学设计概述

(一)中学生物学教学设计是学科内容与教学技术相结合的系统过程

中学生物学教学设计是以生物学教育科学理论为基础，将教学理论、教学设计理论与中学生物教学实践相结合，指导中学生物学课堂教学设计的一门操作性和实用性都很强的教育技术科学。从生物学科、生物学教学的属性特征出发，结合教学设计的概念与特征，中学生物学教学设计可定义为：运用现代学习与教学心理学、传播学、教学媒体论等相关的理论与技术，对中学生物学教学内容的分析、学习情况的认识、教学目标的确定、教学策略的选择、教学媒体的应用、教学过程的编排与教学评价的实施等进行详细规划的系统过程。

虽然中学生物学教学设计是以教学设计的研究成果为基础的，但不能认为生物学教学设计就是教学设计的研究成果在生物学科中的简单移植和应用。中学生物学教师需要以中学生物学设计的相关理论为基础，结合对生物学课程标准的理解、对具体的教学内容和教学对象的分析，将教学中的诸多要素合理安排，做出对课堂教学的整体规划、构想和系统设计，形成能体现一定教育思想观念、具有可操作性的教学方案，以优化生物学教育教学，促进教师与学生共同发展的教育目标的实现。

(二)中学生物学教学设计具备多重特点

中学生物学教学设计是教学设计与生物学科的融合，在进行中学生物学教学设计时，教师应体现中学生物学教学设计的特点。

1. 自然性和生命性

生物学作为研究自然生命现象的一门科学，与自然联系紧密，教师在教学中应尽量将大自然带到课堂中来、将课堂延伸到大自然中去，所以在教学设计中要充分体现"自然性"的特点。另外，生物学对学生生命哲学的教育也有着独特的优势。因此在进行生物学教学设计的时候，应将生命哲学教育融入其中，建立起学生正确的生命观念，使学生正视大自然中的每一个生命，培养学生正确的生命观念和价值观，体现"生命性"。

2. 科学性和人文性

生物学是一门自然科学，中学生物教学设计也应极具"科学性"，这是毋庸置疑的。与此同时，也不能忽视生物学科"人文性"的特点，因为生物学科的教学内容中有着丰富的人文教育的材料，需要教师用敏锐的思维、独到的视角去挖掘。动植物的生长、繁殖、衰老、死亡等过程都蕴含着丰富的人文知识，在教学设计过程中，教师可以借此与学生的思想进行深度的交流，而不只是刻板、严肃地传授知识。

3. 思想性和社会性

生物学作为基础教育课程之一，需要发挥"立德树人"的育人责任，在进行中学生物学教学设计时，教师需要紧密结合课程标准，帮助学生形成生命观念、科学思维、科学探究和社会责任等生物学学科核心素养，体现"思想性和社会性"。

4. 实验性和实用性

生物学是一门以实验为基础的自然科学，它的每一次发展和进步都离不开科学家数以万次的实验，如孟德尔的豌豆杂交实验、DNA 双螺旋模型发现的实验、植物生长素发现的实验等，"实验性"是进行生物学教学设计必不可少的因素。同时，生物学与人类生活生产密切相关，比如酵母菌、乳酸菌的应用、各种精油的制作等都与人类有着密切的联系，因此在进行教学设计的时候应更加广泛的拓展与人类生产实践相关的知识，体现生物学在生产生活中的"实用性"。

（三）中学生物教学设计需遵循一定的原则

生物学教学设计应遵守的基本原则主要有系统性原则、程序性原则、可行性原则、创造性原则和反馈性原则等。

1. 系统性原则

教学设计是一项系统工程，中学生物学教学设计也不例外，它是由对教学目标和教学对象的分析、对教学内容和方法的选择以及教学评估等子系统所组成，各子系统既相对独立，又相互依存、相互制约，组成一个有机的整体教学设计，当进行教学设计时，教师应立足于整体，每个子系统应协调于整个教学系统中，做到整体与部分辩证地统一，系统的分析与系统的综合有机地结合，最终达到教学系统的整体优化。

2. 程序性原则

如前所述，教学设计由各子系统组成，前一子系统会制约后一子系统，而后一子系统依存并制约前一子系统。因此，教师在进行教学设计师时，应遵循程序性原则，着重考虑各程序的规定性及联系性，确保教学设计的科学性。

3. 可行性原则

教学设计要想成为现实，必须具备两个可行性条件：一是符合主客观条件，主观条件应考虑学生的年龄特点、已有知识基础和师资水平，客观条件应考虑教学设备、地区差异等因素；二是具有操作性，教学设计应能指导具体的实践。

4. 创造性原则

教师进行教学设计时，不仅要吸收和借鉴他人成果，还要自主开发学生学习的最佳吸纳方式、教师最佳传播方式，使教学设计富有创意美，教师的教育思想和教学内容有机融合在一起。

5. 反馈性原则

教学设计并不是静止的，需要教师根据教学的进度随时予以调整，即通过教学过程中的科学测量，获取反馈信息，及时修正、完善原有的教学设计。

(四)生物学教学设计直接影响生物学教学的效果

生物学教学的成功与诸多因素有关，其中最重要的方面便是教学设计，缺少了对教学活动的有序分析和系统谋划，有效的教学几乎就是不可能实现的事情。教学设计的一个显著特点就是将有效教学建立在系统、程序的基础之上，这也正是本书要呈现给大家的内容。虽然每一个教师在教学过程中都经历了一个"设计"的过程，但大多数的"设计"是建立在个人经验和意向的基础之上，缺乏系统的分析和科学的决策依据。教学设计能克服这些局限，将教学活动建立在系统分析的科学基础之上，强调从对文本分析、学情分析到对目标确立、过程设置、评价检测等一系列环节的系统考量，一步一步地有计划进行，从而使教学活动成为一种可复制、可传授的技术和程序。只要懂得相关的理论，掌握科学的方法，一般教师都可较迅速地实际操作。教学设计的系统化为有效教学提供了前提，学习和运用教学设计的原理与技术，为教学工作科学化、促进教师专业成长提供了有效的途径。所以，中学生物学教学设计的功效在于，通过对生物学教学设计的理论和教学设计程序的学习，使每一个生物学教师掌握分析教学、规划教学、实施教学的程序和技能，掌握了这些程序和技能，生物学教师即使不能如专家型教师那般具有艺术的魅力，离"目标清晰""方法得当""针对性强""参与度高"的教学要求应该也是不远的。

第一章　生物学教学的基本方法

【学习目标】

1. 认识几种以言语讲授为主的教学法，能说出它们的主要特点。
2. 阐述程序教学法和发现教学法的理论基础、基本程序。
3. 结合教学实例，分析几种教学方法的特点及其对教学效果的影响。
4. 尝试在教学设计中运用恰当的教学方法。

【内容提要】

1. 讲授式、谈话式、讨论式三种以语言讲授为主的教学方法的概念、特点、基本方法及适用范围。
2. 讲授式教学法、谈话式教学法、讨论式教学法、程序教学法及发现教学法的教学案例分析及设计实操。

【学法指引】

1. 对照教学策略与教学方法，体会二者在教学中的作用。
2. 分析教学实践中的具体案例并进行研讨，强化对几种具体教学方法概念、特点、基本程序、选择依据和教育功能的认识。
3. 针对不同课型和教学内容，开展选择和运用教学方法的实践练习，提升对教学方法的选择和具体运用的能力。
4. 查阅相关文献，加深对不同类型教学方法的理解。

第一节　言语讲授促进学习目标的实现

【聚焦问题】

同学们，为了探究光对黄粉虫幼虫生活的影响，我们先把黄粉虫幼虫放在一个不透光的纸盒中，在纸盒两端各放置 10 只黄粉虫幼虫，纸盒上覆盖透明玻璃板和不透光纸板。透明玻璃板一侧可透光，模拟有光的条件；不透光纸板一侧光线无法透过，模拟暗环境。接下来我们一起来观察实验结果。5min 后，有光一侧的黄粉虫幼虫只剩下了 5 只，而暗环境的黄粉虫幼虫增加到了 15 只。这是偶然现象吗？我们再重复几次。经过了多次重复实验，我们都发现原先处于明亮环境处的黄粉虫幼虫会往黑暗处运动，而黑暗处的黄粉虫依然会选择暗环境，所以我们可以初步得出结论，黄粉虫幼虫具有避光的生活习性，它们喜欢生活在阴暗的环境中，光会影响黄粉虫幼虫的生活。

问题：这是某教师在讲授环境对生物体影响时的一个教学片段，这个片段中教师开展的是有意义言语教学，你对这样的教学方法有什么了解？

问题探讨：教师运用生动、科学的语言向学生描绘情境、陈述事实、解释概念、论证原理和阐明规律，这种教学方法我们称为讲授法（lecture）。它是在一定的教学目的的指导下，教师用语言引导学生关注新知识并进行思考，它可以使学生在倾听与反馈中建构知识结构，既可以传授新知识，又可以用来巩固旧知识，而且其他教学方法的运用，也常需要讲授法来配合。因此，讲授法是生物学教学中最常见、最基本的一种教学方法。

一、讲授法是以教师言语讲授为主的教学方法

从教学形式上来说，讲授法又可以表现为讲述、讲解、讲读、讲演等。但是在实际教学过程中，这几种形式很难区分开来，它们经常交织在一起，相互配合使用，同时这些形式又有其各自的特点。

讲述是教师用生动形象的语言，对教学内容系统地向学生叙述或描绘，使学生形成鲜明的表象和概念，并从情绪上得到感染。讲述分为叙述式和描述式。在生物学教学中，叙述式用于叙述学习要求、数量之间的关系、自然现象的变化、物体结构和功能、生物种类和遗传、实验过程和操作方法等；而描述式通常用于描述某一现象的发现和研究过程以及人物传记材料等，如介绍光合作用的发现历程等。

讲解是教师向学生说明、解释、阐述和论证，通过解释概念的含义，说明事理背景，阐述知识本质，论证逻辑关系，达到使学生理解和掌握知识的目的。一般当演示和讲述不足以说明事物内部结构或联系的时候，就需要进行讲解。如在探究式教学时就需要对探究的过程及原则等进行细心的讲解。它与讲述不同的是：讲解不是讲"事"，而是讲"理"，侧重于学生的逻辑思维能力的引导。教师在讲解的过程中既可以通过归纳的方式进行，又可以通过演绎的方式展开。既可以通过讲授事实、经验或实验，分析其共同要素，概括本质属性，用简练、准确的语言归纳得出结论，再把结论用于实践、解决典型问题，也可

以采用先讲解规律、原理和法则，再举出正反实例，加以应用的方式展开讲解。

讲读是教师在讲述、讲解的过程中，把阅读材料的内容有机结合起来的一种讲授方式。通常是教师一边读一边讲，以讲导读，以读助讲，随读指点、阐述、引申、论证或进行评述。这种讲授方法在生物学教学过程中，经常用于重点概念的强调，或者是课后材料的分析。

讲演是教师不仅要向学生描绘事实，而且还要深入分析和论证事实，并在这个基础上，对事实做出科学的结论。讲演所涉及的问题比较深广，所需时间比较长，它要求有分析、有概括、有理论、有实际和有据有理。如教师就教材中的某一专题进行有理有据首尾连贯的论说，这就是讲演。讲演是讲授的最高形式，它要求教师描述事实、解释道理要系统、全面，而且还要求教师可以利用分析比较、综合概括、推理判断和归纳演绎等抽象思维手段，梳理出科学的结论，促使学生在此过程中理解和掌握理论知识，同时树立正确的思想和观点。

以上这几种形式都是生物教学中经常使用的教学方法。教师采用这些方式，要充分考虑学生的学情，使学生的主体地位与教师的主导作用紧密结合，充分发挥学生的主动性、自觉性和积极性。切记不可只是教师讲、学生听，导致"满堂灌"的教学课堂出现。

二、谈话法是以师生对话为主要形式的教学方法

【观点碰撞】

"染色体在亲子代间的传递"教学片段

教师：每一个新生命的诞生，是由母亲产生的卵细胞和父亲产生的精子融合成受精卵发育而来的。那么受精卵的染色体是多少呢？先大胆做出你的假设，然后再取下资料卡中的男女染色体图谱模具。同桌之间交流讨论，探究生殖过程中染色体如何在亲代和子代间传递？

学生：讨论并探究。

教师：××同学先说说你们组的假设是什么？

学生：受精卵中染色体是 23 对。

教师：有没有其他假设？

学生：没有。

教师：染色体不可能是 46 对吗？为什么？

13

学生：通过上节课的知识我们知道，如果是 46 对就不是人这个物种了。

教师：说得很好。生物体细胞中的染色体数目和形态都是一样，而作为个体发育起点的受精卵，其染色体数不可能是 46 对，只能是 23 对。

……

教师：请同学们取下资料卡上的染色体图谱，同桌讨论：生殖过程中，染色体如何在亲子代间传递，从而保证受精卵的染色体数是 23 对。（计时 1min）

请××同学利用老师的男女染色体图谱为我们讲解一下，在生殖过程中，染色体是如何在亲代和子代间传递的？

学生：这是男女的体细胞，各有 23 对染色体，他们在产生精子和卵细胞的时候，要进行一种特殊的细胞分裂，使精子和卵细胞的染色体数目减半，只有 23 条，最后融合成受精卵时，数目才会恢复到 23 对。

教师：精子和卵细胞的染色体数目会减半，这种减半有什么特点？

学生：不是任意的一半，而是每对染色体各拿出一条。

教师：讲解得很详细。染色体在亲子代间这样传递具有什么意义呢？

学生：染色体在亲子代间这样传递就使后代的染色体，一半来自父方，一半来自母方。这样亲代细胞核内的遗传物质也会随着染色体传递后代，子代的染色体数也是 23 对，就可以保持物种的稳定性。

教师：现在我们知道，染色体在亲子代间传递的过程中，生殖细胞也就是精子和卵细胞的染色体数目会减半，从而维持物种的稳定性。

分析上述师生对话的特点，并说说课堂教学中开展师生对话需要注意的问题。

观点借鉴：案例中教师为了帮助学生理解染色体在亲代和子代之间的传递，采用了师生问答的方式进行引导，这种方法学脱胎于传统教学法中的"提问法"，称为谈话法（talking）或者问答法，它是教师根据学生已有知识、经验提问，并引导学生独立思考，从而获得知识的一种师生相互交谈的教学方法。

谈话是人与人之间通过语言的言语交流。在教学中，谈话法最典型的特点就是教学活动以谈话的方式展开，这种谈话以语言为媒介，使谈话双方构成了"我-你"关系，在语言的谈话中，"我"与"你"共同讨论着谈话的"文本"，并实现谈话"文本"的构建。在这种谈话式教学中，教师与学生共同协商和接受双方所建构的文本，实现知识与文化的传承；在直接协商的过程中，师生之间不断产生新的"文本"，影响着对方，进行文化创新。

民主、平等是谈话法中最根本的原则。谈话法的平等性体现在教师、学生与文本之间的平行教学交流过程，即在谈话教学中，教师、学生和文本都是主体间平等关系的解构者与建构者。只有在民主平等前提下才是真正意义上的谈话式教学。另外在使用谈话法的过程中还要注意开放性的原则，"赋予学生最充分的民主"，即教师要给学生尽量多地提供谈话的时间和空间，使他们形成自主独立的意识和学习动力，充分发挥他们的积极性、主动性和创造性。教师在谈话式教学组织的过程中应注意"收""放"结合。"收"就是把学生开放的程度控制在最合理的范围内；"放"是指教师必须控制学生对话在行为规范内，给学生以最大限度的自由。谈话式教学的过程是知识建构、能力发展、情感交流、思维碰撞、个性张扬和精神交往的过程；在这一过程中，不同的个体创造新的知识，也生成崭新的自我。在课堂教学中，谈话法的教学核心是问题生成，没有生成问题就没有谈话。谈话法不应该是师问生答的单向授受模式，而应该是师生之间、生生之间的互答方式。在这一过程中，学生由被动受问者转变成了主动发问者、参与者，甚至成为问题解决的发起者、行动者，因为学生成了学习的真正主人、自主探究者和发现者。

在谈话式教学法中，除了师生谈话、生生谈话的形式外，还有教师、学生与教材、文本之间的谈话形式。师本谈话就是指"教师与教材的对话"。教师首先要研读、明确新课程标准理念和要求，不仅要分析各部分内容的重难点，说明其在课程中的作用与地位，还需要注意教材各部分之间的联系，提示需要注意的问题等。此外，师本谈话也表现为教师对文本的批判与反思。教师作为与文本平等的主体，应该有自己的见解去做进一步剖析和解读。生本谈话不仅要把文本作为知识传递的工具和载体，而不是传统意义上的被理解、被记忆、被复述的对象，还要把文本作为与学生积极对话的另一个主体、另一种意识，与学生进行意识的交融。学生面对教材时，不仅仅是解释与记忆，更重要的是理解。

除了以上分类方式外，根据谈话法在不同教学环节的运用，谈话法又可以分为启发式谈话、问答式谈话和指导性谈话三种类型。启发式谈话主要用于新知识的传授。教师借助提问，启发学生已有知识或经验，或演示的教具和实验，或对课文的分析综合，经独立思考回答问题。问答式谈话是教师根据学生已有的知识、经验，以及观察到的事物、现象，用提问和各种方式指导学生思考回答来进行新知识的教学。其主要用于检测复习和巩固知识，教师就已学的内容提问，由学生回忆和运用所学的知识。指导性谈话又称总结性谈话，这种方式主要用于参观、实习、实验教学等教学实践之前后，通过谈话以指导学生独立顺利完成作业，可总结活动收获。物理、化学、生物学实验、实习、课外活动及研究性客体的内容极为丰富，教师可通过谈话的方式进行指导，让学生在谈话中学会实践的方法并获得科学知识。

三、讨论法是以观点碰撞与交流探讨为主要形式的教学方法

【聚焦问题】

教师布置任务，让学生阐述自己对同源染色体的认识。

学生 1：形状、大小相同，一条来自父方，一条来自母方。

学生 2：一条来自父方，一条来自母方，来源不同，又叫"同源染色体"，真别扭。

学生 3："同源染色体"中同源是指"起源"，是从生物进化历程来看，而同源染色体定义中来源不同，是从个体诞生过程来看。

学生 4：X 与 Y 性染色体，形状、大小不同，但它们是同源染色体，又如何理解？

教师：同源染色体是相同祖先染色体的后代，但是在长期的传递过程中，由于体内外各种因素作用，结构发生改变，有改变明显的，如 X 与 Y 性染色体；有不明显的，如常染色体。书上不是说染色体形态一般相同吗？

学生 5：可不可以这样理解，将同源染色体比作"长江"与"黄河"，同"源"不同"流"，不过殊途同归，流进"大海"，即进入合子。

学生 6：对于"同源不同路"，我明白了。但是在细胞分裂中由于染色体复制导致出现了姐妹染色单体，单体一旦分开后就不叫同源染色体，而叫两个子染色体。书上将二倍体植物花药离体培养，得到的单倍体幼苗，用秋水仙素处理后变为了 AA，叫二倍体。之所以形成 AA（二倍体）是因为秋水仙素处理的结果。此时的 AA 分别位于两条染色体上，该两条染色体能否也叫同源染色体？如果不叫，又为什么称为二倍体植物？如果那样，又该如何理解同源染色体的概念？

在学生讨论陷入一定的困境时，教师提供了关于同源染色体概念的资料，引导学生进一步展开思考与讨论。

经过对资料的分析、讨论，教师和学生一致得出结论，判断两条染色体是否是同源染色体要把握以下几点：①从生物进化角度，是"同源"；②从个体发展角度，能"联会"。至于"同源染色体"定义中所指的一条来自父方，一条来自母方，一般指二倍体生物，在减数分裂时，两两配对染色体所携带的遗传信息

分别来自母本和父本。

　　问题：讨论法能够让学生各抒己见、相互交流，形成信息的多向传递。除此之外，讨论法还具备哪些优势？

　　问题探讨：本案例在教师的组织和指导下，由全班或小组成员围绕某一个或几个预先设计的问题，在观察、研读和思考的基础上，发表自己的观点，并通过师生间或学生间的相互交流、探讨，获取知识的教学方法叫作讨论法（discuss），又称课堂讨论。

　　讨论法能够让学生根据自己的知识结构和学习能力，针对自己发现的问题与他人进行讨论，在思考、讨论和探究的过程中，实现对知识的深刻理解和体系建构。这有助于激发学生的学习兴趣与内驱力，变被动学习为主动学习。由于讨论是围绕某个问题展开讨论，这就促使学生必须学会基于事实、概念和原理的推理来维护自己的观点和意见，从不同的角度去分析问题、思考问题，从而解决问题。在这个不断讨论的过程中，学生的批判性思维能力得到极大的锻炼。在讨论的过程中，学生需要用严谨的逻辑、清晰的语言阐明自己的观点，这有助于提升学生的语言表达能力。同时，在讨论的过程中学生可以学会倾听他人的观点，学会与人协作，这有助于学生团队观念和协作意识的形成。

　　目前我国中小学的课堂中，最常采用的讨论法是小组讨论法。小组讨论是教师确定讨论主题之后，将全班同学分成若干个小组，组内讨论后每个小组推举或者由教师指定一名同学汇报该组的讨论结果，进行全班交流。因为其规模小、可操作性强、学生锻炼全面，所以被广泛应用于一些新课程改革的课堂中。此外还有专题讨论会和辩论会等形式。讨论法在生物学教学中，一般应用于教师讲述后，以及学生独立自学、实验和复习后。这种方法要求学生有一定的知识基础、自学能力和独立思考能力，因此多用于高年级的教学中。但是在实际操作中，教师需要加深对讨论法的认识与组织水平，避免"为讨论而讨论"。

【本节要点】

　　1. 讲授法是教师运用生动、科学的语言向学生描绘情境、陈述事实、解释概念、论证原理和阐明规律的教学方法。讲授法又可以表现为讲述、讲解、讲读、讲演等，在生物学教学中经常使用。

　　2. 谈话法是一种师生相互交谈的教学方法，教师根据学生已有知识、经验提问，并引导学生独立思考，从而获得知识。谈话法需要遵循平等性、开放性、互动性原则，教学组织的过程中应注意"收""放"结合。

3. 讨论法是在教师的组织和指导下，全班或小组成员围绕预定的问题进行讨论，并通过师生和生生间的相互交流探讨，获取知识的教学方法。讨论法有助于激发学生兴趣，促进学生主动学习，发展学生思维、表达和写作能力。目前我国中小学课堂中最常采用的是小组讨论法。

第二节　程序教学保障教与学的有序开展

【聚焦问题】

在学习"生态系统具有一定的调节能力"这一概念时，教师创设了如下的问题情境：张北草原今年风调雨顺，草的长势很好，请你预测生长在张北草原上老鼠和老鹰的数量变化趋势。

为了帮助学生完成概念模型的构建，教师设计了如下的问题串：

①草原上的草、老鼠、老鹰之前的捕食关系如何？

②因为今年草的长势很好，老鼠的数量会如何变化？

③老鼠数量变化会给草的数量带来什么影响？对老鹰的数量又会产生什么影响？

④草与老鹰数量的变化对老鼠的数量有何影响？

⑤这个生态系统中各成分数量还会发生什么变化？

⑥你能试着用曲线图的形式表达出各成分之间的数量吗？

问题：

1. 该问题串中的每个问题又被称为程序练习题，分析该问题串设计的特点。

2. 这种教学方法与直接讲授法相比有什么优势？

问题探讨：在上述案例中，为了使学生深入理解"生态系统具有一定的调节能力"，教师没有选择直接讲授的教学方法，而是设计了一系列问题串，引导学生分析得出：生物之间通过捕食关系相互影响和相互制约，基于此得出草原上鼠、草、鹰数量关系图，并在此基础上

核心概念：程序教学法是指依靠教学机器和程序教材呈现学习程序，包括问题的显示、学生的反映和将反映的正误情况反馈给学生的过程等，是学习者进行个别学习的方法。

绘制出数量关系曲线图。学生通过观察曲线的走向归纳出生态系统具有一定的自我调节能力，明确生态系统的自我调节能力是其具有稳定性的原因。相比于直接讲授，学生通过"思考—尝试—错误—再思考—再尝试"，形成清晰的理性思维，深刻地认识和理解概念。

一、程序教学法以行为主义认知理论为基础

20 世纪初，以华生（Watson）为首的心理学家们发起了行为革命。他在《行为主义者心目中的心理学》中指出，心理学是一个纯客观的实验分析的自然科学，它的理论目标在于预见和控制行为，因此他们把刺激到反应之间的联结加强，认为教学的艺术在于如何安排强化。斯金纳（Skinner）在此基础上进一步发展并建立了操作学习理论，这种理论在教学上的应用就是以程序教学法为代表的教学方法。

斯金纳是当代新行为主义心理学派的著名代表，他把行为作为基本研究对象，对特定的程序研究环境事件（刺激）与行为之间的关系。他把由刺激引发的反应称为"应答性反应"，把有机体发出的反应称为"操作性反应"。他认为在应答性反应中，有机体是主动地对环境做反应，而人类从事的绝大多数有意义的行为都是操作性的。他把这种操作性条件反射的理论引入人的学习行为，用于学生的学习过程，认为学习过程是作用于学习者的刺激和学习者对它做出的反应之间的联结的形成过程。学生的行为是受行为结果影响的，想要使学生做出合乎需要的行为反应，必须形成某种相倚关系。也就是说行为后有一种强化性的后果，若一种行为得不到强化，这种行为就会消失，这种操作条件作用模式可以归结为刺激-反应-强化。

基于此，斯金纳设计了程序教学流程。程序教学把学习内容分成一个个小的问题，系统排列起来，通过编好程序的教材或特制的教学机器，逐步提出问题（刺激），学生选择答案，回答问题（反应），回答问题后立即就知道学习结果，确认自己回答的正确或错误。如果解答正确，得到鼓舞（强化）就进入下一程序学习。如果不正确，就采取补充程序，再学习同一内容，直到掌握为止。其基本操作程序：解释-问题（提问）-解答-确认（图 1-1）。

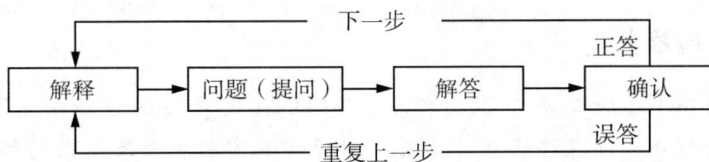

图 1-1　斯金纳程序教学流程

二、程序教学法需遵循特定的原则

程序教学法注重小步子原则、积极反应原则、即时强化原则、自定步调原则和低错误率原则。

小步子原则是指程序式教学所呈现的教材是被分解成一步一步的，前一步的学习为后一步的学习做铺垫，后一步学习在前一步学习后进行。案例中教师为了帮助学生理解"生态系统具有一定的调节能力"这一学习目标，将任务分解成了 6 个层层递进的问题，由于前后两个问题之间的难度相差较小，所以学习者在学习中很容易得到成功，并建立起自信。

积极反应原则是指在程序式教学过程中，教师必须引导学生始终处于一种积极学习的状态。当学生正确作答后，教师应给予肯定或奖励，通过正向强化巩固学生的学习活动，以促使学生对下一个问题做出反应。

即时强化原则是指在程序式教学中，特别强调即时反馈，学生回答问题后应立即知道自己的答案正确与否，这是树立学习信心、保持学习行为的有效措施。当学生回答出因为今年草的长势很好，老鼠的数量会增加后，教师可以立即呈现下一个问题："老鼠数量的变化又会给草的数量带来什么影响?"下一个问题的呈示本身便是一种正向反馈，告诉学生，这个问题你回答对了，可以展开下一步的学习了。

自定步调原则是指程序式教学允许学习者按各自的情况来确定掌握材料的速度。这与传统教学在课堂传授中一般以"中等"水平的学习者为参照点的教学法不同，在程序教学法执行过程中学生可以按自己最适宜的速度进行学习，这一点较集中讲授而言显得比较"合理"。由于学生可以根据自己的实际学情制订学习计划，有自己的思考时机，学习的成功率较高。

低错误率原则是指程序式教学的设计要按照教材内部的逻辑程序对教学内容进行合理分解，按照由浅入深、由已知到未知的原则进行设计，在此过程中既要考虑学生学情，又要合理地设计教材，以体现教材的逻辑价值，从而促进学生做出正确反应，保证学习者在学习中把错误率减少到最低限度，激发学生学习积极性、使学生获得正向反馈，促进学习的有效发生。

【观点碰撞】

人教版高中生物必修二第 3 章第 1 节"DNA 是主要的遗传物质"，是教学中的重点与难点，涉及许多经典实验，对于经典实验原理及结果的解析关系到学生能否深入理解"DNA 是主要的遗传物质"这一重要概念。以"噬菌体侵染细菌"实验的学习为例,如何突破学生在理解实验原理和实验过程的难点?两位教师采用了不同的方式。

教师A:使用编制好的程序练习题开展教学,学生利用提供的资料和课本中相关内容进行自主学习,完成各阶段程序练习题。学生可以根据作答情况选择是否进入下一阶段学习。

提出猜想阶段:

1. 噬菌体是哪种类型的生物?由什么物质组成?

2. 噬菌体的结构是怎样的?各部分结构有什么功能?

3. 为何要选择T2噬菌体作为实验材料?

4. T2噬菌体侵染大肠杆菌的过程是怎样的?

5. 猜想T2噬菌体侵染时将什么物质注入大肠杆菌体内?

实验设计阶段:

6. 你准备怎样设计实验来验证你的猜想?

7. 如何对噬菌体内的蛋白质和DNA进行"追踪",观察其去向?

8. 选择哪种放射性元素标记噬菌体的蛋白质和DNA?

9. 如何得到含有^{32}P和^{35}S的噬菌体?

10. 实验过程中搅拌、离心的目的是什么?

结果分析阶段:

11. 离心后,沉淀物和上清液中的成分分别是什么?

12. 你对实验结果有什么推测?

13. 通过本实验,我们可以得出哪些结论?

教师B:呈现噬菌体相关资料,提出问题:噬菌体是如何在细菌体内繁殖的?如何利用噬菌体来探索遗传物质的本质?

教师设计以下问题串,引导学生以小组为单位完成实验设计:

1. 应当采用什么样的方式研究噬菌体的侵染过程?

2. 怎样标记噬菌体的蛋白质和DNA?

3. 用什么方法分离大肠杆菌与游离的噬菌体?

4. 完成处理后,沉淀物和上清液中的成分分别是什么?

5. 你对实验结果有什么推测?

学生根据资料和书本内容,自学并进行实验设计和结果预测。教师有目的地在小组间巡回指导,对学生加以提示和鼓励。

教师补充资料呈现实验结果,学生把自己预测的实验结果与科学家的真实实验结果进行对比,交流反思,总结得出结论。

你认为两位老师的教学方法各体现了程序教学法的哪些特点和原则？说说这种教学方法有哪些优缺点？

观点借鉴：教师 A 设计了程序练习题组织开展教学，通过由浅入深、层层递进的问题设计，将整个"噬菌体侵染细菌"实验过程分解成 3 个阶段和若干小步子问题。从已知到未知，每个问题都建立在前一个问题的基础上，学生按照问题串的逻辑循序渐进地完成学习，基本能够做出较为正确的回答，以降低学习中的错误率。同时，学生也可以根据自己的学习情况选择适合自己的进度，体现了程序教学法的小步子原则、低错误率原则和自定步调原则。

教师 B 提供的问题串跨度较大，学生独立完成回答和实验设计的难度较高。因此，教师以小组为单位，先呈现问题，让学生尝试回答后能够与身边同学及时交流，得到反馈后再进行下一个问题的活动，提高了学生在学习过程中的积极性，也让学生的反应在小组中得到及时强化，体现了程序教学法的积极反应原则和及时强化原则。

教师在利用程序教学法开展教学的过程中，需要对教材内容进行深入研究，挖掘教材内容的内在逻辑，才能实现学习程序合理、系统的安排。教师通过精心编制的程序作业，可以调动学生学习的主动性、积极性，有利于培养学生的自学能力和思维能力。

同时，程序教学法也存在一些不足。程序教学法的流程相对固定，考虑到不同地区学情教材的不同、学生本身的认知差异，程序教学法的效果可能会因此而削弱。对于复杂科学现象的教学，需要教师结合其他教学方法进行灵活变通地使用。

【本节要点】

1. 程序教学法的基本操作程序是：解释—问题（提问）—解答—确认。该教学方法以行为主义学习理论为基础，把学习内容分成一个个系统排列的小问题，并通过编好程序的教材或特制的教学机器逐步地提出。学生回答问题后能够得到及时反馈，如果解答正确，则得到确认（强化）进入下一程序学习；如果不正确，则再学习同一内容，直到掌握为止。

2. 程序教学法注重小步子原则、积极反应原则、即时强化原则、自定步调原则和低错误率原则。

3. 程序教学法的开展需要教师深入挖掘教材内在逻辑，合理、系统安排学习程序，以调动学生学习积极性；程序教学法也需要结合其他教学方法灵活使用。

第三节　发现教学推进科学原理的体验与认知

【聚焦问题】

"分析人类活动对生态环境的影响"教学片段

【课前准备阶段】

教师布置任务，安排学生分别到小区附近池塘、校园附近池塘以及景区内池塘进行观察，拍下照片，描述池塘所具有的特点。

【课堂教学阶段】

教师首先呈现学生在不同池塘拍摄的照片及特点。

小区附近池塘：表面漂浮着大面积的绿色生物、生活垃圾，散发出明显的腥臭味。

校园附近池塘：表面部分位置漂浮着绿色生物。

景区内池塘：水面清澈。

教师引导学生对比三种池塘所具有的特点，由学生提出问题：

1. 某些池塘中漂浮的绿色生物是什么？

2. 为什么有些池塘会有这种绿色生物，有些池塘没有？

3. 腥臭味是什么原因导致的？

……

教师引导学生对提出的问题做出猜想：

1. 某些池塘中漂浮的绿色生物可能是藻类植物。

2. 某些池塘中漂浮的绿色生物可能是细菌。

3. 池塘的这种现象可能是由于池塘表面的绿色生物产生了一定的物质。

4. 池塘的这种现象可能是由于人类将生活垃圾倒入水中造成了污染。

5. 池塘的这种现象可能是由于池塘本身随着时间自然而然形成的。

6. 腥臭味的来源是垃圾。

7. 腥臭味的来源是池塘表面的绿色生物。

……

教师提供相应的阅读材料、视频片段，引导学生回答所提出的问题，验证猜想。学生通过查阅资料、观看视频、小组讨论等方式得出结论：

1. 某些池塘中漂浮的绿色生物是蓝藻。

2. 蓝藻的大量繁殖可能是由于大量的工业、生活污水和农田含化肥的水流入池塘、河流、湖泊，导致水体中氮、磷等植物营养元素过多，水体富营养化进而引起"水华"。因此小区、校园附近的池塘更容易造成蓝藻大量繁殖，而景区通过一些治理手段能够保持水体清澈。

3. 蓝藻大量生长时，水面形成一层厚厚的绿色藻层，并释放出毒素，杀死鱼、虾等水生动物。水生植物和水生动物死亡、腐败、分解后，消耗大量的溶解在水中的氧，使水体产生恶臭。这就是小区附近池塘散发出明显腥臭味的原因。

……

教师做出总结，引导学生进一步思考，面对人类活动使环境恶化的问题，我们是无能为力，还是可以有所作为？作为一个负责任的公民，应该对自己提出怎样的要求呢？

问题：

1. 上述案例使用了发现教学法，这种教学方法有什么特点？
2. 应用发现教学法时需要注意哪些问题？

问题探讨：在上述案例中，教师通过设置课前任务使得学生能够观察周边的池塘环境，在亲身体验中发现问题、分析问题、解决问题，学生的认知程序由传统的"感知-理解-巩固-应用"变为"问题-发现-归纳-迁移"。使用发现教学法进行生物学教学，能够引发学生的学习动机和智慧潜力，发展学生的逻辑推理能力，培养科学严谨的思维方式。学生采用类似科学研究的方式进行学习，既获取了知识，也了解了获取知识的方法。发现教学法适应生物科学技术的飞速发展对人类传授知识和掌握知识所提出的新要求，满足发展学生创新精神与能力的时代要求。

核心概念：发现教学法是指在教学过程中，教师以学生独立自主学习和合作讨论为前提，以教材为基本内容，以学生周围世界和生活实际为参照对象，为学生提供充分自由表达、质疑、探究、讨论问题的机会，引导学生自主地发现问题、分析问题、解决问题，为终身学习和工作奠定基础的一种教学方法。

教师应用发现教学法时需要慎重选择亟待解决的问题，选题要难易适中，问题不宜过大，而是要创设一个有利于学生进行探究发现良好的教学情境；其次，在教学过程中要强调发现问题、提出问题这一重要思维环节，灵活运用各种教学方法和技巧，调动学生的积极性和学习兴趣，使每个学生都能积极主动地参与教学过程。

一、发现教学法有利于学生主体性的充分发挥

发现教学法是美国心理学家布鲁纳（Bruner）根据"认知-发现"的学习理论提出来的。布鲁纳认为学生的认识过程与人类的认识过程有共同之处，而教学过程就是在教师的引导下学生发现的过程。学生发现学习的"发现"与科学家的"发现"只是形式和程度的不同，而性质是相同的，都是通过积极的思维活动产生的，其智力功能和发展价值是相通的。因此，学生要像数学家那样思考数学，像历史学家那样思考历史，亲自去发现问题的结论和规律，成为一个"发现者"。教学不能是讲解式的，不能使学生处于被动接受知识的状态，而应是假设式的，应尽可能让学生保留一些令人兴奋的观念系列，引导学生自己去发现，使之成为科学知识的发现者。可见，"发现法"教学模式的核心和精髓，就是要求学习者由"被动接受"知识转化为"主动发现"的"积极学习"。为此，布鲁纳强调教学方法应和课程同步。他认为："学校课程和教学方法应该同所教学科里基本观念的教学密切结合起来。"因此，他认为：发现教学法是实现建构主义课程的有效方法，发现教学法的内容是学科课程的结构。发现教学法是以学生为中心，强调让学生亲自参与知识的形成过程，寻找解决问题的方法，尽可能发挥学生的主动性，真正把学生放在主体地位上，让学生用自己的头脑去获得知识，培养他们研究、探索和创新的精神以及动手解决问题等各方面的能力，养成独立钻研的习惯，以适应迅速发展的社会。

二、发现教学法可以遵循一定的程序

【聚焦情境】

模拟探究实验：生男生女的概率均等吗？

（初中生物　刁艳芳）

创设问题情境

教师：女性在两次月经之间通常会产生一个卵细胞，含 X 染色体，只有一种。而男性在一次生殖过程中会产生上亿个精子，有两种，一种含 X 染色体，一种含 Y 染色体，这两种精子的数目是相等的。

精子和卵细胞是如何结合的呢？请同学们带着以下两个问题观看精卵结合的视频。

（1）精子和卵细胞的结合有什么特点？

（2）勇夺第一和卵细胞结合的精子是哪一种？

学生：认真观看视频并思考问题。

(1)只有一个精子和卵细胞结合。

(2)含 X 染色体和含 Y 染色体的精子和卵细胞结合的概率都是 50％。

学生通过两个问题的答案推测出两种精子和卵细胞结合的概率是否均等，得出结论：两种精子和卵细胞的结合概率均等。

教师引导学生进一步质疑：如果两种精子和卵细胞的结合概率均等，那么生男生女的概率是不是均等的？

做出假设

学生根据已知做出假设：生男生女的概率均等。

教师：一个人的性别，从什么时候就已经决定了？

学生：受精卵形成时人的性别已经决定。

教师：既然受精卵形成时人的性别已经决定了，那我们只要知道受精卵的性染色体组成就知道了人的性别了。怎样才能知道受精卵的性染色体组成？

学生：知道精子和卵细胞的性染色体组成，然后模拟人的受精过程就可以知道性别。

学生研读并分析改进课本中的探究实验的规则：

①以小组为单位将自己手中的卵细胞的染色体组成放入写有母亲的小盒中，将精子的染色体组成放入写有父亲的小盒中，两种精子的数量是相等的，分散均匀。

②分别从父亲和母亲小盒中各摸取一个染色体组成，将它们放在一起，判断是男是女，并进行记录。然后再放回各自小盒中，重新摸取，每组摸取 10 次。

③最后汇总小组内产生的男、女数量。

检验假设

学生参与模拟探究实验并记录各自的实验结果。

教师：在学生模拟探究实验过程中巡视并发现问题，在汇总结果前针对模拟探究实验过程中发现的问题和学生一起讨论。

教师：①每个小组如何判断性别？能不能演示一下？

学生：①判断性别的标准是看受精卵染色体组成中的性染色体。

学生用教具演示：

含 X 染色体的精子和卵细胞结合就是女孩：22 对＋XX。

含 Y 染色体的精子和卵细胞结合就是男孩：22 对＋XY。

教师：在实验过程中，你们有一个细节与其他小组不同。和精子结合的卵细胞教具一直都在一个组员的手中，并没有按照实验规则每次都去抓取。这样不会影响实验结果吗？为什么？

学生：不会影响实验结果。卵细胞只有一种。就算每次随机抓取也是这一种。

教师：②生男生女的关键是什么？

学生：②生男生女的关键是哪一种精子与卵细胞结合，是含 X 染色体的，还是含 Y 染色体的。

教师：③你们小组是随机摸取还是有选择地摸取精子和卵细胞？说明什么？

学生：③随机摸取的，也说明生男生女的概率是均等的。

得出结论

学生汇总结果，分析特例，根据结果得出结论。

教师：①汇总实验结果。

学生：①男：31　女：29。

教师：②单独看某一小组的实验数据男女比例不是接近 1∶1，怎么解释这种情况？

学生：②抓取的次数太少，次数越多就越能接近实际情况。

教师：③通过六次人口普查的总人数及男女性别比，你能得出什么结论。

学生：③根据数据，我们可以看出男性女性的比例也是接近 1∶1 的，所以生男生女的概率是均等的，也就是男女性别比例是接近 1∶1 的。

得出结论：生男生女的概率是均等的。

布鲁纳根据发现学习的特点提出了发现教学法的步骤，后来的一些学者在此基础上结合实际教学对发现教学法的一般程序做出如下总结。

第一，创设问题情境。教师向学生提出要解决或研究的问题，可能是概念、原理或疑难问题，以激起学生探究的愿望，明确发现的目标或中心。学生在面临新问题、新情境时，在思维中产生了某种不确定性，于是就会出现试图探究的意向。

第二，学生提出假设或答案。在教师围绕问题向学生提供有助于问题解决的材料或事实的基础上，学生通过亲自阅读有关教材、参考有关书籍、观察、实验、思考、讨论和听讲等途径去独立研究，自行发现，对提出的问题做出一种或几种可能的假设或答案。

第三，检验答案或假设。学生运用分析思维，对得出的答案或假设从理论上或实践上进行检验。学生中如有不同的观点，可以开展争论。

第四，做出结论。在学生经过充分验证和讨论的基础上，教师协助和引导学生对答案、假设进行比较、修正、补充之后，得出必要的结论。

发现教学法在使用中需遵循以下原则。

第一，动机原则。促进学生学习的真正动力是内在动机，在教学中应该重视激发学生的内在动机，唤起学生的积极性，使理性和非理性、智力因素和非智力因素相结合，促成学生的整体协调发展。布鲁纳强调教师要注意学生的学习心理倾向和动机，这是教学活动成败的关键因素，激发学生内在的学习动机要比"奖赏""表扬"等外在的动机更重要。要使学生积极主动地学习，必须让学生对所学的内容本身产生浓厚的兴趣，教师的奖励或者批评只能起到一定的辅助作用，因此教师在运用发现法的时候应选择学生感兴趣的问题及材料，激发学生的学习兴趣，进而激发内在的学习动机。当然要真正激发学生学习的内在动力，不可缺少的就是让学生体验成功。心理学研究表明，学生在学习过程中的成功或失败在心理上会引起不同的情感体验，成功能引起学生愉悦的感受，激发兴趣，增强学习的信心，从而顺利地激发内在动力，因此教师在教学过程中除了利用设置问题引发学生的兴趣之外，也要为每个学生提供学习表现的机会，让学生保持极大的探索热情和明确的探究方向。

第二，主体参与原则。主体参与是现代教学论的核心，学生的学习过程其实是个特殊的认识事物的过程，作为主体的学生，只有通过亲自参与操作和实践，学习才能最有效，教学效果才能真正体现出来。教师在教学过程中是引导者和指导者，应该以学生的认知发展为基础，设计和选择最佳的教学程序，通过一系列步骤有条不紊地陈述一个问题或知识，以提高学生对所学知识的掌握、变换和迁移能力。实践证明，学生积极主动地参与能有效地培养学生迁移知识和独立解决问题的能力。

第三，合作学习原则。发现教学法的一般程序中提到，教师设置情境或者问题后，学生要收集一定的资料，并在此基础上探究解决问题的方法，这一探究过程实际也是合作学习的过程，发现教学法对学生的基础要求比较高，很多学生个体的能力有限，只能通过合作探究来体验学习过程。其次，学生作为课堂教学的主体，真正的发展是通过交往互动获得的，教学中，平等、合作、尊重、信任，共同参与的生生关系，对学生的认知发展非常重要。当然，这里的合作不仅仅是指学生之间的合作，也包括师生合作，教师在学生探究解决问题的过程中要及时地给予点拨指导，掌控学生整个发现过程。

第四，反馈原则(即强化原则)。人的遗忘有一定的规律性，教师应该考虑到遗忘的规律以及学习的速度，反馈学生的学习结果，这样学生就能逐步地进行自我矫正，检查和强化，从而防止错误信息先入为主和积重难返。布鲁纳认为，反馈是教学过程中不可缺少的一个环节，通过学生反馈的相关教学信息，了解教学效果，发现问题及时纠正改进。发现教学法应用的最后阶段，教师必须注意及时反馈。当然，在强化反馈学习效果的时候必须防止学生永远依赖教师的指正，避免造成学生围着老师转的现象，这样才能达到强化的目的。

【本节要点】

1. 发现教学法以学生的主动探索活动为主，强调让学生亲自参与知识的形成过程，发挥学生的学习主动性，由"被动接受"知识转化为"主动发现"。

2. 发现教学法的一般程序为：创设问题情境，学生提出假设或答案，检验答案或假设，做出结论。

3. 发现教学法在使用中需遵循以下原则：动机原则，主体参与原则，合作学习原则，反馈原则。

【学以致用】

以下是三位教师在"生长素的发现"一节教学中，针对温特实验的教学片段。

片段一

教师：詹森和拜尔两位科学家的进一步实验，向我们初步证明了尖端产生的影响可能是一种化学物质，它在胚芽鞘尖端以下部位的分布不均匀造成了胚芽鞘的弯曲生长。由于当时技术发展水平的限制，人们无法直接提取这种化学物质。但詹森的实验启发我们，是否可以寻找一种介质，通过它帮助我们收集这种物质呢？

学生：可以用琼脂收集。

教师：对，把尖端切下后，在琼脂上放置一段时间，再放回去掉尖端的胚芽鞘上，看胚芽鞘的生长变化。这就是温特采用的"介质转移法"。（展示温特实验示意图）他把切下的燕麦胚芽鞘尖端放在琼脂块上，几小时后移去尖端。将处理过的琼脂切成小块，放在切去尖端的燕麦胚芽鞘一侧。请大家猜一猜，会得到怎样的实验现象？

学生：胚芽鞘会朝对侧弯曲生长。

教师：温特还在另一组切去尖端的胚芽鞘上放置了未经处理的琼脂块，这一组的胚芽鞘既不生长也不弯曲。综合这两组实验，我们发现胚芽鞘的尖端确

29

实产生了某种化学物质，是这种化学物质的分布不均匀造成了胚芽鞘的弯曲生长。温特实验进一步证明了这种化学物质的存在，并认为这可能是一种和动物激素类似的物质。由于它能够促进植物的生长，温特就将其命名为生长素。

片段二

教师：詹森的实验提示人们，胚芽鞘尖端产生的影响可能是某种化学物质，但他的实验不能排除琼脂片的影响。请你阅读温特的实验过程，想一想他做了怎样的改进？为什么能证明这种影响的本质是一种化学物质？

教师设置以下问题串帮助学生理解、思考温特的实验。

温特的实验探究目的是什么？

温特使用什么方法收集这种"影响"？

如何使这种"影响"不均匀地传递到尖端下部？

如何排除琼脂块的影响？

该实验遵循了哪些原则？

实验结论是什么？

这个实验需要在黑暗条件下完成吗？

资料呈现：荷兰科学家温特做了以下实验：把切下的燕麦胚芽鞘尖端放在琼脂块上，几小时后，移去尖端，将琼脂切成小块。再将经处理过的琼脂块放在切去尖端的燕麦胚芽鞘一侧。结果，胚芽鞘会朝对侧弯曲生长。如果放上的是没有接触过胚芽鞘尖端的琼脂块，胚芽鞘则既不生长也不弯曲。

片段三

创设问题情境：

教师：达尔文的推测得到了詹森和拜尔的初步证明：尖端产生的影响可能是一种化学物质造成的，这种化学物质的分布不均匀造成了胚芽鞘的弯曲生长。这种"影响"真的是一种化学物质吗？

做出假设：

学生做出假设：这种"影响"是一种化学物质，它的分布不均匀造成了胚芽鞘的弯曲生长。

教师：但是当时的科技条件不能直接提取这种物质，在这样的限制下，我们怎样来证明你的假设呢？

教师引导学生以小组为单位，参考詹森和拜尔的实验资料，设计用琼脂片收集这种"影响"并检验其作用的实验方案。

检验假设：

学生通过小组讨论，汇报各小组的实验方案，教师总结并完善。

实验组：将胚芽鞘尖端放在空白琼脂上一段时间后，将琼脂块放在去除尖端的胚芽鞘的切面一侧，置于黑暗中。

对照组：将空白琼脂块放在去除尖端的胚芽鞘的切面一侧，置于黑暗中。

预期实验结果：实验组的胚芽鞘会朝对侧弯曲生长；而对照组的胚芽鞘应当不生长也不弯曲。

教师呈现温特的实验资料，学生观察温特的实验结果，展开思考与讨论。

得出结论：

学生对比两组结果，得出结论：胚芽鞘的尖端确实产生了某种化学物质，是这种化学物质的分布不均匀造成了胚芽鞘的弯曲生长。

教师总结：温特的实验在前人的基础上，进一步直接证明了这种化学物质的存在，并认为这可能是一种和动物激素类似的物质。由于它能够促进植物的生长，温特就将其命名为生长素。

请你分析，三位教师分别使用了什么样的教学方法？不同的教学方法分别有哪些特点？在教学中，如何根据不同的教学内容选择合适的教学方法？

第二章　生物学教学的主要策略

【学习目标】

1. 阐明教学策略的内涵及其与教学设计的关系。
2. 概述不同教学策略的内涵、特点及其对于学习的意义。
3. 对教学实例进行教学策略分析。
4. 尝试在教学设计中运用所学的教学策略。

【内容提要】

1. 教学策略的定义、特点及选择教学策略的原则方法。
2. 基于概念建构的概念图教学策略、支架式教学策略、模型建构教学策略；基于合作探究的合作学习教学策略、探究式教学策略；基于问题解决的 PBL 教学策略、STS 教学策略以及基于现代信息技术与教学融合的翻转式教学策略、WebQuest 教学策略的基本概念、特点、教学功能及适用范围。
3. 主要教学策略的内涵解析、案例分析、实践观摩、应用举例及设计实操。

【学法指引】

1. 注重对教学策略相关文献的收集，展开批判性阅读，加深对教学策略的深入理解。
2. 开展基于案例分析和实践观摩的研讨，强化对具体教学策略内涵、特征、选择依据和教育功能的认识。
3. 针对不同课型和教学内容，开展教学策略选择和运用的实践练习，提升对教学策略的选择和具体运用的能力。

第一节　教学策略是教学实施的整体设计方案

【聚焦问题】

三位高中生物学教师分别开展了"生物膜的流动镶嵌模型"一课的同课异

构，展示了不同的精彩课堂。

教师A：为促进学生能够从宏观到微观理解生物膜模型的建构过程，采用PPT课件结合板画的教学方式，将与生物膜结构探索历程的相关材料层层递进地提供给学生，同时配以启发式讲解，帮助学生理解教材。列举生物膜结构的探索历程时，绘制磷脂双分子层基本支架，引导学生验证实验假设，从而准确掌握结构模型的特点，获得新概念。

教师B：设计微课展示植物细胞质壁分离、复原的过程，创设情境，激发学生的探索兴趣，引导学生思考生物膜的功能之一：选择透过性。利用磁体、电线、黑板擦等实物制作生物膜模型，结合PPT展示生物膜结构的探索历程，提供丰富的实验材料供学生探究问题、动手实施探究。以微课方式从四维空间整体展示生物膜的流动镶嵌模型，并通过测试题检测学生的学习，及时进行课堂教学的总结。

教师C：利用生物实践课制作真核细胞的三维结构模型作为先行组织者，引起学生的学习注意，设问导入。在探究环节不断给出资料，同时提出问题，学生根据已有的知识对提供的材料提出异议和合理的猜测，并思考问题，逐步得出结论。学生先用自己的语言解释合理的实验假说，参照流动镶嵌模型的内容，转变错误概念。给出细胞膜运动的实例，提出问题，学生互相讨论，从而帮助学生进一步理解流动镶嵌模型的实质。学生完成自评表。

问题：

1. 三位教师的教学差异明显，你更喜欢谁的教学？为什么？

2. 三位教师的教学体现了不同的策略，什么是教学策略？教学策略与教学方法是什么关系？

问题探讨：教师A以教材、背景材料等知识信息的加工为主导；教师B以创设情境、运用教具等探究为主导；教师C以口头检查、书面练习、形成性评价等反馈为主导。每个教师基于对学生的了解和对学习目标和学习内容的分析，设计了不同的教学活动，有策略地组织学生学习。三者的教学效果会有多大的不同呢？哪一位教师的教学策略更有效呢？每个人可能都有不同的看法。

一、教学策略是为了特定教学目标，基于师生活动的教学方法论体系

教学策略是教育心理学中的术语。广义的教学策略既包括教的策略，又包括学的策略；而狭义的教学策略则专指教的策略，属于教学设计的有机组成部

分，即在特定教学情境中为完成教学目标和适应学生认知需要而制订的教学程序计划和采取的教学实施措施。

教学策略主要是解决教师"如何教"和学生"如何学"的问题，是教学设计研究的重点。教学策略的制订是一项系统考虑诸多教学要素，总体上择优的富有创造性的设计工作。

核心概念： 教学策略是对完成特定的教学目标而采用的教学活动的程序、方法、形式和媒体等因素的总体考虑，也就是在不同的教学条件下达到不同的教学结果所采用的不同的方式、方法、媒体等，它包括对知识技能教学内容的序列安排，对认识活动过程中的系统问题和期望的学生反应的安排；对教学的组织形式和媒体呈现信息方式的安排。

二、教学策略不同于教学方法和教学模式

上述案例中，有人可能会简单认为三位教师仅仅是采用了不同的教学方法。然而教学策略等于教学方法吗？教学策略、教学方法和教学模式有何关系？

教学方法是与一定教学目标和任务相关的具体操作程序，它规定了教学参与者在教学任务中的角色、不同角色之间的相互关系以及每一角色的具体任务。

教学策略包含教学方法，而教学方法又是教学策略的重要构成要素。

教学模式，又称教学结构，是在一定的教育思想指导下建立的比较典型的、稳定的教学程序或构型。研究教学模式，有助于我们对复杂的教学过程的组织方式做简要的表述，分析主要矛盾，认识基本特征，进行合理分类。

教学策略和教学方法存在上下位的关系，而教学模式与教学策略和教学方法不是同一维度的概念。

知识链接： 扫描下方二维码，了解更多关于教学模式、教学策略和教学方法的观点。

三、中学生物教学策略应符合生物学教学的基本原则

【观点碰撞】

在"细胞器——细胞内的分工合作"的教学中：

教师 A 让学生阅读教材文字，逐项填写各细胞器的结构特点和主要功能，

齐声多遍朗读黑体字部分，帮助学生记忆什么是"生物膜系统"，最后用 PPT 出示选择题，让学生通过做题检验掌握情况；教师 B 则让学生仔细观察各种细胞器的亚显微照片，根据对照片的分析，结合文字阅读，利用预先准备的各种材料制作细胞的结构模型，最后通过分析分泌蛋白运输途径，归纳形成"生物膜系统"的概念，通过让学生分享和介绍自己制作的细胞结构模型来检测学生对细胞器的理解。

有人认为教师 A 的教学直接、高效，学生基本都做对了课堂练习题，学习效果好，而教师 B 的课堂比较乱，花费时间长，学生难以管理，学习效率比较低。也有人认为教师 A 的教学完全没有使用教学策略，学生尽管做对了习题，但都是阅读教材后的短时记忆，并没有真正理解概念，反而是教师 B 的教学中，学生通过自主探究，建构了属于自己的概念，尽管花了一些时间，但是是值得的。

你赞同谁的观点呢？请各抒己见。

观点借鉴：教师 A 并非没有采用任何教学策略，只不过以文本阅读为主的教学策略比较常见，大家会忽视其价值。事实上，文本阅读可以帮助学生最快捷地获取知识，从知识传递的角度看是最高效的方式，但对于知识的理解、概念的建构以及其他教学目标的实现就显得收效甚微。教师 B 采用以科学探究为主的教学策略，在帮助学生建构概念方面是最直接而高效的做法，但教学组织比较麻烦，耗时较长。因为两位教师预设了不同的教学目标，所以，他们采取了截然不同的教学策略。

不管教师如何选择教学策略，都应体现科学教育的基本原则。这些基本原则包括以下几个方面。

（一）目标性原则

目标性原则是指生物学教学应体现一定的育人目标，包括帮助学生认识科学的本质特征、发展科学认知、形成科学素养等。我国新一轮基础教育课程改革，明确提出了学生发展核心素养这一课程与教学的首要目标。生物学课程在曾经的知识、能力、情感态度与价值观的三维目标基础上，进一步具体提出了生命观念、科学思维、科学探究和社会责任四个维度的生物学学科核心素养。因此，在制订教学目标时：一方面要帮助学生建构概念，进而在深入理解概念的基础上形成生命观念；另一方面要发展学生的科学思维、科学能力，建立正确的价值判断体系，帮助学生在参与社会事务，做出个人决策，解决社会问题时能履行作为合格公民的应尽责任。

教师在生物学教学中如果只注重学生对知识的记忆，远远不能满足新课程对育人的目标需求，因此，上述案例中教师 A 的策略选择显然不符合目标性原则。

（二）科学性原则

科学性原则是指科学教育中内容的科学、准确，以及方法的合理、正确，即教给学生的知识是确信无疑的，方法是科学的，思维方式是正确的。科学性是科学教育的基本要求，科学知识、科学概念是建构观念的基础，科学方法则是科学思维的体现，是科学探究和社会责任的依托。教师在教学中往往由于各种原因会犯一些科学性错误，会出现诸如"动物用肺吸进氧气排出二氧化碳就是呼吸作用""肺静脉中流的是静脉血，肺动脉中流的是动脉血""主动运输一定是从低浓度到高浓度的运输"等错误知识，也会出现诸如"抗生素的滥用导致了抗药菌的产生""基因突变会让人产生疾病""细菌都是对人体有害的"等错误思想方法，这些错误会导致学生产生相应的错误概念，对教学产生不良影响。所以应将科学、准确作为最严苛的要求，教学中不犯任何科学错误！

（三）直观性原则

直观性原则是指在教学中引导学生直接感知事物、模型或教师用形象语言描绘学习对象，使学生获得直接经验和感性认识。这反映了从感性到理性的认识发展规律。教学中通过感性、形象而具体知识的学习，提高学生对课程学习的兴趣和积极性，减少学生学习抽象概念的困难，并通过展示事物的内部结构、相互关系和发展过程，帮助学生理解知识，形成科学的概念，从而更好地深化认识和运用知识，这也反映了学生的一般认知规律。生物学教学中常用的直观法有直观演示，即用模型、教具、媒体、实物等进行教学演示；现场观摩法，即组织学生深入自然场景，观摩或观察客观世界中的生命活动和生命现象，获取丰富的感性经验；仿真模拟法，即使用虚拟仿真技术，让学生在虚拟中体验现实，掌握原理，完成无法进入现场开展实际操作的直观学习。例如，教师在"肺部的气体交换"的学习中，会使用玻璃罩模拟胸廓，玻璃管模拟气管、支气管，气球模拟肺，橡皮膜模拟膈这样的教具进行演示教学；在"藻类植物"的学习中，会组织学生到校园里的小池塘观察水绵的形态及藻类植物大量繁殖时形成的水华，并让学生采集水样到实验室用显微镜观察水中的藻类植物；在"细胞的基本结构"的学习中，会组织学生制作动、植物细胞的超微结构模型；在"种群的特征"的学习中，会组织学生用样方法模拟实验，计算草地上蒲公英的种群密度。

（四）趣味性原则

趣味性原则是指在教学过程中教师运用幽默生动的语言、多变的教学技巧、直观形象的表演、形式多样的活动以及富有感染力的激情等来最大限度地增加课堂活力、激发学生的学习兴趣、提高学生的学习参与度，从而增强学习效果的一种教学方式。它体现了在教学中学生的主体性，把抽象、枯燥、难以理解的生物学课堂变得生动而富有感染力。例如，在"血糖调节模型的建立"的学习中，教师让学生手持卡片，开展角色扮演，既达到了建立血糖调节模型的目的，又让学生亲身参与活动，增强了学习的趣味性，提高了学习效果。再如，在"真菌"的学习中，教师让学生用香菇或蘑菇制作孢子印，通过观察白纸或玻璃板上放射状的孢子印以及用放大镜观察孢子的大小和颜色，来加深对真菌通过孢子进行繁殖的理解。这样的活动既形象直观，又富于美感，学生非常感兴趣，从而提升学习效果。

（五）理论联系实际原则

理论联系实际原则是指要把理论知识与生活和生产实践结合起来，防止空洞的理论脱离实际、书本脱离现实，既利于学生对理论的理解，也利于学生运用理论解决实际问题。学生学习理论知识大多是在相对封闭的学校和课堂里通过教师的讲授和书本学习的。这种状况很容易导致学生所获得的理论知识与其来源和去向脱节：既不了解概念和原理是如何产生的，又不能够运用它们去阐释和解决实际问题。因此，在教学中教师必须提供和创造机会，通过多种多样的途径和形式使学生从事实践活动，引导他们体会思想观点、态度信念等的形成对于解决实际问题的价值意义。

在教学活动中贯彻这一原则，需要认真考虑设计什么样的真实情境，解决什么样的实际问题，开展什么样的实践活动。联系实际的实践过程提供了更加丰富多样的能力要求，教师要敢于放手，鼓励学生去尝试和探索，运用所学的知识解决问题，同时在解决问题的过程中获取新的知识，补充书本知识的不足，从而使各种能力得到锻炼与发展。例如，在"细胞的吸水和失水"的学习中，教师常常会用蜜汁西红柿的制作或腌制黄瓜等生活实例，引起学生对现象的关注和对细胞吸水和失水原理的思考；在"染色体变异"的学习中，会引导学生学习无籽西瓜的培育和单倍体育种在农业和园艺上的应用的具体实例等。

（六）系统性原则（循序渐进原则）

系统性原则也被称为循序渐进原则，是指教学活动应当持续、连贯、系统地进行。其目的是为了处理好教学活动的顺序、学科课程的体系、科学理论的体系、学生认知规律之间错综复杂的关系。教学活动的开展必须从学科的课程结构和学生的认知结构出发，既要重视学科的基础知识、基本原理及其内在的规律和联系，也要有助于学生的知识建构，帮助学生形成综合化和结构化的知识，形成有机的概念网络，使学生能够更好地对知识融会贯通、触类旁通，从而更好地提取和运用知识去解决问题。

【学以致用】

太湖之滨某学校的某教师在"藻类植物"一节的教学流程如下：

1. 展示"海带排骨汤""紫菜蛋汤""发菜羹"等食物图片，提问学生这些食物当中的植物食材是什么植物，引出学习课题。

2. 教师提问："我们还知道生活中有哪些藻类植物？"学生面面相觑，在教师启发下，才能想到"螺旋藻"，教师因势利导，提出："其实生活中遍布着藻类植物，我们的校园就有很多藻类植物，我们不妨开始校园藻类植物发现之旅！"带领学生带着取水样的工具来到校园内的小池塘。

3. 面对着一池发绿的水。

教师："水里会有藻类植物吗？"

学生："有！"

教师："为什么？"

学生："藻类是植物，植物有叶绿体，所以水是绿的！"

教师："你们说的有道理！可是我们肉眼没有看到水体中有藻类植物呀！如何能证明你们的推测是对的呢？"

学生："我们可以采集取样回实验室用显微镜观察。"

4. 在学生观察了水体中的各种藻类植物后，教师展示预先准备好的从自己住宅区旁的小河沟中采集的绿色丝状藻类，问："这是什么？"学生齐声回答："水绵。""真的是水绵吗？"教师让大家在显微镜下观察该植物的形态特征，结果大大出乎所料，该藻类植物的叶绿体居然是球状的！原来，这是跟水绵在外形上非常相似的刚毛藻！

5. 在教师的引导下，学生结合自己的观察和经验，总结了藻类植物的一般特征和藻类与人类的关系后，教师布置了如下作业：课后请上网或查询报纸杂志等相关资料，了解2007年太湖蓝藻暴发的情况并与父母讨论我们该如何保护水资源和爱护环境。

请你分析，该教师教学策略的运用是如何体现科学教育的基本原则的？

四、生物学教学策略既要符合学生学习的共性特征也要满足个性化学习需求

生物学教学策略是为了完成教学任务，实现教学目标而制订的师生活动内容、程序和采取的教学实施措施，是根据生物学教学目标和教学条件来选择组织基本教学活动，调节和控制主体的内部注意、感知、思维和操作活动。因此，教学策略的选择必然受到教学的具体目标和任务、教学内容的特点、学习者的已有知识和经验、特定年龄段学习者的认知能力和认知风格、执教者的综合素养以及教学环境和教学条件等因素的综合影响，也因此会表现出一些共性的特征。

（一）目标针对性特征

教学策略的针对性是指真正有效的教学策略针对的是具体的教学目标和教学活动，是为完成特定的教学目标而采取的教学措施。离开具体的教学目标，盲目使用教学策略则无最佳策略可言。有效的教学策略包括教师选择最优的教学方法，在课堂教学中如何安排教学的各个环节并控制教学活动的整体进程，以及如何有效地评价学生的学习活动和教师的教学活动，并在今后的教学中不断改进自己的教学行为。

（二）可操作性特征

教学策略的可操作性是指教学有明确具体的内容，教学活动应该是具体化和行为化的。教学策略的实施以教学活动作为载体，所采用的教学方法、形式、媒体及活动程序都是具体的，也是师生在教学过程中通过交互来实现的，因此有效的教学策略必然体现在教与学的行为的可能性及合理性上。

> **知识链接：** 扫描下方二维码，了解关于"认知风格"的相关内容。

（三）灵活性特征

教学策略的灵活性体现在教学策略的设计和选择是灵活的，教师会根据不同的教学目标、学生的已有知识和认知水平、学习内容的特点、教师自身的能力及现有的教学条件灵活地选择和制订符合实际情况的教学策略。教学策略的灵活性也体现在教学策略的实施和运用具有灵活性，教师会根据教学情境和学生的具体情况的变化而实时改变教学策略，从而达到最佳的教学效果。

（四）参与性特征

教学策略的参与性是指学生在学习活动中的介入程度，即学生心理和生理的投入程度，是学生作为学习主体对学习活动的能动性程度，是一种能力和倾向的统一。所以学生的主体参与并不是一种形式，而是一种真实的状态。随着课程改革的不断深入，今天的教学已经发生了深刻的变革，教学目标也聚焦于学生学科核心素养的发展，教学不再仅仅是简单的知识传递，而是更加注重学生的学习兴趣、学习能力和学习习惯的培养，让学生学会学习。因此，教学的重心从教师的教转变为学生的学，学习成为教学的基本出发点。学生能否真正参与到学习过程中，学习过程能否真正促进学生的学习成为衡量教学有效性的标准。

【本节要点】

1. 教学策略是为了特定的教学目标，基于师生活动的教学方法论体系，主要解决教师"如何教"和学生"如何学"的问题，是教学设计研究的重点。教学策略的制订是一项需要考虑诸多要素的系统性、创造性工作。教学策略与教学方法、教学模式不是同一概念。

2. 教师选择教学策略应体现科学教育的基本原则，包括目标性原则、科学性原则、直观性原则、趣味性原则、理论联系实际原则和系统性原则（循序渐进原则）。

3. 生物学教学策略既要符合学生学习的共性特征也要满足个性化学习需求。生物学教学策略的选择表现出目标针对性、可操作性、灵活性、参与性等共性特征。

【学以致用】

在"真核细胞的基本结构"一课中，教师的教学过程如下：

课前，教师根据学生的特质，将学生分为5～6人一组，协调好男女比例和组内异质、组间同质，指导学生分工。组内学生自主选出组长，由组长协调组内成员间的分工与合作，各自收集真核细胞基本结构和功能的相关信息，例如，真核细胞和细胞膜、细胞器及细胞核的比例大小，动植物细胞结构和功能的差异，再互相交流汇总，完成对真核细胞结构和功能知识的筛选、整理、加工、归纳。通过集体讨论设计制作方案，同时分工完成细胞结构材料的选择、制作等任务，最终完成组装真核细胞基本结构等任务。教师在此过程中仅指导学生选择安全、可回收的废旧物品为原材料等，最终各个小组在课前协作完成动植物细胞模型的制作。

课堂上各学习小组展示课前制作的模型，各学习小组代表分别介绍动植物细胞中各种结构的特点和功能，其他小组的学生对模型提出修改意见，并对细胞中各种结构的特点和功能做补充发言。教师对照细胞模型，设置一系列问题串，通过问题的设计和讨论，逐步加深对原型的认识。如说出细胞物理模型中细胞壁、细胞膜、各种细胞器、细胞核的结构名称；说明细胞中各种结构的形态大小、结构特点、分布情况等；举例说明细胞中各种结构的功能。利用模型认识原型的交流发言的主题由浅到深，即从说出结构名称到说明结构特点，再到说明结构的功能特性。

各小组展示后教师评价各学习小组制作的细胞物理模型，指导学生注意真核细胞的大小一般在 $10\sim100~\mu m$，各种细胞结构应该与细胞大小成比例等问题，并说明细胞模型应该依照细胞原型建构，其他小组的同学也对模型提出修改意见，并对细胞中的各种结构的特点和功能做补充发言。在此基础上，对照细胞模型，教师引导学生思考，如蛋白质分子的种类和数量与细胞膜功能的复杂程度有什么样的关系？哪些植物细胞含有中心体？植物成熟的筛管细胞和哺乳动物成熟的红细胞的共同特征是什么？促使学生在查证、分析、比较、鉴别和深入思考后加深对细胞原型的认识。

课后，各学习小组整理修改建议，课后继续完善细胞模型，并借助模型修改过程解决碰到的问题，同时提出课外继续探究的课题，如细胞在生长过程中各种结构是否发生变化？在植物细胞原型中是否都具有液泡、叶绿体等？从而拓展延伸学习真核细胞结构和功能的相关知识，在互相交流讨论的过程中，建构真核细胞原型的基础知识。

你认为该教师选择了什么样的教学策略，其教学具备了哪些有效教学策略的特征？

提示：教学过程中教师主要采用了模型建构教学策略（内容详见本章第二节）、探究式教学策略和合作学习教学策略（内容详见本章第三节）。

第二节　基于概念教学的教学策略着眼于自主建构和知识结构的全面完善

【聚焦问题】

2004 年版的人教版生物教材在"细胞核的主要功能"部分，直接阐述了"细胞核是遗传物质储存和复制的主要场所，是细胞遗传特性和代谢活动的控制中心"，并辅以文字简单描述了相关的科学实验结果（如"人工去核细胞，一般不能存活多久。"）。

2019年版的人教版生物学教材中的这部分内容，则从对资料的分析开始。书中较为详细、图文并茂地介绍了4个科学实验，包括"黑白美西螈的核移植实验""蟾蜍受精卵的横缢实验""变形虫的切割实验"和"伞藻的嫁接和核移植实验"，引发学生讨论，让学生能够通过对这几个实验事实的分析和思考，分析细胞核的功能，从而理解细胞核是细胞代谢和遗传的"控制中心"。

问题：

1. 新旧两个版本教材的差异在哪里？这种差异凸显了当前生物学课程与教学中对学生学习的什么要求？

2. 你知道生物学课程标准是如何体现这样的要求的吗？

问题探讨：两者的差异主要体现在旧版教材直接以文字解释了细胞核是系统的控制中心，重在让学生快速掌握知识，是知识中心的教学；新版教材让学生对科学研究资料进行分析，通过探究形成对问题的认识，自行归纳总结出结论，重在概念的自主建构。概念教学是近年来国际科学教育的重点内容，美国科学教育的三维教学中的两个维度分别是"核心概念"和"跨学科概念"，可以看出概念教学的重要地位。我国新颁布的《义务教育生物学课程标准（2022年版）》优化了学习内容体系，提炼了大概念，强调学生对于重要概念的深刻理解和应用，发展核心素养；《普通高中生物学课程标准（2017年版2020年修订）》更是以概念层级的形式来呈现课程的内容标准，强调了概念教学的重要性。此外，课程标准的教学建议及评价方案都突出了对学生自主建构概念的要求。

核心概念：（1）概念是反映对象特有属性或本质属性的思维形式。它是思维的最小单位，是组成判断、推理和论证的基本要素。人们通过实践，在感性认识的基础上，运用比较、分析、综合、抽象和概括等方法，从对象的许多属性中，舍去非特有或非本质的属性，抽象出特有的或本质的属性，形成各种各样的概念。（2）生物学概念是生物学课程的基本组成内容，处于学科的中心位置，概念之间存在错综复杂的关系。生物学概念包括了对生命基本现象、规律、理论等的理解和解释，对学生学习生物学和相关科学具有重要的支撑作用。

概念教学应该贯穿于生物学教学的全过程，使用各种策略开展概念教学必须立足于学生的自主建构，最终帮助学生建立相对完善的概念网络。本节重点介绍帮助学生建构概念的概念图教学策略、支架式教学策略和模型建构教学策略。

知识链接：扫描下方二维码，了解关于"生物学概念"的更多相关内容。

一、概念图教学策略

【聚焦问题】

图 2-1 是一幅物质进出细胞的方式概念图。

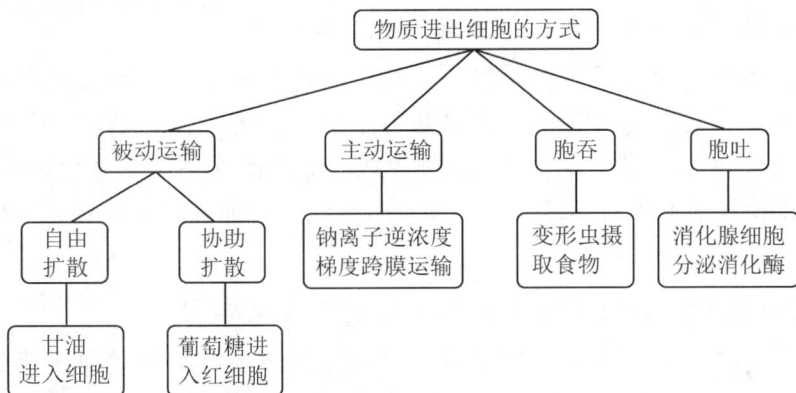

图 2-1 物质进出细胞的方式概念图

问题：

1. 什么是概念图？为何要使用概念图展开教学？
2. 如何绘制概念图？如何利用概念图展开教学？

（一）概念图是有效表征学习者的认知结构和概念结构变化的工具

概念图（concept map）是组织和表征知识的工具，是一种由概念节点和连线所组成的一系列概念的结构化表征。概念图中的节点表示某一命题或知识领域内的各概念；连线则表示节点概念间的内在逻辑关系；连线上的标注（关系标签）则用于说明连线两端的逻辑关系。因此概念图包括众多的概念，以及概念与命题之间的关系。概念图以这种形象化的方式来表现学习者的知识结构及对某一主题的理解，使教师和学生能更直观地理解和记忆知识点。

概念图的研究始于 20 世纪 60 年代，由美国康奈尔大学诺瓦克（Novak）教授等人在儿童对科学知识理解的相关研究中提出。在这项研究的一开始，研究人员通过访谈、对话等形式进行资料的采集，但发现在访谈结果的解释和转录中很难专门观察学生的认知结构是如何变化的，同时研究中所设计的任何一种书面测验都不能成为测量学生概念理解的有效指标。在这样的情况下，利用概念图来表征的想法得以提出，因为研究者需要更合适的工具或方法来表征儿童知识结构和概念结构发生的变化。最终概念图这一新工具的引用给这项研究带来了出色的工作成果，更使得概念图在当时获得了相当大的关注，带动了各国研究者的一系列研究工作。在 20 世纪 80 年代，概念图这一概念名词正式提出，此后概念图逐渐成为科学教育研究和科学教学的一种有用且具有无限价值的工具。

知识链接： 扫描下方二维码，了解关于"思维可视化教学"的相关内容。

（二）概念图的提出源于奥苏伯尔的有意义学习

奥苏伯尔（Ausubel）的认知学习理论对关注和理解学习者如何获取科学概念起到了重要的引导作用，因此概念图的开发是以奥苏伯尔的有意义学习理论为基础的。在认知主义的观点中，知识获得被看成一种心理活动，其中包括了学习者的内在编码和组织工作。同时大多数认知理论都认为概念间的相互连接是知识的一个基本属性，而良好的知识结构是某一领域中定义能力水平的一个重要方面。学习者被认为是学习过程中非常积极主动的人，当一个领域的专业知识是通过学习、培训或经验获得时，学习者就能自发地将知识形成一个紧密结构。

因此，无论是概念图策略还是认知主义理论，二者都重视学习者主动参与的过程、强调对于知识的组织及其与先前知识的关联，在认知主义理论的支撑下，概念图被认为是学生陈述性知识表征的重要手段。

奥苏伯尔的有意义学习理论是认知主义学习理论的重要组成部分，奥苏伯尔认为有意义学习强调学生已具备的知识的重要作用，当学习者能够有意识地、非常清晰地找出新知识与已有概念或命题间的意义连接时，有意义学习才会发生。因此，有意义学习的实现需要满足以下三个条件。

1. 学习材料必须概念清晰，并且以与学习者先前知识可关联的事例或语言表述出来

当概念符号和认知结构中的相关命题联系起来的时候，学习者就习得了新概念符号的意义。概念图有利于满足这个条件，概念图可以通过多个精确的概念来使学生在教学前就存在的大而泛的概念明晰化，也可以帮助学生在面对越来越多的需要学习的知识的情况下厘清学习的顺序，从而使新的知识植入发展的概念框架之中。

2. 学习者必须有相关的先前知识

1963 年奥苏伯尔发表了《有意义语言学习心理学》，他认为学生在学习一种新知识时应在教师提供的先行组织者的引领下，尝试运用其既有的先备知识，从不同角度吸收新知识，最后纳入自己的认知结构中，成为自己的知识。但要清晰、详细地表达概念框架却不是一件很容易的事，而概念图能帮助学习者把先备知识通过有条理、有组织的框架表达出来。

> 知识链接：扫描下方二维码，了解关于"先行组织者"的相关内容。

3. 学习者必须选择有意义的学习方式

学习者必须有意识地去将新学习的知识和自己已经拥有的知识建立实质性的联系，而不是被动机械学习或者随意应付学习。当有意义的学习发生时，概念之间的关系变得更加明确，并且能够更好地与其他概念和命题相结合。因此在这一过程中教师需要间接地控制学生的学习，以促进学生把新的意义整合到他的先前知识之中，否则学习材料与学习者头脑中的知识就不能形成实质的逻辑联系。

（三）概念图的特征反映了不同学习者对同一事物的不同理解和认识

概念图不同于概念，概念侧重于对事物内涵与外延的表述，而概念图侧重于体现概念与概念之间的关联。概念与命题、交叉连接和层级结构是概念图的三个基本图表特征。

1. 概念图包含许多概念与命题

在概念图中，"概念"被定义为能感知的事物内部的规律性或以标签标注

45

的关于事物的记录。通常概念是以词或术语来作为标签的，也有少数概念则是以符号作为标签。命题是对宇宙中自然发生或建构的事物的描述，这种陈述是通过两个或两个以上的概念及其连接词形成的有意义的陈述。通常概念图用连线将相关的概念和命题连接，连线上标明了两个概念之间的意义关系。

2. 概念图通过交叉连接形成概念间的关系网络

不同知识领域或分支间概念的连线就是交叉连接，交叉连接常常形成方向性意义，这也是产生创造性思维的关键之处。交叉连接反映了概念图中各概念之间的相互关系，它能帮助我们看明白概念图上的各知识点之间是如何发生关系的。在创造新知识的过程中，交叉连接恰好能表现创造者思维的跳跃性。在生物学教学中，概念并不是孤立存在的。一个概念只有与多个概念发生联系才能表现出它的意义。概念图描绘了概念之间的层次性和相关性，也就是说，概念图反映了概念之间既有纵向联系，又有横向联系，并由此构成一个网络结构。

3. 概念图中的概念常常以层级结构出现

层级结构是概念图最重要的图标特征，它代表了概念的展现方式。一般来说，最上端的是概括性最广的概念，置于下端的是依次排列的从属具体概念。当然，特定知识领域的层级结构还取决于知识应用的情境，所以我们要针对需要解决的核心问题去构建概念图。

除了上述三个特征之外，概念图还包含着许多具体事例，这些事例能够帮助我们厘清概念间的关系，深入理解概念的内涵，构建概念的网络结构。因此，概念图是一种以科学命题的形式表示了概念之间的意义联系，并用具体事例加以说明，从而把所有的基本概念有机地联系起来的空间网络结构图。正因如此，概念图表达的是学习者对特定事物的理解和认识，由于每个个体对客观世界认识的方式和水平都不相同，所以不同的人绘制出来的概念图也是各不相同的。概念图绘制中所列举的概念和命题越多，绘制者对相关主题的认识程度越高。

【学以致用】

图 2-2 为"种子植物"的概念图。

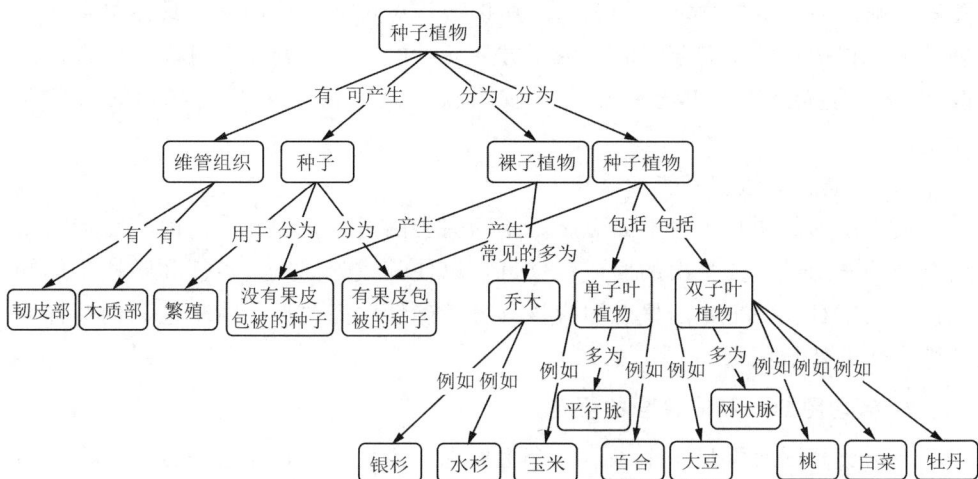

图 2-2　"种子植物"的概念图

试分析该概念图中包含的概念、命题和概念层级。

（四）概念图绘制既要聚焦知识领域也要符合一定的规范

1. 概念图的绘制步骤

（1）在学习构建概念图时，可以先从构建者熟悉的知识领域开始。

因为概念图的结构取决于特定的知识情境，因此可以选择教材中的一个片段、一个科学实验、一个现场活动，又或者是一个有待于学生去解决的具体问题，从而再去着手构建概念图。对于第一次构建概念图的构建者来说，这也有助于他们限定知识领域的范围，防止概念图的内容太过广泛和分散。

（2）在选定知识领域后，需要确定这一领域的关键概念。

通常在构建概念图时，15～25 个概念就足够了，当然相对简单的概念图可以使用较少的概念。构建者可以先列出这些概念，并依据它们的概括性高低进行排列，形成概念的层级结构。把概括性最强、最一般的概念置于顶层，依次向下，概括性较小的概念位于较低的层次，最具体的概念则位于最底层。这样的排列并没有太高的精确度要求，但这能帮助我们形成概念图的结构，这也是构建概念图的开端。

（3）构建初步的概念图。

利用连线与合适的连接词将概念连接起来，完成知识的初步整合。概念间的连线通常是有方向的，一般用直线或带箭头的直线表示。连接词的使用需要能够准确说明两个概念之间的关系，所以应该尽可能地选用表达具体、意义明确的词。在构建概念图草图时，为了方便后续的完善和补充，可以采取方便修改的形式进行绘制，如选用便捷的应用软件或是易于擦写、移动的材质和设备。

（4）对概念图做进一步的修正。

概念图的制作是一个不断更新、不断完善的过程，因此一个内容充沛、结构合理的概念图需要多次的商讨和修订，以使其成为捕获、表征和归档个体知识的强大工具。一个好的概念图应该具备正确性、完整性、清晰性、创造性以及综合性的特征。

2. 概念图的绘制应符合的规范

一个概念图通常只用来表达一个主概念，主概念下包含若干分支概念。概念图中每个概念都是一个专有名词，用方框或圆圈圈住，成为一个概念节点。每个概念节点在同一概念图中只出现一次。

概念间的连线通常是带箭头的，如不带箭头则默认方向为从上而下。为了使概念图看起来更清楚，建议尽可能使用带箭头的连接线。连接线间是可以交叉的，连接线的交叉恰恰反映了概念间关系的复杂性。

概念间连接线上需使用连接词。连接词不需要被圈住，但应力求表述准确、明了，任意两个概念和它们之间的连接词必须能形成一个清晰完整的命题。

【学以致用】

下面是关于"生长素的生理作用"的内容。

在单侧光的照射下，植物朝向光源方向生长的现象叫作向光性。生长素的发现使人们认识到，植物的向光性是由生长素分布不均匀造成的：单侧光照射后，胚芽鞘背光一侧生长素含量高于向光一侧，因而引起两侧的生长不均匀，从而造成相关弯曲。

生长素在植物体内起作用的方式和动物体内激素起作用的方式基本类似，它不像酶那样催化细胞代谢，也不为细胞提供能量，而是给细胞传递信息，起着调节细胞生命活动的作用。

在植物体内，生长素在细胞水平上起着促进细胞伸长、生长、诱导细胞分化等作用；在器官水平上则影响器官的生长、发育，如促进侧根或不定根发生，影响花、叶和果实的发育等。

研究发现，生长素所发挥的作用，因浓度、植物细胞的成熟情况和器官的种类不同而有较大的差异。一般情况下，生长素在浓度较低时促进生长，在浓度过高时则会抑制生长，例如，侧芽产生的生长素逐渐向下运输，枝条上部的生长素侧芽处生长素浓度较高。由于侧芽对生长素浓度比较敏感，因此它的发育受到抑制，植株因而表现出顶端优势。去掉顶芽后，侧芽处的生长素浓度低，于是侧芽萌动、加快生长。幼嫩的细胞对生长素敏感，衰老细胞则比较迟钝；不同器官对生长素的敏感程度也不一样。

请根据你对其中包含的概念的理解，尝试构建这部分内容的概念图。

（五）概念图在教学中可作为不同工具使用

1. 概念图可以作为教的工具

（1）概念图促进教学设计的清晰呈现。

概念图能为教师组织课程内容提供有力的帮助。在教学设计中，教师需要把握好知识与知识间的关联，构建准确、清晰的知识脉络，概念图的使用帮助教师厘清概念间的层层关系，将教学中的重要概念、规律和原则等以简洁明了的方式呈现，使得分散的知识向结构化、系统化的方向转变。

有意义学习的核心就在于将新知识整合到已有的知识结构之中，而在生物学教学中，一个重要概念的形成过程通常会跨越课时或者章节的界线。因此概念图在新课教学中的运用非常广泛，通常概念或陈述性知识较多的部分都可以采用概念图来组织教学。通过利用概念图的层级结构可以将教学材料和思路进行高效有序的组织，从而实现新旧知识的整合、教学内容的归纳、知识重点的突出以及知识难点的突破。

（2）概念图保证复习教学的高效开展。

生物学是一门系统科学，各概念和规律间存在着严密的逻辑关系，而复习课程的关键就在于教师需要引导与组织学生对所学的知识、规律、方法进行总结和归纳，形成一个完善的体系。在这样的要求下，概念图的使用可以帮助教师开展更高效的复习教学。现代认知心理学认为，长时记忆中的信息不能提取或提取失败的原因是失去了有助于回忆的编码线索，或者在储存时没有适当编码。概念图则可以帮助学生深入理解概念间的意义，便于识别和记忆，提高有效提取和运用知识信息的能力，从而在整体上掌握生物学知识。

2. 概念图可以作为学的工具

（1）概念图能帮助学生构建知识网络。

通过构建概念图，学生可以将各部分的知识联系起来，进一步的整合和梳理使得知识形成一个可视化的、互相关联的网络结构，这不仅有利于学生深入贯通整个课程内容，更能为跨学科概念的组建提供强有力的支持。当学生有能力在学科间构建知识网络时，也就说明他们能够形成准确清晰的学科认知。当然，用于构建知识网络的途径并不只有概念图这一种，在概念图被开发之前就存在许多其他用于表征知识或语义结构的方式，但是它们并不能划分知识的层次结构，在节点中也不能包含明确清晰的单一概念，并且通常不具备关联各个命题的连接词。因此概念图成为学生在组织学习过程中的常用方法。

（2）概念图能改变学生的认知方式。

在学生的学习过程中，知识的整合过程以概念图的形式被清晰地呈现出来，这打破了传统的以罗列条款来展示课程内容的模式。在这样的过程中，学生既能够直接观察到概念，也能够展示构建知识框架的思维过程。

现有研究表明不同的教学策略会对学生的认知方式产生重要影响。因为概念图能形象地展示概念间的意义连接，因此经过较长时间的学习，学生能够习惯于从概念和知识间的"关系、联系、意义"的角度去思考，从而将新概念有序地、恰当地整合到已有的认知结构之中。当学生采取的是有意义的学习方式时，他们就能根据概念间的意义联系，不断重塑新的认知结构。

（3）概念图能引导学生展开合作学习。

概念图的构建既能以单独个体完成，也可以在小组合作间完成。通常合作学习比常规独立、竞争的教学方法更有利于学生的发展，通过小组共建概念图让学生能够在思想碰撞的过程中纠正和发展自身的知识，从而进一步完善个体的知识结构，促进有意义的学习。

3. 概念图可以作为评价的工具

（1）利用概念图检验学生的学习情况。

相较于一般的评价方式，概念图可以检验学生对于知识的理解深度、整合能力和迁移水平等，这有助于我们去评估学生的学习进展或检验学生的学习效果。鲁伊斯普里莫（Ruiz Primo）和沙维尔森（Shavelson）曾对于概念图在科学教育评价中的运用做了深入研究，他们提出概念图的评价是"评价任务""反应方式"和"评分体系"的综合体。根据这一观点，就可以概括出作为评价工具的概念图的三个组成部分：要求学生给出他们在某一领域的知识结构的任务；学生的反应方式；用于评定学生所绘的概念图的计分体系。

其中概念图的评价任务主要可以分为三种类型：创造型概念图任务、选择型概念图任务和填空型概念图任务。创造型概念图任务是学生自主构建概念图的主要途径，有利于学生认知结构的评价；在选择型概念图任务中，学生通过选择提供的概念或连接词，去完成给定的、尚不完整的概念图的构建；填空型概念图任务则要求作图者自由创造概念或连接词，然后填入概念图的空白处。三者虽然都以构建一个完整的概念图为目标，但是各有特点和侧重点。因此有学者认为创造型概念图任务适宜于形成性评估，选择型概念图任务则更适用于大规模的终结性评估。

在用概念图评价的过程中，其答案往往是开放的而不是唯一的，这就鼓励学生去发散思维，激发创造力。另外，学生在绘制概念图时，表达出来的是自身对于知识的理解，绘制出来的结构或选用的连接词都能显露出其自身的认知和态度，因此概念图不仅可以用来评价学习者的认知情况，同时也可以用来评价其情感态度和价值观。

（2）利用概念图反馈教学效果。

概念图除了是评价学生学习情况的有力工具之外，也能为教师的教学情况提供反馈。学生画的概念图可以体现他们对概念不完全的或者有缺陷的理解，从而有助于教师诊断这些概念，了解学生的认知结构，分析影响教学效果的原因。当概念图中出现了大量错误连接或者概念之间缺乏联想表达时，教师应该思考学生是否真正进行了概念学习。除此之外，如果在概念图中缺乏适当的例子和符号，教师则可以推断出学生不具备良好的将知识运用到新情境中去的能力，这说明学生在头脑中对概念进行抽象的能力是不够的。

（六）概念图的评价应使用科学的评价工具

概念图的评价通常需要使用评价量规。评价量规是一套使用预先设定好的标准来进行评分的工具。概念图的评价量规种类很多，其中由诺瓦克和高因（Gowin）于1984构建的评价量规是最早提出的、系统性的概念图评价方法。该评价工具主要包括四部分，即命题、层级、交叉连接和实例（表2-1）。命题是两个概念之间通过某个连接词和连线形成的意义关系。层次是概念图中的概念依据抽象水平而形成的层级结构。最抽象概念一般位于上方，从属的列属其下，具体的实例列于最下方。交叉连接是指不同分支中的概念之间的相互联系。这些组分被诺瓦克和高因认为最能够体现概念图中的意义连接和创造潜能，是概念图评价中最重要的部分。其中，每个部分的评分标准如表2-1所示，交叉连接的评分范围为2～10分。如果学生做出独特或有创意的交叉连接，可以加分。最后概念图的总分为每个组分的评分总和。

表 2-1　概念图评分标准

命题	概念图中是否通过连接线和连接词，呈现了两个概念之间的意义关系？（每个有效命题记 1 分）
层级	概念图是否有层次结构？是否是上层概念更加抽象概括，下层概念更加具体？（每个有效层级记 5 分）
交叉连接	概念图中是否显示了不同部分概念之间的有意义联系？（有效、有重要意义的交叉连接记 10 分；每一个有效但不能说明相关概念或命题集合之间的综合的交叉连接得分为 2 分；独特的或有创意的交叉连接有可能得到额外的分数）
实例	概念图中呈现了哪些有效实例？（每个有效的实例记 1 分）

此外，还可构建一个标准的概念图进行打分，并用学生的概念图得分除以标准概念图得分，得出一个百分比以作比较之用。此时可能出现学生的概念图绘制得比标准概念图更好的情况，故部分学生能够获得超过 100％的分数。

【学以致用】

某教师在"生命活动的基本单位"的教学中，绘制了如图 2-3 所示的思维导图。

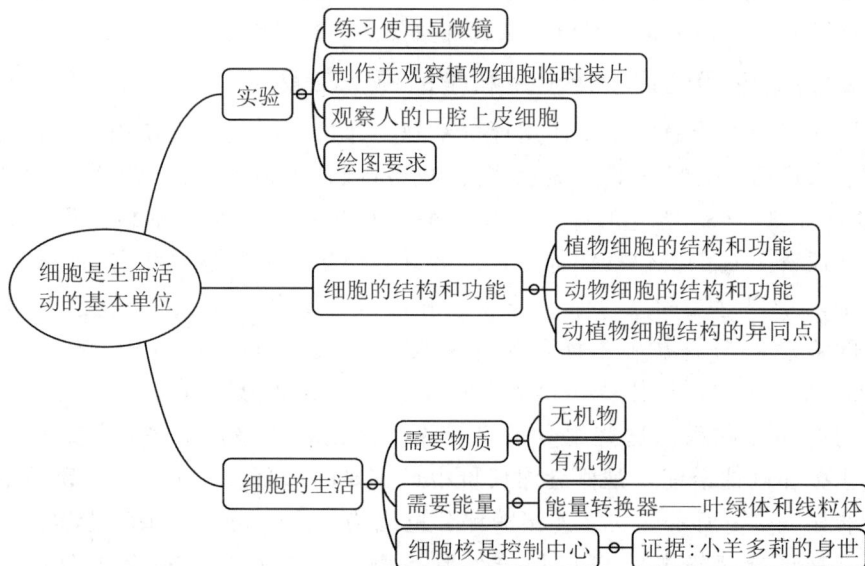

图 2-3　生命活动的基本单位思维导图

请思考，思维导图和概念图有哪些异同点？

请查阅相关文献，进一步了解思维导图的概念、基本绘制方法及其在生物学教学中的应用。

二、支架式教学策略

【聚焦情境】

在 DNA 的结构教学中，教师提出问题：为什么 C 和 G 含量高的 DNA 具有更好的热稳定性呢？学生陷入沉默。教师意识到学生并不理解这个问题的答案，于是提出了过渡性问题：在碱基配对的过程中 A 和 T 之间形成的是两个氢键，而 C 和 G 之间形成的是三个氢键，你认为打破哪一种配对需要消耗更多的能量？

有人把这个过渡性问题看成教师为学生学习搭建的脚手架，与此相关的教学被称为"支架式教学"。你知道究竟什么是支架式教学吗？支架的类型有哪些？如何选择和搭建支架开展支架式教学呢？

（一）支架式教学促进以学生为中心的有意义建构

"支架式教学"是 1976 年，由美国著名教育学家和心理学家布鲁纳及其同事在研究母亲如何影响幼儿语言发展的过程中提出的，现指教师在学生现有发展水平的基础上，适时提供一定支持和帮助，使之完成更高水平的认知活动。

支架式教学策略一直备受学者们的重视。目前对支架式教学策略的界定中，被普遍接受的定义是："支架式教学应当为学习者建构对知识的理解提供一种概念框架（conceptual framework）。"这是欧共体"远距离教育与训练项目"（DGXⅢ）的有关文件中所定义的。所谓"概念框架"是指学习者深入理解问题时所必须具备的知识。所以需要教师在此之前把复杂的学习任务进行分解，由浅入深地引导学生进行探究，使学生在解决基础问题后再进入更深层次的问题解决，从而逐步加深学生对知识的理解。支架式教学以学生为中心，教

> **核心概念**：支架式教学应当为学习者建构对知识的理解提供一种概念框架。教师在学生学习前把复杂的学习任务进行分解，由浅入深地引导学生进行探究，使学生在解决基础问题后再进入更深一层次的问题解决，从而逐步加深学生对知识的理解。

师是引导者、促进者，利用会话、情境引起学生的主动性、积极性，发挥学生的创造性，最终实现学生自主的对所学知识进行意义建构，实现知识内化。

（二）支架式教学源于对最近发展区的认识

支架式教学策略最直接的理论来源是苏联著名心理学家维果斯基（Lev Vygotsky）的最近发展区理论。维果斯基认为，学生的发展有两种水平：一种是学生现有的发展水平，即学生独立活动时所能达到的解决问题的实际发展水平；另一种是学生可能的发展水平，即通过教师或者更有能力的人帮助后学生所能达到的潜在发展水平。两个水平之间的距离即为最近发展区。由此可知教学要考虑学生的最近发展区，使教学内容落在最近发展区，实现教学适当地走在学生实际发展水平的前面，从而调动学生的积极性，发挥其潜能，实现两种发展水平之间的跨越，不断创造新的最近发展区，促进学生不断进步。

（三）根据不同标准支架可分为不同类型

根据不同需要搭建不同的支架类型，而支架的类型是根据不同的标准进行划分的。支架的划分方式有很多，但是没有统一的划分方式。如根据教学内容可分为抽象型支架和具体型支架，根据教学情境可分为偶然型支架和策略型支架，根据课堂的互动方式可分为单向型支架和双向型支架，根据教学手段可分为媒介支架、任务支架和材料支架，根据表现形式可分为情境支架、范例支架、问题支架、建议支架、图表支架和工具支架等各种类型。根据不同的标准将支架进行划分，便于教师在实际的教学过程中，根据不同的需要进行准确的选择和使用。以下即以按表现形式划分为例，对各支架类型的含义和使用进行相关解释。

1. 情境支架

情境支架，即给学生提供特定的情境，让知识的学习置于情境之中，为学习提供更多的背景支撑，也使得学习变得更生动、直观、有趣和目标指向更明确。

2. 范例支架

所谓范例支架，是指已有的学习成果。这一支架主要是在任务学习之初向学生展示的，用于帮助学生掌握一些基础知识和特定的学习方法、技巧，是一种学习示范，用来为后续深入学习做铺垫。

3. 问题支架

问题支架,是指在教学过程中,教师根据教学内容和目标,设计的一系列联系紧密,具有一定层次结构的问题串。它能够引起学生认知冲突,引发学生思考,并具有一定的启发性,在解决问题的过程中逐步促进学生的认知发展,进行知识建构,达成教学目标。

4. 建议支架

建议支架,是指学生在探索过程中遇到困境时,为使学生能够顺利跨越、继续学习,教师所提供的有针对性的、高效的建议。这里的建议不是指教师直接提供学生具体的操作步骤,而是指明问题的关键所在,给出建设性意见,对学生进行引导和启发,最终通过学生自主探索和操作解决问题。

5. 图表支架

图表支架主要包括结构图、概念图、表格等。图表支架可以对知识进行总结、比较,形成系统性的知识体系,也可以将知识内容生动形象地展现出来,以帮助学生掌握知识框架,建立起完善的知识体系,培养学生对知识信息的处理和综合分析能力。

6. 工具支架

工具支架,是指在教学过程中用到的教学用具或工具书等,如课件、模型、挂图、白板、参考书等。工具支架的合理使用可以将一些抽象的内容变得生动具体,以便于学生对知识的理解,提高教学效率。

【学以致用】

在探究"酵母菌不同呼吸方式"的教学中,教师开展了下列教学过程。

1. 展示酵母菌显微照片,提供酵母菌在有氧和无氧情况下都能生活的信息,展示附有CO_2文字的馒头和附有酒精文字的米酒照片,让学生按顺序将三者用问句串联起来。学生提出了符合探究方向的问题:"酵母菌是在有氧还是无氧情况下产生CO_2的?酵母菌是在有氧还是无氧情况下产生酒精的?"明确探究实验的自变量是"有无氧气"和检测指标为"CO_2和酒精"。

2. 结合学生曾经进行过的"将5g干酵母用30℃左右的温水溶化"的操作,为学生提供24 mL 5%葡萄糖液、1 g干酵母、水浴保温装置等材料用具,指导学生根据学习过的流程,小组讨论配制酵母菌培养液的方法:将葡萄糖液加热至30℃后加入干酵母搅拌,得到酵母菌培养液。

3. 给每个学习小组提供贴有A、B标签的两支分支试管、两根玻璃弯管、两根短橡胶管、两个试管塞及两套水浴保温装置，学生利用这些用具独立组装出"不能通气、可以导气、能进行酵母菌培养"的实验装置，如图 2-4 所示。学生通过分析得出该装置只可用于探究"酵母菌是否在无氧情况下产生 CO_2 和酒精"的问题，并产生将该装置改装成能探究"酵母菌是否在有氧情况下产生 CO_2 和酒精"的强烈欲望。在此基础上，教师再给每个学习小组提供一支带有 9 号针头的 60 mL 注射器、一支空圆珠笔管、连接所需的胶带，学生通过力所能及的操作，顺利将图 2-4 装置改装成图 2-5 所示的装置。

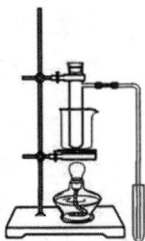

图 2-4　无氧实验装置　　　图 2-5　有氧实验装置

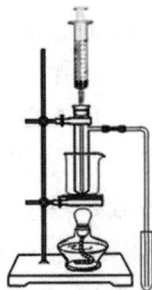

4. 有氧培养需不断地通入无 CO_2 的空气，教师先展示初中化学"水和空气的压缩实验"的内容：取两支大小相同的医用注射器，将其下端垂直向下，一支插入水中，一支悬于空气中，然后将两活塞向上抽拉，分别吸入等体积的水和空气。随后鼓励学生参照该实验，利用一支 60 mL 注射器和 5 mL 质量分数为 10% 的 NaOH，制备 50mL 排除了 CO_2 的空气。学生经逻辑思维和操作试验，独立摸索出制取无 CO_2 空气的方法：先将注射器下端垂直插入 NaOH 中吸至 5 mL 刻度，再将注射器下端垂直向下悬于空气中抽拉活塞，吸空气至 60 mL 刻度，最后再将注射器下端垂直向下彻底排除 NaOH。

5. CO_2 可以用澄清石灰水和 BTB（溴麝香草酚蓝）检测，学生能熟练操作用澄清石灰水进行检测的方法，顺利观察到澄清石灰水的混浊度在有氧条件下大于无氧条件下的现象。对于用 BTB 进行检测的方法，教师则采用问题进行引导，问："酸碱指示剂 BTB 在酸性、中性、碱性溶液中分别呈现什么颜色？"学生回忆回答："分别呈现黄色、蓝色、深蓝色。"问："CO_2 溶于溶液中会使溶液的 pH 发生什么变化？"学生回答："使溶液变为酸性。"指导学生完成将 CO_2 导入 BTB 溶液的操作并要求他们认真观察颜色变化，问："颜色发生了什么变化？"学生回答："有氧、无氧条件下 BTB 溶液颜色变化分别为蓝变绿再变黄、蓝变绿的现象。"

6.用酸性重铬酸钾进行酒精检测时，教师借助初中物理中的"酒精汽化"实验，先向学生演示滴有几滴酒精的封闭瘪塑料袋在80℃热水中的现象，然后提出如下的操作建议：用玻璃棒蘸取少量酸性重铬酸钾，在洁净载玻片中央涂抹出橙色圆斑，将橙色圆斑向下盖在拔去试管塞的分支试管口上，用盛有80℃水的烧杯进行保温。最后学生顺利完成实验操作，观察到酸性重铬酸钾在有氧条件下不变色、无氧条件下很快变为灰绿色的结果。

分析这个教学过程中教师为学生提供了哪些具体的不同类型的学习支架。

（四）支架式教学通常历经从搭建支架到效果评价五个阶段

1. 搭建支架

通过搭建合适的支架，教师可以将复杂的学习任务进行分解，降低学生的畏难情绪，增加学生的积极性和信心，逐步解决不同层次的问题，实现从实际发展水平到潜在发展水平的跨越。因此在整个过程中如何选择和搭建合适的支架是关键的第一步。

由于支架具有动态性、互动性、生成性等特点，并且整个教学过程都是围绕"支架"进行展开的，因此正确的选择支架、搭建支架十分重要，则需要充分考虑以下几点内容。

（1）教学内容。不同教学内容的特点不同，所以其适合的支架类型可能也是不同的。例如，对于生物学教学而言，探究性的实验教学需要搭建更多的问题支架，引导学生由浅入深进行探索与思考。而在细胞分裂的教学中适当的搭建图文支架更易于学生对知识点的理解和掌握。因此搭建合适的支架，需要教师对教学科目及内容进行准确分析。

（2）教学目标。不同的教学目标期望学生习得的能力也不同，因此教师要对教学目标进行分析、分层，从而选择并搭建能够培养学生相应能力的支架。例如，期望学生形成某种情感态度与价值观时，教师可以借助图文或影像支架，进一步营造情境感，加深学生的情感共鸣。而期望培养学生的动手能力时，教师可以搭建材料支架，提供给学生动手操作必要的材料。

（3）学生特点。这里主要是指教师要准确地分析学生的最近发展区，以此为切入点，使搭建的支架难度落在这一区间，才能真正实现教学适度地走在发展的前面，实现学生的发展。

此外还需要教师根据实际的教学情况适时、灵活的进行调整，以期最大程度发挥支架的作用，顺利达成教学任务。

2. 进入情境

情境就是指教师结合学生已有经验，创设一定的问题情境，使学生产生认知上的冲突，引起学生探索的兴趣，投入教学活动中。因此教学情境的创设对学生的自主探索起着关键作用。所以在创设情境时要紧密结合学生的已有经验，生动有趣才能引起学生的共鸣。同时问题情境要在学生的最近发展区之内，这样既能引起学生的认知冲突，又可以在学生努力后得以解决，从而不断激发学生继续探求的欲望，实现新的最近发展区的创设和跨越。

3. 独立探索

独立探索是指学生在没有教师的帮助下，通过自身能力在概念框架中不断探索，独立解决问题的过程。在这一过程中，学生始终为活动的主体，教师最初担任着引导者的角色，帮助学生明确探究目标，通过情境和支架对学生进行引导。但随着学生探究进程的不断深入，学生能力的不断发展，教师的引导逐渐减少，直至完全撤出，最终实现学生的独立探索，培养学生的自主学习能力，进行知识的主动建构，完成知识的内化。

4. 合作学习

支架式教学不仅重视培养学生独立学习的能力，同时也重视合作学习的能力。因此在支架式教学过程中教师不仅为学生创造独立思考的空间，同时也为学生之间提供相互交流合作的机会。例如，教师可以将学生进行分组，针对任务和问题先进行小组间的交流讨论，再以小组为单位进行班级的交流探讨。通过合作学习，学生之间不同的思想火花得以碰撞，从而拓宽学生的思维，同时有利于问题的解决，使学生能较为全面、正确地理解当前所学知识，完成意义建构。此外，在合作学习的过程中，一定程度上也锻炼了学生人际交往出口交流表达的能力，具有重要的社会意义。这符合联合国教科文组织的报告《教育——财富蕴藏其中》所指出的"学会认知""学会做事""学会共同生活"和"学会生存"这四个现代教育支柱的精神。

5. 效果评价

学习效果的评价是教学重要的组成部分，因此教学内容的结束并不意味着教学的结束。评价可以让学生发现自身的优缺点，更全面的认识自己，不断改进，促进自身发展。另外，教师的评价还能有助于增进师生间的情感，有助于教学活动的开展。因此要真正达到评价的功能，需要注意以下几个方面：首先，评价的主体要多元化，不仅仅包括教师对学生的评价，还应包括学生之间的互评以及学生的自评。不同主体评价的角度可能不同，看到的东西也可能不同，因而使得评价更全面。其次，评价的内容要多方面，不仅要对学生进行知识方面的评价，还应注重对学生技能和情感、态度、价值观等方面做出评价，以实现评价促进学生全面发展的功能。最后，还应注重评价方式的多样化，不仅可以采用纸笔测验的方式进行评价，还可以通过档案袋、调查问卷等方式进行评价，从而使得评价更加具体、准确。总而言之，对学习效果的评价是一种动态的描述，最终希望通过评价进一步促进学生发展，升华教学效果。

（五）支架式教学突出了学生的自主建构和主动学习

支架式教学是教师根据学生在学习过程中遇到的实际困难，提供有针对性的支架，整个学习过程依然建立在学生的主动参与和自主建构的基础之上，因此支架式教学策略体现出如下特点。

1. 师生角色发生改变

在使用支架式教学策略的教学过程中，学生成为教学活动的主体，教师在这一过程中起着引导和促进的作用。教师为学生提供必要的支架和资源，引导学生逐渐获得解决问题的能力，这种支持逐步减少，最终完全撤出，让学生自主进行活动探究，解决问题，建构知识。

2. 学习效果的评价发生改变

与传统的教学评价相比，在支架式教学中，学习效果的评价主体更为多元，注重不同主体的评价，使获得的评价信息更全面、准确；评价方式更加多样，注重过程性评价，重视学生在学习过程中体现出的认知策略和能力；评价内容更为全面，注重对学生动手能力、创新能力等多方面综合考查。通过评价促进学生进行反思性学习，实现评价促进学生发展的功能。

3. 教学形式发生改变

支架式教学中，通过搭建支架、创造问题情境、独立探索、合作学习以及效果评价等环节，完成教学。这一过程充分考虑学生的个体差异和他们的已有经验，增加课堂教学的趣味性，激发学生探索的兴趣，有助于提高学生自主学习的能力，实现教学效率的提升。

（六）支架式教学对教师提出了更高的要求

1. 支架式教学需更精准地确定学生的最近发展区

支架式教学是以学生的最近发展区为切入点，因此需要准确把握学生的最近发展区。通常对学生的最近发展区的确定可以通过谈话、调查问卷、纸笔测验等方式进行确定。但由于学生之间存在个体差异，并且学生的发展是一个动态的过程，因此准确把握最近发展区存在一定的难度。

2. 支架式教学不仅要搭建支架，更要撤除支架

支架对学生的学习起到了一定的辅助作用，促进学生进行有意义学习，实现不同发展水平间的跨越，在学生具备一定的能力基础后则需及时撤除。但是支架的准确搭建，需要准确分析学科和教学内容的特点，把握教学的目标，以及学生的最近发展区，所以准确合理地进行支架的选择与搭建依然存在难度。而何时进行支架的撤除同样需要进一步探究，使得支架既能给学生引导和支持，又不会限制学生的自主发展。

3. 支架式教学评价需立足于学生的核心素养发展

由于支架式教学中更注重学生的自主学习和能力培养，注重学生基于最近发展区不断延伸的循序渐进的发展，因此评价的内容不仅仅是知识的掌握情况，还包括能力、态度和价值判断等方面的评价，因此要建立起准确、全面的评价标准。

三、模型建构教学策略

【聚焦问题】

在进行"基因的自由组合定律"的教学时，教师让学生用软磁条在黑板上拼出了如图 2-6 所示的示意图。

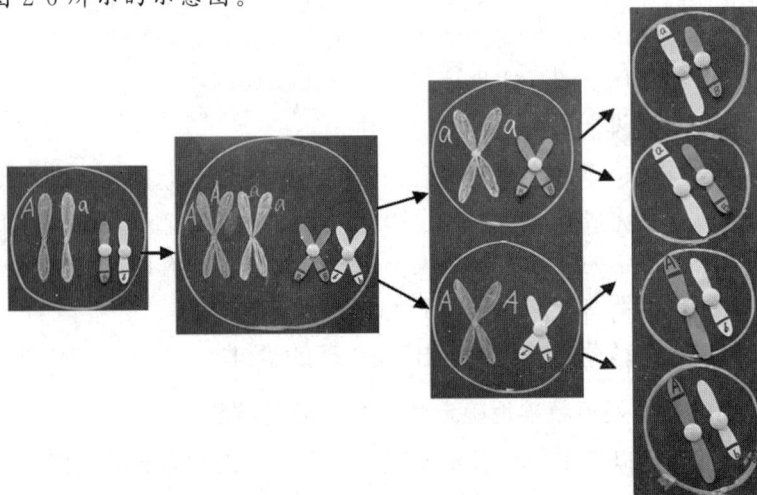

图 2-6 软磁条拼出的图片

有人把这些软磁条称为"模型"，你知道什么是生物学教学中的模型吗？除了这些用实物材料制作的模型外，你还知道有哪些类型的模型？模型究竟是什么？模型建构对教学有什么意义？

（一）模型是对事物本质特征的抽象和解释

最早关于模型的定义出自 1962 年布莱克（Blake）的《模型与隐喻》一书，在书中他认为模型对科学研究具有重要以及不可替代的作用。《美国国家科学教育标准》对模型下的定义为"模型是和某一具体物体、实际事件或一类事物相关联的并且具有解释功能的试探性结构或体系"。而在人教版高中生物必修一的教材中，对模型的定义是："模型是人们为

> **核心概念**：模型是能描述原型本质特征的一种模拟形态。模型是对原型的抽象和概括，它不一定表示原型的全部特征，也可能表示的是原型的某个特征。

了某种特定目的而对认识对象所做的一种简化的描述，这种描述可以是定性的，也可以是定量的；有的借助于具体的实物或其他形象化的手段，有的则通过抽象的形式来表达。"由此可知，模型本质是通过模拟原型的形态，能描述原型的本质特征。因为模型不一定表示原型的全部特征，可能是原型的某个表征，也可能是原型的抽象和概括。例如，聚焦问题中的教学案例就是利用染色体模型来解释细胞减数分裂中染色体的行为和变化规律。

（二）模型建构有助于揭示和理解原型背后所包含的科学原理

模型建构教学策略是一种重要的科学方法，2011 年，美国国家研究理事会（National Research Council，NRC）发布了《K-12 年级科学教育框架》，提议让 K-12 年级的学生通过以围绕科学大概念而组织的实践来促进学生理解科学本质，提升科学素养。《美国国家科学教育标准》指出学生探究活动的最终结果应该是一个模型或一种解释，可见模型建构也是探究式活动的重要一部分。而模型建立的实质就是揭示出原型背后所包含的科学规律，因为这些规律往往被许多非本质和无关的因素所掩盖。在生物学课程学习中，模型建构是让学生尝试自己建立模型，这对学生获得并掌握有关生物学的概念具有十分重要的意义。此外，学生只有体验建立模型的过程之后，才能学会模型方法。其中模型方法是指抓住原型的本质特征，遵循化繁为简的原则，以简化和理想化的形式表现原型，目的在于把复杂的实际问题转化为理想的简单问题。

（三）不同的模型有不同的建构方法

建构和使用模型的学习活动最大的意义在于期望学生在学习核心概念后，在不同的情境下，能够基于新的证据建构和修正模型，利用模型预测和解释现象，支持他们新的想法和预测。所以一般认为模型建构的学习分为以下四个进阶：①建立和使用模型来展示现象；②建立和使用模型理解某个现象，解释某个现象如何产生；③建立和使用模型支持他们新的想法、新的预测；④建构和使用模型产生一个关于自然的新问题。

生物学课程与教学中的模型包括物理模型、概念模型和数学模型三种，每种模型的建构方式又有所不同。

1. 物理模型

物理模型是以实物或图画的形式表达认识对象特征的模型，最重要的特点是既形象又直观，主要有实物、示意图和文字三种形式。学生通过物理模型的制作，能促进对生物学知识的理解并将知识条理化，更有助于体验概念的形成和规律的探究，培养分析和解决问题的能力，激发创新思维。例如，高中生物学中的物理模型有细胞的流动镶嵌模型、DNA 双螺旋模型、真核细胞的三维结构模型和染色体结构模型等。

关于建立物理模型（主要是人工模型）的主要步骤：

（1）确定对象，分组收集相关资料，讨论分析模型的特征，初步设计方案。

（2）选择建构模型的材料。

（3）确定模型制作的实施过程和具体分工。

（4）按照分工制作，然后组合。

（5）对照设计方案，处理细节以及修补存在的缺陷，完美模型。

（6）与其他各组交流比较，做出合理评价。

2. 概念模型

概念模型是通过分析大量的具体现象，分类并揭示其共同本质，将其本质凝结在概念中，把各类对象的关系用概念与概念之间的关系来表述，即用文字和符号抽象概括出事物本身特征的模型。概念模型中的概念图，近年来运用得很广泛，此外思维导图、流程图等都可以用来表达概念模型。例如，光合作用光反应和暗反应中物质和能量的变化模型和甲状腺的分级调节模型等。

知识链接：扫描下方二维码，了解不同类型的模型示例。

关于建构概念模型的主要步骤：

(1)确定概念主题。

(2)整理相关概念，梳理概念定义和概念间的联系。

(3)将概念置于一定的位置，用文字和符号表示概念间的关系。

3. 数学模型

数学模型主要通过表达式、图表曲线和表格三种形式表现出来。数学模型把抽象问题具体化，寻找一类事物发展中的数量变化规律，并用不同的数学表达式来表征该规律。同时构建数学模型的过程可以培养学生的逻辑推理能力，发展学生的思维能力。高中生物学中的数学模型有种群数量的增长曲线、温度和 pH 对酶活性的影响的曲线等。

关于建构数学模型的主要步骤：

(1)模型准备。研究对象，提出问题。

(2)模型假设。根据问题，提出假设。

(3)模型建立。根据实验数据，用适当的数学形式对事物的性质进行表达。

(4)模型的检验。通过进一步实验或观察，对模型进行检验或纠正。

(5)模型的应用。通过建立的模型对相关现象判断和预测。

(四)模型建构对于学生的认知发展有重要价值但在教学中也需合理使用

1. 模型建构有助于学生对知识的理解

生物学习中，模型以相对比较直观和形象的方式提供观念和印象，不仅是学生进一步获取系统知识的条件，而且是学生认知结构的组成部分。模型方法的特点决定了其可以促进学习者形成对知识真正的理解，建构起深刻而灵活的知识，建构起能适应不同问题情境，可以广泛迁移的知识。

2. 模型建构凸显学生的主体地位

模型建构的过程是学生亲身参与、主动建构的过程，在这个过程中，学生既动手，又动脑，还常常需要与人合作，跟人交流，凸显了学生学习的主体性。

3. 模型建构有助于学生能力的发展

运用模型比对原型，学生能更好地发现问题、解决问题，更深入地认识生物结构、生命现象和生命活动规律，发展观察能力、动手能力、认识事物和分析问题的能力、沟通与合作能力，促进学生认知水平的整体发展。

4. 模型建构能提高学生的学习兴趣

进行模型建构教学时，形象具体的模型使得教学活动不再枯燥无味，可以使学生注意力更加集中，还可以改变学生的学习方式，使他们逐渐具备模型意识和思想，感受到学习内容之间的相互联系，从而提高学习兴趣。

5. 模型建构能帮助学生形成良好的科学态度和科学作风

模型建构的实质就是排除非本质和无关的因素，揭示出原型背后所包含的科学规律。可见其过程必然是一个艰苦的探索和发现的过程，决不能弄虚作假，需要严谨、诚实的科学态度。同时模型建构的过程一般都需要一定的时间，常常需要学生具有坚韧不拔的意志。因此，模型建构不仅仅可以培养学生的科学态度，还帮助学生树立科学作风。

模型的方法是一种重要的科学研究的方法。科学的发展始终都伴随着模型的建立、应用、修正、再应用的过程。如今模型建构教学策略得到了空前的重视也被广泛应用，但关于模型建构教学的研究还不够全面、深入和系统，如何在教学中灵活取舍、合理运用该策略是广大教师关注的焦点。例如，在课堂上进行物理模型建构，往往会出现各种意想不到问题，材料选择的多样性、适切性、环保性、创新性，学生对原型的理解及对原型表征的困难等都会导致在课堂时间内不能完成模型建构的全过程，从而造成建模的效果、学生的成就感、模型评价的效果大打折扣；教师自身关于模型建构的专业素质也会极大地影响模型建构的教学。如果把模型的构建放在课外，往往要占用大量课余时间，学生负担加重，如何解决模型建构课堂教学的可行性是需要考虑的重要问题。

【本节要点】

1. 概念教学是近年来国际科学教育的重点内容。基于概念教学的教学策略着眼于自主建构和知识结构的全面完善。概念教学的开展应立足于学生的自主建构，采用各种概念教学策略帮助学生建立相对完善的概念网络。

2. 概念图是组织和表征知识的工具，是一种由概念节点和连线所组成的一系列概念的结构化表征，其提出源于奥苏伯尔的有意义学习。概念图在教学中可以作为教的工具、学的工具和评价的工具。

3. 支架式教学指教师在学生现有发展水平的基础上，适时提供一定支持和帮助，使之完成更高水平的认知活动。其最直接的理论来源是维果斯基的最近发展区理论。支架式教学通常历经搭建支架、进入情境、独立探索、合作学习和效果评价五个阶段；教学时需要教师根据学生在学习过程中遇到的实际困难，提供不同类型的、有针对性的支架，对教师提出了更高的要求。

4. 模型是对事物本质特征的抽象和解释，模型建构有助于揭示和理解原型背后所包含的科学原理。教学中不同模型的建构有不同的教学组织方法。如何解决模型建构课堂教学的可行性，是当前实际教学中需要重要考虑的问题。

【学以致用】

在进行"DNA 的结构"一节教学时，某教师开展了如下的教学过程，帮助学生构建 DNA 双螺旋结构模型。

1. 导入

教师：上节课我们学习了 DNA 是主要的遗传物质及其作用，知道了 DNA 鉴定技术的重要性，那么，DNA 具有怎样的结构？

2. 建构概念模型

结合已经学过的核酸知识，通过建构概念模型来剖析 DNA 分子的结构层次（图 2-7）。在学生建构 DNA 单链、双螺旋结构模型的过程中，教师结合物理模型与数学模型进行讲解。

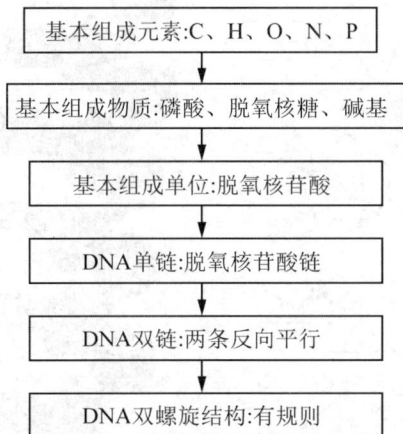

基本组成元素:C、H、O、N、P

↓

基本组成物质:磷酸、脱氧核糖、碱基

↓

基本组成单位:脱氧核苷酸

↓

DNA单链:脱氧核苷酸链

↓

DNA双链:两条反向平行

↓

DNA双螺旋结构:有规则

图 2-7　DNA 分子结构层次的概念模型

学生回答 DNA 的基本组成元素、物质与单位，并制作 DNA 基本单位模型。运用 DNA 零件，圆形彩色硬纸片代表磷酸、五角形彩色硬纸片代表脱氧核糖、多边形彩色硬纸片代表碱基［图 2-8(a)］，拼装一个脱氧核苷酸，用订书机订在一起［图 2-8(b)中的虚线］。最后，学生展示 DNA 基本单位的结构模型。

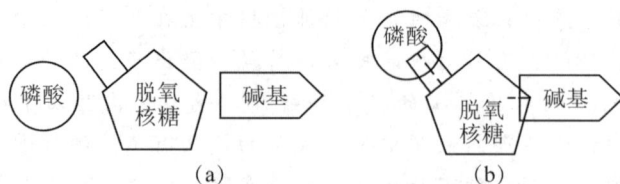

图 2-8　DNA 基本单位组成及结构模型

3. 建构物理模型与数学模型

3.1　DNA 单链结构

教师：在当时，科学界普遍认为，DNA 是由脱氧核苷酸连接而成的长链构成。那么，脱氧核苷酸怎么连接成长链呢？首先要了解磷酸二酯键。它是核苷酸与核苷酸之间相互连接的键，是磷酸和两个五碳糖的羟基（3′-OH，5′-OH）发生酯化反应形成的化学基团。

学生回答"脱水缩合"，并进行小组活动：制作 DNA 单链。最后，学生展示 DNA 单链模型（图 2-9），并理解单链模型是由一个个脱氧核苷酸通过磷酸二酯键连接成长链的。

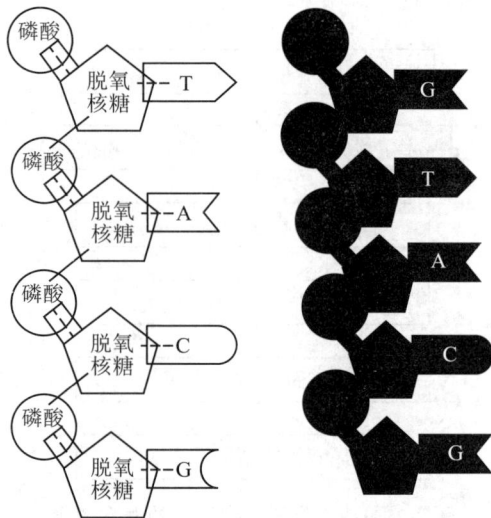

图 2-9　DNA 单链结构

教师展示资料：在 1951 年生物大分子结构会议上，著名的生物物理学家威尔金斯展示了 DNA 的 X 射线衍射图谱，吸引了生物学家沃森与物理学家克里克。他们以威尔金斯和富兰克林提供的 DNA 衍射图谱，推算出 DNA 分子是螺旋结构的。

教师：DNA分子两条链中的碱基是排列在外侧，还是内侧？碱基如何配对？沃森与克里克多次实验失败，但依然不放弃。那他们是如何解决问题的？1952年，著名生物化学家查哥夫研究得出部分生物体的DNA分子组成，发现不同的碱基比例如表2-2所示。请认真观察表2-2中A、G、C、T，看看你会发现什么？

表2-2 不同生物体内含有的碱基比例(%)

物种	A	G	C	T
小麦胚乳	28.1	21.8	22.7	27.4
鲑鱼精子	29.7	20.8	20.4	29.1
绵羊	29.3	20.7	20.8	29.2
人	30.4	19.6	19.9	30.1

学生观察表2-2回答是碱基互补配对原则。

教师：这就是碱基互补配对原则，腺嘌呤的量总是等于胸腺嘧啶的量，鸟嘌呤的量总是等于胞嘧啶的量。

数学模型：$A=T$；$G=C$；$A+G=T+C=A+C=T+G$；$(A+G)/(T+C)=1$，$(A+C)/(T+G)=1$。

小组合作：把两条单链DNA连接在一起，形成双链DNA，最后展示DNA双链结构模型(图2-10)。DNA的双链是由两条反向平行的脱氧核苷酸长链构成的，且A与T、G与C两两配对。

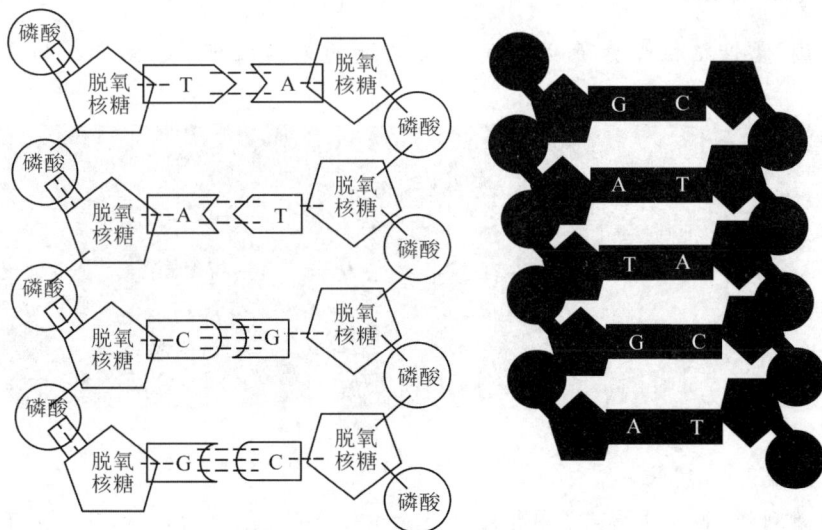

图2-10 DNA双链结构模型

教师：沃森和克里克改变了DNA双链模型中碱基配对的方式，让A与T、G与C配对。因为A与T通过2个氢键相连，G与C通过3个氢键相连，使DNA的结构更加稳定。

3.2　DNA双螺旋结构

教师：沃森与克里克建构的模型是否正确？如何验证？沃森与克里克把DNA双螺旋的立体结构与DNA的X射线衍射图谱进行比较，发现两者完全相符。

学生用教师打印好的1张A4纸，制作并展示DNA双螺旋结构模型（图2-11）：DNA双螺旋结构是一种有规则的结构，脱氧核糖和磷酸交替连接排列在外侧，构成基本骨架；碱基配对，排列在内侧。

分析：该案例中模型建构教学如何体现其教学价值？你对该教学有哪些反思和建议？

图2-11　DNA双螺旋结构模型

第三节　基于合作探究的教学策略有利于发展学生的社会能力

【聚焦问题】

美国21世纪核心素养提出了发展关键的未来技能6C概念，如图2-12所示。

发展关键的未来技能 6C概念					
创造力与想象力 Creativity and imagination	批判性思维与问题解决 Critical thinking and problem solving	沟通 Communication	合作 Collaboration	品质教育 Character education	公民的权利与义务 Citizenship

图2-12

澳大利亚《墨尔本宣言》将澳大利亚青年一代的教育目标具体表述如下。

（1）成功的学习者：具备读、写、算基本技能，具有ICT技术；发展学生学习能力以及逻辑思维能力；创造性地解决问题；独立设计、小组合作和交流观点；具备信息化学习和就业决策的技能；促进学生自身潜能的充分发展。

（2）自信且富有创造力的个体：具有自我价值感和个体认知意识；具有进取心和创造性；与他人建立和保持健康的人际关系；具备担当未来家庭、社会和工作角色的能力；具有对自身生活做出理智决策和行为负责的能力。

（3）主动明智的公民：以道德准则和道德伦理为行动指南；领会澳大利亚社会、文化、语言和宗教的多样性；理解和认可本土文化的价值；追求民主、公平、公正的价值观；成为具有责任感的全球和本土公民。

中国中小学课程标准中核心素养指标体系 36 个具体指标中排在前 6 位的分别是：沟通与交流能力；团队合作；信息技术素养；语言素养；学习素养；独立自主。

问题：虽然各国对于核心素养的表述各不相同，但沟通、交流、合作、学会学习等却是共同的主题，你知道有哪些策略可以在生物学课程教学中发展学生这些方面的能力吗？

问题探讨：在全球一体化进程不断加速的今天，各国学者都意识到了沟通、交流和合作的重要性。沟通、交流和合作既相互关联又相对独立，无论是科学发展史中的重大科学发现，还是漫漫历史长河中很多具体现实问题的解决都依赖于人们的合作和共同努力，而这个过程中彼此间的沟通和交流是必不可少的。大家熟知的科学探究，是人们探究未知世界，获得知识的途径，除了发现问题、解决问题的过程，也包含了汇报、沟通、交流的重要环节，《普通高中生物学课程标准（2017 年版 2020 年修订）》指出，科学探究能让学生乐于并善于团队合作。因此，在中学生物学教学中，开展探究性学习和合作学习能有效提升学生的相关能力，发展核心素养。

本节重点介绍合作学习和探究性学习教学策略。

一、合作学习教学策略

【聚焦问题】

在细胞膜的流动镶嵌模型的教学中，教师让学生四个人一组，共同阅读和分析教师提供的科学家探究细胞膜结构的经典实验，并利用手中的磷脂分子和蛋白质分子的纸板模型尝试着搭建细胞膜的基本结构。

问题：

1. 教师在课堂上为什么让学生分组开展学习？

2. 教师是如何对学生进行分组的？分组应该遵循什么原则？

3. 同一小组的学生在探究中该如何分工合作？

（一）合作学习是一种基于学习小组的团队学习活动

合作学习的教学模式产生于 18 世纪，最先研究并广泛使用合作性学习小组的是英国学者。1806 年，纽约建立了第一所兰喀斯特学校，随之合作学习的思想也从英国传入美国，后来于 20 世纪 60 年代末在美国开始兴起。美国的两位著名教育评论家埃利斯（Ellis）和福茨（Fouts）在《教育改革》一书中说道："合作学习即使不是当代最大的教育改革，它也一定是其中之一。"

> **核心概念：**合作学习主要以异质的小组形式开展，以交往互动为主要特征。小组成员为达成共同的学习目标，相互交流、互相学习，最终以小组成绩作为评价依据的一种学习策略。

合作（cooperation）是指个人与个人之间或群体与群体之间为达到共同目的，自愿结合在一起，通过彼此之间的相互配合，最终达到目标，同时也使个人利益获得满足的一种活动。合作学习是指一组具有不同学习能力的学生，通过一系列学习活动，完成共同学习目标的策略。在活动过程中，教师将学生有机地分成学习小组，接受学习任务，小组成员有明确的责任分工，共同完成任务。正因为学生承担了独立的学习任务并共同完成集体任务，所以学生在学习过程中是非常积极的一分子，而不是被动接受给定知识。合作学习中小组成员依据小组整体成绩获取奖励和认可，促使每个成员不仅要关注自己的学习，也要关注其他成员的学习，个人的努力会影响小组的成绩，小组的成绩又决定了个人的成绩，小组成员是荣辱与共的。综合起来看，合作学习的基本内涵可概括为：①学习以小组为单位开展；②教师不是知识的简单传递者而是学习的指导者和帮助者；③学生不仅要自己学会还要帮助组内其他成员学会；④学生主动承担学习责任。

（二）设计合理的学习任务是合作学习成功的关键

在合作学习的课堂上，我们常常发现小组中只有个别人在滔滔不绝地发表意见，或者一个人就把任务包办了。究其原因是我们选择的学习主题和设计的学习任务太过简单，少数甚至个别学生即可轻易完成学习任务，根本不需要合作。那么如何选择合作学习的主题和设计学习任务呢？

1. 学习任务具有挑战性

合作学习是多人参与的学习，因此，那些过于简单的任务，一个人就可以很好地完成，是不适合作为合作学习的主题的。选择作为合作学习的任务应该具有一定的难度和挑战性，难度的选择应该大于个人的能力上限，但通过多人的合作和努力是能够解决的。例如，在"细胞膜的流动镶嵌模型"学习过程中，一个人很难对细胞膜流动镶嵌模型建立过程中的经典实验做出完全正确的分析，也很难在每一步都能准确建立模型，而通过小组成员的合作，集思广益、相互启发，不断尝试和纠错就能比较顺利地完成学习任务。因此"分析科学史料，建构细胞膜流动镶嵌模型的物理模型"就成为比较合适的合作学习任务主题。当然，具有挑战性的任务设计不能盲目增大难度，太过困难的任务并不是合适之选。

2. 学习任务具有开放性

生命世界是纷繁复杂的，对生命现象的解释也是多样而开放的，学生在认识生命世界，解释生命现象时常常由于个人的认知局限而流于机械、片面。设计开放性的合作学习任务，就是利用小组中每个学生所拥有的不同的知识结构、不同的思维方式、不同的看待问题的角度和侧重点，通过讨论、交流，相互借鉴和启迪，达成对科学问题更科学而准确的认识，从而更好地完成学习任务。例如，在"基因突变的原因和特点"学习过程中，教师让学生分小组，利用每个人所了解的基因突变实例，开展讨论，就能很好地激发学生间不同认知的碰撞，在交流和讨论中纠正学生拥有的前科学概念，从而形成科学认知。

3. 学习任务具有探究性

科学结论的产生依赖于科学探究，科学探究是建构生物学概念最直接的方式。学生基于对外部世界的好奇开展科学探究，探究活动成为学生学习知识的基本方式，也成为他们未来生存和参与社会活动的重要能力。科学探究的过程要求参与者之间开展协作，也包含探究结论的表达与交流。选择具有探究性的合作学习任务，对于提高学生与人合作，跟人相处的能力是大有好处的。例如，在"影响酶活性的条件"的学习中，教师让学生以小组为单位开展探究活动，探究过程中各小组在组长的统筹调度下，讨论选择什么样的条件开展探究，选择什么酶和底物进行实验，如何控制变量，谁负责实验操作，谁负责观察和记录实验结果，谁负责数据的处理和分析以及谁代表小组进行汇报和交流。探究性的学习任务把小组成员有机结合在一起，大家优势互补，顺利完成学习任务。

4. 学习任务具有协作性

无论是有一定难度的问题、开放性问题还是探究性任务，受思维、认知和时空条件等限制，这些学习任务都需要多人合作才能完成，因此合作学习任务必然要具备协作性的特点。任务的设计应考虑每个学习者的特长，设置合理的个人目标，让每个成员都能充分投入学习中并分享参与学习的收获，合作学习才能成功开展。

（三）合作学习得益于学习共同体中不同学习能力的成员间的协作

虽然合作学习最主要的形式是依赖于小组的学习活动，但并不意味着是将学生简单的组合起来的一个群体学习。合作学习的开展得益于不同学习能力的成员间的协作和努力，这对分组和成员的责任就有相应的要求。

1. 学习小组的组建应遵循组内异质、组间同质的原则

在实际教学过程中，教师往往对合作学习的分组采取了随机成组和自约成组的做法，这些做法未必绝对不可，但真正有效的分组方式应该是组内异质、组间同质的。同一班级的学生在知识和经验的掌握、学习能力、智能特点和认知风格等方面存在差异，将这些有差异的学生有机地组合起来，非但不会影响学生在学习中的参与度与表现，反而能通过角色责任的设立充分调动学习积极性，发挥学习特长，相互协作，有机互补。尽管组内学生是有差异的，但分组时应整体考虑，确保每个组之间的情况大体均衡，这样既有利于每个组都能完成学习任务，也有利于对小组评价的公平和统一。在小组成员数量方面，考虑到完成任务的要求及组员学习的参与度，通常每个小组以 4～6 人为宜。值得注意的是，简单依据学生考试成绩的好坏进行分组是不可取的。

2. 小组成员须有明确的角色定位和分工

小组组建后应有明确的分工方能保证合作学习的正常开展。首先，要由统筹和管理能力强的同学担任组长，组长根据每个组员的特点确定组员的角色定位。有的组员擅于捕捉信息，有的组员长于动手操作，有的组员数据分析是强项，有的组员逻辑能力强大，有的组员口头表达能力好。在合作学习过程中每个成员人尽其用，发挥自己的强项，承担不同的任务（表 2-3）。

合作学习开展一段时间后，随着组员对学习方式的逐渐熟悉，可以考虑对角色进行轮换和调整，这样既可以提高组员的学习兴趣，也可以让每个组员在各方面都得到锻炼和发展。

表 2-3　小组内角色分工

角色	分工	举例
领导者	协调组内成员的分工，保证合作学习可以顺利完成	"我们应该在 5min 内完成方案设计，现在开始讨论。"
激励者	对活动不积极者进行激励，同时避免有成员垄断性发言	"某同学，你对这个方案有没有其他看法？"
记录者	分发材料，在形成方案时进行记录，确保每个成员的思路不被遗忘	"今天我们小组要做的内容是……""今天我们小组的主要观点有……"
检查者	安排小组成员对本次合作学习进行自评和互评	"下面让我们来总结一下本次活动中大家的表现。"

(四)合作学习成功与否取决于对其要素的体现

合作学习的形式多种多样，合作学习的小组中具备的某些特定的要点，就是合作学习共有的要素，合作学习成功与否取决于是否能在学习中充分体现这些要素。合作学习的要素主要有以下三种观点：斯莱文的三因素理论、库埃豪的四因素理论和约翰逊兄弟的五因素理论。五因素理论是目前合作学习研究领域最具有代表性的理论，也是被大多数人认可的。约翰逊兄弟(D. W. Johnson 和 R. T. Johnson)来自美国明尼苏达大学，他们在研究合作学习时指出，合作学习的有效应用取决于以下五个关键要素：

(1)积极的相互依赖(positive interdependence)，指小组中的每个成员都能把小组当作紧密联系的一个整体，并且能意识到他们的成功必须依靠这个整体，他们的付出会使每个人都受益。在合作式课堂中，学生要有共同的学习目标，且将小组作为一个整体，组内的所有成员都要达到这一目标。教师可以通过很多方式来促进小组内部的共同学习，如提供小组奖励，当小组内每个人的成绩都优秀的时候才能获得额外奖励；或者将资源分配给小组内不同的人，这样小组内部必须合作才能充分利用资源来完成学习任务；或者教师指定小组内每一个成员的角色，让学生通过合作来完成学习任务。

(2)个人的责任(individual accountability)，指组内每一个成员的表现都要被评价，并且评价结果会反馈给小组及小组内的每个成员。合作式学习要能够促进所有人的学习：学生要对他个人的学习负责，而不是在小组内逃避责任。教师可以通过实施单人测验，或者随机抽取某个成员的成果来代表整个组的成绩，或者让每个学生总结他们在课上学到的内容。

（3）面对面的促进性互动（face-to-face promotive interaction），指学生个人通过帮助、支持和表扬其他人的努力来促进组内所有人的学习。这些互动包括解释解题方法、讨论所学习的概念的本质、教会其他同学一些知识，从而将新知与旧知相联系。这种互动能够培养学生对同伴的责任感，增加群体内部的相互支持。

（4）社交技能（social skills），强调良好的人际交往技能对成功合作学习的作用。在教授学术技能之外，教师必须要培养学生的领导力、决策力，以及建立信任的技巧、交流技巧和处理冲突的技巧。

（5）小组加工（group processing），指在小组活动时要不断地评估他们工作的指向性和高效性。小组要能够分析小组成员的哪一些行为是有帮助的，哪一些是没有帮助的，并据此做出决定，要保持哪些行为或改变哪些行为。如果小组间的合作出现问题，学生必须能够投入小组加工中，指出、确定并解决影响他们高效合作的问题。理解了合作学习的这五个基本要素，能够帮助教师更好地将合作学习策略依个人需求进行应用，也可以更好地实现合作式学习的效果，预防或解决学生合作学习中可能会出现的问题。

【学以致用】

在学习"人体消化系统"的课堂上，教师开展了以下教学过程。

1. 创设情境。给学生提供了一个情境：学生需要帮助王小丽找到她近期身体不舒服的原因。在此情境中，王小丽是一名初中生，近几天，尽管她的饮食跟以往一样，但她的体重开始减轻，喝牛奶会让她难受，吃面食会让她胃痛、腹泻。

2. 学生分组。教师根据"组内异质，组间同质"的原则对学生进行分组，每组 4~5 名学生，并向全班说明小组应遵循的行为准则（包括组内的成员角色的安排等），以及对于小组及个人的考核标准。

3. 建模。教师引导学生讨论："进食后，食物在健康的人体内会经历什么变化?"教师给每个学生发放工作单，里面包括学生个人及小组要回答的问题和完成的任务。教师要求学生先进行独立思考，画出食物在消化系统内的变化，并标注、描述食物在体内的消化过程。然后，教师要求学生进行组内讨论，比较其模型的异同点。教师引导全班同学讨论，帮助学生构建对于消化系统结构和功能的初步理解。

4. 基于证据的探究。①教师向学生展示在进食后一段时间，食物中的营养物质在不同器官的含量，引导学生独立思考并小组讨论，食物营养物质的吸收主要发生在哪个器官中。小组达成一致后进行全班讨论，得出结论，即吸收主要发生在小肠中。②教师提供第二组数据，健康人体和王小丽体内不同种类的营养物质在小肠的前段、中段的含量条形图。教师引导学生独立分析王小丽与健康个体的区别，然后组织小组内讨论和全班讨论，构建对于王小丽生病原因的假设。教师要求学生独立回答工作单上的问题，关于小肠的结构和功能，以及用数据解释王小丽是否得到了充分的营养。③教师提供了健康个体和王小丽的消化系统各器官的内窥镜照片。教师引导学生独立完成对照片的比较，构建对于王小丽生病原因的猜测。教师组织组内讨论，要求学生在小组内结合课上提供的三类数据来修正对于王小丽生病原因的猜测。教师引导全班讨论，请每组负责发言的同学进行总结，即陈述理由。

5. 评价。学生独立回答工作单上的问题，王小丽的消化系统的哪个器官的功能出现了问题，并结合证据解释结论。学生回答完工作单上的全部问题并上交，并根据小组内其他成员的表现完成小组成员的互评。教师根据学生工作单上的个人成绩、小组成果、小组汇报及组内互评进行综合评价。

分析该教学中合作学习开展在体现合作学习各要素中的优缺点。

(五)合作学习有基本的学习流程

合作学习的基本流程是：教学目标呈现—集体讲授(课堂教学)—小组合作活动—测验—评价和奖励。

(1)合作学习的教学目标不仅仅是学术性目标(academic objectives)，还包括了合作技能目标(cooperative objectives)，不仅仅停留在认知领域，还包含了情感领域(如相互尊重、相互帮助、荣辱与共等)的教学目标。

(2)合作学习并不完全否定传统的集体讲授的课堂教学，而是兼顾教学的集体性与个体性，采用班级授课与小组活动相结合的教学组织形式。课堂教学过程中采用集体讲授形式，由教师直接指导。教师在课堂上强调学生上课集中注意力，掌握必备的知识，从而能更好地完成自己的角色担当，而每个学生的表现将直接影响到小组的成绩。因此，上课时每个学生不但应该自己认真听讲，而且应该督促和帮助同组的成员。

(3)小组活动是合作学习最重要的特征。在合作学习的过程中，教师要强调每个小组成员都要为小组做出贡献，为小组作贡献不但意味着自己努力，而且意味着同伴之间的互助。因为小组成员给同伴提供的支持和鼓励对于学生的学习积极性以及学习成绩的提高都是极为重要的。同时通过小组学习还可以促使小组间同伴关系融洽、小组成员自尊感增强，更容易接纳他人。

(4)合作学习也并不排斥测验，但合作学习的测验目的不是为了排名次、分高低，而是为了检查小组任务完成的情况，以及测验学习者的进步情况。当课堂教学和小组活动结束时，教师就可以进行小测验或学业竞赛。小测验或学业竞赛的目的在于检查每个小组对任务的完成情况，为以后的奖励提供基础。在测验或竞赛时，小组中每个成员需要独立完成测验。

（5）合作学习的评价也与传统教学的评价不一样，它变传统教学中的常模参照评价（个体在整体中的名次）为标准参照评价（个体进步分数），同时不仅有教师对学生的评价，还有学生之间的相互评价。

【学以致用】

生物的生长需要营养物质，在初中阶段我们学习了食物中的营养物质在人体内被消化吸收的过程，但食物中到底包括哪些营养物质，即哪几种生物大分子？我们如何利用科学实验来检测食物中所含有的生物大分子的种类呢？

请以"检测生物组织中的糖类、脂肪和蛋白质"为主题，利用合作学习策略完成教学流程的设计。

二、探究性学习教学策略

（一）探究性学习是指用科学家探索未知世界所采用的方法而开展的学习活动

按照字面上的意思来看，探究式教学是一种利用探究的形式进行的教学，是以探究为载体的一种教学，那什么是科学探究呢？《美国国家科学教育标准》中对科学探究是这样描述的："科学探究指的是科学家们用于研究自然界并基于此种研究获得的证据提出种种解释的多种不同途径。"科学探究也是指学

> **核心概念：** 探究性学习是与直接接受式学习相对应的，它是一种在好奇心驱使下的、以问题为导向的、学生有高度智力投入且内容和形式都十分丰富的学习活动。

生们用以获取知识，领悟科学的思想观念以及领悟科学家们研究自然界所用的方法而进行的各种活动。根据这个描述，科学探究包含两层含义，一是科学家探究自然的活动，二是学生模仿使用科学家的方法进行学习的活动。在中学生物学课程与学习中，学生的主要任务并不是探索未知世界，对中学生来说，科学探究应该主要是指他们的学习活动。因此，我国《义务教育生物学课程标准（2011年版）》将科学探究定义为"学生积极主动地获取生物科学知识、领悟科学研究方法而进行的各种活动""探究既是学习的内容也是学习的方式"。有学

者将中学生物学课程中的探究性学习描述为：从学科领域或现实社会中选择和确定研究主题，在教学中创设一种类似于学术(或科学)研究的情境，通过学生自主、独立地发现问题，调查、收集与处理信息，开展交流与合作等探究活动，从而获得知识与技能、情感与态度发展，特别是探索精神的提高和创新能力的发展。

(二)科学探究在不同的层面具有多重特征

生物学课程中探究性学习的目的是获取科学知识和领悟科学方法，我们既要重视探究的结果，也要重视探究的过程。探究的过程往往比探究的结论更加有意义，因为结论会随着条件的改变而改变，但科学方法是可以迁移的，这对于探究式教学有很大的启示意义。第一，探究式教学应当注重探究的过程，而不能仅仅是探究的结果，学生能够在探究的过程中理解概念理论的具体内涵同时掌握实验探究的方法和技能；第二，探究式教学应当具有开放性和创新性，因为科学知识具有动态变化的特征，因此在探究式教学中教师应当注意问题的开放性，尊重学生的思维模式，发散学生的思维，以提高学生的高阶思维能力。正因如此，探究性教学应该具备以下特征。

(1)从学生学习的角度来看，探究式教学具有以下特点：①参与性(主动性)，学生是参与的主体，教师是指导者和引导者，因此探究活动的开展教师需要调动学生的积极性，学生需要主动发现问题，收集资料，整理分析之后来解决问题，使学生能够愉快且有效地学习；②体验性，学生主动参与课题的选择、资料的收集、逻辑的推理，学生的学习经历模仿了科学家探究的历程，两者在本质上是相同的，有助于学生个人经验体系的丰富，从而更加自信更有成就感的学习；③合作性，探究式教学鼓励学生在独立思考的基础上，通过小组或团队的方式，在与他人交流探讨的过程中检验自己的思路，发现更多的新思路，从而提高自身知识能力。

(2)从教学活动角度来看，探究式教学具有以下特征：①过程性，探究式教学不能只重视结果的产生，应当更加重视产生结果的过程，重视在过程中发展学生能力，构建完整的知识结构，缺乏了探究的过程，探究式教学就失去了意义；②开放性，教师在教学过程中不管是在课题选择还是教学形式、空间、方法等都具有较大的开放性，一个不束缚的环境更有利于学生创造性思维的发展；学生在学习过程中必须打破狭隘的分科界线，需要综合运用各种知识经验来发展知识，提升能力；③问题性，探究式教学以提出问题或发现问题开始，整个过程通过理论与实践的结合指向问题的解决，强调发现问题，提出问题，分析问题，解决问题；④互动性，探究式教学是在教师的主导下，师生密切配合、发现、探索和解决问题，师生参加教学的全过程，并在这个过程中感知、理解或建构知识，培养观察、分析、解决问题的能力和创新精神；⑤创造性，探究式教学的根本是创新，包括理论、实践的创新。探究是对未知领域的探索和研究，用学过的知识、已知的理论和经验寻求解决问题的方法、理论和实践。在探究式教学中无论提出问题的大小、深浅如何，当问题得到解决时就蕴含一定的创新点、创新性。

（三）科学探究既有固定的程序又有不同的形式

《美国国家科学教育标准》对探究进一步描述为"探究是多层面的活动，包括：观察；提出问题；通过浏览书籍和其他信息资源发现什么是已经知道的结论，制订调查研究计划；根据实验证据对已有的结论做出评价；用工具收集、分析、解释数据；提出解答，解释和预测；以及交流结果。探究要求确定假设，进行批判的和逻辑的思考，并且考虑其他可以替代的解释。"我国《义务教育生物学课程标准(2011 年版)》则描述了科学探究的六个环节：提出问题、做出假设、制订计划、实施计划、得出结论和表达与交流。可见，科学探究是有一定的程序范式的。

教师作为组织者，应积极唤起学生学习兴趣促使学生主动去寻找证据，敢于质疑，验证假设，分析并且解释实验结果，最终得出实验结论。整个过程以学生"学"或"探究"为主，最终指向问题的解决。同时应当注意的是它不能片面的理解为"做中学"，即只有学生动手做科学才是科学探究。只要学习活动包含"科学探究"六个环节的全部或部分都可以看作探究性学习。探究性学习不在于学生是否动手做了实验，而是看学生通过学习是否了解科学过程的特征和本质，发展了逻辑思维和批判性思维能力，形成了对科学知识或理论的开放态度、创新精神以及严谨的科学实证精神。克洛普弗(Klopfer)列举了科学探究的形式：①按既定程序的练习、实验操作和验证活动；②聆听科学方法的讲座；③以个性发展为目标的技能训练(凯勒计划)；④多媒体辅助的实验教学；⑤通过实验的发现活动；⑥设计活动；⑦学生参与的研究活动等。有学者根据探究活动的具体内容把探究性学习分为三种类型：①发现式探究，即以学生本身的观察和经验为基础，在学习情境中通过自己的探索，自我发现学习的内容要点；②推理式探究，即在探究过程中没有"动手做"而是运用逻辑推理的方法开展探究，学生通过问题进行思考，直接或间接地观察现象，通过提出疑问和讨论来得出或归纳出概念，主要是开发学生的批判性思维技能；③实验式探究，即探究包含一个较为完整的探究实验，包括从提出问题到最终解释，学生历经发现问题、识别变量、形成假设、设计实验、执行实验、验证假设并完成研究报告的过程，在过程中得到学习和发展。也有学者根据探究使用的介质不同把探究性学习教学分为：①基本型互动式教学，基本型互动式教学有启发式、参与式、讨论式、探究式四种；②多媒体探究式教学，运用多媒体课件进行探究式教学；③人机对话探究式教学，利用计算机进行人机对话探究式教学。

（四）探究性学习对发展学生的探究技能和科学态度具有积极意义

探究性学习是知识生产的过程，是概念建构最直接的方式，它对学生科学知识的建构具有重要作用。但除了对知识建构的意义外，探究性学习对学生的发展具有更广泛的积极意义。

1. 探究性学习有利于学生科学态度的形成

学生在探究的过程之中，问题的答案是未知的，同时教师不传授相关的知识，学生必须要通过做实验、查资料以及论证假设的形式找出最终问题解决的办法以及相关的结论。此过程帮助学生正确地理解科学知识并形成科学的学习习惯，从而在遇到一些难度较大的知识时会自觉主动地进行学习和探究。

2. 探究性学习有利于学生掌握科学探究方法与技能

在生物学探究性学习的过程之中，学生学会了提出问题、多角度分析问题、收集数据、调查、交流讨论等，在解决问题时学会发散思维，尝试用多种不同的方法解决问题。在此过程中，学生的科学探究方法和技能均有了极大的提升。美国科学进步协会科学教育委员会将科学技能定义为一种具有广泛迁移能力的适合多种学科和科学家工作性质所需要的能力。美国基础科学课程计划《科学——过程和方法》认为科学过程技能包括：①观察；②分类；③测量；④推论；⑤预测；⑥交流；⑦识别数量关系；⑧识别时空关系；⑨构建假设；⑩辨别控制变量；⑪操作性定义；⑫解释数据；⑬实验。

> **知识链接：** 扫描下方二维码，了解科学探究技能的详细内容。

3. 探究性学习有利于激发学生的学习兴趣

与传统满堂灌的教学模式不同，探究性学习中学生成了课堂的主人，不用被教师牵着鼻子走，教师只起到辅助作用。学生作为一个独立的个体有许多自己的想法，没有了教师权威的束缚，学习积极性大大提高，大胆发表自己的想法，持有不同想法的同学间会产生碰撞，进而引起讨论，查阅资料，最终达成一致意见。整个过程学生精神饱满，兴趣浓厚，快乐地解决了问题，学到了知识，同时增进了学生的交流。

4. 探究性学习有利于创新人才的培养

生物学探究式课堂教学倡导学生质疑，培养学生的创新精神和灵活运用知识的能力。让学生通过自主独立发现问题、实验、操作、调查、收集与处理信息、表达与交流等探究活动，充分体验和认识科学的本质，使学生学习主动、思想解放、敢于质疑、勇于创新，乐于探究、勤于动手，初步实现自主、合作、探究学习，有利于创新人才的培养。

【学以致用】

如下是某教师运用探究性学习教学策略的有关"模拟眼球成像及探究近视形成"的教学过程。

一、提出问题

教师统计班级戴眼镜学生的人数，提出问题：什么时候戴上眼镜的？是什么原因造成的？最后板书本节课的主题：近视形成的原因是什么？

二、做出假设

（一）学习视觉的形成过程

教师要求学生将凸度较小的一个凸透镜（相当于眼球的晶状体）在光具座上固定好，全班统一在一个点上，如 30 cm 处的位置。每个小组的光屏（相当于眼球的视网膜）也固定在一个位置，如 50 cm 处。把光具座上的电蜡烛打开，移动电蜡烛，直到光屏上出现一个清晰的物像为止。根据该现象，教师引导学生说出视觉形成的过程。

（二）做出近视原因的假设

近视与晶状体的凸度有关；与眼球前后径距离有关。学生容易得出第一种假设，在制订计划中教师做适当引导后再补充第二种假设。

三、制订计划

教师提出问题：凸透镜、光屏、电蜡烛的位置可以移动吗？为什么？

学生制订的计划如下：

①记录好电蜡烛、透镜、光屏三者之间的距离。

②换上凸度较大的透镜。

③前后移动电蜡烛，直到在光屏上出现一个清晰的物像，记录下物像与透镜之间的距离。

④恢复电蜡烛的位置，前后移动光屏的位置，直到光屏上出现一个清晰的

物像，记录下透镜与光屏之间的距离。

⑤分析现象，得出结论。

四、实施计划

学生实施计划，完成相关的实验操作和记录。完成之后，恢复透镜、光屏的距离，把组内学生的不同度数（度数相差越大越好）的眼镜放在透镜前面，然后分别移动电蜡烛的位置，直到光屏上出现清晰的物像为止，分别记录下眼镜的度数和电蜡烛所在的位置。

五、得出结论

学生通过分析和对比实验数据，得出结论：近视与晶状体的凸度变化有关，在教师的引导下，学生自然会结合生活实践与自身体会，联想到近视的形成与长期看近处的物体，晶状体得不到休息有关，具体反映为电子产品、写字姿势不准确等现象有关。

六、表达交流

教师从引导学生了解近视给生活带来的不便入手，使学生了解怎样预防近视，怎样不让眼镜度数加深。并结合有的学生曾去治疗过近视或买过的治疗仪器，找出共同的原理，即让眼球的肌肉得到休息。学生归纳出具体做法：认真做好眼保健操；少用电子产品；用眼一段时间后要让眼睛休息，从近到远，从远到近地看看绿色的物体；配好眼镜后，要纠正眼睛与书本之间的距离，这一点最为关键，因为它可以纠正学生与家长的一个错误认识，那就是"配上眼镜之后度数要加深，所以每年甚至每个学期都需要重新配上度数加深的眼镜"。

请你分析，该学习过程是如何体现探究性学习的特征的？该学习过程发展了学生哪些科学探究技能？

（五）论证式教学和"5E"教学模式是探究性学习教学策略的主要教学形式

探究性学习教学策略在实施中具有多种多样的形式，其中论证式教学和"5E"教学模式是当前研究较多并且是探究式教学中比较完善的、流程相对完整的教学模式。

1. 论证式教学

论证式教学要求学生对他人提出的主张做出回应，提出自己的论点和反驳意见，构建解释，提出问题并反驳其他观点。这个过程中学生检视自身原有知识，构建产生新的可接受结论，原有经验与新习得知识产生连接，有助于其知识图谱的形成。此外，参与论证活动可增强学生的认知动机并帮助他们发现和解决错误。研究表明，课堂中的论证活动能够促进学生实现概念转变并改善其对科学本质的看法。

目前课题教学中的论证框架都以图尔敏论证模型（Toulmin's Argument Pattern，TAP）为基础进行建构。图尔敏的 *The Uses of Argument* 从主张、资料、反驳等维度阐述了论证的性质，对科学教育研究者如何定义和使用论证产生了深远的影响。图尔敏提出的论证模型主要包含以下六个要素：主张（claim）、资料（data）、正当理由（warrant）、支援（backing）、限定（qualifier）、反驳（rebuttal）（图 2-13）。

图 2-13　图尔敏论证模型

主张是一种公开声明，供公众普遍接受。资料是支持给出主张的具体事实。正当理由和支援是明确证明在任何特定情况下所采用的辩论方式的可信度所依赖的经验。反驳是指主张不成立的特殊情况。限定是主张成立的范围。TAP 模型同样说明了论证构成要素之间的联系。资料支持主张，正当理由连接了资料和主张，支援强化理由，反驳是主张不成立的情况。

课堂教学中论证式教学的具体实施可参照下列程序开展。

（1）呈现资料，形成主张，初步认识概念。

资料可以是支持主张的事实、图表、数据或概念定义。教师在了解本节教学内容的重要概念的基础上，确定教学目标与教学重难点。然后收集事例、数据或图表等相关内容作为论证式教学的相关资料，以帮助学生在学习与分析资料的基础上初步形成个人或小组主张。教师在学生通过分析资料形成主张的过程中发挥着重要的引导作用。教师还可通过设疑、学生实验、演示实验，以及联系学生已有生活经验等手段创设有利于论证学习的情境，引导学生分析、推理，鼓励学生形成个人或小组主张，形成对概念的初步认识。例如，在生物膜的流动镶嵌模型一节中，教师对生物膜的组成成分进行论证，先呈现欧文顿的实验，引导学生形成膜是由脂质构成的主张，形成对膜的组成成分这一概念的初步认识。

（2）补充论据，支持主张，丰富概念。

科学知识会随着科学的发展不断地更新和丰富，所以可通过补充科学发展史中的相关发现或结论作为论据，在支持已有主张的同时，进一步丰富科学概念。如欧文顿的实验只能说明脂质有可能是构成细胞膜的成分，因为脂质可以溶于有机溶剂，但易溶于有机溶剂的物质并不一定都是脂质。所以膜是由脂质构成的这一观点会遭受质疑。为对质疑进行辩驳，补充细胞膜会被溶解脂质的溶剂破坏和蛋白酶分解这一事实，以及科学家们将组成膜的成分进行化学分析这两个实验，证明了已有主张是正确的，并且还进一步丰富了主张——膜是由脂质和蛋白质构成的，丰富了对膜的组成成分这一概念的认识。

（3）提供引起质疑的资料，引发学生对已有概念的认知冲突。

质疑是学生批判性思维的重要体现，也是论证式教学中的重要一环，教师应引导学生收集、利用可靠的论据对已有主张的不合理之处提出质疑。论据可以由教师提供，也可以由学生自己收集、小组讨论交流而获得。在探索蛋白质排布的教学中，学生已有的主张、初步形成的概念是蛋白质均匀地分布在膜的两侧并且对称分布。教师通过呈现膜上蛋白质亲水性和疏水性的不同以及对膜厚度的实际测定与推测不同，引发学生认知冲突，对膜上的蛋白质是否均匀分布在膜的两侧这一已有概念产生怀疑，产生强烈的继续寻找证据修正概念的期望。

（4）引导学生对质疑进行辩驳，修正主张，构建科学概念。

面对质疑，学生在批判性思维的引导下寻找论据对质疑进行解释与思考，不断修正主张，构建科学概念。同时，潜移默化的渗透科学本质的教育。例如，学生在罗伯特森单位膜模型的基础上获得概念，形成主张——膜是静止的结构。但吞噬细菌和变形虫的变形等现象使此观点受到了质疑，后来人鼠细胞融合实验的进行说明膜是流动的，解释了这个质疑，也推翻了已有主张。学生在此基础上修正主张，构建科学概念——生物膜是流动的。

（5）基于证据解释生命现象，巩固、深化概念。

真正掌握到的科学概念是可以被迁移应用的，学生通过对生命现象的解释或生物学议题的论证巩固深化概念。如细胞核——系统的控制中心一节中，在学生获得概念后，提出问题。有性生殖使雌雄两性生殖细胞的细胞核融合为一个新的细胞核，从而使后代的遗传物质同亲代相比，既有继承又有变化。从这个角度看，你能找出不支持克隆人的论据吗？你还能说出其他论据吗？由此，通过这个问题深化了学生对细胞核是系统的控制中心这一概念的理解。

【学以致用】

在"细胞的能量通货——ATP"一节教学中，教师开展了如下教学。

ATP 的功能

播放锌铜弓刺激蛙坐骨神经——腓肠肌标本实验视频。实验初期，腓肠肌在锌铜弓刺激下收缩，几次之后收缩幅度变小，最终停止收缩。提出问题：离体的神经肌肉细胞在体外能存活几小时，用锌铜弓刺激神经但肌肉不再收缩最可能的原因是什么？教师引导学生回答最可能是因为肌肉中的能源物质消耗完毕。

教师提问：为肌肉收缩直接供能的物质最可能的是什么？学生通过回忆细胞中的能源物质，提出主张：葡萄糖为肌肉收缩直接供能。

教师继续播放视频：在停止收缩的肌肉上滴加葡萄糖溶液，锌铜弓刺激后肌肉无反应。在停止收缩的肌肉上滴加 ATP 溶液，锌铜弓刺激后肌肉收缩。

教师引导学生完善主张：ATP 为肌肉收缩直接供能。

探究细胞内的直接供能物质的过程可归纳为图 2-14。

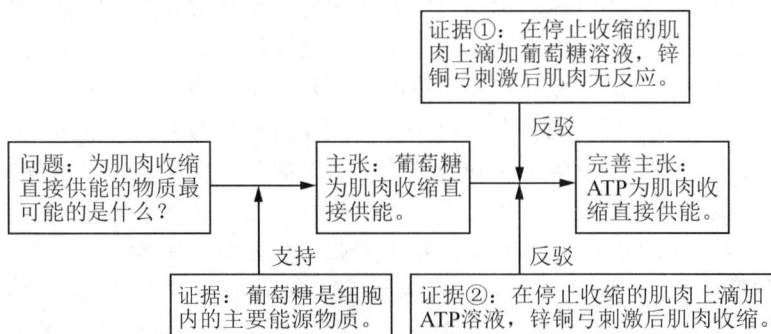

图 2-14 探究细胞内的直接供能物质的过程

分析案例中教师是如何组织开展论证式教学的？论证式教学的特点有哪些？

2. "5E"教学模式

"5E"教学模式作为新兴的探究式教学模式，近年来越来越多地被用于教学，它包括吸引（engagement）、探究（exploration）、解释（explanation）、迁移（elaboration）和评价（evaluation）五个环节，也包含了我国课程标准规定的"探究过程的要素"。

（1）吸引环节。

"5E"教学模式强调设置情境，并且尽量是生活中的情境，与学生已有的前概念发生认知冲突来激发学生的兴趣或者探究欲望，"5E"教学模式认为让学生产生探究意愿并且可以产生持久兴趣，需要建立新旧概念之间的情境冲突，这一过程的目的在于引入概念。有学者认为让学生观察生活中产生某种现象的原因也是可以产生探究欲望的，也有的根据具体课堂内容认为情境的创设是可以省略的，探究式教学可以是直接展示问题，以问题为导向的教学。

(2)探究环节。

"5E"教学模式认为该环节是整个教学过程的中心环节，教师在这一环节的作用是引导和帮助，给予学生足够的空间，针对已有的观点去探究问题，必要时教师需要提供一系列的背景资料，帮助学生搭建"支架"从而顺利完成探究活动，这一过程的目的在于构建概念。这一环节中"5E"教学模式阐述了教师的重要地位以及学生的探究行为，但没有给出具体的探究流程，针对探究这一流程不同学者有着不同的操作程序，有的学者认为如果学生是针对实验现象探究原因，探究过程中应当遵循"提出问题—分析问题—提出假设—验证假设—得出结论"的过程，其中，提出假设—验证假设是可以循环往复的，直至假设正确；如果学生有错误的前概念，探究过程应当是提出问题—做出假设—验证假设—引入概念，评价实验—再次验证假设—得出结论，其中，验证假设—引入概念，评价实验—再次验证假设是可以循环往复的，直到假设正确，这里的主要区别是是否要教师帮助引入科学概念，不管何种方式，实验过程均可以帮助学生构建概念，同时需要根据具体的教学情况来选择教学的程序。

(3)解释环节。

"5E"教学模式认为解释是教学模式的关键环节，这一阶段教师需要给学生提供一个机会，对探究过程中的结果通过逻辑推理分析从而得到的结论进行解释，让他们表露出对概念的理解、技能的掌握或方法的运用，教师再正式提出科学概念，帮助学生回答最初的问题。这一环节教师可以帮助学生将先前的两个环节与新形成的概念建立联结，从而更深刻地理解概念，它的目的在于形成概念。多数学者将解释的环节与探究的环节融合，认为在验证假设之后，学生首先应当将个人获得的信息通过自己的分析组合形成一个连贯的解释，再与他人交流，获得结论。

(4)迁移环节。

迁移过程是对概念的拓展，又被叫作"精致"过程，这一过程中教师需要提供新的情境，继续发展学生对概念的理解和应用技能，与其他已有概念建立联系，在新情境下运用新概念解决新问题，从而对概念有更深刻的理解，获得更多的信息和技能。一个完整的认知过程经过了由感性的具体发展到抽象性的规定，再由抽象性的规定发展到思维中的具体，所以迁移评价的环节必不可少。更多的学者把这一环节操作程序理解为"迁移应用"，呈现一个新的情境，让学生应用所学的新概念去解决新情境下的问题,他们强调了概念的运用,企图在运用的过程中加深学生对概念的理解。

(5)评价环节。

这一阶段教师可以采用纸笔测验和表现任务等形式的正式方法或者提问等非正式方法来评价学生对新概念的理解和应用能力,了解学生对新概念的掌握情况,同时学生自我的评价也有助于概念的巩固,这一过程主要目的在于巩固概念。大多数学者对这一过程十分重视,这是一节课的反馈阶段,通过这一诊断性过程,教师能够更好地了解到学生的掌握情况,帮助学生查漏补缺,同时也可以帮助教师检测自己教学方法的有效性,从而不断调整自己的教学策略实现更高效的教学。

【案例赏析】

某教师采用"5E"教学模式进行"光合作用"概念教学的基本环节如下。

1. 引入——提出问题,引出概念

本环节的主要目标是通过创设能激发学生探究兴趣的问题情境吸引学生的注意力,使学生主动参与探究性学习。同时还要提供给学生展示或暴露其前概念的机会,在此基础上进入"探究"环节。教师先提问学生:"生物在呼吸的过程中需要氧气吗?人类在生产和生活中还有哪些活动需要消耗氧气?既然氧气的需求量如此大,为什么我们没有感觉缺氧呢?被消耗的氧气是从哪里进行补充呢?"通过这些问题引出植物的光合作用同时激发学生的探究兴趣。接着,教师提供机会让学生阐述对光合作用的已有认识。通过对"细胞内的能量转换器"和"绿叶在光下制造淀粉"一节课的学习,大部分学生能够准确地说出光合作用的场所是叶绿体,产物是有机物(如淀粉)以及进行光合作用的条件是光照等有关知识,但对光合作用的实质尚不了解。此外,在该环节还要让学生明确本节课的任务是通过探究光合作用的原料及产物,尝试用自己的话归纳出光合作用的概念。

2. 探究——进行探究,构建概念

本环节的主要目标是引导学生通过对三个实验进行探究,建立起事物间的联系,逐步地理解光合作用的实质,为建构光合作用的科学概念做好准备。

探究1:光合作用以二氧化碳为原料

通过对海尔蒙特和普利斯特利两个经典实验的分析,引出要探究的问题:二氧化碳是光合作用的原料吗?接着让学生根据已有的实验材料、仪器设计实验证明二氧化碳是光合作用必需的原料,得出实验方案之后,让学生观看兴趣小组在课前进行此实验的视频。放置氢氧化钠溶液的一组叶片经碘处理后不变色，不放置氢氧化钠溶液的一组叶片经碘处理后变深蓝色，最后得出结论，二氧化碳是光合作用的原料。

探究 2：光合作用利用水作为原料

教材上对此部分内容没有设计探究实验，笔者查阅文献后，在课下组织兴趣小组做了"验证水是光合作用的原料"的实验：取一盆天竺葵进行暗处理一昼夜，第二天早上在暗室中将靠外的一片叶片用刀片从叶片中央处切断主叶脉，再将盆栽放置于光照下 2 h 以上，最后进行碘处理。经过碘处理可以看到叶片以叶脉横断处为界分成颜色明显不同的两部分，叶片的底部呈深蓝色，而叶片的顶部仍为黄白色。考虑该实验耗时较长，笔者采用课下进行实验课上播放视频并共同探讨的方式进行此部分内容的探究。在进行该探究时，由于学生已经具备"叶脉中有导管，导管主要功能是运输水和无机盐"这部分知识，因此他们通过分析实验现象能够得出"光合作用利用水作为原料"的结论。

探究 3：光合作用释放氧气

由于本实验耗时相对较短，因此采用演示实验的方法进行这部分内容的探究。课前 1~2 h 将金鱼藻实验装置放到阳光下（如果是阴天，可放在灯光下）以便收集足够的氧气。课上向学生展示实验装置，提出问题：你们观察到了什么现象？气泡的移动方向如何？接着，将试管取出并迅速把事先准备好的带火星的木条（或卫生香）伸进试管中。演示结束后请一位学生描述实验现象并尝试总结实验结论。由于初一年级的学生尚未学习有关燃烧的化学知识，因此要提示学生"氧气可以助燃"。最后，教师进行总结：金鱼藻在光下进行光合作用释放氧气，因此，光合作用的产物除了有机物还有氧气。

3. 解释——总结归纳，形成概念

本环节的主要目标是引导学生基于"探究"环节的结论用自己的语言阐述对新概念的理解，形成初步概念，接着教师给出准确的科学概念并加以解释，促使学生头脑中的初步概念转化为科学概念。教师先带领学生总结光合作用的条件、场所、原料、产物以及在此过程中的能量变化，接着教师提供机会让学生用自己的语言表述光合作用的实质。以使学生的头脑中形成光合作用的初步概念。例如，学生1：光合作用是植物吸收的二氧化碳和水，经叶绿体转变成有机物和氧气（释放），也就是将光能转变为储存在植物体中的化学能的过程；学生2：光合作用是植物体吸入二氧化碳并呼出氧气的过程；学生3：光合作用是在阳光的照射下，绿色植物体中的叶绿体将水和空气中的二氧化碳吸收并转化为有机物和氧气，将光能转化为化学能的过程。随后，教师给出光合作用的概念和反应式，并对光合作用的实质加以解释，使学生对光合作用有更加正确的认识。

4. 迁移——解释情境，运用概念

本环节的主要目标是让学生尝试运用新概念解释教师提供的新情境，使学生在思考和讨论的过程中深入理解新概念。教师通过提出"请结合光合作用的原理谈谈合理密植的好处并说说如果你是菜农或果农，你会如何增产"等问题，让学生利用光合作用原理解决实际生活中的问题，引导学生有意识地将所学的新知识运用于新的情境，以达到在运用概念的过程中强化对概念的理解。科学情境的设置对于师生的教与学都非常重要，学生对于科学情境中出现的问题的应答直接体现其思维品质，因此，不同学生应对相同问题时所表现出的迁移能力千差万别。通过迁移环节中不同层次学生的应答表现，教师对学生的理解和应用水平进行评估，有助于后续评价环节的有效开展。

5. 评价——进行评价，巩固概念

本环节的主要目标是通过让学生对"解释"环节中构建的初步概念进行自评和互评来检测学生对新概念的掌握情况。教师展示部分学生构建的概念和反应式，通过学生自评互评，教师评价的方式是对学生构建的光合作用的初步概念和反应式进行评价，进而巩固概念，加深对概念的理解。例如，上述学生2构建的概念过于简单，认为光合作用的实质就是植物体吸收二氧化碳释放氧气。再如学生3，其认为光合作用可利用的光能只有太阳能，因此教师需要在教学中纠正其前概念，让他们明白光合作用不仅可以在阳光下进行，在灯光下同样能进行。在评价完学生构建的概念之后，可利用教材中的"技能训练"模块检测学生对新概念的掌握情况。

（六）教师在探究性学习中主导作用的重要性不容忽视

探究性学习充分体现了学生作为学习者的主体地位，但不能忽视教师在这一教学策略中的主导作用。教师在学生的探究性学习中应发挥指导者和协助者的作用。

1. 构建合作探究型学习空间

把学生放在主体地位，将学生视为课堂核心，师生之间彼此沟通、交流，教师要更多的了解学生，鼓励学生，给予学生更充裕的空间与时间，消除学生的心理压力和顾虑，从而为学生创设一个优良的合作环境，这样能够令他们将自己的观点与想法更好的表达出来。就认知上的误区以及理解上的困境，教师要保持耐心、给予帮助，帮助学生把学习的信心树立起来。例如，在学习提取与鉴定 DNA 时，教师应该围绕实验注意事项与实验原理的相关内容进行讲解，然后为学生留充足的时间完成生物实验，同时给予适当的指导。

2. 创设开放性课堂

在教学过程中让学生自主组织相关的探究活动，收集资料，理解教材内容并进行主动思考与研究，充分挖掘学生的探究潜能，教师则给予相关的引导与辅助。学生完成了某项课题研究后，教师则从过程结果等方面进行发展性评价，增强学生的自信心及积极性。例如，在对矿质元素进行学习时，教师能够指导学生去探究矿质元素，如有关农作物种的种植范围以及矿质元素对植物生长的带动作用等。在课题研究期间，教师需要引导学生积极采集、分析和处理数据，然后撰写研究报告。

3. 创设情境

创设课堂教学情境是开展探究式学习的重要一环，教师需要通过生动有趣的情境激发学生的好奇心以及学习积极性，在此基础上学生会提出一系列问题，然后引导学生进行探究。在教学情境创设以前，教师需要科学地分析学生的学习情况，弄清楚学生的知识掌握情况，然后将更符合学生的情境创设出来，引导学生更深层次的思索问题。例如，在"植物细胞的叶绿体观察"中，可以设置问题情境：人从暗处走到明亮处，就会出现眯眼动作，以适应变化的环境，这是神经调节的结果，那么没有神经系统的绿色植物从暗处移到亮处，也会有反应吗？我们可以通过观察黑藻细胞中叶绿体的分布变化来探究植物到底会不会对光线变化做出反应。

4. 引导科学的探究方向

首先，许多生物学课程内的知识都和我们的生活密切相关，所以，在开展探究式教学方法时，教师最好选择与生活实际相贴近的案例去做，努力调动学生的学习兴趣以及探究能力，在体会到了生物的实用性后，学生就会更主动地通过生物知识处理生活中遇到的事情，引导他们不断探索。其次，教师要鼓励学生大胆提出假设，引导学生对设想进行验证。其间，生物学教师要在学生提出假设后，帮助其设立验证实验，并给予指导，使其朝着正确的方向进行探究。例如，在学习"光合作用"这节课时，为了深入检验光合作用所要具备的条件，教师应指导学生进行相关的生物实验设计。通过一步步地引导来使实验得以优化，并让学生在实验中检验生物细胞膜的性质，即选择透过性。通过生物实验来培养学生的观察能力，并让学生对实验结果进行分析，增强对数据的敏感性。

5. 设计合理问题

在探究式教学中，问题设计的恰当能够激发学生的兴趣和学习动机，能帮助学生从以往被动学习转化为主动地学习。这就需要教师充分了解学生，试着站在学生的角度思考问题。在课堂教学过程中，教师可以结合生活实例或对直观情境的观察，让学生对原有的认知产生疑惑，提出问题。在具体实践中，教师可以提出当前社会发生的与生物有关的事件，让学生进行讨论、交流，然后让学生对问题的性质或规律进行深入思考。例如，结合 SARS 和禽流感事件，提出了如下问题：SARS、禽流感等病毒的遗传物质是什么？这些病毒的生存会受到哪些因素的影响？由此，启发学生思考该问题，进行自主探究，最终了解相关的生物知识。

【本节要点】

1. 合作学习是指一组具有不同学习能力的学生，通过一系列学习活动，完成共同学习目标的策略。在合作学习中，学习任务的设计应具有挑战性、开放性、探究性和协作性。学习小组的组建应遵循组内异质、组间同质的原则；小组成员须有明确的角色定位和分工。合作学习的有效应用取决于积极的相互依赖、个体的责任、面对面的促进性互动、社交技能和小组加工五个要素。

2. 科学探究既有固定的程序又有不同的形式。探究性学习是指用科学家探索未知世界所采用的方法而开展的学习活动，对发展学生探究技能和科学态度具有积极意义。探究式学习教学策略应当具有开放性和创新性，既要重视探究的结果，也要重视探究的过程。论证式教学和"5E"教学模式是探究性学习教学策略的主要教学形式。教师在学生的探究性学习中应发挥指导者和协助者的作用。

第四节　基于问题解决的教学策略需立足于指向真实问题的科学实践活动

【聚焦问题】

我国高中生物学课程标准中的课程理念从实验稿中的"提高生物科学素养""面向全体学生""倡导探究性学习"和"注重与现实生活的联系"变为 2017 年版

的"核心素养为宗旨""内容聚焦大概念""教学过程重实践"和"学业评价促发展"，在《普通高中生物学课程标准（2017年版2020年修订）》中对学业质量的具体描述中也出现了"能够将科学、技术、工程和数学（STEM）知识和能力综合运用在实践活动中，解决生活中的实际问题"这样的新内容。

1996年颁布的《美国国家科学教育标准》以科学探究为核心，而2013年美国颁布的《新一代科学教育标准》（*Next Generation Science Standard*，NGSS）则倡导科学教育主要通过科学实践、学科核心概念和跨学科概念三个维度展开，部分内容如图2-15所示。

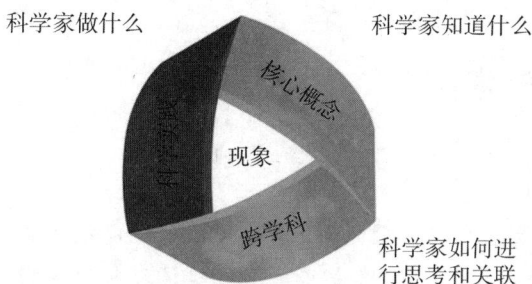

图 2-15 三维框架

问题：上述变化表明，当前国内和国际科学教育的重心都已经从科学探究转为科学实践，那么，科学探究和科学实践两者之间有何关系？从科学探究走向科学实践对科学课程的教学意味着什么？

问题探讨：关于科学探究已经不需要过多的解读，《美国国家科学教育标准》认为科学探究是学生科学学习中"基本的、起支配作用的原则"，强调探究的过程即学生对科学方法和一般程序的体验。因此科学探究更多地被认为是获取知识和学习科学方法的途径，看重的是对知识的生产和学生的科学方法建构，在过去的教学中常常被固化为从提出问题、做出假设到得出结论、表达与交流的一整套程序。这样的探究往往缺乏对学生参与科学探讨、建模和批判性评价的引导，不利于对科学本质的理解。科学实践则被《K-12科学教育框架》概括为科学家在日常生活中从事的工作，具体包括八个方面：提出科学问题（或定义工程问题）；开发与使用模型；规划与开展研究；分析和解释数据；应用数学、信息及计算机技术和计算思维；建构科学问题的解释（或设计

知识链接：扫描下方二维码，阅读科学探究与实践的文献。

工程问题的解决方案）；参与基于事实的论证；获取评估和交流信息。强调科学实践并非否定科学探究（科学探究本身就是一种实践活动），而是对科学探究的发展，是变"作为知识的科学"为"作为实践的科学"，回归科学作为人类实践的本质属性，凸显了融合社会、认知、行为三个维度的实践观。因此强调科学实践教学重视的是知识的应用，发展的是学生的问题解决能力，深化的是学生对科学本质的理解，更能体现对学生核心素养发展的作用。

基于真实问题的科学实践是发展学生解决问题能力和理解科学本质的核心。本节重点介绍 STS（科学、技术与社会）教育、PBL（基于问题的学习）教学策略和 HPS（科学历史与哲学）教育。

一、STS 教育

【聚焦问题】

在"影响种群数量变化的因素"的教学中，教师以滇池、太湖、巢湖等地的水华现象导入新课，引导学生思考并讨论引起该现象的原因。教师通过播放视频，阐明水华现象对生态和人类的危害。在课程学习过程中，教师循序渐进地引导学生学习关于藻类的结构和生长方式，继而通过小组活动探讨引起藻类种群数量激增的生物因素和非生物因素，结合教师提供的数据和阅读材料，确定引起水华现象的可能原因。教师要求学生结合所学知识，提出预防和治理水华的有效措施。在这节课的学习中，教师通过联系生活中因为人类活动引起的生态问题，激发学生学习的兴趣，培养学生运用所学知识解决社会现实问题，造福人类的责任感。

问题：

1. 什么是 STS 教育？
2. 你认为 STS 教育对学习的意义有哪些？

（一）STS 教育是基于科学、技术和社会相互关系理解的新型教育

在第二次世界大战结束之后，全球科技步入快速发展的轨道，科学技术的井喷式发展与广泛应用已经成为人们生活的主导。但与此同时，在全球科技迅猛发展的大背景下，诸多环境、社会问题也随之而来。资源掠夺性开采、生态环境严重破坏、生物物种不断减少等问题日益凸显，给人类社会带来了十分难

解的棘手问题。在这种大背景下，针对一系列问题，一项旨在研究科学、技术与社会三者间相互关系的"学术运动 STS"应运而生。而 STS 体现在教育中，就成为一种旨在培养具备科学技术素养、能参与科技决策、全面发展的一代新型公民的新教育观，STS 教育是 STS 领域的重要组成部分。

由于各国经济基础、科技水平、文化背景及民族心理素养等方面的差异，人们对于 STS 教育内涵的认识也存在一定程度上的差异。美国科学教师协会（National Science Teacher Association，NSTA)认为，STS 教育是以人类经验为背景的科学的教学和学习，STS 教育意味着聚焦真实世界中蕴含科学技术元素的问题。我国学者蔡铁权则指出，STS 教育旨在提高公众的科学素养，激起学生学习科学技术的内在动机，正确理解和处理科学、技术和社会的相互关系，是科学教育发展的一种理想范型。人教版生物学教材主编、北师大附中朱正威老师则将 STS 教育概括为：STS 教育是近年来世界各国科学教育改革中形成的一种新的科学教育构想，以强调科学、技术与社会的相互关系和科学技术在社会生产、生活和发展中的应用为指导思想而组织实施的科学教育。总体来说，STS 教育以促进学生对科学、技术、社会三者之间关系的理解作为出发点，强调科学的价值观与学生参与。

（二)STS 教育具有多元、融合和开放等一系列特征

1. 多元性

STS 教育的多元性特征主要表现为概念界定的多元化、课程种类的多元化与 STS 教材的多元化。在概念界定方面，STS 可以被认为是以科学和技术概念为基础的课本和课程架构，STS 也被认为是在人们现实生活经验背景下的科学教学活动；在课程种类方面，STS 课程区别于传统的科学课程，没有一种固定的模式，可以侧重于不同的主题展开讨论；在教材方面，鉴于科学课程应以学科概念为主线进行组织还是以社会重大主题进行组织的争议，国内外学者从不同视角编制了多样的 STS 教材，形成了 STS 教材的多元化。另外，不同于以往传统的教学方式，研究者们从广阔的社会大背景中寻找课题。研究者之间文化、价值观等的差异使其在课题选择、设计方案制订、方法选择等方面呈现出多元化的态势。

2. 融合性

STS 教育强调科学、技术与社会三者之间的相互影响。其课程内容在知识的选择上不再是"学科本位"，而是打破了单一学科的界限，体现知识的融合

性；STS 教育将科学知识、技术应用和社会问题融合在一起，打破了以科学知识、原理和命题为逻辑线索组织课程的传统思路，体现出科学、技术和社会三个要素的密切联系。STS 教育从整体上正确地反映人类文明和社会进步的历史，对科学技术本身进行哲学、社会学的反思，深刻认识到科学、技术与社会系统诸要素间错综复杂的关系和相互作用。

3. 开放性

STS 教育的开放性在教育目标上表现为使学生在开放的实际社会情境中学习和理解科学和技术，在对实际问题的研究中认识和掌握科学理论和科学方法；其开放性在课程上表现为 STS 课程在组织、构建过程中允许有不同渠道、不同领域、不同性质的新信息加入，这些信息的加入决定了 STS 课程体系处于不断的变化和发展动态中，呈现出一种开放性的状态。

4. 动态与发展性

科学是一种持续不断前进和自我矫正的探究过程，因而 STS 教育所选择的教育内容和方法、手段等也会随着科学与社会的发展而变更，随着人类对自身认识的不断变化而变化。而且作为教育主体的学生其身心也总是处在不断地变化发展之中，STS 教育在尊重、发挥学生主体性的同时其自身也得到了完善与发展。

5. 人本性

STS 教育在教育目标上可分为两个层面：公民层面和专家层面。在公民层面上，其目标是培养掌握了科学技术的基本知识、能合理有效享用当代科技成就的公民；在专家层面上，其目标是培养能够从社会发展和文明角度去创造新的科学技术、具有社会责任感的新一代科技专家。在教育目标上实现了个人需要和社会需要的统一；在教育内容上 STS 教育强调以学生的认知发展为依据，强调将学生作为学习活动的中心，根据学生的认知和兴趣发展需要合理的选择教学内容。

6. 情境性

STS 教育认为只有在具体的情境中，学习主体才能更好地完成对知识与技能的理解和迁移。通过鼓励学习者尽可能多地接触生产和生活实际，使其在社会生活的实践中主动的学习有关的科学、技术，并在特定的问题解决过程中发展个人从事社会工作所需要的能力。

（三）STS 教育有利于发展学生的核心素养

1. STS 教育促进科学素养的发展

国际社会普遍认同的科学素养包括三个部分：了解科学知识、了解科学的研究过程和方法、了解科学技术对社会和个人所产生的影响。良好的科学素养使学生不仅能在个人决策中使用科学原理和方法，而且还能够参与讨论影响社会的科学问题。STS 教育使科学概念的学习产生于活动之中，在具体操作过程中使学生完成对过程与技能的学习并了解科学概念与科学过程之间的关系；通过鼓励学生亲身体验，引发学生对自然及科学的好奇心。利用 STS 教育的理念来审视科学教育，可以发现作为科学教育核心因素的科学素养的培养，与 STS 教育的理论与实践具有相当程度的一致性。显然 STS 教育将科学素养的发展作为它的出发点，通过 STS 教育能够有效地促进公众科学素养的提高。

> 知识链接：扫描下方二维码，了解典型的 STS 教育范例。

2. STS 教育促进建构主义的学习实践

建构主义学习理论的思想主要包括以下几点：注重以学习者为中心进行教学，学习者是建构的主体而不是外部刺激的被动接受对象；注重在实际情境中进行教学；注重协作学习；强调学习是一种社会活动，是个体同其他人互动建构的结果。STS 教育与建构主义学习理论在多方面具有一致性，甚至可以说要想达到建构主义的学习目标，STS 教育不失为一种有效的途径。

3. STS 教育促进科学与人文的融合

在工业文明下发展的教育出现了重理轻文、技术至上等价值观念，导致受教育者知识结构片面狭窄，造成社会理想缺失和人文关怀淡漠等问题，对人类的可持续发展造成威胁。而通过 STS 教育的开展，学生在解决 STS 议题的过程中发展其内在素质，培养人文精神，促进了科学与人文的沟通和交流。

4. STS 教育促进学生学习动机的提高

STS 教育的开展有利于帮助学生增强对科学价值的认识，激发学生的学习动机。当学生看到科学在生产生活中有如此高的应用价值时，普遍能涌现出一种强烈的求知欲望，自觉主动地去学习，提高其对科学的学习兴趣。

从上述几点可以看出，STS 教育在对学生概念的建构和观念的形成、科学探究和实践的能力发展、人文修养和社会参与以及良好的情感态度和价值观的养成方面都发挥了重要作用，提升了学生的核心素养水平。

(四)STS 教育需要选择合适的学习主题创设情境

STS 教育关注与社会生活的联系，因此，创设真实的情境，引发学生的认知冲突，激发起学习动机，自觉充当解决问题的探索者和实践者。例如，很多人认为喝可乐会损害牙齿，但有人提出不同意见，由此开展了"探究碳酸饮料对牙齿影响"的主题探究性学习活动，学生在这项关系到自己切身利益的研究工作中表现出非常高的学习热情和参与度。

STS 教育常常会围绕某个主题开展完整的学习活动，主题的选择是由学生和教师在对情境进行剖析后共同提出的，甚至完全由学生根据自身的经验提出。主题的选择常常需要考虑以下因素。

1. 科学性

STS 教育内容的选择应该与当前生物科学内容联系密切且相适应，与学生的认知发展规律与特点相适应，做到科学准确、难度得当、深广度适中，使其能够被学生接受和理解。

2. 社会针对性

STS 教育内容的选择应该从实际出发，增强教育内容对社会问题的指向性。例如，在学习了"生物的变异"后，结合美国在伊拉克战争中使用贫铀弹导致战后士兵及战区百姓遭受影响等问题进行分析，让学生了解 STS 之间的密切关系，学会运用科学技术视角正确看待社会问题。

3. 整合性

STS 教育内容的选择应体现学科之间的综合，促进科学教育与人文教育的融合。内容的选择既要体现自然学科、社会学科和人文学科的融合，同时也要有利于促进科学思维和科学理论体系的整合。

4. 时效性

STS 教育内容的选择应该紧密贴合实际、贴合当代科技发展，及时反映科学技术的发展成就及与科学技术相联系的社会问题。例如，在当前生物学迅猛发展的大背景下，在教学内容中增加对"转基因技术""基因编辑技术""克隆技术"等生物科学最新进展相关的主题学习。

5. 因地制宜

在选择 STS 教育内容的时候要充分发挥当地的资源特色，充分利用社会、家庭、学校等范围内可利用的资源，在提高学生学习积极性的同时增强其对社会、对家乡的认同感。

二、PBL(problem-based learning，基于问题的学习)教学

【聚焦问题】

某 STEM 教材中，以生活中净化水质的实际问题为切入点，提出设计制作小型净水箱的工程任务。教材设计的系列活动如下。

背景知识活动：主要介绍水循环，分辨饮用水和非饮用水的方法等科学知识，同时提出了科学探究的具体步骤，展示了实验室常见的器材。

活动一：开展去除水中可见的悬浮杂质活动，学生结合沉降、活性炭吸附、过滤等知识，根据不同的实验目的，自行选择相应的合适材料动手实践，去除水中的水草、沙石、异味等。在此过程中，学生学习使用双层纱布过滤、活性炭吸附等实验操作技术。

活动二：学生在认识显微镜的结构、使用方法和了解水体中的微小动植物的种类、形态的基础上，实际操作显微镜，观察水体中的微小动植物。

活动三：学生通过计算水中的细菌数量，判断池塘水的水质情况。在活动过程中，学生不仅需要认识大肠杆菌，而且需掌握平板菌落计数法、培养基配置等生物技术，同时在实验时要突出生物实验的对照原则、单一变量原则、重复性原则等，并对实验结果——不同样品的细菌数量进行数据分析、处理。

活动四：介绍常用的灭菌方法，并开展不同处理方法去除水中细菌的效果的探究实验，通过分别比较处理前后的菌落数、不同处理方法下的菌落数变化，使学生进一步掌握各种消毒方法，同时分析得出最有效的去除水中细菌的方法。

活动五：介绍常见的水生植物的自净作用，学生根据资料，开展探究，分析水体中氮、磷的来源，并针对这一实际现象，讨论如何减少水中氮和磷的含量。

活动六：在"设计小型净水箱"的任务指引下，学生亲历定义问题→设计净水环节→建立初步的净水箱模型→根据材料工程学原理选择合适的材料和恰当的"拼装"方法制作净水箱模型→数据反馈及净水箱模型修正→再次应用净水箱→表达和交流的工程过程，同时教材提供设计图的绘制方法、自来水厂的净水流程图等丰富的支架式学习材料。

像这样的基于一个核心问题开展学习，以解决真实问题作为目标的学习被广泛运用于中学生物学教学中，这样的教学被称为 PBL 教学，你了解 PBL 教

学吗？PBL 教学有什么重要的教育价值呢？如何开展 PBL 教学？

(一)PBL 教学引导学生通过合作解决实际情境中的问题进行学习

PBL(基于问题的学习)教学模式最早是由麦克马斯特大学医学院巴罗斯(Barrows)和坦布林(Tamblyn)于 1960 年提出的。针对当时传统医学教育存在的"理论与实践脱节"的问题，他们提出将学生置于真实的临床问题，以小组合作的方式，积极寻找问题解决的方法，并在此过程中学习相应理论知识的教学模式。Barrows 认为在基于问题的学习过程中，学生能够以具体、复杂的问题开展学习活动，在教师的鼓励和引导下自主学习和进行反思，从而达到知识构建和问题解决的目的。PBL 教学模式在多所医科院校中得到普及和发展。之后，随着其在世界范围内的推广，该模式也被越来越多的领域所采用，逐渐延伸到工程学、科学领域等诸多领域，也从大学普及到中小学和幼儿园，并取得了显著的效果。

我国最先引入和应用 PBL 教学模式也是在医学教育领域，后逐渐在基础教育领域得到推广。我国学者多将 PBL 教学看作一种教学策略或教学模式，强调设置相关的、有意义的问题情境，通过让学生合作解决实际生活中的复杂问题，学习隐含于问题背后的知识，发展自主学习、合作学习及解决问题等能力。

(二)PBL 教学具有以真实问题为驱动、以学生为主体等特征

1. 以真实问题为驱动

PBL 教学的整个过程始于问题提出，终于问题解决。问题是 PBL 教学的核心。PBL 教学关注使得学生能够以解决问题为驱动，从而完成学习过程。PBL 教学中的问题通常是与真实世界相关，是较为复杂、结构不良的开放式问题，需要学生应用批判思维、问题解决等高阶思维技能方可解决。在问题解决的过程中，学生能够学习到面对真实生活问题时所需要的必备知识和关键技能。

2. 以学生为主体

PBL 教学是一种典型的以学生为中心的教学策略。在整个教学过程中，学生作为学习的主体，需要提出问题、设计问题解决方法、通过合作和自主学习收集信息或材料、实施计划、最终达成问题解决的目标。学生在这一教学模式中不再是被动的知识接受者，而是能够主动参与到问题解决过程中，

在建构知识和发展能力的同时也学会学习。同时，教师在 PBL 教学中的角色也不再是"专家"或"知识传授者"，而是"引导者"和"协助者"。

3. 以小组合作为组织形式

合作学习是 PBL 教学的关键组分之一。PBL 教学的过程由真实性开放式问题驱动，这些问题通常是结构不良的，且具有一定的挑战性。这为学生的合作学习提供了良好的情境。在小组合作过程中，学生通常需要共同进行问题解决，明确学习需求，引导或参与小组讨论，评价本组或班上其他同学的工作。这使得学生能够有机会与他们的同伴交流或辩论、呈现、比较和思考不同观点。这使得学生不仅能够在社会建构中加深知识理解，发展高阶思维，也能够同时培养其交流倾听、组织沟通等团队协作能力。

（三）PBL 教学流程大致包含六个步骤

1. 创设 PBL 问题

PBL 教学中所有的学习活动都是围绕问题而组织开展的。因此，如何根据课程目标设置合适的问题是 PBL 教学中需要考虑的关键。在 PBL 教学模式下，为学生设计的问题应该符合以下要求：①与学生生活经验背景相联系：教师在创设问题情境时，必须先充分考虑学生的思维特点，分析和关注当前学生的心理发展特征，最后依据学生对当前社会的关注点及兴趣创设问题情境。②劣构性：劣构问题的结构脉络和解决过程常常较为复杂，解决问题的方案也具有多元化的特点。③真实性：基于真实情境的问题是学生可能在日常生活中面临的问题，这样的问题能够更好地让学生体会到所学知识的价值和意义，激发学生的学习动机。但真实世界中的问题往往是散乱而复杂的，无法很好地与课程内容、课程标准的要求相吻合。所以在设置 PBL 教学中的问题时，而更应考虑的是如何通过一定程度的真实问题来促进学生学习目标的达成，把握好问题设置与教学目标间的关系。

2. 引入 PBL 问题

常见的问题引入方式是直接把问题呈现给学生，使得学生能够直接地知道即将要解决的问题是什么。也可以将问题与对应的情境相融合，通过问题情境的创设引导学生在情境中发现问题。另一种引入的方式是将与问题相关的背景资料如相关的报纸报道、网页和电视新闻用纸质或多媒体的方式向学生展示，在背景资料的讨论过程中，教师引导学生分析背景资料，引入创设的问题，提高学生解决问题的积极性，并指导学生进行问题解决。

3. 问题分析

PBL 教学模式以小组合作为主要形式，在进行教学活动之前要进行小组建设，分组原则是组内异质、组间同质。学生可自行构建小组，但教师要适当加以甄别，以确保小组内性别比例和性格搭配适中，有利于小组成员发挥不同的角色功能，完成合作学习的不同环节。教师在该阶段引导学生回忆与问题相关的已有知识，促进学生对问题情境的理解从而思考解决问题所需要的信息，形成初步行动方案。当学生初步知道需要收集哪些知识后，教师组织学生进行小组交流，组内讨论整合并形成小组成员较为认同的问题解决方案。

4. 问题解决

问题解决的过程就是一个持续学习探究的过程。面对结构不良、复杂困难的问题，学生无法一下子就能解决，而是需要不断地去收集各种资料、分析问题中的信息、研究问题的本质，尝试思路与方法，直到问题的解决。在这样的问题解决过程中，学生就像是一个探索者、一个发现者，不断尝试与探索最佳的解决方案。学生分小组合作学习，进行问题分层、细化问题、查找资料、分析问题最后提出问题解决方案。教师应该在学生讨论过程中给予必要的参考意见，或者针对各个小组最后讨论的结果进行必要的点评，做好引导、支持工作，使之能够引导学生将重点放在与教材内容和课程标准相符的主要问题上，较为顺利地解决课堂的教学要求。

5. 总结与展示

经过资料收集与组内交流后，小组内成员总结本组讨论结果，并进行记录。各组选出代表对小组成果进行展示，其他小组可以对发言小组的讨论结果进行点评或提出他们的观点，进行组间交流讨论。教师在这个环节担任评委，防止双方争执不下，并对小组的结论进行精讲和补充。教师在小组发言全部完成后对本节的知识点进行整理总结，并依据小组积极参与问题探讨的情况进行评价。

6. 学习评价

课堂评价也是 PBL 教学模式的重要流程。PBL 教学中学生的学习具有更高的自由度。而由于 PBL 教学中问题的解决路径具有开放性的特点，没有统一的客观评价标准，也对 PBL 教学中的学习带来了一定的挑战。为了确保 PBL 教学中，学生的学习始终有效，学习评价需要与教学过程协同并进。刘儒德认为，在考虑 PBL 教学中的学习评价时，教师要注意厘清评价的作用、内容、方法、组织方式、评价标准和如何利用评价结果等方面的问题。学习评价不应该是单纯的结果性评价，而应该以促进学习者和小组的进步为目的。评价方法的设置也应该多样化，既包括对学习最终产品的评价（如测验、对结果的展示或答辩等），也包括对学生中间产出的评价（如系统的提问、学生的反思报告等）。此外，还应注意引导学生进行自评与同伴评价，以此促进学生进一步深化对知识的理解和灵活应用的能力。

（四）PBL教学对学习者的发展有多方面促进作用

1. PBL教学促进知识的深度建构

通过赋予学习材料更多的意义、强调其与真实情境的相关性和适用性，学生能够更好地理解所学主题。在PBL教学中，学生对于知识的构建出于解决实际问题的需要，这首先为知识的学习提供了重要意义。其次，在PBL教学中，学生为了解决问题而进行议题学习，他们需要对大量的信息进行查找、抽取和组织，学生能够主动参与到知识构建过程中，最终建构起自己的知识产品。此外，PBL教学为学生提供了知识应用的情境。当学生建构起自己的知识概念后，最终还要使用这些知识来解决问题。这意味着，在PBL教学中，学生不仅通过自己的查找和思考等过程自主构建知识，而且还亲自经历了知识应用的过程。这使得他们能够将课堂所学的知识和技能进行迁移应用，这也使得他们的学习更加深入、持久。刘儒德认为，在这一过程中建构起来的知识将是"灵活的知识"。

2. PBL教学促进高阶思维发展

高阶思维是发生在较高认知水平层次上的一种高级、复杂的认知能力或心智活动。作为21世纪必备的素养与技能，培养和发展学生的高阶思维已经成为各国教育教学的核心目标之一。对高阶思维的定义由于视角不同而产生了不同层面的理解。有研究者按照布鲁姆教育的认知目标分类，认为记忆、理解和应用属于低阶思维，分析、评价、创造则是高阶思维。也有研究者采用列举方式，认为高阶思维包括批判性思维、系统性思维、创造性思维和元认知等。虽然当前学界对于高阶思维的内涵描述莫衷一是，但具有共性特征：高阶思维的过程与认知紧密相关；是在一系列低阶思维的基础上综合、发展起来的；是能够恰当运用经验和信息进行问题解决的复杂思维活动。

PBL教学在培养学生高阶思维方面有显著的效果。传统教学中常使用结构良好的封闭式问题，这使得学生的学习在很大程度上无法与其真实生活情境联系起来，较难引发学生开展批判、创新等高阶思维活动。PBL教学以学生小组合作进行真实问题解决为主导，不但实现了以开放性问题替代封闭式问题的课堂教学内容再构，也实现了从教师控制到以学生中心的教学主体转换，强调了学生主动参与思维实践的过程，有利于发展学生思维技能。

3. PBL 教学激发学习动机并加强自我调控

研究表明，相比于传统课堂，学生更喜欢参与 PBL 课程。这一方面得益于真实情境下的问题解决往往更有趣、更吸引人，能够激发学生的学习动机。另一方面，PBL 教学为学生提供了自由度更高的学习环境。学生能够自己设置学习目标，进行独立研究，并对学习过程进行反思和自我调控。当他们完成问题解决之后，学生能够发展成为独立自主的思考者和学习者。

4. PBL 教学促进人际交往和团队合作

真实情境下的问题往往较为复杂，需要学生通过团队合作，共同解决。在团队合作解决问题的过程中，学生共享知识、共同承担责任、互动交流、相互鼓励与依赖。因此也能够培养学生的合作能力、团队精神，加强人际交往的技能。这同时也培养了学生的领导素质，让他们学会基于共识做出决定，为团队成员提供有建设性的反馈等。

值得注意的是，虽然 PBL 教学在学生素养的培养方面具有一定优势，但由于受到班级规模、课程时间等方面的限制，在国内实施 PBL 教学还存在许多有待深入思考和实践研究的问题。一门课程中也并不是所有的内容都要采用 PBL 教学，而是需要教师在结合课程内容的基础上，充分思考，精心设计，以给学生提供合适的 PBL 教学机会。

三、HPS 教育（融入科学史和科学哲学的科学教育）

【聚焦情境】

"细胞膜流动镶嵌模型的提出""DNA 双螺旋结构的发现""植物生长素的发现""DNA 是遗传物质"等内容的教学是大家熟知的科学史教育，那么科学史教育应该注意哪些问题？我们该如何看待科学史教育的价值和功能呢？

（一）HPS 教育是融入了科学史和科学哲学的科学教育

HPS 教育理念源于西方国家对科学教育现状的危机感。20 世纪 80 年代，西方国家的科学教师不断离职，大部分中学生不会主动选修科学专业课程，这种对于科学的排斥可归因于当时的经济、社会和文化等多种原因，而引入

HPS 教育可以从学校层面上改善这一情况。HPS 教育能够把科学的学科内容与其他学科相联系,能够展现科学与文化的密切关系,能够引起学生的学习兴趣。同时,科学教育中融入科学史和科学哲学能够培养学生对于科学本质及对科学在人类社会发展中的作用的思考。

科学教育中的 HPS 一般指在科学教育中融入科学史和科学哲学(History and Philosophy of Science),少部分人把 HPS 定义为在科学教育中融入科学史、科学哲学和科学社会学(History,Philosophy and Sociology of Science)。其中,科学史是指人类认识科学、发现科学的历史,是对人类发展科学过程的记录与归纳,为面向未来的科学探究提供了必要的史学记录与人文情怀;科学哲学以科学作为研究对象,它更关注的是如何看待科学,如何利用科学这一手段去适应和改变世界,回答的是"什么是科学,科学的本质是什么"的问题;科学社会学是指用社会学观点研究科学与社会的相互关系及其影响的学科,是对人类科学应用的转化与迁移,为科学的推广应用提供了实践途径与现实意义。20 世纪 80 年代末,国际科学史、科学哲学与科学教学研究小组,即 International History,Philosophy and Science Teaching Group(IHPST)(网址为 www.ihpst.net)成立,该小组的第一次会议于 1989 年在佛罗里达州塔拉哈西(Tallahassee)举行,之后每 2~3 年举办一次 HPS 与科学教学的国际会议。与该小组密切相关的是 1992 年英国创办的国际学术期刊《科学与教育》(Science & Education),主要刊登科学教育中与科学史、科学哲学和科学社会学相关的论文,每一次 IHPST 会议上的报告会择优在《科学与教育》刊登。

(二)HPS 教育具有以科学史料促进学生的哲学思考的特征

1. 以科学的真实史料为基础

HPS 教育强调科学基本史料的重要性,侧重于用历史的观点分析科学事业,使公众能够按照科学真正的发生方式来理解科学。综观当代世界范围内的科学教育改革实践,人们越来越重视科学史在科学教学中的作用,科学史正在从科学教育的边缘进入科学教育的中心。在科学课程实施过程中,进行有关科学史上典型实验的教学,是学生学会科学探究的重要途径。引入科学史上典型实验的教学能使学生掌握探究的过程,学会对一个问题提出相关的科学假设,并通过自己设计实验验证假设,从而培养学生"动手"和"动脑"学科学的能力。

2. 重视对科学的哲学思考

传统的科学教育以传授科学的内容知识为主,而很少涉及科学知识的本质及科学知识的产生过程。理解科学的本质是公众理解科学的核心,也是 HPS

教育的重要任务。许多科学教育者认为推动学生认识科学本质观的有效方式之一是融合科学史于科学教育中。在课程中加入科学史以辅助教学，科学史的教学目的是在不脱离真实情境下，基于科学知识形成的过程，了解科学知识的本质，并借以培养有关人文方面的体会，而不是只教给学生科学知识。近年来，科学本质已成为科学教育内容和科学素养的一部分，并有成为显性课程的发展趋势。例如，英国国家科学课程标准中有关科学本质教学的内容，基本包括了以下几方面的现代科学本质观，即：科学知识具有暂定性；科学依赖实验证据；科学是解释现象的一种尝试；新的知识必须被清楚公开地报道；科学家需要可重复和诚实的报道；科学家是具有创造性的；科学是社会传统的一部分；科学观点受社会和历史环境的影响等。

3. 强调科学的人文性

HPS 教育重视在科学教学中融入科学史和科学哲学，突出科学对人性、人的心灵、人的思想解放的影响。科学事业不仅是有哲理的、社会的活动，更是充满人性的。在今天，对非科学、伪科学与反科学的辨别上，认识科学内涵的人性更有其现实意义。单纯通过科学理论知识的学习，学生并不能知道创造这些科学理论的科学家的人格魅力，而 HPS 教育正是超越了科学理论知识的这一局限，展示了科学家们的人文形象，使学生能够从科学前辈那里汲取精神力量，领悟人文精神的内涵。HPS 教育试图教会学生将科学技术置于人类社会历史文化的大背景中，以富于批判性的反思精神为武器，通过理解科学、技术与人类社会的互动关系，来理解科技本身的存在价值及其局限。

(三)HPS 教育的教学实践强调对科学史料的批判性思考和评价

HPS 教育可以通过多种教学方式展开，其中最主流的是蒙克(Monk)和奥斯本(Osborne)于 1997 年提出的 HPS 教育模式。该模式假定要学习一个自然现象，如自由落体、燃烧、植物如何获得"食物"。该模式包括以下六个步骤。

1. 展示(presentation)

教师可以做演示实验或者提出关于这个现象的问题，展示给学生的现象或问题必须是早期的科学家所争论过，且学生会有类似错误理解的相关内容。例如，问学生"如果只用自来水，没有土壤，一株正在生长的植物的重量会有什么变化吗?"

2. 启发(elicitation)

教师可以采用任何合适的教学方式来收集学生对该问题或现象的解释；要让尽可能多的学生投入这个环节；要尽可能展示出不同学生或不同小组的不同

想法，并且对所有想法都一视同仁。

3. 历史学研究(historical study)

教师需要提供以下内容：一个科学史上的观点；科学家研究此现象时的经济—社会—政治背景；教科书上可能没有介绍过的，当时存在的其他理论或解释；其他支持性的历史上的讨论、研究或背景；需要归类或排序的历史事件及其发生的时间。学生在这一阶段能够思考历史环境下早期科学家所面临的挑战及科学家的严谨和创新。

4. 设计实验(devising tests)

学生要通过设计实验来挑选出正确的解释该现象的观点。学生需要发挥创造性和想象力来设计实验，教师要提出收集有效数据的方法学习上的问题，强调科学知识的独特性。在这一阶段，教师要确保学生已经知道：正在学习的现象；班级里的同学对此现象的观点和解释有所不同；历史上的人们曾经思考过这些问题；历史上的人们研究此现象的历史背景；一些可以检测观点是否合理有效的实验设计。

5. 科学观点(the scientific view)

教师向全班介绍教科书中对此现象的描述和解释。教师在这个阶段要提供一个简短的、正式的介绍，教科书上的观点只是众多观点中的一个，并不是唯一的、毋庸置疑的观点，但是，这个观点确实是被现代实验所验证的最科学、最准确的观点。而简单地称教科书上的观点是唯一正确的观点是不可取的。

6. 回顾和评估(review and evaluation)

教师通过全班的讨论或者是小组讨论和汇报的方式，聚焦在学习过程中自己对科学现象的思考的变化，这一环节相对简短但在培养学生对于证据的思考有着重要意义。

(四)HPS教育有利于提高学生对科学的兴趣，发展对科学的哲学思考

1. 提高学生对科学的学习兴趣

融入科学史和科学哲学的科学教育使科学更人文化，使得科学与其他学科联系更加紧密。从学生角度来看，学习科学不再仅仅是对科学知识的识记和理解，而是学习科学知识在其产生过程中发生过的故事和科学发展的人文社会背景。融入科学史和科学哲学的科学学习变得生动有趣，学生开始主动思考科学的本质及科学探究的过程。了解科学家的事迹及其所处的时代背景能够拉近学

生与书本上科学知识的距离，引导学生追寻科学家的脚步，学习科学知识，进行科学探究。

2. 使科学教学更富有挑战性、思考性

HPS 教育强调学生对科学现象提出自己的解释，在课堂教学中广泛收集不同学生的不同看法，并鼓励学生设计实验来论证或支持自己的观点。鉴于 HPS 教育起始于科学发展历史上真实存在的疑难问题，这些真实、复杂的科学问题能够调动学生的积极性。学生对该问题的思考往往也是某些科学家当时的思考，在老师提供的平等交流的氛围中，学生能够最大地发挥自己的主动性，形成自己像科学家一样独立思考的自豪感。

3. 有助于学生更准确全面理解学科的本质

HPS 教育在科学教育中的应用能够促进学生对科学知识的深入学习及对学科本质特点的理解。了解了科学概念的形成过程，学生能够意识到书本上的内容是一代代科学家的积累，每一个科学概念从产生到进入教材都是一个漫长的过程。书本上的内容不是固定不变的，也不是唯一的真理，只是目前的社会历史背景下，人类对于世界最科学的认识。生物学科的科学研究仍在开展，学科中的某些概念也有可能会被进一步修订或改变，但是我们的教材中的内容却是经数代科学家的实践所论证的，是我们做出新的生物学进展所必需的理论基础。

(五)科学写作、角色扮演和案例研究是 HPS 教育的主要教学形式

1. 科学写作

科学写作指通过文字或图表等方式呈现学生对科学及科学本质的理解，从而将学生的内在认知活动外显。科学写作从 20 世纪 80 年代开始被应用于 HPS 教育，许多西方国家的理科教材都专门安排了科学写作栏目，如美国《科学探索者》在"原子和化学键"章节中，安排的科学写作内容是"查阅科学家建立的其他原子模型，设想和这个科学家讨论该原子模型的对话并写成对话录"。科学写作的形式灵活多样，分为实验写作、解释性写作、报告性写作、传记性写作和说明性写作五种类型。国外教学实践表明，学生围绕主题进行自由写作来表达自己理解的科学知识、情感与态度，这不仅可以发展学生对科学知识的批判性思维，增进学生对知识间的联结和逻辑性的反思，还能启发学生的想象力与独创力，有助于促进学生多方面的发展。

2. 角色扮演

麦克莎里(McSharry)和琼斯(Jones)提出三种将角色扮演应用于科学课堂的方式：隐喻式角色扮演、模仿式角色扮演、类比式角色扮演。

隐喻式角色扮演发挥了科学史的解释学功能，它要求学生必须分析和评价一个科学史情境(如两派科学家的争论)，从而让科学事件、科学家的心路历程和科学观念重新具体化。一般地，教师先通过讲故事、多媒体展示等方式介绍历史背景信息，然后学生在此基础上设计一系列的故事情节来展示科学事件，最后由师生共同对活动进行评价。

模仿式角色扮演主要让学生模仿科学家做科学实验。哈特(Hart)等研究者发现，如果学生只是按教材提供的步骤操作、仅需较少的思考就完成实验，他们的探究能力等科学素养将得不到充分发展。模仿式角色扮演强调让学生模拟科学家设计实验、操作实验和分析实验，可以尽量避免上述菜谱式实验的不足。尽管学生不可能完全模仿科学家的探究活动，但是他们能从这种角色扮演中体会科学家工作以及科学探究的本质，并看到自己与科学家解决问题的区别。

类比式角色扮演指教师将科学史作为类比的实例，引导学生类比科学家的思考方式来构建科学知识，如类比科学家建立"速度"概念的思路，提出"功率"的定义，构建对"功率"这一概念的科学理解。

(六)HPS教育要指向学生核心素养的提升

教师在实施HPS教育时，可能会受课时及自身知识储备和能力的限制而无法高效地开展HPS教育。鉴于HPS教育的内涵是基于科学史料启发学生对科学的本质进行哲学思考，教师要能够在有限的时间把握重点，有效地达成HPS教育的主要目标。

1. 融入科学史和科学哲学的目的要明确

HPS教育不是简单的在科学课上利用科学史料进行教学，而是要通过科学史料体现科学的魅力和科学研究的复杂性，并且在科学课上，教师要能够利用科学史上曾经出现的对自然现象的错误解释来预测学生可能存在的错误概念，从而有针对性地进行教学，促进学生的概念转变。有些教师不愿意在课堂上采用HPS教学模式，如霍得森(Hodson，1993)发现新西兰的科学教师将对于科学本质及科学探究的理解归为课堂教学中最不重要的内容，而课堂管理和学生对科学概念的学习则是课堂教学中更重要的考量。因而，教师要树立对HPS教育的正确理解，并能通过利用HPS教育促进学生的主动学习和深入学习。

2. 契合所授学科的特点和文化特征

HPS 教育在科学课程中的应用要注意与学科特点的有机结合。科学学科中，物理、化学、生物等学科的特点各不相同，其学科文化也多有差异，各个学科的发展过程也有着各自的特点。例如，物理学科常常使用数学模型来进行推理，而生物学科中的现象往往非常复杂，很难用数学公式来进行统一的表达和计算。因而在进行生物学科的 HPS 教育时，要确定所要通过科学史料达到的教学目标，使学生意识到生物科学研究的复杂性的同时能聚焦其中的生物学原理和生物学研究方法。

3. 通过生物学中的 HPS 教育，培养学生跨学科思维

近年来，生物学科的发展日新月异，生物学科的新发现和重要突破越来越依靠跨学科知识或者其他学科的原理和技术。例如，历史上 DNA 分子结构的发现建立在物理学家、化学家和生物学家的知识共享和互相合作，科学家们的成功要建立在对 DNA 分子的化学结构、物理特性及生物功能的全面理解之上。我国近年来多次强调要培养学生的跨学科思维，因而教师在教授生物学时要有意识地补充丰富的科学史料，与生物学教学有机融合，促进学生的跨学科思维。

【本节要点】

1. STS 教育是以强调科学、技术与社会的相互关系和科学技术在社会生产、生活和发展中的应用为指导思想而组织实施的科学教育，具有多元、融合和开放等一系列特征。STS 教育需要选择合适的学习主题创设情境，其内容的选择需要考虑科学性、社会针对性、整合性和时效性，并因地制宜。

2. PBL 教学引导学生通过合作解决实际情境中的问题而进行学习，具有以真实问题为驱动、以学生为主体等特征。PBL 教学流程大致包含六个步骤：创设 PBL 问题、引入 PBL 问题、问题分析、问题解决、总结展示和学习评价。PBL 教学对于学习者的知识深度构建、高阶思维发展、学习动机提升等多方面素养具有促进作用。

3. HPS 教育融入了科学史和科学哲学，能够展现科学与文化的密切关系，引起学生的学习兴趣。HPS 教育强调科学基本史料的重要性，重视对科学的哲学思考，强调科学的人文性，在教学实践中重视引导学生对科学史料的批判性思考和评价。科学写作、角色扮演和案例研究是 HPS 教育的主要教学形式。

【学以致用】

"促胰液素的发现"是人教版高中生物学教材选择性必修1《稳态与调节》第3章第1节"激素与内分泌系统"中的"思考·讨论"，由"囿于定论的沃泰默""另辟蹊径的斯他林和贝利斯"以及"巴甫洛夫的感慨"三个故事构成。这三个故事在一条时间轴上，具有紧密的联系，较完整地呈现了这个科学发现的翔实过程。

请尝试运用HPS教学模式就这段科学史展开教学。

第五节　基于现代信息技术与教学深度融合的教学策略为教学的形式变革与时空拓展提供更多的可能性

【聚焦问题】

教师在"人体内的废物排入环境"一节复习课的教学中，基于电子书包开展了如下教学流程(表2-4)。

表2-4　教学流程

教学环节	教师活动	学生活动
前测	10道选择题，通过Aischool云平台推送到学生的Pad端。学生提交后系统自动统计正误情况，发现共性和个性问题，有针对性地复习	利用原有知识基础，快速完成检测练习
导入	播放自制短片《尿毒症女孩》 导入复习课"人体内的废物排入环境"	观看短片资料，结合已有知识，回答问题： ①短片中的小女孩患了什么病？ ②尿毒症是人体的哪个器官出了问题？ ③肾对人体有什么作用？ ④人为什么要排尿？ ⑤短片中女孩为什么要通过肾透析维持生命？
	电子书展现复习目标	阅读目标，带着目标开展学习

教学环节	教师活动	学生活动
人体的废物及排出途径	①Flash思维导图的填空。要求：正确填写思维导图，如无法完成请阅读电子书并结合微视频回顾"人体的废物及排出途径"。②选择性投影学生个人屏幕进行答案的点评	①Flash界面进行答案的拖移，遇到困难时阅读电子书，自学微视频，了解人体的废物及排出途径。②点评同学的答案并纠正自己的错误
泌尿系统的组成及肾单位	①Flash"泌尿系统的组成及肾单位"思维导图填空。②教师切换到小组屏，观察并投影学生的完成情况。投影四位学生屏幕一起点评	①完善思维导图，如遇困难及时阅读电子书并观看微视频。②根据屏幕投影点评同学的答案并纠正自己的错误
尿液的形成	①板图肾单位，请学生代表描述尿液的形成过程，详解血液、原尿和尿液的区别。②尿液的形成过程模型建构：出示磁性板活动要求，要求学生尝试移动磁性贴模拟尿液形成的动态过程	①自学电子书及微视频了解尿液的形成过程。结合已有知识明确血液、原尿和尿液的区别。②模型建构：分组进行磁性板活动，小组一位成员负责拍照上传至指定文件夹，其他成员负责移动磁性贴展示尿液形成的模拟过程
后测	推送游戏练习，大屏投影完成情况	回顾本节课知识点，完成游戏练习
分组研讨	发布分组研讨：①如何关注泌尿系统的健康。②人粪尿如何处理才能排入环境。进行情感升华，养成良好的生活习惯，关注健康	分组进行研讨，将答案输入云平台，组内可以补充，组间可以互相点评，教师能给每个学生进行点赞和打分

问题：现代信息技术已经越来越普遍地运用于中学生物学课堂教学，你了解哪些新型的教育信息技术？信息技术与教学融合有哪些策略？给教学带来了哪些好处？又有哪些值得注意的问题？

问题探讨：伴随着计算机技术和网络技术的发展，从起初基于投影仪、PPT的直观教学到现在基于微视频的微课、慕课的翻转式教学，再到基于现实增强技术和虚拟增强技术的虚拟教学，目前已经发展到基于实时反馈和大数据的各种智慧教学平台被大量运用于生物学教学的课堂。信息技术与教学的深度融合使得教学形式变得更生动、新颖，更直观形象，也打破了时空的界限，提升了学生在学习过程中的主动性和主体性。然而，信息技术同样是一把双刃剑，它在带来各种好处的同时也带来了相应的问题，如师生互动、学习管理和监督、精准教学都得不到很好的体现。教师更应该避免的倾向是过分突出信息技术的重要性，把教学手段当成教学目标。

一、翻转式教学策略

【聚焦问题】

教师在关于"自然选择学说"的翻转课堂上，进行了如下教学。

1. 课前学习。在课前学习的设计中，教师的目标是学生能够独立完成低认知水平的学习，即识记、理解自然选择的解释模型。教师在网课平台上传提前制作的微课，从网络上下载的自然选择学说的教学视频及生物演化现象的视频、教材和补充阅读材料等教学资源。教师布置课前作业，引导学生达成课前学习的教学目标，要求学生在线下授课时将作业带到课堂。

2. 课堂学习。课堂学习的目标是学生通过主动学习达到对所学知识的高认知水平的学习，应用和分析自然选择学说解释不同的生物演化现象，整合对于进化与适应观的理解。教师给学生分组，安排每个组阅读一种生物的演化现象并用自然选择学说解释该现象。阅读材料分别是在演化过程中，不同生物机体的形态特征的获得或失去的现象，如跟祖先相比，后代深海鱼失去视力、后代猎豹具备快速奔跑的能力、后代仙人掌获得刺等演化现象。小组经过讨论确定对于所阅读演化现象的正确解释，然后重新分组，新的小组内每位学生阅读的演化现象不同，每位成员要对其他组员分享在之前组内得到的结论，并进行比较和讨论。教师组织班级讨论，每个组派一位成员进行对选定的生物演化现象的解释，教师进行总结归纳，提供反馈评价。

3. 评价。教师要求全班同学独立地用自然选择学说来解释所提供的更复杂的生物演化现象，并完成相关的测试题。

问题：文中展现了一个翻转课堂的教学实例。与传统课堂相比，翻转课堂具有什么特点？翻转课堂为什么会诞生？翻转课堂如何促进了教学的转变？

（一）翻转式教学是将自主学习置于课前，将师生互动促进学生知识内化置于课堂教学的教育

传统教学过程通常包括知识传授和知识内化两个阶段，知识传授一般通过

教师在课堂中的讲授来完成，知识内化则需要学生在课后通过作业、操作或者实践来完成。翻转课堂式教学模式则颠覆了这种形式，教师精心准备教学资源，借助信息技术手段使学生在课前自主学习相关知识，而在课堂上，教师通过以学生为中心的教学活动，在师生互动中促进学生的知识内化，从而形成翻转课堂。翻转课堂之"翻转"实际上有两层含义：一是课堂学习任务与家里学习任务的翻转；二是课堂上以教师"教"为中心向以学生"学"为中心的翻转。翻转课堂带来了知识传授的提前和知识内化的优化。

翻转式教学兴起于美国，一般称为"the flipped classroom"，也可以称为"反向教学"（reversed instruction）、"混合学习"（blended learning）或"倒置教室"（inverted classroom）。2007年春，美国科罗拉多州"林地公园"高中的两位化学教师乔纳森·伯尔曼（Jon Bergmann）和亚伦·萨姆斯（Aaron Sams）为了帮助缺课的学生，制作了教学视频上传到网上，让学生在家也能补课，而未缺课的同学也可以利用网上的教学视频进行复习。后来，这两位老师让学生课前在家看教学视频，在课堂上通过师生互动完成作业，实现了传统教学模式的翻转。当时，这种教学模式受到了学生的广泛欢迎。翻转课堂的推动也得益于网络上优质教学视频等资源的涌现。2009年，萨尔曼·可汗（Salman Khan）创立了"可汗学院"，免费提供优质的教学视频，推动了翻转课堂的发展。2011年以后，MOOCs（Massive Open Online Courses），即"大规模开放在线课程"的崛起，也促进了翻转课堂的普及。至此，翻转课堂成为教育者关注的热点。

（二）翻转式教学具有颠倒教学顺序，转变师生角色等特征

1. 课堂教学顺序颠倒

翻转课堂从"先教后学"的传统课堂转变为"先学再教后巩固"的过程。课前是掌握知识阶段，教师把新授课知识体系以数字资源的形式放在了课前，学生在课前自主学习新授课知识。课堂是知识内化阶段，学生针对课前知识建构过程中遇到的问题向教师请教，教师通过个别指导、组织学生小组讨论，解答学生的知识疑惑，激励学生智慧共享。课后是巩固提升阶段，学生借助网络开放课程、教育资源平台等数字化教学资源拓展知识空间。翻转课堂重新定义了教学过程各部分的功能，颠倒了传统的教学过程。

2. 师生角色转变

翻转课堂中，教师的角色是多元化的。知识的传授发生在课前，教师设计了能够吸引学生的短视频，通过视频等教学资源向学生传授知识，学生采用适合自己的方式进行自学。在课堂上，教师通过精心设计的师生互动、生生互

动，使学生的问题得到解答，使学生在自学的基础上通过课堂讨论或实践来构建自己对知识的理解。此时，教师是学生学习的指导者和促进者，学生在这种教学模式中主动探究问题、积极构建知识。

3. 课堂教学的针对性强

翻转课堂的课前通过信息平台收集了学生的自主学习情况，并通过课前检测得到了学生的学习效果情况。赵兴龙提出翻转课堂的三个基本构成要素，其中环境因素指带有智能诊断功能的学习分析系统。借助信息技术平台来分析学生的自主学习，教师能够明确每个学生已经弄懂的和没有掌握的知识，并能够了解全班学生的整体学习状况，从而进行有针对性的教学设计。

翻转课堂的课前是学生的自主学习，而课堂是师生及学生与学生间的交流和互动。在自主学习过程中，学生会产生各种各样的困惑，带着这些问题，学生期望能在课堂上得到回答。而教师通过课前的评价，收集了学生在学习上的困难，有针对性地进行教学设计，让学生在与教师及与其他同学的讨论中重新建构对知识的理解。鉴于学生已经在课前完成了对基础知识的学习，教师有更充分的时间在课堂上进行探究或实践活动，更有效地针对具有不同学习能力和使用不同学习方法的学生进行教学，发挥学生的主动性和创造性，更好地达成教学目标。

4. 需要信息技术的支持

要实现课堂的反转必须依赖信息技术的支撑，在课前，教师要使用软件录制好相关视频，或者从网络上找到优质的微视频，并准备阅读材料等其他教学资源，然后依赖学习平台的呈现使学生共享学习资料、答题并记录学习过程。同时学生课前观看老师提供的教学视频或者阅读相关材料也都需要硬件和软件系统的支持。教师的知识传授和课前的学生自主学习必须依靠信息技术的支持，从而完成课堂教学的翻转。而学校所能提供的软硬件系统也能够影响教师的教学效果，例如，学校如果有能够记录并自动对学生的课前学习做统计分析的软件系统，则会给教师提供更多的诊断数据，从而进行更有针对性的教学。

（三）翻转式教学过程包括课前的任务及活动设计、课堂上的师生互动及贯穿始终的及时评价

在翻转课堂式教学中，学生是在课前利用信息化的教学资源进行自主学习后，在课堂上互动交流、答疑解惑，进行知识建构。所以教学过程由传统的"先教后学，以教导学"转变成"先学后教，以学定教"的过程。因此这种教学不仅仅是课堂内的教学活动，还包括教师针对学生课前自主学习和课堂活动进行的教学准备以及针对学生学习的反馈和评价。

1. 课前准备

在翻转课堂式教学中学生课前的自主学习相当于传统教学中"知识传授"部分，不仅需要教师从多角度出发进行教学设计，还要利用多种手段提供最优的教学资源，使学生能够高效预习，明确学习内容，产生认知上的矛盾，进而激发学生探究新知的欲望，为课堂活动的开展做好充分准备。

（1）课前任务及课堂活动的设计。

为保证课堂活动高效进行，教师需要在课前进行学习任务的设计和课堂活动的设计。课前任务可以通过练习题或学案的形式呈现出来，使学生带着明确的学习目标进行自主学习。这种有针对性的学习有利于学生把握重点，发现困惑，提出问题，进而为教师课堂活动的设计提供参考。所以课前任务在学生课前学习与课堂活动衔接方面发挥着重要作用。

课前任务和课堂活动的合理设计需要教师从多方面、多角度考虑。首先，要结合课程标准和课程内容，明确教学目标，分析教学的重难点，制订合适的课前任务，构建课堂活动的主框架。其次，要分析学情，了解学生整体的认知结构、知识背景。同时也要关注不同学生之间的认知差异，设计出符合不同层次学生需要的课前任务和课堂活动，使每位学生都能主动的参与到课程学习中，促进学生的个性化发展。此外，课堂活动的设计还需参考课前学生自主学习的情况反馈，使得教学活动既具针对性，又能高效进行。

（2）教学材料准备。

国内外翻转课堂式教学模式多种多样，但它们的顺利实施都离不开精心制作的数字化教学资源，如微视频、有音频叙述的幻灯片、普通的文档或其他的互联网资源。这些数字化教学资源为学生的自主学习提供了支架，因此它们质量的高低直接影响着学生学习质量的高低。这些资源既可以是教师亲自制作的，也可以是教师结合教学内容对网络上开放的优秀教学资源（如网易公开课、中国国家精品课程、中国大学 MOOC 等）加以改善而获得的，其宗旨都是为了让教学资源既能突出教学重点，又能适应不同层次学生的需要。因此教学资源不在多，贵在精，做到内容充分翔实、形式多样，能吸引学生的兴趣，促进学生学习效率的提高。

2. 课堂活动

课堂活动主要是针对学生课前自主学习产生的问题进行交流探讨、答疑解惑、难点讲解，促进学生对知识的深入理解，实现知识的内化，从而完成教学任务、实现教学目标。因此课堂活动主要包括教师引导下进行的师生和生生之间的讨论，以及师生共同对交流的结果和教学内容进行系统的总结，帮助学生建构知识框架。

(1)情境化探究引导。

建构主义者认为，学习者在一定的情境下通过人际协作活动实现意义建构，从而获得知识。所以课堂活动应当在一定的情境中进行，激发学生探究新知的欲望，实现知识的意义建构。教师在一定的情境下结合教学资料引导学生对知识点进行复习回顾，接着在对学生自主学习过程中产生的问题进行收集整理后，选取其中有价值的问题作为探究对象进行交流讨论。这一过程中教师可以对学生进行分组，将不同能力水平和知识结构的学生分成不同组别，从而利于交流讨论的深入进行，充分发挥学生的主体性，实现知识的内化吸收。

(2)系统化教学总结。

通过开展探究式的问题讨论，教师能够在很大程度上调动学生的积极性，实现问题解决，加深学生对知识的理解，有助于学生的知识迁移。而在课堂结束前，由教师引导学生对探究结果和课程学习进行总结，更有利于学生有效知识的构建。此外教师还可以在学生解决问题、达成共识后设计小组活动，巩固知识，促进知识内化。教师也可以通过练习题或开放性问题进行知识拓展，增强学生的知识应用能力。

3. 学习评价

学习评价作为学习系统的反馈调节机制，是翻转课堂式教学中不可缺少的环节。通过学习评价，教师能够发现教学中存在的不足，从而进行教学上的改进。学生可以发现学习上的漏洞，及时弥补。由于翻转式课堂教学不同于传统的课堂教学，所以对于学生学习的评价方式更多样，评价呈现出了新特点。

(1)纸笔测试仍然有效。

纸笔测试是传统的评价方式，但这并不意味着在新的教学模式下应将其淘汰，相反教师可以通过学生的作业完成情况、定期的考试成绩来对学生进行评价。纸笔测验的结果可以在一定程度上反映出学生学习中潜在的问题，教师可以进行进一步的辅导，也可以将此作为接下来课堂活动设计的依据，达到教学反馈的效果。

(2)注重学生评价。

翻转课堂式的教学策略更加注重发挥学生的主体性，这不仅体现在学习方式上，也体现在学习评价上。学生间的互评和学生的自评是该教学模式的特色之一。通过学生评价弥补了教师为单一评价主体的弊端，能够看到教师所看不到的内容。

（3）能够建立电子档案袋。

翻转课堂式教学策略与信息技术紧密联系，因此对学生的学习评价也可以借用信息技术建立学生的电子档案袋。电子档案袋可以包括学生课前观看教学视频的时长、学习任务单的完成、提交情况以及在线的发言讨论情况等多个学习要素，能够清晰的展示出学生的学习情况，不仅有利于了解学生的学习过程，进行学习评价，也有利于学生自我反思和改进。

（4）关注形成性评价。

翻转式教学不仅仅关注学生学习的最终结果，也关注学生的学习过程，不仅注重知识的获得，也注重能力的培养。所以在翻转式教学模式中不仅进行结果性评价，还应进行形成性评价。形成性评价有利于及时解决授课过程中产生的问题，进行持续性的改进，促进学生不断发展。

（四）翻转式教学有利于提高教学效率，发展学生的学习能力

1. 翻转课堂能够提高教学效率

翻转课堂上，教师把精心设计的微视频等教学资源在课前提供给学生，从而把大量的课堂时间用于针对性地解决学生在自主学习中遇到的困难，避免了使用课堂时间讲授简单枯燥的知识点。针对课前收集的学生学习情况，教师能从学生的学习需求出发，更好地帮助学生构建他们的知识体系。课堂上的师生互动和生生互动也是构建在学生对教学内容的预习基础上，能够保证课堂上的交流互动更有深度、学习效率更高。翻转式教学中信息技术的应用，丰富了教学的数字化资源，教学管理更加高效，教学效率高。

2. 能够促进学生的学习能力和问题解决能力

翻转课堂要求学生在课前进行充分的自学并完成教师布置的学习任务，因而学生需要合理安排学习时间，保证在老师规定的时间内完成自己的学习任务。在自学的过程中学生会通过多种途径尝试去理解教学材料中涉及的信息，长期的锻炼对学生查阅资料和阅读等方面的学习能力有一定的帮助。此外，对问题的探究需要学生之间进行交流合作，这一过程中可以提升学生的团队精神，培养他们的团队合作能力。在团队的交流合作中，不同的思想汇集，让学生接触到不同解决问题的方式，可以进行借鉴，取长补短，促进问题解决能力的发展。

3. 重构和谐的师生关系

在翻转课堂中，教师是学生的引导者，课前提供教学资源，使得学生能够

以适合自己的方式学习基础知识，课中以学生的疑惑和问题为中心，通过平等的师生互动及同伴交流，共同解决问题或者完成学习任务，主动构建自己的知识框架，修正自己的学习。与传统教学中，教师以自己的节奏进行教学，主导着学生的学习过程不同，翻转课堂上学生占据主体地位，教师与学生的关系更加平等，学生与教师之间进行了更多的交流和互动，从而促进师生的共同成长。

(五)翻转式教学要注重教学视频的设计和课堂上的互动等

1. 教师的理念需要转变

传统的教师理念认为教师应该是教学的中心，教师要能够掌控课堂教学，充分利用课堂时间进行直接讲授，认为这样才能达成高效的教学。而随着教育学研究的发展，现在倡导的以学生为中心的教学理念认为，学生才是教学的中心，教师应该引导学生根据自己的知识储备和学习方式，联系旧知，构建对新知识的理解。翻转课堂的课堂教学看似缺乏内容的讲授，但学生的学习却在潜移默化地发生着。教师要能够从理念上认可以学生为中心的建构理论，从而促进学生的高效学习。

2. 教学视频的设计要遵循一定的原则

翻转课堂的知识传授在课前通过线上的教学资源进行，教师一般为学生提供精心准备的教学视频供学生自学。为了促进学生自学的积极性和学习效果，课前的教学视频要既能调动学生学习的兴趣，又使学生能够理解教学资源的内容，顺利完成学习任务。教学视频的设计可以遵循 LECTURE 原则，即：生动的(lively)、有教育意义的(educative)、创造性的(creative)、可引人思考的(thought-provoking)、可以理解的(understandable)、相关的(relevant)和令人兴奋的(enjoyable)。

3. 重视课堂教学的互动

翻转课堂的课堂教学重知识内化，但翻转课堂并非是简单地把课堂教学变成答疑课，而是需要教师通过精心的设计，促进学生对学习内容的主动探究，及解答学生在课前自学过程中出现的问题。在科学课中，翻转课堂一般以探究活动的形式开展，或者以项目式学习的方式，让学生利用自学的知识，通过小组合作，进行科学论证或者科学实验，解决教师设置的科学问题，完成教师安排的学习任务。教师设计的课堂教学的互动要能促进学生的相互学习，聚焦师生的交流，指向高阶思维的培养，达成教学目标。

4. 注意学科及学段的适用性

目前国外的翻转课堂多用在理科教学中，对于文科的教学，如何提供适合文科教学内容的教学视频，促进学生在课前的学习，需要教师的思考和精心设计。翻转课堂起源于西方国家，鉴于中西方的教学体制的区别，我国的学校教学时间的安排相对固定，翻转课堂要求学生在课前花费较多时间进行自学，有可能与我国的教学实际相冲突，因而教师要视学校的安排适当地做翻转课堂的变式，或者严格控制作业量，保证学生有充足的时间进行课前预习。另外，我国的翻转课堂的实践表明，小学生的自控能力及自学能力相对较差，在课前预习阶段，小学生的学习效果一般较差，因而多数学者并不赞同翻转课堂在小学教学中的应用。翻转课堂对线上与线下教学的混合，并不适用于所有学科、所有学段，教师对翻转课堂的使用与否要基于学生的学习特点及所授学科的特点及目标。

【学以致用】

"翻转式教学"越来越广泛地应用于生物学课堂教学。某教师在"生态系统和生物圈"和"探索遗传物质的过程"的教学中应用微视频开展了如下思考和教学。

1. 在人教版高中生物学选择性必修 2"生态系统的结构"一课的教学中，传统的视频导入采用描述自然界中动物的捕食的网络视频。而该教师最先直接使用亚马孙的纪录片进行导入，发现不能在两三分钟展示尽可能多的物种及它们之间的捕食关系，同学们也会认为亚马孙离自己比较遥远，兴趣不大。

针对这些问题，该教师决定采用"穿越"策略，借助卫星地球软件和录屏软件录制了一段空中俯视地面视角的动画视频，视频一开始展示的是学校的卫星俯视图，学生一眼就能看出是自己学校，然后视角迅速上升至远离地球的太空，最终降落到南美洲亚马孙雨林，然后再使用录屏软件将从网络上收集的亚马孙密林中动物猎食的视频片段进行剪辑和拼接，同时以带领游览亚马孙的解说词为基础设计生动形象的微视频旁白，在短短两三分钟展现了尽可能多的物种，并在视频播放结束后，组织学生开展讨论微视频中涉及的捕食关系。

2. "探索遗传物质的过程"一节所涉及的三大实验年代跨度较大，每一个实验都是在前人的基础上进一步所做的研究，书本呈现给学生的是实验过程、实验结果以及结论。学生无法深入了解各个科学家的探究过程，因此该教师制作了微视频"时光隧道"带着学生穿越时空，来到 19 世纪。微视频以时间轴为主线，将时间轴设计成一条公路的形象，时间沿公路向前行，同时，在下方标记出美国内战、明治维新、甲午战争、"一战"、罗斯福新政、"二战"等 11 个著名的历史节点，与"时间公路"上方的科学史时间节点相对应，促使学生将新知识和熟悉的历史事件联系。每前行一段，"时间公路"上就会竖起一个路牌，每一个路牌就是一个时间点，路牌上标注了年代、科学家头像、科学家姓名、探究事迹等，按照时间的先后形象地展示了探究历史的道路上科学家是如何一步一步在前人的基础上获得突破的。

实际教学中，教师课前将微视频上传至网络，学生点播学习后完成针对性学习反馈，在课堂上教师组织学生针对学习状况和遇到的问题开展讨论，答疑解惑。

1. 结合该实例分析翻转式教学中微视频制作的要求。

2. 分析生物教学中开展翻转式教学的优点。

二、WebQuest 教学模式

【聚焦情境】

随着社会的不断发展，网络资源与技术已全面进入基础教育课堂并导致教学形态发生了巨大变化。如何用好网络资源开展探究？什么样的内容适合使用网络资源开展探究？基于网络的探究该如何开展？这些问题值得我们深思。

（一）WebQuest 是基于网络资源进行探究性学习的教学模式

WebQuest 是一种基于网络资源进行探究性学习的教学模式，由美国圣地亚哥州立大学的伯尼·道奇（Bernie Dodge）等人于 1995 年开发。其中"Web"是"网络"的意思，"Quest"是"调查""询求""探究"的意思，因此应用 WebQuest 教学模式的课程又可以翻译为"网络探究课"。自提出以来，WebQuest 教学模式受到诸多关注和推崇。世界数以万计的教师建立了自己的网站，借助 WebQuest 教学模式开展了网络探究教学活动。我国则是从 2001 年开始，在"惟存教育"网站的推动下系统地将这一教学模式引入国内。

WebQuest 教学模式以建构主义为理论基础。强调以学生为中心。教师通过设置情境对学生进行引导，学生则利用网络资源，进行探究性学习。在这一过程中进行知识的意义建构，同时发展分析问题和解决问题的能力，提高自身的综合素质。

（二）WebQuest 教学模式由六个教学环节构成的

WebQuest 教学模式由六个教学环节构成，即情境（introduction）、任务（task）、过程（process）、资源（resources）、评估（evaluation）和总结（conclusion）。这六个教学环节分别对应教师对教学情境、学习目标、学习活动、学习资料、学习评价以及学习反思的设计。在整个 WebQuest 教学模式中，先由教师利用一定的教学情境引起学生的兴趣，再通过具体的任务，引导学生利用网络资源进行自主学习、合作学习，实现知识的意义建构，促进学生能力发展。

1. 情境

教学开始前，教师根据学情分析和教学内容确定主题。在绪言部分，教师创设与主题相关的教学情境，以引起学生探究的兴趣，同时为他们明确学习内容和方向。情境的创设可以通过文字、图片、音频或视频等多种方式进行，充分调动学生感官，提高他们参与教学的积极性，为之后的教学环节奠定良好的基础。情境创设要注意与学生的实际生活经验相联系，使得学生能够将所学的知识技能与实际生活联系起来。

2. 任务

在这一教学环节中，教师将教学目标以具体任务的形式呈现出来。学生在任务的引导下自主学习或合作学习，并将任务结果以一定的形式呈现出来。在这一过程中，学生能够进行知识的意义建构，并发展问题解决的能力。WebQuest 教学模式中任务的设计发挥着重要作用，直接影响着学生的学习效果。其设计需要满足以下要求：任务要根据学习者的实际情况和教学目标分层制订，由易到难，逐步深入。其目的不只在于引导学生回答某一个问题，还在于发展学生解决问题的思维能力。任务的设计要结合学生的实际生活经验，同时具有可操作性，才能引起学生学习兴趣，提升学生社会生活技能。任务能够通过多媒体设备向同学展示，清晰具体的同时又能呈现出整体框架，有利于促进学生理解。

3. 过程

过程是达成任务的具体步骤。这些步骤对学生的自主探究起到支架作用，因此需要教师对具体步骤做出指导性的描述，以促进学生完成任务。在探究的过程中不仅可以让学生进行独立的自主探究，也可以将学生分组进行合作学习。该环节通过自主探究学习，有助于培养学生的探究性思维能力、信息处理能力和问题解决能力。合作学习有助于培养学生的团队协作能力和创新能力。通过组员之间的合作，不同的思想火花发生碰撞，可以启发学生的思维，有助于探究出新方法和新思路，充分体现了小组合作的优势。因此在教学中可以有意识地将学生分组进行学习，促进组内成员共同进步。

4. 资源

资源是学生完成任务所必需的工具。它既包括网络资源(如某些网站等)，也包括非网络资源(如教科书、海报、模型等)。学生在探究性学习中，可使用的资源极其丰富，为避免学生网络迷航，教师事先应根据具体的学习任务对资源进行筛选，使其更具有针对性和参考性。可以将筛选后的资源进行整合，建立资源库，以便学生根据需要进行访问查阅，同时可以记录学生访问和下载的次数，为后面的评估提供依据。

5. 评估

评估环节是对学生学习过程和成果的评价。其主要目的是明确探究过程中存在的不足并加以改进，以促进学生继续发展，同时也指出优点，鼓励学生继续努力。因此为充分发挥评价的作用，评价标准的设定要科学、具象，应注意以下几点：①评价主体应多元化，如加入学生的自评和同学互评等。②评价方式应多样化，结果性评价与过程性评价并重。③评价内容应多面化，不仅评价学生对知识的掌握，而且要重视对学生的能力、态度等进行评价。

6. 总结

教师应带领学生对整个学习活动进行回顾、总结和反思，促进学生形成系统的知识体系，鼓励学生进一步查漏补缺，引发学生进一步思考，拓展学习成果，为下个阶段的学习做准备。总结可以通过多种方式进行，如思维导图等。

(三)WebQuest 教学模式在学生培养方面具有一定优势

1. WebQuest 教学模式有助于发挥学生的主体性

WebQuest 教学模式以学生为主体。教学中，教师要激发学生的兴趣，提供必要的学习支架，引导学生进行自主探究和合作学习。这一过程中，学生进行资料查阅来解决问题，充分发挥主动性，实现了知识的意义建构。最后在教师的引导下进行总结和自我评价，促进自身不断发展。

2. WebQuest 教学模式能够培养学生的思维能力和团队合作精神

WebQuest 教学模式中，教师给定任务，引导学生进行自主探究。在这一过程中，学生通过查阅资料，实践操作最终解决问题，发展了探究能力和高阶思维。同时，学生分组合作，发挥各自特长，集思广益，通过交流共同解决问题，也培养了团队合作精神。

3. WebQuest 教学模式促进学生信息处理能力的提升

教学中，教师将教学目标以任务的形式具体化，学生利用一定的资源，完成任务，达成教学目标。虽然资源是经过教师筛选的，但是依然需要学生根据具体的任务进行选择、分析和处理，一定程度上促进了学生信息处理能力的发展，有助于学生信息素养的提升。

4. WebQuest 教学模式能够突破时空限制，提供丰富的学习资源

教师在学生自主探究中提供一定的资源作为学生解决问题的支架。这里的资源不仅包括传统的非网络资源，也包括网络资源。丰富多样的资源为学生解决问题的多样性提供了可能，也使得学生可以根据需要自主选择。此外，网络资源的利用打破了时空限制，使得教学更具弹性。学生可以自行选择时间地点查阅相关资料，更加方便快捷。

(四) WebQuest 教学模式在实践中应有所注意

1. 信息技术问题

WebQuest 教学模式以信息技术为支撑。在教学活动中，学生利用网络进行探究性学习；教师利用网络进行教学设计，为学生提供资源。故教学活动的顺利开展不仅依赖一定的硬件和软件设备，还要求教师和学生掌握一定的信息技术能力。

2. 学习评价问题

WebQuest 教学评价具有内容多面化、方式多样化、主体多元化等特点，强调终结性评价和过程性评价相结合，知识评价和技能评价相结合，学生评价和教师评价相结合。与此同时，学生在 WebQuest 教学模式下的学习过程并不是完全在教师的监督下进行的，这为制订科学合理的评价体系带来了不小的挑战。

3. 师生角色问题

WebQuest 教学中强调学生为主体，学生在教师的引导下，利用资源，进行自主探究。教师在教学过程中为学生学习提供必要的支架，为学生指明探究方向。故 WebQuest 教学模式需要教师转变教学理念和教学角色，由知识的"传授者"转变为学生学习的"引导者"和"组织者"。

4. 学生能力问题

WebQuest 教学模式强调学生进行自主探究，在探究过程中进行知识的意义建构，这对学生的独立探究和知识建构能力有一定的要求。此外，对于自制力较弱的学生而言，如果在探究过程中缺少教师监督指导，可能产生侥幸心理，忽视探究的过程，容易影响学习效果。

【本节要点】

1. 翻转式教学将自主学习置于课前，将师生互动促进学生知识内化置于

课堂教学。翻转课堂带来了知识传授的提前和知识内化的优化，具有课堂教学顺序颠倒、师生角色转变、课堂教学针对性加强、依赖信息技术支持等特征。其教学过程包括课前的任务及活动设计、课堂上的师生互动及贯穿始终的及时评价。翻转式教学实践需要教师转变理念，注重教学视频的设计和课堂上的互动，并注意学科及学段的适用性。

2. WebQuest 是一种基于网络资源进行探究性学习的教学模式。教师通过设置情境对学生进行引导，学生则利用网络资源，进行探究性学习。WebQuest教学模式由六个教学环节构成，即情境、任务、过程、资源、评估和总结。该教学模式能够突破时空限制，提供丰富的学习资源，有助于发挥学生的主体性，培养学生的思维能力和团队合作精神，促进学生信息处理能力的提升。在实践中应注意信息技术、学习评价、师生角色和学生能力方面的问题。

【学以致用】

某教师在八年级生物课上开展了如下教学。

1. 情境

转基因技术、基因疗法、克隆技术、试管婴儿、基因编辑、仿生眼睛、多能干细胞，科学技术是第一生产力。21世纪生物技术迅猛发展，极大变革了我们的生产生活。你和小伙伴们将代表中国参加第11届国际生物技术与生物工程学术研讨会，你们将如何向与会各方介绍生物技术新进展？我们该如何面对生物技术发展同时带来的安全性挑战？

2. 任务

上网查阅资料，了解生物技术与生产生活关系，分析生物技术对人类社会发展的重要意义和可能带来的其他影响。为了保证任务完成，同学们需要以小组为单位完成一份调查报告，报告应包括以下几项内容：

①举例说出生物技术与人类生产生活的关系。

②预测生物技术对人类未来生活影响。

③"科学技术是把双刃剑"你是否同意这句话？请给出事实依据支撑你的观点。

④作为政府、科学工作者、媒体和公民（每组任选一个角色），如何面对生物技术带来的安全性挑战？

3. 过程

①6人一组，并推选出组长，充分理解学习内容，明确任务分工和时间节点。

②利用网络资源进行探究性学习，针对具体任务搜集所需要的文字、图片或视频、音频等信息(网络资源可以选用教师提供的，也可以自己搜索)。

③小组成员通过线上(QQ 群或微信群)或线下的方式对收集到的信息分析讨论，选取有价值的信息归纳整理。遇到困难可以在专业网站发帖求助。

④完成调查报告(Word 文档或 PPT 演示文稿)，准备现场答辩。

⑤对网络探究性学习过程和学习效果评价，包括个人自评，组长评组员，小组互评和教师评价。

4. 资源

(1)搜索引擎：百度、谷歌、搜狐、新浪。

(2)专业网站：

①中国生物技术信息网(http://www.biotech.org.cn/) 这个网站有对最新生物技术的介绍。

②生物谷(http://www.bioon.com/) 这个网站专注生物医药产业的研究。

③丁香园(http://www.dxy.cn/) 生物医药的专业网站。

④果壳网(http://www.guokr.com/) 科普网站,内容科学,面向大众,浅显易懂。

⑤科学松鼠会(http://songshuhui.net/) 帮助你拨开科学的坚果。

⑥凤凰科技(http://tech.ifeng.com/) 一个科技网站。

⑦腾讯科技(http://tech.qq.com/all/being1.htm) 生命奥秘板块,介绍了许多生物前沿进展。

⑧网易公开课(http://open.163.com/) 有许多精品课程。

⑨小木虫(http://muchong.com/) 一个很实用的学术科研论坛,遇到问题可以发帖求助。

(3)微信公众号：果壳、丁香园、Nature Protfolio、科技日报。

(4)学术论文：

①王延光. "生命伦理与生物技术及生物安全研讨会"综述[J]. 哲学动态,2001(6)：25-27.

②薛杨,俞晗之. 前沿生物技术发展的安全威胁：应对与展望[J]. 国际安全研究,2020(4)：136-156＋160.

③王新广,罗先群. 现代生物技术潜在的安全问题引发的思考[J]. 中国公共卫生,2003(5)：625-627.

5. 评价

表 2-5 是对学生探究性学习的评价，从个人自评、小组内评、小组互评和教师评价四个角度对学生的学习过程和学习效果进行评价。

表 2-5　学生探究性学习评价表

"关注生物技术"网络探究性学习评价表		
姓名：　　　　　　小组编号：　　　　　组长：		
评价参考标准（每项满分 5 分）	自我评价	组长评价
①对主题充分理解。明确小组任务		
②参与网络探究性学习态度，各项任务在规定的时间节点内完成		
③多渠道收集资料，内容丰富并有科学依据		
评价参考标准（每项满分 5 分）	自我评价	组长评价
④小组合作中愿意共享资料，耐心听取他人观点，积极发表个人见解		
⑤根据实际情况对资料进行分析整合，完成调查报告		
⑥课堂积极发表本组观点，语言具有说服力，耐心倾听他组见解，答辩有理有据		
其他组和教师对本组评价		
评价参考标准（每项满分 5 分）	其他组评价（取平均值）	教师评价
①课堂积极发表本组观点，语言具有说服力，耐心倾听他组见解，答辩有理有据		
②调查报告如期完成，文字通顺，内容翔实，能够很好突出主题		
③小组观点具有创新性		
④小组观点具有科学性		
总分：85～100 分优秀（　　　）　　　70～85 分良好（　　　）　　　60～70 分合格（　　　）		

125

6. 总结

学生通过对生物技术的探索，认识到生物技术在医药、农业、工业、国防、环保及其他各领域都发挥着越来越重要的作用，未来生物技术也必将深刻影响人类的生存和发展，科学技术永远是第一生产力。但是"科学技术是一把双刃剑"，我们在发展生物技术的同时必须恪守道德及伦理底线，正确认识科学、技术和社会的相互关系，正如联合国教科文组织的《科学和科学知识应用宣言》承诺："科学要对人类和地球的未来负责，要为世界和平发展做出贡献，要服务于社会"，这是每一位地球公民应承担的责任。

1. 分析该教师开展 WebQuest 教学的优点。
2. 反思并归纳 WebQuest 教学的特点。

第三章　生物学教学设计的相关理论

【学习目标】

1. 阐明系统论、传播论、学习论和教学论的内涵和外延。
2. 认识系统论、传播论、学习论和教学论对教学的启示。
3. 熟练运用系统论、传播论、学习论和教学论等指导中学生物学教学设计。

【内容提要】

1. 系统论的内涵及对中学生物学教学设计的启示。
2. 传播论的内涵及对中学生物学教学设计的启示。
3. 学习论的内涵及对中学生物学教学设计的启示。
4. 教学论的内涵及对中学生物学教学设计的启示。

【学法指引】

1. 注重对系统论、传播论、学习论和教学论的深入学习，理解其本质和特征。
2. 结合中学生物学教学设计的实际，深入探讨其对中学生物学教学设计的指导。

第一节　中学生物学教学设计依赖系统论

【聚焦问题】

在科学研究中，构建模型是一种解决实际问题、探索客观规律的有效途径。在模型构建过程中，研究者通常需要先对系统中各个部分进行分析，然后舍弃系统中的非主要要素，构建一个简化、概括的"系统"，这就是模型。模型建构近年来也被广泛用于中学生物学教学中，例如，某高中教师在进行"生态系统的能量流动"一节的教学设计时，便设置了"模型建构"环节，教师先引导学生单独分析生态系统各组分能量流动的特点，再将各组分通过一定的关系连接在一起，从系统角度分析生态系统能量输入与能量输出，构建生态系统能量

127

流动的基本模型。

问题：

1. 这位教师在设计教学环节时运用了什么思想？

2. 系统论的研究最先起始于生物学领域。你能举例说出生物学都渗透了哪些系统思想吗？

问题探讨：这位教师在讲授生态系统各组分间的能量流动时，采用了模型建构的方法，运用了系统论中"整体与部分"的思想，即系统是整体，要素是系统的组成部分。先介绍作为生态系统组成要素的各组分的能量流动特点，再从整体的角度分析生态系统能量的输入与输出，从而使各部分有机地结合在一起，便于学生理解与掌握所学的知识。系统论的基本规律包括结构功能相关律、信息反馈律、竞争协同律和演化优化律等，这些基本规律同样渗透在生物学课程当中。我们如何运用系统思想进行教学设计呢？通过本节的学习我们将获得答案。

一、系统论是以系统为研究和实践对象的科学

系统（system）一词来源于古代希腊文，意为"放在一起的一个复合整体"。一般系统论的创始人路德维希·冯·贝塔朗菲（Ludwig Von Bertalanffy）认为系统的定义可以确定为："处于一定相互关系中并与环境发生关系的各组成部分（要素）的总体"。我国著名科学家钱学森认为，系统就是"相互作用和相互联系的若干组成部分结合而成的具有特定功能的整体"。许多科学家从不同角度给系统下了多种定义。

知识链接：扫描下方二维码，了解更多关于系统论的发展历程。

系统论便是以系统为研究和实践对象的一门科学。系统论是指立足于整体，对系统的各个部分进行分析，最后通过从部分与整体的联系中揭示整个系统运动规律的现代科学方法，其主要研究系统的一般模式、结构和规律，通常会应用数学方法定量地描述其功能，寻求并确立适用于一切系统的原理、原则和数学模型，是具有逻辑和数学性质的一门科学。系统论的基本思想是把研究和处理的对象看作一个整体系统来对待。

（一）系统论的发展有着近百年的历史

系统思想源于古代人类的社会生活实践，人类自有生产以来，就在同自然系统打交道，整个人类文明的发展史都为系统理论积累了丰富的思想资料。但是，作为一门科学的系统论，人们公认是美籍奥地利人、理论生物学家贝塔朗

菲(Bertalanffy)创立的。系统论的形成最早可以追溯到 20 世纪 20 年代,贝塔朗菲在多篇文章中提出"生物有机体"和"机体系统理论"的概念,强调把生物有机体作为一个整体或者说是一个系统来分析和研究,注意生物有机体所具有的整体性、组织层次性、动态性和开放性;1924—1928 年贝塔朗菲多次发表文章初步阐述了系统论的思想;1937 年提出了一般系统论原理,奠定了这门科学的理论基础;但是他的论文《关于一般系统论》,到 1945 年才公开发表,他的理论到 1948 年在美国再次讲授"一般系统论"时,才得到学术界的重视;而真正确立这门科学学术地位的是 1968 年贝塔朗菲发表的专著——《一般系统理论:基础、发展和应用》,该书被公认为是这门学科的代表作;1972 年《一般系统论的历史和现状》出版,一般系统论理论体系基本形成并受到人们的高度重视。

系统理论的发展经历了"老三论"和"新三论"这两个大的阶段。系统论、信息论和控制论合称为"老三论"。"老三论"的系统方法是指按照事物本身的系统性把对象放在系统运行的过程中进行考察的一种方法。1982 年,在全国第一次系统论、信息论、控制论的科学方法与哲学问题研讨会上,钱学森作了"系统思想、系统科学与系统论"的长篇重要报告,倡导"三论归一",认为"我们的系统论比一般系统论深刻得多"。魏宏森也在会上发表的文章中提出:要"运用辩证唯物主义这个锐利武器,结合现代科学技术发展的成果,在更高的层次上进行新的综合,建立一门把系统、信息、控制等基本原理有机地结合在一起的新理论——广义系统论。"并在 1988 年的文章中提出:"广义系统论是把对象作为组织和自组织复杂系统进行专门的科学技术哲学研究的一般系统理论,是综合现有的一般系统论、信息论、控制论、耗散结构、协同学和超循环论等现代复杂性系统理论中的科学基础哲学问题的横断科学。"于是形成了由耗散结构理论、协同学、超循环理论为代表的"新三论"。

总之,系统理论的研究是一条很广阔的战线。一方面是理论生物学的研究,带出了一般系统论,同时推动了非平衡态热力学的研究,产生了开放系统远离热力学平衡的耗散结构概念,作为有序性、自组织理论。另一方面是各种系统工程的实践带来了运筹学、控制论及巨系统理论的发展。

(二)系统论从多个方面对系统进行考量

系统论认为,有机整体性、层次性、开放性、稳定性、复杂性、关联性、等级结构性、动态平衡性、有序性等是所有系统共同的基本特征。这些既是系统所具有的基本思想观点,也是系统方法的基本原则,表现了系统论不仅是反映客观规律的科学理论,还具有科学方法论的含义,这正是系统论这门科学的特点。实际上，一般系统论论证了系统概念和许多系统原理，主要包括系统的开放理论、动态理论、等级理论以及生命系统理论等。而现代系统理论主要从以下方面对系统进行考量。

1. 整体与部分

现代系统理论撇开各种对象的具体形态和属性从整体和部分的相互关系去考察和把握事物，研究整体和部分的相互关系，由此便形成了系统科学中关于整体和部分的相互关系的理论。任何系统都是由两个或两个以上的要素所构成，系统是整体，要素则是系统的组成部分。要素只有作为系统整体的组成部分时，才能起到它应起的作用，并使整体具有其组成部分所不具有的性质、功能和特性。整体

知识链接：扫描下方二维码，了解更多关于一般系统论的主要内容。

是部分的有机统一，绝不是部分杂乱无章的机械性拼合；整体的功能也不是部分功能的机械相加或简单合并，系统中各种要素的有机结合，其结果是产生了各要素单独存在或简单相加时所不曾有的整体效应。

2. 结构与功能

任何系统都有结构与功能，是结构与功能的统一体。研究系统的结构和功能是人们认识系统属性和规律的重要环节，这为实现系统的最优化提供了重要的理论根据。结构是指系统内部各要素之间相互联系和相互作用的方式。要素之间的个别联系还不能形成系统的结构，多种要素之间的相互联系和关系的总和才能形成系统的结构；相互作用的方式，是指各要素在空间形式上形成一定的有序排列和有机组合。功能是指系统在与外部环境相互联系和相互作用过程中，所具有的行为、能力和功效等。按贝塔朗菲的解释，结构是"要素的秩序"，是内部的关系和作用，而功能则是"过程的秩序"，是对外的关系和作用。结构与功能是对应的，结构是功能的基础，功能是结构的表现。结构与功能之间的辩证关系，为人们认识世界和改造世界提供了重要的原则和方法。

3. 系统与环境

任何系统都离不开一定的环境，系统与环境密切联系、相互作用，二者是辩证的统一。从系统科学的角度讲，系统的环境是指围绕着系统的空间和外部关系，是其中可以直接、间接影响系统存在和发展的各种因素的总和。任何系统都具有一定的环境，环境是系统存在和发展的必要条件。系统和环境相互作用，不仅环境作用于系统，对系统起塑造作用，使系统的结构和功能随着环境的变化而变

化，而且系统也作用于环境。一切系统并不只是适应环境，受环境的制约，系统在运行过程中还会通过不断地与环境发生各种交换，对环境起能动的改造作用。

(三)系统论广泛应用于不同学科

系统所涉及的是通常由各种不同学科处理的各种各样实体所共有的非常一般的特征。因此，一般系统论具有跨学科的性质；同时，它的陈述具有形式的或结构的公有性。对于系统论的适用范围，贝塔朗菲给出了十分宽泛的解释，但他同时又认为系统方法不适用于研究人类社会，因为"人类社会是以个体的成就为基础的""不受超级整体规律的控制"。贝塔朗菲的这种认识完全是其狭隘社会历史观所限制的结果。

现代系统论则认为，系统作为物质世界及其在人头脑中的反映——思维的普遍联系方式范畴是具有普遍适用性的，即它不仅适用于研究自然界，而且适用于研究人类社会(包括人类思维)，目前出现的各种各样的所谓社会系统工程正是成功应用系统方法的产物或结晶。系统论反映了现代科学发展的趋势，反映了现代社会化大生产的特点，反映了现代社会生活的复杂性。所以它的理论和方法能够得到广泛的应用。系统论不仅为现代科学的发展提供了理论和方法，而且也为解决现代社会中的政治、经济、军事、科学、文化等方面的各种复杂问题提供了方法论的基础，系统观念正渗透到每个领域。

二、系统论对中学生物学教学设计具有指导作用

系统理论作为一种方法论，从整体视角对系统进行考察，从组成系统的各部分之间的相互影响中发现解决问题的方法，可以指导教学设计，促进教学设计理论与实践的发展，主要表现如下：①整体性。教学设计中的整体性主要是指用完整的任务代替部分任务，给学生提供一套完整的、符合学生实际的任务，此外还要强调整合部分任务。②非线性。教学系统中包含了"教师与学生"、"教学内容与师生"、"教学媒体与师生"和"教学媒体与教学内容"这几种非线性关系，在教学设计的过程中要重点突出。③协同性。协同性是指系统内的各种要素相互影响、相互制约，在某一观点的统一指导下，系统由原先的无序状态整合成为一个新的有序结构。④涨落性。"涨落"在系统由无序结构整合为有序结构的过程中发挥着杠杆的作用。⑤开放性。开放性是指系统与外部环境之间不断地进行信息交换。

系统理论作为一种方法论，从整体视角对系统进行考察，从组成系统的各部分之间的相互影响中发现解决问题的方法，在不断发展中也带动教学设计的发展。教学设计中可以应用系统论，其对中学生物学教学设计的启示大体包括

以下几个方面。

（一）把握整体，着力教学内容整合优化

整体性是系统的基本属性之一，它要求考察系统时，以整体性为出发点，把系统整体作为研究对象。世界上的各种对象、事物过程都不是杂乱无章的偶然堆积，而是一个由各种要素组成的有机整体。任何组成部分孤立的特征或者活动，都不能完全反映整体的特征和活动。高中生物学教材的每个模块都包含不同的教学内容和主题，如果孤立地展开教学，就不能完整地反映生物学科的本质与思想。因此，教师撰写教学设计时，在保证必修课程核心知识学习的前提下，可以增强模块间的内容联系，甚至突破模块局限进行知识点的整合，有助于提高教学质量。

（二）归纳总结，梳理教学内容蕴含规律

系统论的基本规律包括结构功能相关律、信息反馈律、竞争协同律、涨落有序律和演化优化律等，这些基本规律同样渗透在生物学课程当中。结构是系统内部组成要素之间的相对稳定的综合，从而使系统与外部环境相互联系表现出相应的性质、能力和功效，即功能。生物学课程中渗透着"结构与功能相适应"的观点。信息反馈在系统中是一种普遍的现象，通过反馈机制的调控作用，使得系统的稳定性得以加强或系统被推向远离稳定性，因此我们把揭示信息反馈调控影响系统稳定性的内在机制概括为信息反馈律。在人体的血糖调节、体温调节、水盐调节中也存在着反馈机制从而使人体的内环境趋于稳态。因此，教师在进行教学设计时，应当着重梳理教学内容所涉及的系统论规律，从而用系统的观点去开展教学。

（三）构建模型，掌握概括系统变化规律

在生物学研究中，与研究对象同一层次的要素可能很多，根据需要，可以舍弃系统中的非主要要素，构建一个简化、概括的"系统"，那就是模型。建立各种系统模型，是系统研究的目的，也是解决各种系统问题的手段。利用模型既可以反映和解释现实系统中的规律，也可以根据这些规律建立所需要的系统。例如，"生态系统"一节中的生态系统各组分之间能量流动的判断分析，往往是学习的难点。教师在教学过程中可引导学生先将不同的成分单独分析能量流动的特点，构建能量流动的基本模型，再将各组分通过一定的关系连接在一起，从系统角度分析生态系统能量输入与能量输出。

（四）梳理层次，营造生物教学系统环境

环境就是存在于系统周围与系统相互作用的各种因素的集合。生物学教学

处于一个开放的动态系统之中，它要受到周围环境的影响，反过来它又作用于周围的环境。狭义的生物学教学环境是由物质环境、心理环境、社会环境三类系统环境组成，其中物质环境又包括时空环境、设施环境、自然环境，心理环境又包含人际环境、信息环境、组织环境和情感环境等。生物学教学环境是一个系统的整体，各自功能的发挥依赖于其他环境的支持以及新旧信息、物质、能量的不断转换。因此教师要建设一个良好的生物学教学环境，就要不断地分析各种因素、结构和功能的交互作用，考虑教学设备、内容关联、教学组织和学生心理等，使生物学教学系统处在一个动态的发展平衡之中。

【观点碰撞】

在"细胞呼吸的原理和应用"一节中，某教师的教学过程如下。

【回顾旧知，导入新课】

教师展示上节课关于探究酵母菌细胞的呼吸方式实验现象，回忆上节课解决的几个问题：酵母菌的细胞呼吸方式是什么？酵母菌呼吸作用的原料是什么？酵母菌在无氧和有氧条件下细胞呼吸产物是什么？引导学生认真观察，记录，得出结论，过渡到新课——细胞呼吸。

【教师点拨，穿珠引线】

1. 有氧呼吸过程解析

(1)教师提出问题，引导学生带着问题阅读课本，回答问题：①有氧呼吸具体分为哪三个阶段，三个阶段分别产生什么物质？最终的产物是什么？②哪些阶段生成[H]？哪些阶段释放能量？释放能量最多的是哪一阶段？③是不是每个阶段都需要 O_2 的参与呢？④有氧呼吸发生的场所在哪里？

(2)有氧呼吸过程分步展示(PPT 展示)

教师创设问题情境，学生边回答问题边归纳有氧呼吸每一步的反应式，从中构建有氧呼吸三阶段反应过程、反应场所，物质能量变化的总思维导图，最后请学生写出有氧呼吸的总反应式。

(3)有氧呼吸总结

在教师指导下总结出有氧呼吸概念。引出关于有氧呼吸的能量去处的问题：有氧呼吸三个阶段都释放能量，那么这些能量释放出来以后，有哪些去路？呼吸释放能量去路，展示相关数据，引导学生进行能量转换效率的计算。

2. 有氧呼吸的主要场所——线粒体

教师展示有氧呼吸的主要场所线粒体亚显微结构图，设问：线粒体哪些特殊结构更有利于有氧呼吸的进行? 展示线粒体的分布资料, 设问: 这样的分布有何意义?

3. 分析讨论有氧呼吸实例

教师让学生利用教材上资料分析中的素材讨论实际的生产生活实际中有氧呼吸原理的应用, 争取让学生在充分讨论并提出自己的观点, 利用讨论检验学生对概念的掌握和理解, 将每一个实例分析透, 同时还可以提出更多的有氧呼吸应用实例。

【归纳总结, 课后任务】

教师借助板书有氧呼吸思维导图 (图 3-1) 进行总结, 布置课后自主学习任务: 学习无氧呼吸部分。用有氧呼吸的学习方式, 让学生整理总结无氧呼吸的分反应式、总反应式、发生部位、产物。并构建思维导图, 用于分析讨论生产生活实践的无氧呼吸的范例。

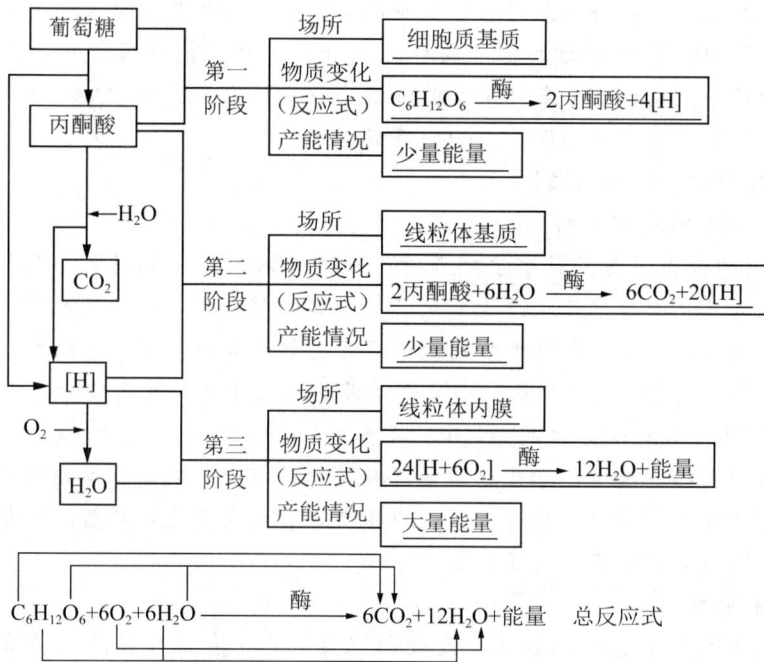

图 3-1　有氧呼吸思维导图

分析系统论是如何应用于该教学设计的。

观点借鉴: 本节课用系统论的方法进行教学, 将各个教学策略有序结合，形成系统合力，构筑优化教学系统。首先，用实验视频与图示现象让学生回忆上节课酵母菌呼吸作用的结论，引起学生注意，提示学生回忆上节课实验结论，从而引出细胞呼吸的概念，展开新课的学习。新课学习中，用经过组织的引导性问题情境步步深入，激发学生兴趣。展示自主性学习的任务和要求，学生在自主学习中获得新的零碎知识。这时候教师再通过有氧呼吸思维导图的构建及时地帮助学生将零碎知识串联成整体有氧呼吸三阶段知识结构整体框架。同时结合线粒体结构与细胞呼吸功能的关联，将新旧知识进一步联结，形成结构与功能观的生命观念，构筑知识系统的动态联系。再开展有氧呼吸过程中能量的去路，学生能够将之前所讲述的 ATP 知识与物质与能量观的跨学科的知识有效的串联起来，形成能量与物质观，进而实现对必修一涉及的高中生物课程知识的动态归纳与总结，学生明白各个系统不是独立的而是动态相关。最终使学生的生物学综合素养也得到了显著的提升。通过由零碎到整体，从整体到动态的开放的系统观对知识进行的学习。教师对如何进行概念教学也进行了很好的尝试，为学生细胞呼吸整体概念图的建构打下扎实的基础。

【本节要点】

1. 系统论是指立足于整体，对系统的各个部分进行分析，最后通过从部分与整体的联系中揭示整个系统运动规律的现代科学方法。

2. 系统论不仅是反映客观规律的科学理论，还具有科学方法论的含义。

3. 现代系统理论主要从以下方面对系统进行考量：整体与部分，结构与功能，系统与环境。

4. 中学生物学教学设计的启示包括：把握整体，着力教学内容整合优化；归纳总结，梳理教学内容蕴含规律；构建模型，掌握概括系统变化规律；梳理层次，营造生物教学系统环境。

【学以致用】

在进行"细胞的物质输入和输出"一章的教学设计时，教师利用系统论的非线性原则，借助动画演示展示不同物质经过细胞膜的方式，将抽象的问题形象化，这种教学比单纯的语言讲授效果更好。

1. 分别举例分析整体性原则、开放性原则、非线性原则和协同性原则在进行生物学教学设计时都有哪些应用？

2. 依据系统论，自选初中或者高中生物学的一节课进行教学设计，并指出在各环节中运用的具体系统思想。

第二节　传播论拓展了中学生物学教学设计的内涵

【聚焦问题】

请阅读下面两位老师对"种子萌发形成幼苗"这节课进行的教学设计片段，思考下述问题。

教师 A：先引导学生观看种子萌发的视频，并思考幼苗是怎样发育而来的？然后播放自己制作的种子结构的 Flash 教学动画，帮助学生理解种子萌发形成幼苗的过程。

教师 B：主要通过引导学生观察描述种子内部结构的贴图，结合教科书的内容，帮助学生理解种子萌发形成幼苗的过程。

问题：

1. 这两位教师的教学设计中，采取的教学媒介有什么不同？你觉得哪一种教学效果会更好？为什么？

2. 有人说教学过程就是信息传播过程，那么在进行教学设计时，除了考虑教学媒介这一要素外，还应该考虑哪些要素呢？

问题探讨：教师 A 采用的教学媒介是视频和 Flash 动画，教师 B 采用的是贴图。一个是动态的，一个是静态的，对于初中生来说，动态图更有利于其理解该部分知识。因为初中生的空间想象能力不够。信息传播过程涉及传者、受者、传播内容与传播媒体这些要素。那么对应的教学设计又应该考虑哪些要素呢？通过本节对传播理论的学习，我们将获得答案。

一、传播论是研究信息传输的理论

传播（communication）是人类社会普遍存在的信息交流的社会现象，是由传播者运用适当的媒体，采用一定的方式或方法向接受者进行信息传递和交流的一种社会活动。这一过程包含传播者、信息内容、信息通道和受传者四个基本要素。传播过程不是一种单

核心概念：传播理论就是运用现代传播学的理念与方法，对相关信息传送的过程与方式、信息的结构与形式、信息的功能与效果等方面进行相应解释与说明的理论。

向的"注射式传播"，而是一个双向互动的过程，在这种交互中传播者和受传者实现了交流。而传播理论就是运用现代传播学的理念与方法，对相关信息传送的过程与方式、信息的结构与形式、信息的功能与效果等方面进行相应解释与说明的理论。教学是由教师的教和学生的学所组成的一种互动的活动，它是按照确定的教学目标，通过教学媒体将相应内容传递给教学对象的教育过程。因此，传播理论认为教学过程也是一种信息传播的过程。

（一）传播论的诞生促进了传播学的建立和发展

传播是人类社会的基本现象，人类对传播现象的观察和思考有着悠久的历史，但传播学作为一门学科主要形成于 20 世纪 40 年代的美国。传播学的早期学术思想主要源流于欧洲和美国两大学术领域，欧洲源流的主要代表有法国社会心理学家塔尔德（Tarde）的模仿理论和德国社会学家西默尔（Simmel）的网络理论；美国学术思想源流中比较著名的学者有杜威、库利（Cooley）、帕克（Park）和米德（Mead）等，但这些学者大多只是结合各自学科对传播现象做出了某种程度的考察，并没有专门研究传播问题。20 世纪 20 年代以后，拉斯韦尔（Lasswell）、卢因（Lewin）、霍夫兰（Hovland）和拉扎斯菲尔德（Lazarsfeld）四位学者的研究和学术活动对传播学的建立产生了直接的影响，被称为传播学四大奠基人。随后，施拉姆（Schramm）将传播科学从梦想变成了现实。自此之后，传播学作为社会科学的一个新学科逐渐建立和巩固了自己的学术地位，它的研究内容也从原来新闻学所研究的"新闻传播"转移到"信息传播"，开始探讨自然界一切信息传播活动的共同规律。传播学经过近 100 年的发展，形成了经验学派（Empirical school）和批判学派（Critical school）两大主要学派，而与教育领域的结合，又形成了教育传播学等交叉学科。

（二）部分传播模式对教学设计有积极贡献

传播理论流派众多，下面主要介绍一些对教学设计有积极贡献的传播模式。

1. 拉斯韦尔的"5W"模型

拉斯韦尔（Lasswell）是美国现代政治科学的创始人之一，其在 1948 年发表的《传播在社会中的结构与功能》一文中总结了社会传播的三项基本功能（环境监控、社会协调、文化传承），并考察了传播的基本过程，将其解析为五个主要环节或要素，即"谁（who）通过什么渠道（in which channel）对谁（to whom）说了什么（says what）有什么效果（with what effect）"，这就是著名的"5W"模型。如表 3-1 所示，"5W"的直线性传播模型清楚地揭示了传播的基本过程。这些要素也是研究教学过程、解决教学问题的教学设计人员所需关心和考虑的重要因素。

表 3-1 "5W"模型的内容及特点

名词	主要含义	研究对象	研究领域
who	谁	传播者	控制研究
says what	说什么	信息	内容分析
in which channel	通过什么渠道	媒介	媒介分析
to whom	给谁	受众	受众分析
with what effect	取得什么效果	效果	效果分析

后来，布雷多克(Braddock)在《拉斯维尔公式的扩展》一文中又增加了两个 W：即 in which circumstances 和 with which aim 构成了"7W"模式(见表 3-2)。其中每个"W"都类同于教学过程中的一个相应要素，因此也自然成为研究教学过程、解决教学问题的教学设计人员所需关注、分析的重要因素。它们依次为：教师或其他信息源、教学内容、教学媒体、教学对象(即学生)、教学效果、教学环境和教学目的。

表 3-2 "7W"模式的内容及特点

名词	主要含义	研究对象
who	谁	教师或其他信息源
says what	说什么	教学内容
in which channel	通过什么渠道	教学媒体
to whom	给谁	教学对象(即学生)
with what effect	取得什么效果	教学效果
in which circumstances	在什么情况下	教学环境
with which aim	为什么	教学目的

2. 香农-韦弗模型

1949 年美国两位信息学者香农(Shannon)和韦弗(Weaver)在《传播的数学理论》中提出了一个过程模式，被称为香农-韦弗模型或传播过程的数学模式。该模型是主要的传播过程模式之一，原来是用于研究电报通信过程的单向直线式模型，包括了信息源、发射器、信道、接收器、信息接收者、噪声六个因素，具体过程为信息源将要传播的内容编码，以信息的形式传递给发射器；发射器将信息编码，转换成信号，并借助于信道传输出去；信道传输信号；接收器将信号译码转换成信息；信息接收者将信息译码，获得信息意义；传播过程中的噪声会对传播信息和信号造成干扰和歪曲(见图3-1)。后来加入了反馈系统，用来解释人类的一般传播过程。香农-韦弗模型的特点主要包括以下四个方面：①信息传播要经过编码和译码过程；②传播者和受传者要有共同的"经验"部分；③信息传播过程中存在各种干扰；④信源和信宿之间的反馈通道，可以检查信息传播的效果。

香农-韦弗模型(图3-2)也可以指导教育教学。首先，在教育教学过程中，传受双方都是具有主观能动性的人(教师和学生)，很难达到传递与接收意义的一致性，所以，在教育教学过程中引进现代教育媒体对教学信息内容进行多元化表征是必要的。其次，传播过程最主要的是信源、媒介和信宿三个环节，这也正是噪声形成的三个主要环节。所以，在教育传播过程中，教师不仅要以扎实的知识令学生信服，还要精简教学内容，详略得当，帮助学生形成清晰的知识脉络；要适当选择教学媒体，力争教学信息内容呈现效果更好；要帮助学生树立正确的学习目的，培养学生端正的学习态度。最后，反馈是实现控制的条件，控制是系统正常运行和良性发展的有力保障。要保证教育教学的效果，就必须对教育教学过程进行控制。要对教育教学过程进行控制，教师就必须注意收集学生的反馈信息，因为学生是教学效果的最终体现者，是教学活动的原动力。

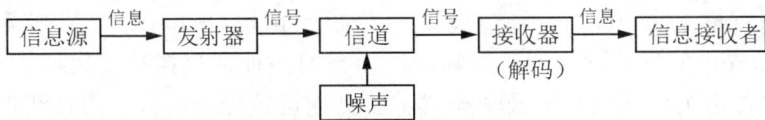

图 3-2 香农-韦弗模型

3. 贝罗的 SMCR 模型

贝罗(D. Berlo)模型也叫 SMCR 传播模式，其将传播过程分解为四个基本部分：信源(source)、信息(message)、通道(channel)和受传者(receiver)，每一个基本部分又由若干因素构成(图3-3)。

贝罗模型说明，信息可以通过不同的方式和渠道传播，最终效果不是由传播过程中某一部分决定的，而是由组成传播过程的信源、信息、通道和受传者四部分以及它们之间的关系共同决定的，传播过程中每一组成部分又受其自身因素的制约。其中，影响传播过程的因素主要包括：传播技术、态度、知识水

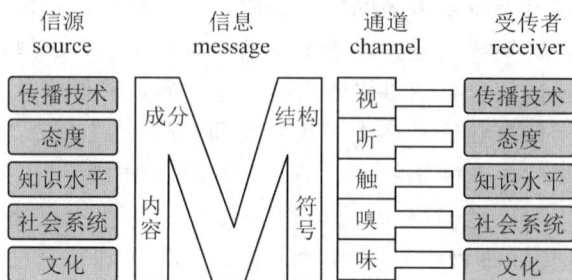

图 3-3　SMCR 传播模式

平、社会系统和文化等。依据贝罗模型，在教育传播过程中，影响和决定教学信息传递效率和效果的因素也是多方面的、复杂的，各因素间既相互联系又相互制约。为了提高教育传播的效果，必须研究和考察各方面的因素。就"传播技术"而言，需要考虑传者的表达、写作技能，受者的听、读技能等。就"态度"而言，需要考虑传者和受者对自我的态度，对所传信息内容的态度，彼此间的态度等。就"知识水平"而言，需要考虑对所传递内容是否完全掌握，对传播的方法是否熟知，受者原有知识水平是否能接受所传递的知识等。就"社会系统"而言，需要考虑不同的社会阶层或社会系统对传播方法的选择和传播内容的认识和理解的影响。就"文化"而言，需要考虑不同文化背景对传播内容的理解和认同，以上因素均会影响传播效果。

4. 奥斯古德-施拉姆的循环模式

奥斯古德-施拉姆循环模式（图 3-4）是指施拉姆（Schramm）依据奥斯古德（Osgood）提出的理论创制的对人际传播形态的一种理论描述。奥斯古德认为，香农和韦弗有关传播过程的数学模式主要描述机械传播技术下的直线形态，不符合人际传播的实际；在人际传播的传播活动中，参与者既是信息的发送者，又是接受者。施拉姆依据该理论，于 1954 年在《传播是如何进行的》一文中提出了三个模式，而学者们认为第三个"循环模式"最具有新意和代表性，并将其归于奥斯古德和施拉姆两人名下，称之为"奥斯古德-施拉姆循环模式"（图 3-4）。奥斯古德-施拉姆循环模式是一个高度循环和互动的模式，表明了与单向直线型传播模式的决裂。它将传播看作行为者双方对等的过程，依次担当讯息传播者和接受者，传受双方在译码、释码、编码时（即符号理解及接受、符号意义解读、符号组织和发送过程）是相互作用、相互影响的，传播信息、分享信息和反映信息的过程是往复循环、持续不断的。正如施拉姆所言："那种认为传播过程从某一点开始而到某一点终止，这种想法易使人误解。传播过程实际上是永无止境的。"

奥斯古德-施拉姆循环模式较适合说明教学传播过程。根据这一模式，教学过程中教师应充分考虑学生的知识基础、年龄、动机、兴趣、经验等，尽可能在师生双方"经验范围"相同的部分构成有效的教学传播，并以此为基础逐步扩大学生的经验范围。

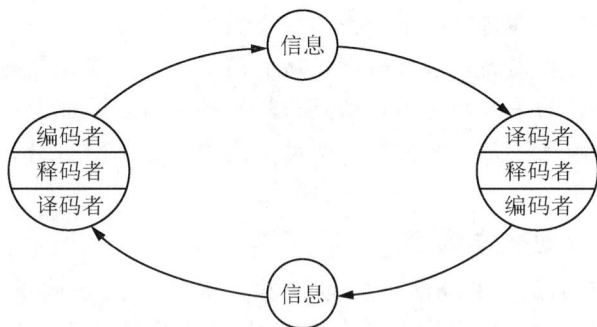

图 3-4 奥斯古德-施拉姆的循环模式

二、传播论在中学生物学教学设计中具有多方面应用

教学是一种信息传播活动。教学传播过程是一个涉及众多相互联系和相互制约的复杂因素的动态过程，每一个环节都对信息传播的通畅性、有效性及学生对教学内容的理解或学习任务的完成有较大的影响。因此，依据传播理论，教学设计不仅需要注意教学设计中的各构成要素，还要对各要素间的相互关系给予关注，并运用这些方法在众多因素的动态联系中探索真正导致实际教学效果的原因，从而最终确定合理的教学方案。

（一）正确认识学生的地位

在学习过程中，学生的任务是完成教学系统规定的学习任务，在德、智、体等多方面都得到发展，这也是整个教学系统功能实现的首要标志。学生要实现这些功能应做到三个方面：一是有明确的学习目的，能形成积极的学习态度和学习行动，使学习需要与社会需求相统一；二是有一定的学习能力，掌握一定的学习方法。作为学习的主体，学生必须保证接受信息的通道畅通无阻，并有良好的心理准备状态；三是有自控能力，能够调节自己的学习目的和学习行动，并与教师密

> **知识链接：** 扫描下方二维码，了解更多关于教学传播规律的知识。

切配合，充分利用来自各方面的反馈信息，不断完善学习方案，最终完成学习任务。

（二）正确认识教师的作用

教师是教学系统中的一个子系统，在教学系统中起主导作用，因而教师必须深刻地了解学生要素、内容要素、方法要素、媒体要素及其相互作用关系。教师要最大限度地发挥自身的主导作用，要做到三个方面：一是掌握扎实的专业知识，不断学习和提高，掌握科学领域的前沿知识；二是精通教学理论，具备良好的传授知识的手段和能力，如具有较好的语言表达能力，能运用各种教学媒体和教学设施；三是有掌控教学活动的能力，包括对自身、对学生和师生关系的调节和控制。

（三）合理规划教学内容

教学内容应为已经在科学上经过检验、被证明为正确的知识。不仅如此，随着社会的发展和时代的要求，教学内容要不断更新。对具有潜在发展意义的前沿知识，也应适当引入教学内容，并注意理论与实践的联系。教学内容的组织编排除了要符合学科本身的逻辑或知识结构外，还要符合学生的认知特点，如注意由整体到部分、由一般到个别，不断分化；从已知到未知，使内容结构序列化；融会贯通，使教材内容纵横联系；具体形式符合学生心理成熟水平，体现对学习方法的指导，既要使学生能够接受，又要引导学生去探索。

（四）正确采用教学方法

教学方法的选用要注意三个"符合"和三个"考虑"，即符合教学规律和原则、符合教学目的和任务、符合教学内容的特点，考虑学生的适应性、考虑教师的可行性、考虑环境的可能性。教学系统中可用的方法非常多，每一种方法都有其优点和不足之处，因此，必须根据具体情况合理选用教学方法。另外，各种教学方法总是相互渗透的，因此，必须把这些方法合理地结合起来使它们起到相得益彰的作用。

（五）选择最优的教学媒体

教学系统中可选用的媒体非常多，每一种媒体都有各自的特点，因此，必须根据情况合理选择和综合使用，要结合学习任务、学生特点、教学管理和经济成本等综合考虑。同时，还要关注媒体的自身特点及其使用等一些事件性因素的制约，如媒体操作的复杂程度和学会操作的培训时间，媒体使用时功能的稳定性，多种媒体配合使用时的灵活性和增效性等。

总的来说，教学是一种信息传播活动。整个教学传播过程是一个涉及众多相互联系、相互制约的复杂因素的动态过程。教学传播理论清晰地表明了教学过程所涉及的各要素，揭示了其在教学过程中的动态联系，并指出了教学过程的双向性。因此，教学设计人员应当深刻理解教学传播理论，把握其中的规律，重视教与学两方面的分析与安排，并充分利用反馈信息，随时进行调控，促进教学传播过程的顺利进行，继而提升教学效果。在运用传播理论指导教学设计的过程中，应当重视教学传播过程的每一个环节，因为它们对信息传播的通畅性、有效性及学生对教学内容的理解或学习任务的完成有着深远的影响。

【聚焦问题】

某教师在"细胞核——系统的控制中心"的教学中开展了如下思考。

本课知识点清晰，内容看似简单，但由于细胞核的结构属于亚显微结构，离学生实际生活较远，因此内容对高一学生来说比较抽象。要调动学生的积极性，必须想方设法把抽象的知识形象化地展现在学生面前。

学生通过本章前两节内容的学习，对细胞的结构有了一定的认识，但是，由于细胞核的结构为立体结构，高一学生空间想象能力有限，采用普通的二维图片和动画辅助教学，学生很难完全理解。因此采用三维动画的形式辅助教学，将细胞核的结构制成三维动画，变平面为立体，将微观的细胞核结构宏观化，使空间想象能力较差的学生也能清楚地理解细胞核的结构，降低学生的外在认知负荷。

针对以上思考，该教师在讲解细胞核结构时开展了如下教学。

教师：结构决定功能，细胞核为什么能成为细胞代谢和遗传的控制中心，我们下面就从细胞核的结构中寻找答案。

播放细胞核结构的三维动画，配合教师的讲解，进行细胞核结构部分的授课。

教师：细胞核各部分的结构都有怎样的功能？

（设计意图：细胞核的结构属于亚显微结构，离学生生活实际较远，对高一学生来说比较抽象，要调动学生的积极性，必须想方设法把抽象的知识形象化地展现在学生面前。因此，采用三维动画辅助教学的方式，对细胞核的结构进行三维展示，有助于帮助学生在头脑中进行意义建构，降低学生的认知难度，加深对细胞核结构的理解。在讲解细胞核结构的基础上，进一步讲解细胞核的功能，体现生物体结构和功能相适应的特点。）

问题：请问该教师是如何依据传播论进行教学设计的？

问题探讨：该教学设计基于传播学理论，首先对教学内容进行了分析，分析了传播内容的逻辑结构及传播内容本身的特点，并设计了教学方法——探究教学法，可以体现出该教师有分析教师和学生在教学中的地位，并且能很好把握"以教师为主导、学生为主体"这一理念；其次，对教学对象进行了分析，分析了学生原有的知识基础和该阶段学生的思维能力；最后，在教学过程中，可看出该教师对教学媒体的选择进行了充分的考虑，同时也对教师自己的自身素质进行了充分的考虑，因为该教师会制作三维模型，在教学过程中的课堂反馈阶段体现出了传播理论中的信源和信宿之间的反馈通道，用以检测信息传播的效果。

【本节要点】

1. 传播论是运用现代传播学的理念与方法，对相关信息传送的过程与方式、信息的结构与形式、信息的功能与效果等方面进行相应解释与说明的理论。

2. 对教学设计有积极贡献的传播模式包括：拉斯韦尔的"5W"模型、香农-韦弗模型、贝罗的 SMCR 模型、奥斯古德-施拉姆的循环模式。

3. 依据传播论，教学设计要正确认识学生的地位和教师的作用，要合理规划教学内容，正确采用教学方法，选择最优的教学媒体。

【学以致用】

教师日常的教学是教师和学生之间进行各种信息传递的交互活动，这种信息交流进行得如何，要靠反馈来实现。香农-韦弗模型包括"反馈"环节。反馈是师生双方围绕课程和方法而表现出来的，如果教师能有意识地观察掌握并记录，见微而知著，就能及时做出反馈来影响教学进程。教学信息反馈，以学生在教学活动过程中的反馈意见和建议为主线，辅以教学管理人员的日常督导和教师的建言举措，做到倾听学生的反馈意见。

1. 请你分析在教学中，应如何根据学生的反馈信息，合理调整教学活动？

2. 请你依据传播论，自选初中或者高中生物学的一节课进行教学设计，并写出对各教学要素的具体分析过程。

第三节　学习论为中学生物学教学设计提供理论基础

【聚焦问题】

以"生物进化的原因、自然选择学说"的教学为例。

教师 A 设计的主要流程："复习进化树引入新课—出示教学目标—讲解和演示自然选择学说的内容—学生阅读自然选择学说进行应用—得出食物类型决定达尔文雀喙进化方向的结论—提问学生解释长颈鹿的进化—布置作业巩固所学内容"。

教师 B 设计的主要流程："创设海岛情境引入新课—探究海岛上昆虫的繁殖规律—学生构建对过度繁殖和遗传变异的理解—组织小组模拟加拉帕戈斯群岛鸟喙进化的现象—学生实验获得在不同岛屿上具有不同形状喙的鸟的后代数—学生构建概念模型解释喙的进化—总结并布置作业进行评价"。

问题：

1. 请从两位教师教学设计的流程分析，两位教师的教师观和学生观是否一致？

2. 你认为哪位教师的流程更好？为什么？

问题探讨：两位教师分别采取了不同的教学设计过程，教师 A 采用的是传统教学设计，在教学设计中主要设计了教学目的和教材主要内容，不重视学生自主学习和情感与兴趣激发。体现了以教师为中心的思想。教师 B 采用的是建构主义教学设计，主要是通过"情境创设""协同合作""自由讨论"和"认知建构"4 个环节来创设学习情境，发挥学生的主观能动性，提升认知能力，体现了以学生为主体的思想。

在我国基础教育中，"教"与"学"究竟谁处于主导地位的问题一直都是困扰人们的问题，近年来，随着新课程改革理念的不断渗透和贯彻实施，"学"已经日益受到人们的关注。学习的性质、过程、方法、动机以及迁移等问题，已经成为教育工作者的热门课题。"学习理论"要解决的基本问题就是学习的实质问题，即有机体是如何获得个体经验的，这个获得过程的实质如何。作为教学设计人员，教师应当了解学习理论的基本观点，以形成科学的教育观，从而更好地指导教学设计的实践。

一、行为主义学习理论影响生物学教学设计

(一)行为主义学习理论认为学习是刺激与反应间的联结

20世纪50年代中期以前,行为主义学习理论在学习理论的研究中占主导地位。行为主义学习理论(behavioral learning theory)把学习看作外显行为改变的过程,是能够由选择性强化形成的,学习者外显行为改变主要显示在刺激(stimulus,S)与反应(response,R)之间的联结,学习者对原本不反应的刺激而表现出反应,即表示产生了学习。故在行为主义者看来,影响学习最重要的两个因素为环境和条件。

随着达尔文的进化论的提出,动物行为改变的原因得到了较清晰的解读。在教育心理学领域,一部分人认为类似动物的学习方式,人类的行为也受反射、驱力和以往经验的制约,这种观点就是早期的刺激-反应学习理论的学说,代表人物是桑代克(Thorndike)。

猫开笼实验

(1)如图3-5所示,在一个迷笼中有一块踏板,踏板通过绳子和门钮连在一起,猫只要踏下踏板,门闩就会被拉动,笼门就可打开,笼外放有鱼和肉。

(2)研究者把一只饥饿的猫关入迷笼中,猫在笼中用

图3-5 猫开笼示意图

爪子够不到食物,于是乱咬、乱跳。后来偶然碰到踏板,笼门打开,取到食物。

(3)将猫再次放回笼中,猫仍然需要经过乱咬、乱跳等过程才能逃到笼外。

(4)但随着实验次数的增加,猫的无效动作逐渐减少,打开笼门所需的时间逐渐减少。

(5)猫一入笼内,就能打开笼门而取得食物。

这就是著名的心理学家桑代克所进行的"学习"实验,在学习研究领域中首次用实验而不是思辨的方法来研究学习问题。他根据实验研究的结果认为:①学习是渐进的、盲目的,猫一开始并没考虑如何去打开笼门,而是在玩的时候,碰巧踏到踏板拉动绳子打开了笼门。②在反复的尝试中,错误的反应被逐渐地摒弃,正确的则不断得到加强,直至最终形成了固定的"刺激-反应联结"。因为猫第一次的逃跑经历并不会留下什么印象,它还要做很多无用的尝试,才能一入笼内就拉动绳子打开笼门,建立起"刺激-反应联结"。这就是桑代克的联结主义(connectionism)理论,因为建立这种联结需要不断尝试错误,所以又

称"试误学习理论"。

桑代克认为动物的基本学习方式是试误学习，而人类则更复杂些。他提出了三大著名学习律：准备律(law of readiness)、效果律(law of effect)和练习律(law of exercise)。准备律认为对学习的解释必须包括某种动机原则。效果律既包括正强化律也包括负强化律，往往满意或不舒适的程度越高，刺激-反应联结就越加强或越减弱。练习律指反应重复的次数越多，刺激-反应之间的联结便越牢固。

行为主义学习论中另一对教育影响较大的学说是以巴甫洛夫(Pavlov)，华生为代表的经典条件作用(classical conditioning)理论。经典条件作用的学习基本上是刺激替代的过程：从原有的刺激-反应关系到建立新的刺激-反应关系。华生认为刺激与反应联系的形成遵循频因(frequency)律和近因(recency)律。频因律说的是，在其他条件相等的情况下，某种行为练习得越多，这种行为习惯的形成越快。华生认为刺激与反应的牢固联结首先在于所学反应的多次重复。在学习过程中，如果要学习某种动作，就要经过多次练习，形成连续的动作习惯，同时使其他不需要学习的动作的重复次数逐渐减少，从而使要学习的动作不断得到巩固。所谓近因律指的是，在反应频繁发生时，最近的反应总是比较早的反应更容易得到强化。前一次练习中最后学会的动作在下一次练习中，必定更容易出现，从而得到强化。华生还注意了学习者的年龄、练习时间的分配、过度学习等对学习的影响。在年龄方面，年纪大的白鼠与年纪小的白鼠在学习迷笼上所需要的练习次数并没有显著差别。在人类学习中，如果一个人所处的情境是紧急的，那么即使是年龄很大的人也能够学习。在练习的时间分配上，他认为练习的不同分配对动作习惯的养成有影响，一般情况是分散的练习优于集中的练习。在过度学习上，如果练习时间已经很充足，还要继续学习，其练习曲线呈现水平线，不会再有什么进步。

但是，行为主义对于行为的概念界定仍不太清晰，直线式"S-R"公式也不能准确地说明学习的整个过程。在这种背景下，为了完善行为主义学习理论，格思里提出了邻近学习理论(contiguity theory of learning)。他认为：刺激的某一组合，如果曾伴同过某一动作，那么，当这种刺激组合再次出现时，这一动作往往也会随之发生。因此，学习是一次性完成的，它是一种全或无(all or none)的连接。学习中起最主要作用的机制是暂时联系(temporal relatedness)。在学习中，泛化是重要的部分，任何尝试学习都是由一系列泛化尝试构成的。同时，他通过对联想性抑制(associative inhibition)的分析来说明消退过程及遗忘现象，认为消退仅仅是由于对刺激形成了一种新的抑制性反应（inhibitory response），遗忘是由于形成了抑制原有联结的新联结造成的。与前人不同的是，格思里依据刺激情境的变化来解释强化，而对于惩罚，他认为只有满足特定条件时才能真正消退某种行为。而要破除习惯，就要发现引起不良行为的线索，继而以同样的线索实施一种不同的反应。

斯金纳也对行为主义理论进行了发展与改善，被称为新行为主义者。他积极倡导了程序教学（programmed instruction）运动。同时，他也通过大量的观察、实验研究及对结果的分析，在理论上提出了"操作性条件作用"的概念，在华生的"刺激-反应"公式的基础上提出了"刺激-强化-反应"的公式。基于这个公式，斯金纳认为学习包括两类方式：一类是完全由刺激引起的学习，具有明显的 S-R 形式，即应答性学习，但是这种学习是基于人的生理结构的，不能解释人类的全部学习；另一类是操作性学习，这种学习强调了有机体主动作用于环境，强调了人的能动性。在人与环境的关系上，他认为，环境是主动的，人是被动的，环境主动作用于人而产生人的全部行为。因此，只要了解环境便能预测行为，只要控制环境便能控制行为。在对环境的理解上，斯金纳认为，不仅包括现存环境，还包括历史环境和遗传环境。斯金纳对环境论述的扩展，表明他承认有机体对环境的反应包含意识的成分，但与华生一样，斯金纳认为人的意识、心理活动就是一些行为，是预测和控制的对象。

概括地说，行为主义学习理论认为学习就是刺激与反应之间的联结，是人类思维与外界环境相互作用的结果；学习是尝试错误的过程，通过不断的改正错误以达到最终学习的正确结果；学习成功的关键依靠强化，通过对学生的行为及时做出强化，其中包括正强化和负强化，能够帮助学生更好的学习；学习是可以观察和测量的，行为主义学习理论强调学习是有机体外部的行为，通过对学习结果的观察和测量来判断学习者是否进行真正有效的学习。

但是，行为主义学习理论在研究的过程中并没有考虑人的意识问题，只强调了行为，它把学习看作刺激与反应之间的独立或习惯的形成，强调当学习者对特定刺激进行适当的反应时，应当对学习结果进行适当的强化，同时，它还非常强调环境对学习的重要作用，非常重视学习环境的设计与分析。行为主义学习理论虽然注重和强调了学生通过学习活动产生变化的一个侧面，即学生变化的可观察性这一方面，但是它没有深入地考虑学习过程中学生的思维过程、心理状态以及许多无法通过行为直接观察到的心理现象，并没有考虑到学生的内在认知结构和学习能力。

(二)行为主义学习理论在生物学教学设计中具有特征性应用

1. 注重对媒体的选择

在行为主义看来，学习是建立外部刺激与个体反应之间的联结。强调外部环境对有机体的作用。在教学过程中，最主要的外部刺激是以媒体的形式体现出来的。希望通过对不同媒体的选择，即来自不同的外部环境刺激，使学生个体的行为发生改变。

2. 教学目标的编写采用马杰的 ABCD 目标编写模式

马杰的 ABCD 目标编写模式，即对象、行为、条件、标准的编写模式强调目标的可观察、可测量性。它不关注有机体内部学习发生的过程，只注重最后学习的结果，根据目标的达成情况对学习进行评价。

3. 教学方法选择讲授法，以教师为主的方式

在行为主义中人们所要考虑的问题是如何使刺激与反应之间形成联系，并使之得到强化与维持。将其运用于教学过程中，教师在其中起到至关重要的作用。教师通过讲授告知学生正确答案，对学生反复训练形成刺激与反应之间的联结，并结合一定的奖励与惩罚措施促进这种联结的稳定。这种教学是以教师为主的方式，教师是整个教学的核心，领导人物。

4. 遵循程序教学的教学设计原则

程序教学的教学设计需要遵循以下五个原则。

(1)规定目标，即将教学期望明确以学生所能显现的行为表述出来。

(2)反复检查，即在课程的学习过程中经常进行复习和修正，以保证能够适当地形成预期行为。

(3)循序渐进，即将学习材料设计成一系列小单元，使单元间的难度变化平稳上升，避免梯度上升，使学生产生较低的错误率。

(4)自定步调，即允许学生自己控制学习速度。

(5)即时反馈，即课程中通常包含频繁的交互活动，教师要尽可能多地要求学生做出明显反应，当学生做出反应后也应立即给予反馈。

【观点碰撞】

关于"细胞"一节的程序题综合教学

1. 教学目标

(1)分析细胞学说建立的过程。

(2)使用显微镜观察多种多样的细胞。

(3)辨别动植物细胞结构的异同。

(4)描述细胞的分裂繁殖和生长。

2．教具及器材

程序题图表(可制成挂图形式)。挂图：虎克的画像及其自制的显微镜及软木细胞图，现代显微镜，动植物细胞模式图，细胞的分裂和生长图表，学生书面答卷。

器材：西瓜、番茄成熟果实，白菜或青菜(小白菜)叶柄。

模型：细胞结构等模型。

3．教学过程

(1)教师在组织教学后，可提1～2个"绪论"中的问题，如什么是生物学，怎样学好生物学等，也可以不复习前课直接讲新课。

(2)教师依次出示程序题有关图表，并宣读程序题。

程序题1：细胞是谁发现的？怎样发现的？怎样才能看到细胞？教师让学生阅读"细胞"一节后，进行讨论、解答、总结。

程序题2：动物和植物细胞结构分别有哪些？有何异同？教师让学生阅读"(1)细胞的基本结构"一段课文，然后结合细胞结构图表模型使学生解答，讨论综合题，这一段是本课的重点和难点，应加强学习。

程序题3：切西瓜、番茄等果实时，流出甜味或酸味的汁液或切割白菜或青菜的叶柄流出汁液是从哪里出来的？让学生思考讨论，解答总结。

程序题4：细胞是怎样分裂的？让学生阅读"(2)细胞的分裂"一段文图，进行解答讨论。

程序题5：细胞是怎样生长的？生物都由小长大，这是为什么？细胞的哪些特性和它们的生长有关？让学生阅读"(3)细胞的生长"一段，讨论解答总结。

程序题6：让学生解答课后问题。最后教师可对本课内容重点做一个总结，也可出几个题目(书面答卷或板书)让学生解答，互相评分。

分析该教学片段是如何运用程序题进行教学的。

观点借鉴：本节课采用程序题综合教学法，也叫主题分段教学法进行教学。该教学法吸取了"程序教学法"原理，并结合我国目前的情况加以改进而创立的。该教师设置了六个程序题(分段主题)，通过程序题图表的形式进行展示。首先，引导学生通过阅读回答关于细胞的基本问题；其次，学生通过阅读细胞的基本结构相关内容掌握动、植物细胞结构的异同，并注明该部分是本课的重难点；再次，通过设置情境引导学生思考果实中的汁液从何而来，下一步学生通过文图思考细胞的分裂过程，接下来让学生通过阅读材料解答细胞生长的秘密；最后，教师通过让学生解答课后问题对本课内容做一个总结。整个教学过程目的明确，内容的安排逻辑性强、重点突出，问题设置层层递进。应用该教学法能调动学生积极性，促进学生认真学习，反复练习，并且教师也能及时了解教学的效果。

二、认知主义学习理论影响生物学教学设计

（一）认知主义学习理论围绕认知结构展开研究

行为主义学习理论在研究中只强调行为，注重学习环境对学习的影响，忽略人们的意识问题。而认知主义心理学家则把学习看作学习者对事物进行认识、辨别和理解，从而获得新知识的过程。在这个过程中，学习者学到的是思维方式，即认知心理学家所谓的认知结构（cognitive structure）。学习者在学习情境中，运用其已有的认知结构去认识和辨别，以至理解各个刺激之间的关系，增加自己的经验，从而改变（扩大或提升）自己的认知结构。因此，学习的产生是内发的，是主动的，也是整体性的。

一般认为，认知主义学习理论的真正形成以美国心理学家纳赛尔 1967 年发表的《认知心理学》为标志。它的主要研究对象是人的认知过程，研究目的是要说明和解释人们在完成认知活动时如何对信息进行加工，其中涉及信息的获取、存储、加工和转换等多个方面。

早期的认知学习理论是格式塔心理学派所提出的，他们认为学习即知觉重组或认知重组，开展学习就意味着要对特定情境中的关键性要素进行观察，了解这些要素之间的联系及其内在的结构，也就是找到新知识与原有知识的关联，将其相互融合，形成一个新的知识体系。虽然学习的核心在于知觉重组，但这并不意味着任意关联没有意义的事情，而是要认清事物的内在联系、结构和性质。同时，认知主义认为，通过对问题情境的内在性质有所顿悟的方式来解决问题可以避免多余的试误，同时也有利于把学习所得迁移到新的问题情境中。此外，顿悟本身也具有奖励的性质，但这并不意味着在学习时就不必使用外部的奖励。作为教师要清醒地认识到，不加区分地使用外部奖励可能会使学生分心，只关心奖励而忽视学习，不会使学生对问题情境有顿悟的理解。

黑猩猩的学习实验

（1）如图 3-6 所示，在一个封闭的房间里，放着三个木箱，房顶上挂有一串香蕉。黑猩猩站在地上不能直接够到香蕉。

（2）研究者把黑猩猩放进房间里，它便想得到房顶的香蕉，于是用"手"去取。黑猩猩用"手"够香蕉失败后，停止活动，四处张望，若有所思。

图 3-6　黑猩猩学习示意图

（3）之后，它突然起身，将木箱堆积起来，然后站在木箱上取到香蕉。

黑猩猩并没有像桑代克迷笼中的猫那样乱咬、乱跳，而是在观察房间里的情况之后，发现箱子是获得香蕉的工具。所以，该实验的研究者苛勒认为，黑猩猩对问题的解决不是逐渐"试误"的过程，而是对知觉经验的重新组织，是对情境关系的"顿悟"，这就是格式塔学派理论。

现代认知心理学认为，学习是通过一系列内在的心理动作对外来信息或已有信息进行不断加工处理的过程。这个过程有信息的输入、加工、输出和反馈等多个环节。其中，信息的"输入-输出"环节的基本功能是实现信息的交换，使外来信息得以接收、加工、储存和提取，这一环节的基本心理动作是各种形式或水平的编码与译码活动，即吸收知识，并将其同化。反馈环节的功能在于实现学生对学习的控制，通过教师回收输出信息的结果并将其与原定目标进行对比，从而检验学习效果，同时调节信息的再输入、加工或再输出，使学习达到最终的预期效果。

在认知学习论（cognitive learning theory）中，也有多种理论，其中布鲁纳的发现学习论（discovery learning theory）和奥苏伯尔的有意义学习论（meaningful learning theory）尤其受到重视。

布鲁纳的发现学习特别强调学生像科学家那样去主动思考和探索求知，最终达到对所学知识的理解和掌握。布鲁纳的发现学习有以下特征：①强调学习过程。布鲁纳认为，在教学过程中，学生是一个积极的探究者。教师的作用是要形成一种学生能够独立探究的情境，而不是提供现成的知识。学习的主要目的不是要记住教师和教科书上所讲的内容，而是要学生参与建立该学科的知识体系的过程。②强调直觉思维。布鲁纳认为，大量事实都表明，直觉思维对科学发现活动极为重要。直觉思维的形成过程一般不是靠言语信息，尤其不靠教师指示性的语言文字。直觉思维的本质是映象和图像性的。所以，教师在学生的探究活动中要帮助学生形成丰富的想象，防止过早语言化。③强调内在动机。发现活动有利于激励学生的好奇心。学生容易受好奇心的驱使，对探究未知的结果表现出兴趣。所以，布鲁纳把好奇心称为"学生内部动机的原型"。布鲁纳认为，与其让学生把同学之间的竞争作为主要动机，还不如让学生向自己的能力提出挑战。所以，他提出要形成学生的能力动机（competence motivation），就是使学生有一种求得才能的驱动力。④强调信息提取。布鲁纳认为，人类记忆首要问题不是贮存，而是提取。提取信息的关键在于如何组织信息，知道信息贮存在哪里和怎样才能提取信息。学生亲自参与发现事物的活动，必然会用某种方式对它们加以组织，从而对记忆具有最好的效果。

有意义学习是奥苏伯尔教育心理学中最重要的观念之一。为了说明有意义学习，奥苏伯尔从不同的维度对学习进行了较精确的分类，根据学生进行学习的方式，把学生的学习分为接受学习（reception learning）与发现学习（discovery learning）；根据学习的内容，把学习分为机械学习（rote learning）与有意义学习（meaningful learning），且这两个维度彼此独立、互不依赖。

接受学习是指学习者把以现成的定论形式呈现给自己的学习材料，与其已形成的认识结构联系起来，以实现掌握这种学习材料的学习方式。

发现学习是指在教师不加讲述的情况下，学生依靠自己的力量去获得新知识、寻求解决问题方法的一种学习方式。发现学习依靠学习者的独立发现。

机械学习是指不加理解、反复背诵的学习，亦即对学习材料只进行机械识记。

有意义学习过程的实质，就是使符号所代表的新知识与学习者认知结构中已有的适当概念建立非人为的和实质性的联系。有意义学习理论强调在新知识的学习中，认知结构中的原有适当观念起决定作用，这种原有的适当观念对新知识起固定作用。有意义的学习需要具备两个条件：学生要具有有意义学习的意向，即把新知识与认知结构中原有的适当观念关联起来的意向；学习材料对学习具有潜在意义，即学习材料具有逻辑意义并可以和学生认知结构中的有关观念相联系。这两个条件缺一不可，否则会导致机械学习。

接受学习可以是机械的，也可以是有意义的；发现学习可以是机械的，也可以是有意义的。奥苏伯尔的学习分类，是一种有创见的分类，其指明了有意义学习与机械学习、接受学习与发现学习的划分与区别，揭示了学生的学习是以有意义接受学习为主的规律。这对发展学生智能，培养创造力，实现"为迁移而教"的目标有重大的理论意义和指导作用。

为促成学生有意义的学习和认知结构的发展，奥苏伯尔提倡讲解式教学(expositive teaching)，要求教师对教学内容的安排精心设计，将教材详细规划，使之成为有系统有组织的知识，然后条理分明地向学生讲解。他指出："不论在哪一个学科，要使教材的内容编排成序，有两个原则是适用的，这就是逐渐分化原则和综合贯通原则。"这两条原则既是有意义学习的原理，也是讲解式教学的原则。

逐渐分化原则(the principle of progressive differentiation)是指教学内容的安排要遵循从一般到个别的原则，首先讲授最一般的、包摄性最强的观念，然后根据具体细节对它们逐渐加以分化。逐渐分化原则不仅与人类习得认知内容的自然顺序相一致，而且与人类认知结构中表征、组织和贮存知识的方式相吻合。

综合贯通原则(the principle of integrative reconciliation)是指教学内容的横向组织应该考虑学生认知结构中现有观念的异同。这一原则的作用在于可使学生辨明每一观念与其他平行观念的关系，消除相互之间的矛盾与混淆，从而使知识更加清晰和巩固。

另外，为了激活新旧知识之间的实质性联系，提高已有知识对接受知识的有效影响，奥苏伯尔还提出了在讲解式教学中要注重"先行组织者"(advance organizer)的设计。"先行组织者"有其严格的定义，即在正式材料学习之前，向学生介绍的与其原有的认知结构中适当的知识相联系的概括和包摄性引导材料，它在抽象、概括和包摄水平上应高于正式的学习材料并用学生熟悉的术语呈现，即先于新学习材料呈现的一种引导性材料。设计"先行组织者"的目的，是帮助学生稳定地纳入和保持正式学习材料中更详细和分化的内容，给学习者在已知与未知之间架起一道桥梁，从而更有效地学习新材料。"组织者"可分为陈述性组织者和比较性组织者。前者为新的学习提供最适当的类属，后者在于比较新材料与认知结构中相类似的材料。奥苏伯尔认为，在学校中，言语传授的有意义的接受学习是儿童获得书本知识的最重要的途径。根据奥苏伯尔的观点，有意义的学习有三类，即符号学习、概念学习和命题学习。设计"先行组织者"即在一部分概念学习和命题学习中，当学生的认知结构中还缺乏适当可利用的知识时，在呈现正式的学习材料之前，提供"先行组织者"。原有知识对新知识的同化形式主要有三种：类属、总括和并列结合。设计"先行组织者"有助于前两种同化形式。把新知识纳入认知结构中原有的有关方面的过程叫类属，又叫下位学习。它又可分为派生类属和相关类属。派生类属指学习材料只是被理解为认知结构中原有的概念的一个特例，或是已学过的一般命题的某一例证。相关类属指新学习材料只是原来学过的命题的扩充、精确化、修饰或限制。这类学习快而有效，但要有更概括性的知识作为同化新知识的支柱。如学生在学习新的知识前没有适当观念作为固着点，教师就要提供"先行组织者"。若学生学习一个概括性的新命题，而认知结构中原有的若干从属观念可以类属于这个新命题之下，便产生总括学习，又叫上位学习。先行组织者理论辩证地看待接受学习，为广大教师所接受。大量实验证明，它用于教学可产生明显的积极效果，因而获得了教学界的一致肯定。

概括地讲，认知主义学习理论认为学习不是在外部环境支配下被动地形成S-R联结，而是有机体主动地在头脑内部构造认知结构；学习不是通过练习与强化形成反应习惯，而是通过顿悟与理解获得期待；有机体当前的学习依赖于他原有的认知结构和当前的刺激情境，学习受主体的预期所引导，而不是受习惯的支配。

（二）认知主义学习理论对生物学教学设计提出要求

（1）为使学生在学习情境中通过主动发现获得知识，教师必须先将学习情境和教材性质解释得非常清楚。

（2）教师从事知识教学时，要配合学生的经验将教材进行适当组织。

（3）教材的难度与逻辑上的先后顺序要符合学生的心智发展水平和认知表征方式，使学生的知识经验前后衔接。

（4）教材难度安排要考虑学生学习动机的维持。教材太容易，学生没有成就感；教材太难，学生容易产生失败感；教材难度适当才能维持学生内在的学习动机。

（5）教学设计过程中，教师要根据认知过程对学习任务和行为进行分析。

（6）注重对学习内容的分析，认知主义开始关注学生学习的内部发生过程。其中最重要的是奥苏伯尔有意义学习的提出。有意义学习的实质就是符号所代表的新知识与学习者认知结构中已有适当观念建立非人为和实质性的联系。因此，教学设计中对学习内容的分析应注重促进学习者有意义学习的发生。

认知学习理论不仅从学习的概念上影响了教学设计，而且它也为教学设计提供了一定的实用技术。在认知学习理论主导下的教学设计，主要关注的是知识与技能的获得，以及在相应的认识过程中所形成的认知能力，所设计的教学系统有着相对的封闭性，且学习过程存在着明确的结构。

【观点碰撞】

运用认知主义进行"光合作用的原理和应用"的教学

1. 课前准备重复英国科学家普利斯特利的实验的用具。

2. 在光线充足的地方，将一支点燃的蜡烛和一只小白鼠分别放到一个密闭的玻璃罩里，看到蜡烛不久就熄灭了，小白鼠也很快死去。

3. 再将蜡烛与绿色植物一起放到这个玻璃罩内，小白鼠不容易窒息而死。

4. 接着改进这个实验：用一个纸盒将玻璃罩罩住，使它不接受光线，重复做这两个实验，发现不能得到上述的实验结果。如果时间条件允许的话，可以让学生自己动手设计并展示这个实验。

5. 在学生仔细观察这两组实验的时候，向学生提出这样的问题："蜡烛燃烧和小白鼠呼吸需要的是什么气体呢？""为什么第二组实验的结果和第一组不同呢？"让学生分小组进行讨论后回答问题。

这样，学生就会对这个实验充满好奇心，并会根据教师的问题积极主动地对实验仔细观察并思考，得出相关的结论和答案。

该教学片段是如何运用认知主义进行教学的？

观点借鉴：在该教学片段中，教师首先复现了英国科学家普利斯特斯的实验，然后对该实验进行改进，引导学生将两组实验进行对比。学生在观察两个实验就是一个在对外来信息或已有信息进行不断加工处理的过程，即一个学习的过程，也是吸收知识并将其同化的过程。从简单的复现到后来的改进，教师通过递进的方式，使学生的知识经验前后衔接，关注学生学习的内部发生过程。教师通过提问并组织小组讨论回答，帮助学生实现对学习的控制，通过反馈回收输出信息的结果并将其与原定目标进行对比，从而检验学习效果，同时能够及时调节信息的再输入、加工或再输出，使学习达到最终的预期效果。

三、建构主义理论影响生物学教学设计

(一)建构主义理论注重不同经验的关系

建构主义理论是一种庞杂的社会科学理论，它并不是一个全新的思想，在哲学、教育科学，以及在对学生的前教学的(preinstructional)科学观念的经验研究中，建构主义思想有着长期的传统。它的影响涉及哲学、教育学、心理学、社会学和历史学，甚至文学和艺术领域。建构主义理论有着不同的类别，在许多方面也是颇有争议的，但它有许多十分有意义的思想对教学设计具有指导作用。下面将对其做一些介绍。

1. 建构主义理论受多种理论的影响

在学习与教学领域中，建构主义受到了几个重要人物的影响，这包括：①杜威的经验性学习(experiential learning)理论。杜威强调，教育必须建立在经

验的基础上，教育就是经验的生长和改造，是在经验中、由于经验和为着经验的一种发展过程。学生从经验中产生问题，而问题又可以激发他们去探索知识，产生新观念。②维果斯基的思想：维果斯基强调，个体的学习是在一定的历史社会文化背景下进行的，社会可以为个体的学习发展起到重要的支持和促进作用。维果斯基区分了个体发展的两种水平：现实的发展水平和潜在的发展水平，现实的发展水平即个体独立活动所能达到的水平，而潜在的发展水平则是指个体在成人或比他成熟的个体的帮助下所能达到的活动水平，这两种水平之间的区域即最近发展区。在教学中，学生通过与教师的交往，观察体现在教师活动中的社会经验，在教师指导下从事某种活动，逐步地把体现在教师身上的经验内化为自己的经验，从而可以独立地从事这种活动，将潜在的发展变成现实的发展，并不断创造新的最近发展区。另外，维果斯基很重视学生原有的经验与新知识之间的相互作用，他把学习者的日常经验称为"自下而上的知识"，把他们在学校里学习的知识称为"自上而下的知识"，自下而上的知识只有与自上而下的知识相联系，才能成为自觉的、系统的知识，而自上而下的知识只有与自下而上的知识相联系，才能获得成长的基础。③皮亚杰(Jean Piaget)学说是当代建构主义理论的重要来源：皮亚杰认为知识既非来自主体，也非来自客体，而是在主体与客体之间的相互作用过程中建构起来的。一方面，新经验要获得意义需要以原来的经验为基础，从而融入原来的经验结构中，即同化(assimilation)；另一方面，新经验的进入又会使原有的经验发生一定的改变，使它得到丰富、调整或改造，即原有经验发生顺应(accommodation)。这就是双向的建构过程。当今的建构主义者比皮亚杰走得更远，他们更强调学习中的具体情境性、非结构性，甚至反对学习中的抽象和概括等。

2. 建构主义首先关心知识问题

建构主义所关心的首先是知识问题——"知识是什么"以及"知识来自何处"。建构主义强调，知识并不是对现实世界的绝对正确的表征，不是放之各种情境皆准的教条，它们处在不断的发展之中，而且在不同情境中，它们需要被重新建构；学习者不是空着脑袋走进教室的容器，在以往的生活、学习和交往活动中，他们逐步形成了自己对各种现象的理解和看法，而且，他们具有利用现有知识经验进行推论的智力潜能；相应地，学习不简单是知识由外到内的转移和传递，而是学习者主动地建构自己的知识经验的过程，即通过新经验与原有知识经验的相互作用，来充实、丰富和改造自己的知识经验。因此，在对科学知识的看法上和传统的认识论有根本的不同：传统的认识论把科学知识看作是对客观存在的精确反映，是经过严格的科学方法获得的，是客观真理或者是客观真理的接近；而建构主义认为，科学知识不是对现实的准确表征，它只是一种解释、一种假设。检验科学知识的标准是看它在实践中是否可行、是否起作用。

建构主义的这种知识观尽管不免过于激进，但它向传统的教学和课程理论提出了巨大挑战，值得我们深思。按照这种观点，课本知识只是一种关于各种现象的较为可靠的假设，而不是解释现实的"模板"。科学知识包含真理性，但不是绝对正确的最终答案，它只是对现实的一种更可能正确的解释。而且，更重要的是，这些知识在被个体接受之前，它对个体来说是毫无权威可言的。不能把知识作为预先决定了的东西教给学生，不要用我们对知识正确性的强调作为让个体接受它的理由，不能用科学家、教师和课本的权威来压服学生，学生对知识的"接受"只能靠他自己的建构来完成，以他们自己的经验、信念为背景来分析知识的合理性。学生的学习不仅是对新知识的理解，而且是对新知识的分析、检验和批判。另外，知识在各种情况下的应用并不是简单套用，具体情境总有自己的特异性，所以，学习知识不能满足于教条式的掌握，而是需要不断深化，把握它在具体情境中的复杂变化，使学习走向"思维中的具体"。

3. 建构主义认为学习是学生自主建构的过程

建构主义认为，学习不是知识由教师向学生的传递，而是学生建构自己的知识的过程。学习者不是被动的信息吸收者，相反，他要主动地建构信息的意义，这种建构不可能由其他人代替。在这里，建构在于学习者通过新、旧知识经验之间的反复的、双向的相互作用，来形成和调整自己的经验结构。在这种建构过程中：一方面学习者对当前信息的理解需要以原有的知识经验为基础，超越外部信息本身；另一方面对原有知识经验的运用又不只是简单地提取和套用，个体同时需要依据新经验对原有经验本身也做出某种调整和改造，即同化和顺应两方面的统一。

学习是个体建构自己的知识的过程，这意味着学习是主动的，学习者不是被动的刺激接受者，他要对外部信息做主动的选择和加工，因而不是行为主义所描述的刺激—联结过程。而且，知识或意义也不是简单由外部信息决定的，外部信息本身没有意义，意义是学习者通过新旧知识经验间反复的、双向的相互作用过程而建构成的。其中，每个学习者都在以自己原有的经验系统为基础对新的信息进行编码，建构自己的理解，而且，原有知识又因为新经验的进入而发生调整和改变。所以学习并不简单地是信息量的积累，它同时包含由于新、旧经验的冲突而引发的观念转变和结构重组；学习过程并不简单地是信息的输入、存储和提取，而是新旧经验之间双向的相互作用过程。

4. 建构主义认为教师是学习的指导者与促进者

建构主义学习理论强调以学生为中心，要求学生由外部刺激的被动接受者和知识的灌输对象转变为信息加工的主体、知识意义的主动建构者。基于此，建构主义认为教师应该由知识的传授者、灌输者转变为学生主动建构意义的帮助者、促进者，即教师在教学过程中应该以学生为中心，利用情境、协作、会话等学习环境要素充分发挥学生的主动性、积极性和首创精神，最终达到使学生有效地实现对当前所学知识的意义建构的目的，教师也不再是以自己的看法及课本现有的知识来直接传授给学生，而是要把教学植根于学生的经验世界之中，这就是建构主义的教学观。在这种观念下，学生是知识意义的主动建构者，而不是外界刺激的被动接受者；教师是教学过程的组织者、指导者、意义建构的帮助者、促进者，而不是知识的传授者、灌输者；教材所提供的知识不再是教师传授的内容，而是学生主动建构意义的对象；媒体也不再是帮助教师传授知识的手段、方法，而是用来创设情境、进行协作学习和会话交流，即作为学生主动学习、协作式探索的认知工具。

(二)建构主义理论促进生物学教学设计的转型

建构主义理论认为，学生只能根据自己的经验得到自身对信息的解释，由于不同解释的差异性，就造成了对传统教学设计理论的严重挑战。行为主义教学理论注重外部刺激的设计，认知主义则着眼于知识建构的建立，而建构主义特别关心对学习环境的设计。从建构主义认识论和学习论出发，教师在教学设计过程中可以从以下方面予以重视。

1. 强调以学生为中心

明确"以学生为中心"对教学设计有着至关重要的指导意义，因为是从"以学生为中心"出发，还是从"以教师为中心"出发，将会得到两种完全不同的设计结果。至于如何体现以学生为中心，建构主义认为可以从三个方面努力：①在学习过程中充分发挥学生的主观能动性，突出学生的创新精神。如教师可以选择适当的课程让学生自己动手实践，对从中获取的经验不断提炼，从而获取真知。②让学生有多种机会在不同的情境下去应用他们所学的知识，即将知识"外化"。如教师在教授知识后引导学生在课后进行应用，以深化对知识的理解。③让学生能根据自身行动的反馈信息形成对客观事物的认识和解决实际问题的方案，即实现自我反馈。在这一过程中，学生反复进行自我检测并依据检测结果调整自身的学习方案，以求更扎实地掌握和更广泛地应用知识。

2. 强调"情境"对意义建构的重要作用

建构主义认为，学习总是与一定的社会文化背景即"情境"相联系的，在实际情境下进行学习，学习者能利用自己原有认知结构中的有关经验去同化和索引当前学习的新知识，从而赋予新知识以某种意义；如果原有经验不能同化新知识，则要引起"顺应"过程，即对原有认知结构进行改造与重组。因此，基于建构主义的教学设计建议在课程开始之前设置一个与本节课程相关的情境，以使得学生能够快速准确地与生活环境相联系，进而开始社会环境与个体之间的知识建构。除此之外，建构主义教学设计的评价不再只关注结果的正确与否，它认为通过自身体验从情境中同化或顺应所得的结论即为正确合理的结论。

3. 强调合作学习对意义建构的关键作用

建构主义认为，学习者与周围环境的交互作用，对于学习内容的理解（即对知识意义的建构）起着关键性的作用。在课堂教学中，教师可以组织并引导学生讨论问题，交流经验，共同建立起学习群体并成为其中的一员。在这种合作式的学习环境中，学生的思维与智慧可以被整个群体共享，即整个学习群体共同完成对所学知识的意义建构，而不是由其中的某一位或某几位学生完成意义建构。因此，教师在教学设计过程中应尽量重视合作的学习方式的应用。

4. 强调学习环境的设计

学习环境是学生进行自由探索和自主学习的场所。在此环境中，学生可以利用各种工具和信息资源（如文字材料、音像资料、多媒体课件以及互联网上的信息等）达到自己的学习目标。因此，在建构主义学习理论指导下的教学设计中应有针对学习环境的设计，而非对教学环境的设计。同时，为了支持学习者的自主学习和协作式探索，教师在教学过程中要考虑如何为学习者提供各种信息资源（包括各种类型的教学媒体和教学资料），以帮助学生完成意义建构。

5. 强调学习过程的最终目的是完成意义建构

建构主义学习环境强调学生是认知的主体，是意义的主动建构者，整个学习过程的最终目的是实现学生对知识的意义建构。因此，教学设计通常不是从分析教学目标开始的，而是以如何创设有利于学生意义建构的情境为起点的，教师应在进行教学目标分析的基础上选出当前所学知识中的基本概念、基本原理、基本方法和基本过程作为当前所学知识的"主题"（或"基本内容"），然后再围绕这个主题进行意义建构。教学设计人员应当注意，不论是学生的独立探索、协作学习还是教师辅导，整个教学设计过程都要紧紧围绕"意义建构"这个中心展开。

根据建构主义学习理论，在教学设计过程中，教师必须要走出教学中以自我为中心的传统角色定位，构建体现民主、平等的"共同参与、互相合作"的师生关系，真正贯彻尊重学生个性，倡导积极交往与对话，积极开展自主学习、合作学习和研究性学习的教学观念，针对学生认知结构的不同特点，选择和设计灵活多样的教学方式或教学模式。

【观点碰撞】

呼吸系统的组成和呼吸作用的原理

搭脚手架（首先搭建概念框架）

在进入探究环节之前教师应先帮助学生认识与"呼吸运动"有关的结构，如呼吸系统的组成、胸廓的结构等，然后再学习呼吸系统的整体结构与呼吸作用的原理。教师分析学习任务，并通过对概念框架的分析，把大问题分解成几个小问题，呈现给学生。

进入情境（情境是为学生而设）

每个小组学生面前摆放人体呼吸系统模型以及人体胸腔剖面图图谱、新鲜的哺乳动物的肺或肺的干制标本、呼吸运动模型。

课件展示视频录像或动画，如潜水员潜水作业前检查呼吸器具和氧气瓶、婴儿出生时的第一声啼哭等。

计算：学生自测自己 1 min 内的呼吸次数，计算每天气体进出身体的次数。

引申：上述现象，说明人的生命活动离不开呼吸。人的呼吸，是由呼吸系统来完成的。

独立探索（教师起初的引导、帮助可以多一些，以后逐渐减少）

学生独立观察人体呼吸系统模式图或解剖模型，观察人体胸腔剖面图，新鲜的哺乳动物的肺或肺的干制标本。

教师要求学生阅读关于胸廓的文字。（知识支架）

教师让学生感受呼吸运动中胸廓的变化以及进出身体的气体变化。（策略支架）

学生一只手放在胸部下侧，轻触自己胸侧的肋骨处，一只手放在鼻腔前，缓慢吸气和呼气，感受自己在吸气和呼气时鼻孔前面的气体有什么变化，胸廓发生了什么变化。

协作学习（小组协商、讨论，共享集体思维成果）

互相切磋独立探索中存在的问题。

讨论问题：

1. 人体呼吸系统是由哪些器官组成的？最重要的器官是什么？说明理由。

2. 胸廓是由哪几个部分组成的？

3. 在吸气和呼气时，鼻孔前面的气体有什么变化？原因是什么？

4. 在吸气和呼气时，你的胸廓有起伏吗？是什么力量使胸廓进行运动的？

5. 呼吸运动时，哪些肌肉的收缩、舒张引起了胸廓容积的变化？在呼吸肌收缩和舒张时，肋骨和胸骨的位置发生了什么变化？胸廓容积发生了什么变化？随着胸廓容积的变化，肺的容积发生了怎样的变化？是肺容积的变化导致了气体的吸入和呼出吗？

效果评价（形式多样）

表达交流：小组、大组、全班进行各种形式的交流。

检测：学生分析、归纳：肺与外界气体交换的原理和过程；对照动画，讲述肺与外界气体交换的过程。

分析该片段是如何将建构主义运用于教学设计的。

观点借鉴：该案例立足建构主义理论，注重学生意义的主动建构。首先教师为学生提供相关的概念知识，为"呼吸系统的整体结构与呼吸作用的原理"搭建概念框架。然后为学生创设情境，教师先逐步引导进而实现学生独立探索呼吸过程中身体的变化；进一步组织学生进行协作学习，互相切磋独立探索中存在的问题。最后通过展示交流，检测学生所学。教师在整个过程中是学生学习的指导者和促进者，以学生为中心，利用情境、协作、交流等要素充分发挥学生了的主动性、积极性，最终达到学生对"呼吸系统的整体结构与呼吸作用的原理"的意义建构的目的。

【本节要点】

1. 行为主义学习理论认为学习就是刺激与反应之间的联结。其代表人物有桑代克、巴甫洛夫、华生、格思里和斯金纳。

2. 行为主义学习理论在生物学教学设计的应用包括：注重对媒体的选择，教学目标的编写采用马杰的 ABCD 目标编写模式，教学方法选择以教师为主的方式，遵循程序教学的教学设计原则。

3. 认知主义学习理论认为学习者在学习情境中，运用其已有的认知结构去认识和辨别，以至理解各个刺激之间的关系，增加自己的经验，从而改变自己的认知结构。其代表人物有纳赛尔、布鲁纳和奥苏伯尔。

4. 认知主义学习理论提出生物学教学设计应当关注学生学习的内部发展过程，适当组织教材，合理安排教材难度与逻辑，注重对学习内容以及学生行为的分析。

5. 建构主义认为知识处在不断发展之中，学习是学生自主建构的过程，教师是学习的指导者与促进者。其代表人物有维果斯基和皮亚杰。

6. 建构主义学习理论在生物学教学设计的应用包括：强调以学生为中心，强调"情境"对意义建构的重要作用，强调合作学习对意义建构的关键作用，强调对学习环境(而非教学环境)的设计，强调学习过程的最终目的是完成意义建构(而非完成教学目标)。

【学以致用】

1. 请你结合中学教学中的常用的"题海战术"解释"练习律"，并谈谈它们的优点和不足。

2. 到中学听一节课，详细记录教学情况，并试用行为主义学习理论的观点对这节课的教学设计进行评论。

3. 有意义的接受学习和发现学习有什么不同，并说说怎样合理的利用这两种学习方式进行教学设计。

4. 基于建构主义学习理论，自选初中生物或高中生物的一节课，进行教学设计。

第四节　一些新理论促进中学生物学教学设计的发展

【聚焦问题】

[案例一] 在人教版初中《生物学》七年级下册中，教师 A 在开展第四单元"生物圈中的人"的教学之前，通过访谈了解到学生对人体内的器官组成，器官的大小、形状、位置和功能等具有的主要错误概念表现为：心脏的形状常画成心形。肺常画得较实际为小，认为空气只是进出口腔和鼻腔，不知道空气在体内会产生改变，不知道为什么呼吸是维持生命的重要部分。胃常画得较低、较大，肠与肾则常被忽略或错位等。

[案例二] 教师 B 依据《义务教育小学科学新课程标准(3—6 年级)》和《义务教育生物学课程标准(2011 年版)》和教材，发现在"生态系统"这一教学主题中，"食物链和食物网"这一知识点的教学目标所涵盖的内容及学习能力的要求具有一定的连贯性，小学阶段为初中阶段的深入学习构建了一个基本的概念框架。于是该教师利用自编测试题，选取五年级到八年级的学生为调查对象，了解不同年级学生对于食物链和食物网的认知程度。以第三题"绘制草、兔、鼠、狐、老鹰组成的食物网"为例，结果表明只有少数学生不知道这几种生物的食物关系，部分学生能正确理解"食物网"，而大部分学生对"食物链和食物网"的理解很模糊。由此可见，学生对于同一概念的理解水平存在不同的阶段。

问题：

1. 教师 A 和 B 进行主题教学之前，分别发现学生对相关概念的理解存在什么问题？

2. 针对上述问题，你认为教师 A 和 B 在进行教学设计时应当分别选择何种教学理论来指导教学？

问题探讨：教师 A 发现学生在学习新主题之前，已经具有了生活经验和一定的知识储备，这些经验有的是正确的，有的是错误的，即具备"前概念"。因此，教师在进行教学设计时，应当充分考虑学生的前概念，并利用概念转变理论来选择合适的教学策略和方法，从而实现学生的"前概念"到"科学概念"的转变。教师 B 通过问卷调查发现，不同学生对于同一教学主题同一概念的理解存在差异，有些学生对概念的理解程度处于低水平阶段，而有些学生则处于高水平阶段。同样，对于同一教学主题中涉及的概念本身也存在理解难易的问题，有些概念的理解较简单，而有些概念的理解较难，因此教师在进行教学设计时，应以学习进阶理论为指导，旨在通过教学实现学生对概念的理解由"低水平"到"高水平"的转变。

何为概念转变理论和学习进阶理论呢？如何用这两种教学论来指导教师进行教学设计呢？通过本节的学习，我们将从中得到启示。

一、概念转变理论对中学生物学教学设计产生深刻影响

(一)概念转变已成生物学教育研究热点

学习者在教学前对所要学习的材料的认识并非是一张白纸，在他们的大脑中已经存在许多先前的概念(prior-concept)，这些概念有的是正确的，有的是错误的；有的是完整的，有的是不完整的，但都对学习者的生物学学习产生影

响。概念转变理论（conceptual change theory）就是试图理解和解释这些先前概念是如何转变为科学概念（scientific concept）的理论。概念转变被认为是我国科学教育中的核心问题，近年来已成为科学教育研究的热点。

1. 经典概念转变理论由波斯纳提出

1982 年，美国康奈尔大学教育系的波斯纳（Posner）等人发表了题为《科学概念的顺应：关于概念转变理论》的文章，基于科学哲学和发展心理学提出了科学概念学习的一种模型——概念转变模型（conceptual change model）。他们类比库恩对常规科学研究及科学革命的描述和皮亚杰关于学习的"同化"和"顺应"机制，认为常规科学类似于同化过程，意味着个体获得知识的过程中没有改变潜在的概念框架。如果学生形成了新的概念框架，这种学习过程类似于顺应。科学概念与日常概念对学生来说是不同的概念框架，所以波斯纳等人指出科学学习应当是从日常概念到科学概念的概念转变的过程。这一理论提出后立即引起国际研究者的重视，并指导科学教育研究产生了大量成果，成为科学教育研究的一种范式，被称为是经典的概念转变理论。

经典概念转变理论从认识论的角度阐述了学生学习科学概念的过程，所谓的认识论指的是学生对科学概念及其学习过程的认识。在概念转变过程中学生需要知道学习科学概念是转变自己头脑中的日常概念，并指出了概念转变的四个条件：①学习者对当前的概念产生不满（dissatisfied）：只有学习者感到自己的某个概念失去了作用，他才可能改变原概念，甚至即使他看到了原来的概念的不足，也会尽力做小的调整，个体面对原来的概念所无法解释的事实（反例），从而引发认知冲突，这可以有效地导致对原有概念的不满。②新概念的可理解性（intelligibility）：学习者需懂得新概念的真正含义，而不仅仅是字面的理解，他需要把各片段联系起来建立整体一致的表征。③新概念的合理性（pausibility）：个体需要看到新概念是合理的，而这需要新概念与个体所接受的其他概念、信念相互一致，而不是相互冲突，它们可以一起被重新整合。这种一致包括：与自己的认识论信念的一致；与自己的其他理论知识的一致；与自己的经验一致；与自己的直觉一致等。个体看到了新概念的合理性，意味着他相信新概念是真实的。④新概念的有效性（fruitfulness）：个体应看到新概念对自己的价值，它能解决其他途径所难以解决的问题，并且能向个体展示出新的可能和方向，具有

知识链接： 扫描下方二维码，了解更多关于概念转变的四个条件的相关知识。

165

启发意义。有效性意味着个体把它看作解释某问题的更好途径。这四个条件描述的是学生对新概念特征的认识状态，每个条件总是以它前一个条件为前提。波斯纳等人指出只有当学生认识到科学概念的有效性，学生的错误概念才会被科学概念所取代。学生的认识处在之前任意阶段都不可能实现概念转变。

1992 年，波斯纳等人对概念转变理论稍做修正：①将"对原有概念的不满意"看作是受学生的动机及情感因素影响的，决定了学生是否想要转变原有概念或者能否接受新的概念。②把调节学生对新概念可理解性、合理性和有效性认识的个体的经验背景统称为"概念生态"（conceptual ecology），具体包括：a. 反例：某概念所无法解释的事例。b. 类比与比喻：这可以帮助学习者在新旧经验间建立联系，使新概念更易理解。c. 认识论信念：什么样的理论才是成功的理论？一般情况如何，具体到某学科又怎样？d. 形而上学的信念与观点：这包括关于科学的形而上学的信念，如关于世界的规则性、对称性和确定性的信念，对科学和日常经验的关系的理解等，也包括具体科学领域中具有形而上学意义的概念，如绝对时空观等。e. 其他领域的知识。f. 与新概念相对立的概念。学生发生概念转变的过程中，概念生态圈的各个要素都会影响学生做出决定。

2. 概念转变理论在发展中面临挑战

经典概念转变理论提出后，20 世纪 80—90 年代涌现出大量关于学生错误概念和概念转变的研究，形成了认识论、本体论、社会、情感等多种视角的基于概念转变理论的研究范式，并取得了丰富的成果，能够从不同方面解释科学概念学习这一复杂现象，研究者就错误概念和概念转变的研究结果达成了一定的共识。在进一步发展过程中概念转变理论受到建构主义思潮的影响，到 20 世纪 90 年代末，"概念转变"逐渐变成了从建构主义的视角描述知识建构的代名词。

概念转变理论发展过程中一直伴随着研究者对某些问题的探讨：概念转变过程中，学生最初的概念发生了什么变化，是概念框架的变化还是知识的丰富？概念转变是革命性的还是进化性的？概念转变是全面的还是具体领域的？概念转变是否与学生的年龄有关系等。伴随着实践研究仅发现很少的学生发生了明显的概念转变，概念转变理论本身的含义也受到了质疑。同样，当前的研究中仍然面临着各种挑战，比如如何寻找概念转变有效证据的研究方法，将概念转变策略引入课堂教学实践后面临的巨大挑战。三十多年来，概念转变研究出现多个理论争鸣的局面：一方面与研究者的研究视角有关，不同的研究者从单维的视角提出概念转变理论，具有一定的局限性；另一方面与研究者的研究方法有关，概念转变理论发展初期，研究者多采用静态封闭的研究方法，对真实情境下的概念转变尚不能进行完满的解释。未来理论的发展根植于概念转变研究的不断深入，因此概念转变研究在问题、方法以及视角方面应进一步改进，使概念转变理论更具解释力。

（二）概念转变理论对中学生物学教学设计提出新要求

1. 学生和教师的观念要明确地成为课堂话语的一部分

教师要让学生在课堂上有表达自己观点的机会。在为概念转变而进行的教学中，教师必须让一系列与学习主题有关的、课堂上不同的人所持的观点都有机会表达出来。这些观点有教师的，也有学生的。在此过程中，学生就会意识到、理解并可能接受那些他们以前不曾听过或未曾认真考虑过的观点。传统的科学教学中，只有教师的观点才成为课堂话语。而在为概念转变而教的课堂上，与通常的课堂教学实践完全不同的是：教师需要使学生的观点也明确成为教学活动的一部分。这一做法承认：现有的知识在学生的学习中起着重要作用；其次，学生的观点应当与教师的观点同样地被考虑。

2. 寻找概念转变的有效证据

诊断学生的错误概念和探查学生是否真正完成了概念转变对教师来说是一项非常重要的任务。目前适用于在课堂上诊断学生错误概念的方法有教学前的测验、概念图、课堂讨论等。但教师仍旧使用上述单一方法来收集学生概念转变前后的数据，数据一般是通过归纳学生的回答，并且与科学概念对比得来的。这些数据是否可以表示学生的概念转变还是一个争议的问题。因此教师应当借助一定的研究方法来说明学生发生了概念转变。一方面，教师可以利用研究者们开发的高质量概念量表，从而有效地诊断学生概念转变的效果。另一方面，质性研究的方法显示了寻找概念转变有效证据有利的一面。话语分析方法还从社会学、语言学等视角对课堂观察、访谈、出声思维的结果进行分析，揭示数据背后学生概念可能发生的变化。今后教师需要加强规范使用研究方法的意识，在进行教学设计和课堂实践时需要结合定量和定性的研究方法，寻找及确定学生确实发生概念转变的有效证据。

3. 将概念转变策略引入课堂教学实践

理论和实践往往存在很大的差距，概念转变理论指导的课堂教学很少发现学生明显的概念转变，这是概念转变理论在现实中遭遇到的巨大挑战。事实上，课堂是一个复杂的环境，研究者往往是从某一视角对课堂中的概念转变进行研究，而教师的概念转变教学是一项在课堂中与不同背景和知识经验的学生展开对话的复杂活动，从社会文化视角研究的结果来看，教师的文化背景和知识经验将会影响到课堂中学生概念转变的效果。所以研究者所开发的概念转变教学工具及教学策略被不同教师采用时发挥的效果不一样。因此，教师要能够甄别和评价研究者开发的概念转变教学工具在课堂中的有效性和局限性，将那些成功地实现学生概念转变的案例及具体的教学策略引入课堂，才能够使概念转变的研究成果成功地转化为教学实践的力量。

【观点碰撞】

某教师在设计"DNA分子的结构和特点"一节时，运用概念转变理论设置了以下环节。

【创设情境，设疑导入】

本节课借用公益行动"宝贝回家—孩子被拐12年后终于找到了亲生父母"作为导入，并依次提出问题：亲子鉴定的科学方法是什么？如何解释DNA作为判断亲子关系的依据？作为遗传物质的DNA应该具有哪些特征？进入新课。

【科学史话，初识概念】

借助PPT，教师依次提供以下科学史的详细资料。

1. 加州理工学院的化学家莱纳斯·鲍林认定DNA分子具有类似氨基酸链的螺旋结构。

2. 英国科学家威尔金斯和富兰克林，通过DNA的X射线衍射图谱发现DNA是由两条长链组成的双螺旋。

3. 美国科学家沃森和英国科学家克里克发现DNA的双螺旋结构。

【问题引导，建构概念】

教师提示学生从脱氧核苷酸出发，分析并总结DNA分子的特点，并提供三个问题支架：①脱氧核苷酸连接方式是怎样的？②碱基的配对方式是怎样的？③DNA两条链的方向是怎样的？从微观的视角分析DNA分子的结构组成，并有目的地指引学生寻找磷酸二酯键、氢键、A与T配对、C与G配对等表述DNA结构的关键信息。随后，教师利用美国科学家多诺休提供的A、T、C、G四种碱基结构图，消除学生可能对两条链的关系和碱基特定的配对方式产生的疑虑。最后教师对学生的回答进行评价并总结得出DNA分子的结构特点。

【课堂活动，建构模型】

学生利用课前准备的代表磷酸、脱氧核糖、碱基的卡纸，以小组为单位制作平面 DNA 模型，并比较各组 DNA 模型的异同点，巩固碱基互补配对原则，验证 DNA 两条链的关系。

【学以致用，巩固概念】

教师设置课堂检测，即在计算碱基数量的问题上进一步加深学生对概念的理解和运用，如要求学生根据 1 种碱基比例，推算 DNA 另外 3 种碱基的比例。同时，教师提出问题，要求学生列举出 DNA 的特性在实际生活中的应用（预设答案：犯罪嫌疑人的鉴定），引起学生的情感共鸣。

分析该教师是如何运用概念转变理论进行教学设计的。

观点借鉴：这位教师充分考虑了概念转变理论的四个条件，将其渗透在教学设计当中。首先，在导入环节，教师以公益行动——宝贝回家为情境，提出三个问题，前两个问题的难度落在学生的最近发展区内，问题的解决能够引发学生已有知识的重现，激活学生的前概念。而第三个问题就学生目前的知识储备无法完全解决，是引发学生对现有概念不满的关键，能使其带着问题学习新概念，为概念转变作铺垫。其次，概念的可理解性是学生概念转变的首要前提，因此教师在认识新概念的整个过程中，通过回顾科学史，提供三个问题支架，借助提供"先行组织者"的教学方式，有意让学生经历新概念的形成过程和认识新概念中包含的信息，有助于学生理解新概念丰富的内涵。再次，认识新概念的合理性需基于学生对新概念有一定的理解，合理的课堂活动可以给学生认识概念的合理性提供良好的契机，因此教师安排了建构 DNA 分子模型的活动。最后，教师通过与生活的联系，帮助学生领悟新概念的有效性，从而完成概念转变。

二、学习进阶理论对中学生物学教学设计提供新的启示

（一）学习进阶理论从认知的视角系统描述学生的学习进程

1. 学习进阶的提出有着现实的历史背景

学习进阶是美国科学教育改革中出现的新概念，并逐渐成为国际科学教育界的热点研究领域。关于学习进阶研究的兴起，与科学教育三大研究领域有密切的继承关系：一是学习领域的研究，二是课程领域的研究，三是评价领域的研究。自 20 世纪 90 年代起，美国教育界已经意识到现行的科学教育标准"广而不深"，知识点庞杂无序，考试评价并不能

知识链接：扫描下方二维码，了解更多关于学习进阶与三大研究领域的关系。

很好地考查出学生对知识的掌握程度和能力的提升水平等问题。为此，美国教育界积极探索，并于 2005 年和 2007 年由美国国家研究理事会发布的两份报告中首次提出"学习进阶(learning progressions)是理论研究者、考试命题者、课程编制者、教育决策者对话的重要渠道，是沟通学习研究和学校课堂实践的桥梁，是联结课程标准、教学与评价，促进一致性的最具潜力的工具"，并由两个团队(Catley 等，Smith 等)分别开发了学习进阶的研究样例。

自 2005 年以来，美国自然科学基金(NSF)持续资助了关于学习进阶的研究，到 2008 年，它已经至少建立了 15 个不同的研究组来开发和研究 K-12 年级的科学领域的学习进阶。2012 年，美国新一代科学教育标准的前期框架《K-12 科学教育的框架：实践、跨领域概念和核心概念》以学习进阶的形式呈现学科核心观念和科学实践的学段发展，并将之运用到评价领域。2013 年 5 月正式颁布的美国《新一代科学教育标准》则贯穿着学习进阶研究的成果和思想，学习进阶成为其核心编写依据，并衍生出进阶矩阵作为各州和各学区课程开发和教学设计的参考。学习进阶在如此短的时间内获得学术界的广泛关注并被迅速应用于教学实践，一方面是因为学习进阶从认知的视角系统地描述学生的科学学习进程，另一方面是由于学习进阶能"搭建起一座连接对学习的研究和课堂教学实践的桥梁""有潜质提供将标准设计、课程开发、学业评估和教师专业发展连接起来的统一框架"。

2. 学习进阶刻画了学生思维的发展进程

对学习进阶的探讨虽然在近十年内快速发展成了美国科学教育界的研究热点，但至今仍未对学习进阶的定义做出一个精准的界定。在 2007 年 NRC 将学习进阶定义为"对学生在一个时间跨度内学习和探究某一主题时，依次进阶、逐级深化的思维方式的描述"，之后的研究大都引用 NRC 的定义作为学习进阶的概念界定。萨利纳斯(Salinas)认为学习进阶"是一种学生对科学核心概念、科学解释以及科学实践理解与运用的认识不断完善、发展、深入的过程"；松格(Songer)等人认为"学习进阶是学生对学习主题思考和探究推理的过程"；密歇根州立大学安德森(Anderson)教授认为"学习进阶的本质在于刻画学生特定心理结构的阶段性发展"；史密斯(Smith)等人在探究了"物质与原子-分子理论"的教学后，将学习进阶描述为"在学生学习的过程中，以内容领域为载体，联结不断、更加复杂、循序渐进的一种推理探究的方法"；邓肯(Duncan)则认为"学习进阶其实是一系列以实证为基础、可测试的假设，假设学生在合适的教学条件下，随着时间的推移，对核心科学概念、科学解释以及相关的科学实践的理解、应用能力逐渐趋于复杂"。而国内学者对学习进阶的定义也有不一样的看法，刘晟认为"学习进阶是对学生在各学段学习同一主题的概念时所遵循的连贯的、典型的学习路径的描述，一般呈现为围绕核心概念展开的一系列由简单到复杂、相互关联的概念序列"，皇甫倩将学习进阶的内涵概括为"学生关于某一核心知识及相关技能、能力、实践活动在一段时间内进步、发展的历程，表现为特定知识、技能和能力的潜在发展序列"。

对学习进阶定义的讨论反映了学术界对其本质认识的不断深化和丰富，这主要表现在以下三点：第一，学者们对学习进阶的研究对象达成了一致——学习进阶刻画的是学生思维的发展过程。这样就从本质上厘清了学习进阶与课程开发设计的关系：基于学习进阶的课程开发能更好地规划学生的发展路径，使之符合学生的心理特质，而对新开发课程的实践与反馈能够促使学习进阶的完善和改进。第二，学者们开始认识到教学因素在建构学习进阶过程中的关键地位。在 NRC 的定义中没有出现"教学"一词，然而该定义的主要撰写者美国科学教育研究协会（National Association for Research in Science Teaching，NARST）的前主席杜施尔（Duschl）指出，许多读者忽略了紧跟在该条定义之后的句子，"教学实践对其(学习进阶)起着关键作用"。第三，已有越来越多的学者认可了对学习进阶、学习轨迹和教学序列的区分。现在科学教育研究领域一般认为学习进阶是一个更为上位的概念，学习轨迹有机组合构成学习进阶，而教学序列则是在学习进阶框架下，教师根据学生的具体学情规划教学活动的安排和教学策略的选取。

3. 学习进阶具有特定的组成要素和特征

美国科学教育界普遍认为学习进阶包括进阶终点、进阶维度、成就水平、各水平的预期表现以及测评工具等五个要素：①进阶终点——学习目标/对毕业生成就的预期，一般是根据社会预期、对学科本质的分析，或更高水平教育的准入要求等确定的；②进阶维度——一般是学科内或科学实践过程中的核心概念，通过追踪学生在这些维度上的发展可以了解其整体学习进程；③多个相互关联的成就水平——在学习进阶所追踪的发展路径上存在多个相互关联的中间步骤/成就水平，它们反映了学生思维发展过程的普遍阶段；④各水平的预期表现——处于特定理解水平的学生在完成某类任务时所应有的表现，这为评估工具的开发提供了具体的参考指标；⑤特定的评测工具——用于追踪学生在预期进阶路径上的发展情况，学习进阶通常含有一套从开发、验证到使用的完整评估方法。

学习进阶揭示学生在学习和探索某一主题时，对该主题的思考、理解与实践活动在相当长的一段时间内是如何一步步发展的（从简单到复杂、从低水平到高水平、从新手到专家）；表现为一定知识、技能、能力的潜在发展序列；它是在大量实证研究的基础上形成的一种假定性描述，可以通过实践加以检验。因此，学习进阶主要有以下特征：①围绕科学领域的核心概念构建学生的认知体系。学习不仅仅是为了知道一系列科学事实，更重要的是要围绕核心概念构建知识体系和模型，并广泛运用科学概念解释自然现象。而学习进阶正是围绕核心概念构建的。②注重多学科间的融合。自然界中的现象、实际生活中的科学问题及其讨论往往都是多学科交叉融合的，学习进阶所呈现的正是多学科融合的成果。③认可多种概念发展顺序和概念的网状结构。学习进阶并非是每名学生都必然遵循的同一认知进程，但它是学生概念发展进程中的限制因素。④是现有教学情境下的学生认知发展进程。学习进阶是基于跨年级的评测数据或已有研究构建学生概念理解进程的，在这一过程中通常不对教学施加特殊的干预，其评测结果均是基于教学现状的。因此，学习进阶是现有教学情境下学生的认知发展进程。

（二）学习进阶理论在中学生物学教学设计的应用需要有效的教学策略支撑

学习进阶研究的目的不是简单地将一些实践活动复制到课堂上，它要求这些实践活动对学生的学习必须具有可操作性和富有成效，因此有效的教学策略支撑的学习进阶才可能真正地服务教学。学习进阶理论对生物学教学设计的启示主要有以下几点。

1. 教师应根据学习进阶的成果，对教学内容进行整合

为了能够更好地帮助学生掌握科学概念，课程的内容必须要超越学生现有知识，并且要重视知识的重组。教师应根据学习进阶理论，围绕"大概念"或学科"核心概念"重组教学内容，实现教学内容的进阶整合。传统的教材对教学内容的组织采用的是"演变式模式"，教学内容前后有明显的"变化"，学生在核心概念学习之前的铺垫隐晦、缺乏线性结构。然而概念学习并非线性的，学生需要不断在新情境中重温概念，以深化对概念的理解。这种教学内容

知识链接：扫描下方二维码，了解更多关于学习进阶理论对生物学课程的启示。

组织形式无疑忽视了学生概念学习是一个"过程"，而这个"过程"又是伴随着学生的认知有"阶"的。依据学习进阶的教学内容组织要求根据"核心概念"学习的需要组织教学内容，以"核心概念"学习中的认知需求为主线，各教学内容按需介入课程，从而保证教学内容组织的连贯性。

2. 教师应结合学习进阶的成果，开发教学设计

基于学习进阶的教学设计的主要任务是探索连接进阶始端到终端的路径以及设计进阶的"脚踏点"。传统的教学设计更注重知识的内在逻辑结构，把教学过程设计为基于碎片化知识的"演变"过程，教学过程间缺乏一致的主线。而基于学习进阶的教学设计则更重视知识教学过程的整体性和连贯性，从教学"演进"的视角推进围绕核心概念的教学，具体应包括以下几点。

（1）教学目标的确立既要考虑进阶终端，也要考虑进阶始端。学习进阶的始端即认知的起点，而终端则是认知的终点，即科学概念层次。具体到一节课中，教师往往是完成了从始端到终端的某个或某几个阶。因此，教师要在教学的开始针对不同年级的学生测试其经验概念层级在整个学习进阶中的位置，并据此设置教学目标。

（2）教学过程围绕核心活动展开，寻找最优化路径。学生的经验概念是学生的一种"信念"，在教学中可以看作活动的假设，教学过程则是不断对这个"信念"提供证据以证实或证伪的过程。在这个过程中，必然要涉及认识事物的工具、方法和途径，一般概念则可在这个过程中渗透和构建。教学优化的意义在于，教师应找出最适合学生进阶发展的捷径，以利于学生在最短时间内完成从认知起点到终点的演进。

（3）教学智慧体现在教师对"进阶"的教学设计上。具体到课堂中，"阶"是制约学生认知发展的台阶，同时也是学生认知发展的"脚踏点"。学生迈过这个"阶"意味着他的认知发生了变化。从这个意义上讲，"阶"很像传统教学中的"教学难点"，但这是两个不同概念。"阶"是从学生认知角度基于对大概念理解过程的"大视角"而来的，而"教学难点"则仅仅是从教学内容本身的难易上而来的。所以说，对课堂中"阶"的理解以及如何设计教学以促进学生跨越"阶"成为教学中能体现教师个人教学智慧的地方。

3. 教师应以学习进阶为参照尺，进行有意义的教学诊断和评价

以"大概念"的"阶"为锚点命题，放到相同尺度上评价学生的认知发展状况。将"阶"及其表现期望嵌入教学设计，以形成有效的形成性评价。教师在教学过程中，通过嵌入的"阶"及其表现期望来检测教学的进展，将有利于形成形成性评价及教师的教学决策，课堂生成性资源将更丰富、合理。

【观点碰撞】

某教师在进行"免疫调节"一课的教学设计时，运用学习进阶理论，进行了以下工作。

(1)确定进阶维度。通过分析教材内容，绘制本节的概念图，展示"免疫调节"这一核心概念所包含的次级概念和事实性知识，通过对概念图的分析发现，免疫系统的组成多数为事实性的知识，学生容易理解；免疫系统的功能和应用学生在初中时已经进行过初步学习；而体液免疫和细胞免疫内容是学生第一次接触到的，过程中涉及的新名词较多，学生难以理解。

因此，将"免疫调节"核心概念的进阶维度确定为三个：免疫系统的组成、体液免疫和细胞免疫以及免疫功能及应用。通过追踪学生在这些进阶维度上的理解水平了解其对核心概念"免疫调节"的学习进程。

(2)划分进阶水平。根据学生科学概念理解由简到繁的过程，可将学习进阶划分为 四个阶段，分别对应科学概念理解发展的层级模型中的经验、映射、关联和整合。确定进阶水平的划分标准后，接下来要对核心概念每个进阶维度包含的一般概念和事实性知识进行进阶水平的划分，并用箭头表示概念及事实性知识之间的相互关系，从而构建出学生"免疫调节"核心概念学习进阶。

(3)指导教学设计。教师首先根据学习进阶分析教学内容和学情，从而认识到学生现有的认知水平：由于生活经验和学习经验，知道与免疫相关的一些疾病，但对具体的发病机制不清楚。为学生进行"免疫调节"的学习提供了起点。可能存在的中间状态：学生需要由易到难逐步学习免疫系统的组成、体液免疫和细胞免疫及免疫失调相关的疾病。在学习过程中，学生由于易混淆的概念或没有深入分析概念的内涵而存在一些常见的迷思概念。例如，免疫细胞种类较多，学生对不同免疫细胞的来源容易混淆；由于学生没有深入剖析第二道防线的范围"体液中的吞噬细胞和溶菌酶"，认为溶菌酶都属于第二道防线等，这些常见的迷思概念构成教学过程中的关键节点。

教师在教学中利用合适的教学策略，设计具体的教学步骤和学习活动，帮助学生从一个最近发展区到达另一个最近发展区，最终帮助学生形成对核心概念的深入理解。因此根据学习进阶分析核心概念，能使教学过程具有明显的主线，呈现为由简到难的连续过程。该教师设计的关于"免疫调节"的教学过程及教学策略如图 3-7 所示。

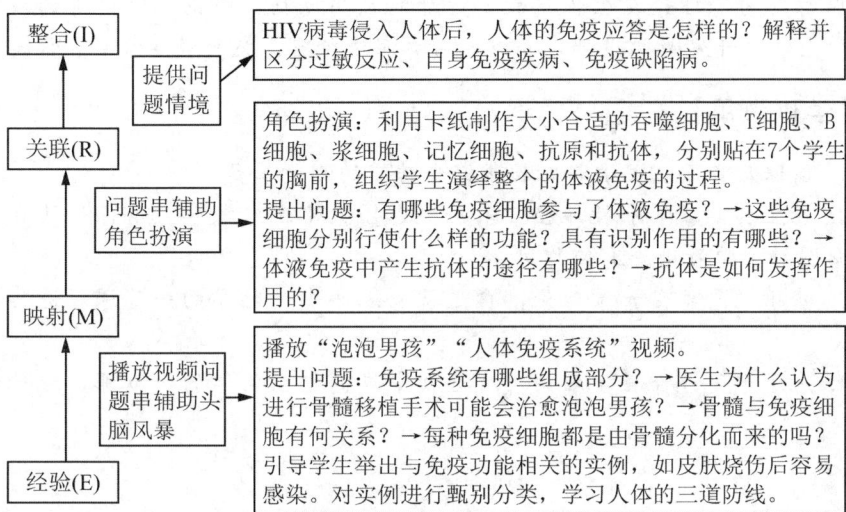

图 3-7 "免疫调节"的教学过程及教学策略

请分析该教学片段是如何在教学中实现学习进阶的。

观点借鉴： 该教师在"免疫调节"一课中，充分运用了学习进阶理论的相关知识，借助概念图来确定进阶维度和划分进阶水平，从而构建出"免疫调节"的学习进阶，并用其指导教学设计中的教学过程和教学策略的选择。在每一个阶段都针对学生的不同水平设置了相应的教学环节，由易到难，通过层层递进帮助学生建构并理解概念，最终实现从进阶起点到进阶终点的跨越，在这个过程中，教师能够准确检测学生的进阶情况。因此，根据学习进阶指导教学有助于教师将教学目标分解细化，在每一阶段的教学中选择合适的教学策略，引导学生达到潜在的发展水平，走向进阶终点。

【本节要点】

1. 经典概念转变理论指出科学学习应当是从日常概念到科学概念的概念转变的过程，从认识论的角度阐述了学生学习科学概念的过程。

2. 概念转变理论要求生物学教学设计中让学生和教师的观念要明确地成为课堂话语的一部分，寻找概念转变的有效证据，并将概念转变策略引入课堂教学实践。

3. 学习进阶理论从认知的视角系统地描述学生的科学学习进程，刻画了学生思维的发展进程。

4.学习进阶理论在生物学教学设计的应用包括：根据学习进阶的成果整合教学内容、开发教学设计，并以此为参照进行有意义的教学诊断和评价。

【学以致用】

1.请课后查阅相关资料，收集概念转变的测量工具。

2.在生物学教学中教师经常采用概念图策略进行教学。请你谈谈在课堂中概念图对于学习进阶有何作用。

3.基于概念转变教学理论，自选初中或高中生物学的一节课，进行教学设计。

4.基于学习进阶教学理论，自选初中或高中生物学的一节课，进行教学设计。

第四章　生物学教学设计的流程

【学习目标】

1. 概述教学设计的主要流程。
2. 掌握教学前端分析的方法，阐述教学前端分析的意义。
3. 理解三维教学目标与学科核心素养的关系。
4. 明确制订教学目标的依据，掌握教学目标表述的基本方法。
5. 熟悉常用的教学媒体，掌握常用教学媒体的应用规律。
6. 说出课堂教学的基本环节，明确教学策略的选择依据和各环节的基本要求。
7. 阐述课堂教学评价的意义，掌握学生学业评价和教师授课评价的方法。

【内容提要】

本章围绕生物学教学设计的主要流程，从教学前端分析、教学目标的制订、教学媒体的选择、课堂教学的主要环节设计及教学评价方案设计五个方面进行阐述，并附有具体的案例示范，旨在指导学习者科学合理地进行教学设计，实现教学效果最优化。

【学法指引】

在学习本章内容之前，学习者应当明确本章的学习目标，把握总体要求和内容概要。在学习每节内容时，应以节前的"聚焦问题"为切入口，结合教材所提供的示例或具体教学案例，进一步明确学习重点，理解教学设计的流程和基本要求，掌握教学前端分析、教学目标制订、教学媒体及教学策略的选择、教学主要环节设计及课堂教学评价方案设计的方法。在每节的学习内容后有"学以致用"栏目，学习者可以通过完成各项任务检测学习效果。

教学设计作为对教学活动系统规划、决策的过程，其流程包括教学前端分析、教学目标制订、教学媒体及教学策略选择、教学环节设计以及教学评价方案设计等，具体如图4-1所示。

从图4-1中我们可以看出，一个完整的教学设计应该包括以下四个基本要素。

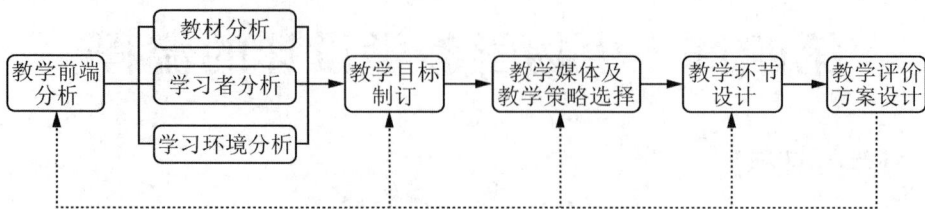

图 4-1　教学设计的基本流程

(1)教学所要达到的预期目标是什么？（即教学目标制订）

(2)为达到教学目标，应选择怎样的知识经验？（即教学环节设计）

(3)如何组织有效的学习？（即教学媒体及策略选择）

(4)如何获取课堂中必要的反馈信息？（即课堂教学评价方案设计）

第一节　教学前端分析开启了教学设计的进程

【聚焦问题】

　　教师在进行课堂教学之前，需要对即将开展的教学进行设计，即通常说的"备课"。大多数教师会在课前精心地对教材、学生、学习环境进行分析，在此基础上确定教学目标、选择教学策略、计划教学过程等；但也有一些教师认为，自己从事教学工作多年，手中已有现成的教案，拿到课堂上直接用就可以了；甚至还有一部分教师课前在网络上查找其他教师的教案，拿到课堂上直接进行教学。

　　课前有针对性地进行了教学设计的教师的课堂，大多数气氛活跃，学生学习兴趣高，学习效果好；使用现成教案的教师的课堂逐渐与时代脱节，不再被学生所喜爱；使用他人现成教案的教师会发现即使是使用别人的优秀教案，也不能在自己的课堂上发挥充分的作用。

　　问题：

　　1.导致以上三类教师的课堂效果截然不同的原因是什么？

　　2.为什么要针对教材、学生、学习环境进行教学设计？

　　问题探讨：这三类教师在教学之前都进行了课前准备，而教学效果却截然不同。教学活动能否顺利进行，学生能否有效学习，都离不开在教学实施之前结合教材、学生、学习环境等实际情况进行的前端分析。若教学设计脱离了前端分析，即使是最优的教学流程，也无法在实际的课堂上达到预期效果。科学地进行教学前端分析是教学设计的必要前提。

一般来说，教学前端分析包含教材分析、学习者分析和学习环境分析。

一、教材分析是优化教学的前提

广义的教材泛指教学所用的所有材料，包括课程标准，教科书及与教科书配套的教师教学用书，学生使用的教辅资料、参考书、习题册等。狭义的教材仅指教科书。本节中所指"教材分析"即广义的教材概念。

(一)分析生物学课程标准

课程标准是国家课程的纲领性文件，是国家对基础教育课程的基本规范和质量要求。生物学课程标准对课程性质、课程目标、课程结构、课程内容、学业质量及课程实施等方面提出了要求与建议。教师的根本任务是落实课程标准，而不仅仅是教好一本教科书。教师在进行教学设计之前，应该熟读课程标准，把握课程理念及学科核心素养要求，明确课程标准对各教学内容的要求，根据课程标准的要求，合理选择教学资源，进行教学设计。

(二)分析生物学教科书

教师在开始教学设计之前，合理分析生物学教科书内容是必不可少的一项工作。

1. 对教科书包含的学科知识进行分析

教学最基本的功能是传递知识，而教科书又是学生获取知识的主要来源，只有在对教科书的知识进行分析的基础之上，才能对教科书的能力要求、情感态度、价值观等进行分析，才能考虑学生生物学学科核心素养的达成。生物学教科书中包含生物学的概念、定理、规律等知识，教师在进行教材分析时，要分析本课时的知识在教材内容中的深度与广度，以及本课时知识在生物学知识体系中的地位，进而确定本课时的重点；并结合学生的实际情况，确定本课时内容的难点；最后分析本课时内容在教材中的呈现方式，厘清教材中知识内容的逻辑结构，从而找到最有利于突破重点与难点的教学策略。

教材中栏目的设置也能反映生物学课程标准的理念，如义务教育阶段和高中阶段生物学课程标准均提出了对学生探究能力培养的要求，人教版高中教材中设置了诸如"问题探讨""探究·实践""思考·讨论"等栏目，这些栏目都与学生探究能力的训练有关。教师在教学设计时，可以针对栏目内容设计合作探究的教学环节，从而使学生更主动、高效地获取知识，锻炼学生的探究与合作能力。

2. 对教科书的能力要求进行分析

无论是课程标准还是教材，都体现了对学生能力培养的要求，如逻辑思维能力、演绎与推理能力、探究能力、团队合作能力等。教师在进行教学设计之前，除分析教科书的知识内容之外，还要分析教科书隐含的对学生能力培养有联系的内容。如人教版高中生物学教材中的"制作 DNA 双螺旋结构模型"这一活动，不仅可以锻炼学生构建概念模型的能力、逻辑思维能力，也可以提高学生与他人合作的能力与语言表达能力。教师在进行这一部分内容的教学设计时，应该考虑：如何设计学生讨论活动？如何将学生合理分组？如何安排学生的展示与表达环节？教师通过分析教材的能力要求，可以针对这些因素做出规划与预案，从而更好地完成培养学生能力的任务。

3. 对教科书的情感、态度价值观进行分析

学校课程中的每一个学科都含有育人功能。学科教师不仅要在课堂教学中帮助学生获得知识与能力，也需要帮助学生树立正确的情感态度与价值观。教师在进行教科书分析时，也应该挖掘教科书内容中的情感态度与价值观因素。如在"科学家访谈栏目——与施一公院士一席谈"中，教师不仅可以向学生讲解结构生物学和生物学的发展状况与未来前景，也可以向学生讲述施一公从海外学成回国报效祖国的事迹，激发学生对生物学的热爱，唤起学生的爱国之情，引起学生对于与生物学相关的社会热点事件的关注。

（三）分析其他教辅资料

教师在进行教学设计之前，对教师教学用书、学生教辅资料等教学资源进行分析也是必要的。教师教学用书为教师提供了课时划分的建议、教学策略建议、重难点分析等可以辅助教师进行教学设计，教师教学用书中的参考资料还包含了本节知识的背景知识与拓展延伸，便于教师更好地把握教学内容，设计教学活动。而学生使用的教辅资料、参考书、习题册等可以帮助教师尤其是新教师把握学习要求和教学的重难点，促进教学设计更具有针对性。教师在进行教学设计之前，合理分析利用除教科书以外的其他教辅资料，有利于教师更好地优化教学内容，规划教学环节。

二、学习者分析是落实学习者主体性的必然要求

【聚焦问题】

小王是一名新教师，他担任了两个实验班和两个平行班的生物学教学工作。小王发现，他精心准备的同一个教案在四个班上实施效果均有不同：有的班同学觉得小王老师的课堂知识容量偏少，知识偏易；有的班同学觉得小王老师的课堂知识容量偏多，知识偏难；有的班同学觉得小王老师的课堂教学所采用的教学策略不能调动同学们学习的积极性；有的班同学认为小王老师的课堂很有趣……

问题：

1. 同一位教师、同一个教案，为什么不同班级的学生会有不同反应？
2. 对学习者的分析应包括哪些内容？

问题探讨：如果说对教材进行分析是优化教学的前提，那么对学习者进行分析就是教学设计成功的基石。小王老师所教的不同班级的学生尽管有着同龄人的共同特征，但同时也有其班级特征，甚至每一个学生都有自己的学习习惯。小王老师进行教学设计时缺少对学习者特点的分析，因此同样的教案在不同的班级产生了不同的教学效果。对学习者进行分析，是为了了解学习者学习准备状态，包括学习者的一般特征、初始能力等。

教师进行课前教学设计的出发点是为了学习者的学习，在课堂教学的实施过程中，教学目标能否顺利实现，教学任务能否顺利完成很大程度上取决于教师对学习者情况的掌握程度。教师在掌握了学习者的一般特征后才能选择合适的教学策略来提高学习者的学习兴趣；教师在掌握了学习者原有的认知水平的前提下才能设计出合适的教学活动，在此基础上才能指导学习者重建或完善自己的认知水平；教师在掌握了学习者的心理特征后才能选择性地对个别学习者进行相对"特殊"的辅导，让每一位学习者都获得学习的成功。因此，对学习者进行分析是教学过程中落实学习者主体性的必然要求。

（一）学习者的一般特征分析

学习者的一般特征指的是学习者学习某个特定的学习内容之前已经具有的、对从事学习活动产生影响的心理、生理和社会文化特点，包括学习者的生活经验、教育背景、学习动机、个人对学习的期望等。虽然这些特征与学习者

进行具体学科内容的学习没有直接联系，但学习者所具有的这些特征会使教师对学习内容的选择和组织产生影响。除此之外，还会影响教师对教学模式、教学媒体和教学组织形式的选择与应用。学习者的一般特征存在明显的异同点，年龄相仿的学习者有着大致相同的智力、心理和语言的发展过程，如对事物的感知能力和对周围信息的处理能力。但年龄相仿的学习者在智力、社会生活、教育背景和家庭背景以及在学习前所具备的知识经验和认知成熟程度上也有着不同程度上的差异。

了解学习者一般特征的方法有观察、访谈、填写学习者情况调查表、查阅学习者的学习档案等。

（二）学习者的初始能力分析

初始能力是指学习者在学习某个特定的学科内容时，已经具备的有关知识与技能的基础，以及他们对这些学习内容的认识和态度。对学习者进行初始能力分析的内容包括学习者已有知识储存、目标技能及学习态度 3 个方面。

1. 已有知识储存分析

学习者已有知识储存分析指教师提前了解学习者在开始新的学习之前，已经掌握的学科知识，这是开始新知识学习的基础。关于分析学习者已有知识储存的方法，教师可以编制预测题对学习者进行课前预测，测试学习者已有知识与技能的掌握情况。

2. 目标技能分析

目标技能分析是指教师在开始新的教学之前，对照新知识的教学目标中规定学习者必须掌握的知识和技能，分析学习者已经掌握的情况。教师可以采取面对面访谈的方式对学习者进行了解。

3. 学习态度分析

了解学习者对将要学习的内容有无兴趣、对这门学科内容是否存在着偏见和误解、有没有畏难情绪等都是学习态度分析的内容。教师可以通过问卷、采访、面试、观察、谈话等多种方法对学习者进行学习态度上的分析。

三、学习环境分析是教学顺利实施的保障

【聚焦问题】

小王是大城市某重点中学的一名老师，近期由于工作需要，被派到了一所

农村中学去支教。在上第一节课前，他认真备课，制作了精美的教学课件，设计了一系列课堂讨论环节与探究活动。当他信心满满地走进课堂，他的课堂却不尽如人意：精美的课件由于电脑软件问题无法播放，在试图调试设备的时候班级秩序混乱，最后小王只好用板书与讲解完成了授课；在进行小组合作学习时，由于学生分组安排不合理，小组之间学习能力差异悬殊，学习能力强的组进展飞速，早早就完成了学习任务，而学习能力较弱的组讨论结束之后也仍然是一头雾水，小组讨论活动也没有发挥很好的作用。

问题：

1. 为什么来自重点中学的小王老师在新学校的第一节课没有达到预期效果？
2. 如果你是小王老师，你将如何进行课前准备？

问题探讨：学习活动发生在具体的学习环境中。脱离了具体的学习环境，精心设计的教学环节、精心制作的教学课件也无法发挥其应有的作用。教师小王在备课时，忽略了对于学习环境的分析，采用了不适宜学习环境的教学方法，导致授课效果不佳。因此，教师在进行教学设计之前，除进行教材分析与学习者分析外，还应该结合实际情况进行学习环境分析，从而因地制宜地进行教学设计，使教师的授课方案与学生、学习环境的实际情况相匹配。

学习环境可以定义为影响学习者学习的外部环境，是促进学习者主动建构知识意义和促进能力生成的外部条件。学习环境主要包括物理学习环境、资源与技术学习环境、情感学习环境。

（一）物理学习环境

物理学习环境即学习发生的空间，一般是教室，生物学的学习环境还可能是实验室甚至是户外。在此，我们重点讨论教室的环境。教室的形状、大小、室内布置等都是教师进行教学设计时要考虑的因素。不同的教室布置适用于不同的教学策略。在使用讨论式教学策略时，可以将学生的座位排成环形或马蹄形，教师也可以坐到学生中间，体现师生之间、生生之间的平等交流。在使用讲授式教学策略时，传统的"秧田式"座位有助于提升教学活动的有效程度。同时，一个教室中的学生就是一个"学习社群"，教师在安排座位时应该合理利用教室空间，使群体中不同学习能力的学生都能得到良好的发展。

（二）资源与技术学习环境

学习资源是指在学习过程中可被学习者利用的一切人力与非人力资源，主要包括信息、资料、设备、人员、场所等。学校、学习者家庭周边的社区资源，如图书馆、动物园、博物馆等；拥有特殊知识或专业技能的人，如专职生物学科研人员、生物学相关职业者等；它还包括数字与传统媒体，如光盘、网站、网络查询系统、书籍和其他印刷材料、视频录像和其他传统视听材料等。用最简单的话来说，一切在学习过程中有助于学习者学习的、虚拟或现实的人或物都是学习资源。

所谓"资源环境"，一般是指资源的环境作用，即学习资源作为学习者的学习环境的作用。当今时代，学习资源琳琅满目，仅靠学生进行甄别、选择是远远不能满足教学活动需要的。因此，教师在进行教学活动之前，应该对学习资源进行筛选，选择最有利于学生学习、最适应学生认知水平、心理特点的学习资源为教学服务，并且坚持以校内资源为主，合理利用校外资源，校内外资源协调适应的选用原则。

现代教育技术为教师的教学活动提供了重要的辅助作用，在学习环境中，技术环境同样是指技术作为环境的作用。它包含多媒体设备与技术、网络技术以及当今日益流行的智慧教室技术等。现代教育技术具有传统教学媒体所不具有的优势，如使微观的生物学现象宏观化，使抽象的生物学概念具体化等作用。

教师在进行教学设计时，不仅要考虑教育技术的硬件与软件情况，也应该考虑教育技术在章节或课时中应当发挥的作用。教师与学生都应该熟悉多媒体教学设备与网络资源的使用方法，并且加强自身获取信息、加工与利用信息的能力。

(三)情感学习环境

情感学习环境所包含的主要因素可以归结为：学习者的心理因素、人际交互等。学习者心理因素主要包括学习动机、认知风格、元认知能力、学习者所具有的个性等。人际交互即个体间的相互作用，主要包括学习者之间的交互以及学习者与教师之间的交互。教师在进行教学设计时，应该考虑学习者的心理特点、课堂中的心理气氛、班级学习风气等因素对教学活动的影响，通过积极建构师生沟通渠道、创设愉悦的学习情境，合理选用教学策略，激励并积极地评价学生、提高学生课堂参与度等方式营造良好的情感学习环境。

【观点碰撞】

"多细胞生物体的组成"教学设计节选①

株洲景炎学校　徐兵建

一、教材分析

本节课是苏教版生物学教材七年级上册第二单元第四章的内容，是对第三章形成的"细胞是生物体结构和功能的基本单位"这一重要概念的具体阐述，具体涉及三个重要概念：多细胞植物体的结构层次、多细胞动物体的结构层次、多细胞动植物体结构层次的区别。在形成概念的同时，帮助学生形成两个重要的生命观念，即：结构和功能观、系统观。基于植物体结构更为简单，组织容易观察，便于学生从宏观到微观学习、易于形成相关概念的考虑，教材在内容安排上先讲植物体结构层次再讲动物体结构层次，且动物体结构层次主要讲述的是与每个人都密切相关且非常熟悉的人体的结构层次，既有利于知识的理解，又有利于激发学生学习的兴趣。

在植物体结构层次的学习中，器官这一概念的形成是重点，为了帮助学生形成这一概念，教材选择了西红柿果实作为学习素材，若能增加其他器官进行观察分析将更有利于学生概念的形成。教材在介绍人体器官时提供了人体胃的解剖图，让学生认识到动植物器官都是由不同的组织按照一定次序形成的，以巩固器官这一概念，体现了动植物体结构的一致性。

关于人体器官和系统知识内容的安排，考虑到七年级下册有专门章节进行介绍，本节只要求学生从宏观角度认识这两个层次，至于各器官、系统的结构特点及功能只做了解水平的目标要求。

教材最后强调人体各种复杂生命活动的正常进行，是建立在八大系统的分工、协调配合的基础上，以帮助学生认识到不管是植物体还是动物体，正是由于各结构层次在结构和功能上都有着紧密的联系，才能构成一个统一的整体。

二、学习者分析

在前一章学习的基础上，学生对于细胞是生物体结构和功能的基本单位这一观点有较强的认识，同时对于器官、系统等这些概念有一定的认识，但是对于细胞是如何有序构成生物体的认识停留在较低水平，尤其是在结构和功能的有序性以及统一性上面是缺乏深度认识的，这也就成为本节课教学的重点和难点。

---

① 该教学设计获 2018 年湖南省初中生物学教师赛课一等奖。

对于组织的认识也是本节课学习的前提，教材在第三章有介绍动植物组织但不够具体化，因此本节课只有补充一些组织素材，才能让学生更好地形成器官这一概念。

三、学习环境分析

1. 物理环境

拟采用合作探究学习教学策略，因此，计划将学生划分为多个小组，将教室内的座位按小组摆放。由于本节教学需要用到网络资源与多媒体课件，应提前准备好多媒体与网络设备。

2. 资源与技术环境分析

(1)书面资源：教材。

(2)现实资源：蚕豆植株、蚕豆叶、蚕豆茎段、葡萄果实、照片(蚕豆叶横切、蚕豆叶下表皮、蚕豆茎横切、蚕豆茎纵切、蚕豆茎表皮纵切、葡萄果皮、葡萄果肉、葡萄果实内输导组织)、胃壁解剖图片。

(3)网络资源：组织构成器官微视频。

3. 情感学习环境分析

初一学生在知识经验、心理品质等方面比较幼稚，形象思维能力强于逻辑思维能力，喜欢直观、形象的教学，对学习有热情且学习生物学的兴趣比较浓厚；喜欢与老师和学生交流，有开展合作探究学习的情感基础。

分析该教学前端分析对后续教学设计的作用。

观点借鉴：该教师首先基于教材分析了"多细胞生物体的组成"在教材中与前后内容的联系，并详细分析了该部分学生需要掌握的知识。然后对学习者进行分析，基于学生了解"细胞是生物体结构和功能的基本单位"以及器官和系统的概念，确定本节课教学的重难点。最后对学习环境进行了分析，从物理环境角度来说，需要将学生分组并提前准备多媒体和网络；从资源与技术环境来说，需要考虑书面、现实、网络资源；从情感学习环境角度分析了初一学生的思维特点，能够帮助教师更好地进行后续的教学设计。

【本节要点】

1. 教学设计包括教学前端分析、教学目标制订、教学媒体及教学策略选择、教学环节设计以及教学评价方案设计等。

2. 教学前端分析主要包括教材分析、学习者分析、学习环境分析三个内容。教学前端分析有助于教师合理配置资源，优化教学设计。

3. 生物学课程标准是国家颁布的、规定了生物学课程的性质、课程理念、内容标准等内容的纲领性文件。生物学教师的根本任务是落实课程标准。教师进行教学设计之前，应该熟读课程标准，明确课程标准要求。

4. 生物学教科书是教师进行教学活动的重要依据。教师进行教学设计之前应该对教科书的内容结构、知识体系等进行分析，参考其他教辅资料，合理组织教学内容。

5. 对学习者进行分析是教学过程中落实学习者主体性的必然要求。其包括一般特征分析和初始能力分析。

6. 学习环境是影响学习者学习的外部环境，是促进学习者主动建构知识意义和促进能力生成的外部条件。学习环境主要包括物理学习环境、资源技术学习环境、情感学习环境。

【学以致用】

1. 课后阅读现行义务教育阶段和普通高中阶段生物学课程标准，理解我国义务教育阶段和普通高中阶段的生物学课程理念。

2. 课后与你的同学分别阅读国内外不同版本的中学生物学教科书，互相交流不同版本生物学教科书的特点。

3. 运用本节所学知识，自选教材版本，撰写其中一个课时的教学前端分析。

第二节　教学目标的制订明确了课堂教学的要求

【聚焦问题】

以下是两位教师在不同时期制订的"生物膜的流动镶嵌模型"一课教学目标。

案例一：

1. 知识目标

(1)简述流动镶嵌模型的基本内容。

(2)运用模型解释有关生物学现象。

2. 能力目标

(1)分析研究史料，锻炼逻辑推理能力。

(2)提炼提出假说(模型)的思维方法。

3. 情感态度与价值观目标

(1)讨论实验技术进步对生物膜研究所起的作用。

(2)讨论建立结构模型过程中结构如何适应功能。

(3)体验生物膜结构的流动美和镶嵌美。

案例二：

依据课程标准的内容要求、学业要求及学业质量标准，并围绕培养学生核心素养的要求，制订了如下教学目标。

(1)通过层层探索，认同生物膜由物质构成，具有精密的结构，具备相应的功能；能简述生物膜流动镶嵌模型的基本内容，建立结构与功能观。

(2)通过观察教师给出的情境设问、做出假设、设计方案并通过建构模型来交流讨论，系统掌握科学探究的基本方法，增强求知欲；尝试制作生物膜模型，锻炼学生的空间想象能力和动手操作能力。

(3)通过科学史的层层探索，逐步发展科学思维——假说演绎法。

(4)利用本地各种水果来搭建生物膜模型，让学生真正接触到生命物体，感受到自身研究的问题其实就是生命的本真。

问题：

1. 这两种教学目标的表述有何不同？

2. 教学目标的表述应注意哪些因素？

问题探讨：案例一从知识、能力、情感态度与价值观三个维度对教学目标做了较规范的阐述，对每个目标的达成都设计了相应的教学方法，提供了相关活动建议，为学习效果的检测提供了较好的标准；案例二从四个维度分别阐述了在该教学内容中学科核心素养培养的达成要求。教学目标对教学活动会有怎样的影响？如何设计教学目标才能更好地指引教学活动的方向？这些内容就是本节需要重点讨论的问题。

一、教学目标是教学活动预期达到的结果

教学目标是教师完成教学任务所要达到的要求或标准，最终表现为经过一定的教学活动后所引起的学生身心的预期变化，体现了课堂教学活动实施的方向和预期达成的结果，它是一切教学活动的出发点和归宿。

教学目标指导并影响着教学活动的设计、教学策略的选择以及教学评价的方式等。其作用可以概括为导学、导教和导测评。

（一）导学

导学即指导学生学习。学生的学习一般是目标导向的学习，在学习活动开始之前明确相应的学习目标能够引起学生的注意，帮助他们明确学习的方向，制订合理的学习计划以保证学习过程的顺利进行。同时学生在明确教学目标之后，对学习的要求会有一定的了解，会更加积极主动地参与到学习过程之中，从而具有强烈的参与感，且目标导向的教学测量与评价还能够帮助学生掌握章节内容的重难点，使学生的学习行为更具针对性，以减少学习过程中的盲目性，有效提高学习效率。

（二）导教

导教即指导教师教学。教学目标的确定，体现了经过一系列教学行为之后学生学习所要达到的层次，包括掌握了某种技能、能解决某些问题等，能够指导教师设计教学活动的程序，选择合适的教学策略、教学媒介，编制合适的测试题等。

（三）导测评

导测评即指导教学评价。教师在教学过程中和教学结束后都会采取一定的方式考查学生的学习成就，而教学目标是教学评价的重要依据，教学目标是否达到也是教学评价最可靠和最客观的标准。

二、教学目标的制订应落实三维目标与核心素养的要求

自中华人民共和国成立以来，我国基础教育课程目标经历了三次重大转折：从"双基"的确立，到"三维目标"的提出，再到"核心素养"的出台，每次转折都会对课堂教学产生深刻且广泛的影响。从"双基"教育到"三维目标"教育，解决了教学由"一维"的平面教学发展到"三维"的立体教学，由单一的重视知识技能目标发展为既重视知识技能目标，又兼顾能力与情感态度与价值观的目标，教学目标的表述从"知识本位单一价值取向"转变成了"多维度、综合性的价值取向"。而随着新一轮教育改革的不断深入，聚焦培养学生的核心素养在

> **核心概念**：学科核心素养是学科育人价值的集中体现，是学生通过学科学习而逐步形成的正确的价值观念、必备品格和关键能力。

189

各学科领域备受重视，教学目标的表述从侧重"学科知识理解"转变成"旨在培养学生应具备的适应终身发展和社会发展需要的必备品格和关键能力，即培养学生核心素养。"《普通高中生物学课程标准(2017年版2020年修订)》中指出高中生物课程的总目标是："学生通过本课程的学习，能认识到生物学在坚持人与自然和谐共处、促进科技发展、社会进步和提高人类生活质量等方面的重要贡献；树立生命观念，能够运用这些观念认识生命现象、探索生命规律；形成科学思维的习惯，能够运用已有的生物学知识、证据和逻辑对生物学议题进行思考或展开论证；掌握科学探究的思路和方法，形成合作精神，善于从实践的层面探讨或尝试解决现实生活问题；具有开展生物学实践活动的意愿和社会责任感，在面对现实世界的挑战时，能充分运用生物学知识主动宣传引导，愿意承担抵制毒品和不良生活习惯等社会责任，为继续学习和走向社会打下认识和实践的基础。"课程标准中尤其指出了通过本课程的学习，学生在生命观念、科学探究、科学思维和社会责任方面分别要达到的水平，由此可见，从"双基"到"三维"再到"核心素养"，教学目标下的教学内容也发生了变化。双基目标以及三维目标下的教学内容大部分以教材为基础，以学科为中心，注重知识与技能的学习。虽然后者增加了很多探究活动，强调了学生的主动性和学习的过程性，但仍没有突出对学科本质的认识。而核心素养下的教学内容以STS为中心，注重学科间的融合以及知识与社会生活之间的联系，强调基于现实情境逻辑，在分析和解决复杂社会生活问题中获得整体性的知识，进而习得隐藏于知识点背后的科学本质。生物学学科核心素养下的教学不再指向知识本身，而是基于生物学科的特征认识生物学科本质，突出学科独特的知识结构、认识视角和思维逻辑，帮助学生运用科学方法获得超越知识的科学观念、科学思维和科学精神，从而发展核心素养。

学科核心素养是在学科学习的过程中塑造和培养的，它是以学科知识为基础，整合了情感态度与价值观而形成的综合性的、内在的学科品质和学科能力。从根本上来说，学科核心素养是对三维目标的继承和超越，是对三维目标的提炼和整合：将知识与技能提炼为能力，将情感、态度和价值观提炼为品格，从而将这三个维度整合到一起，最终形成相关知识、技能、情感、态度和价值观的集合体即为核心素养。因此，生物学教学的三维目标不是教学的终极追求，而是生物核心素养形成的要素与途径；核心素养之于三维目标并不是简单的取代，更不是否定，而是三维目标实现后对学生综合实力的提升，双基目标-三维目标-核心素养之间的关系可以用图4-2表示。

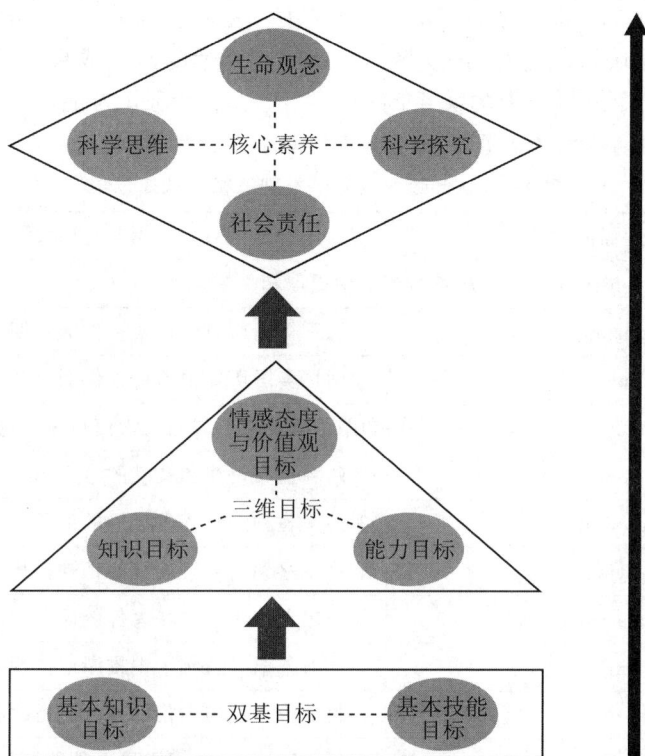

图 4-2　双基目标-三维目标-核心素养之间的关系

生物学教学目标的确定及表述应以三维目标为基本方法和策略，以生物核心素养为基本取向，使得生物教学目标表述方式回归三维目标，而最终体现和落脚在生物核心素养上。

（一）教育目标分类学理论为教学目标的制订提供了理论基础

美国心理学家布卢姆（Bloom）对教育目标的分类做了系统研究，他将教育目标分为三个领域，即由知识的掌握、理解及智力发展等诸目标组成的认知领域；由兴趣态度、价值观与正确的判断力等诸目标组成的情感领域；由各种技能和运动技能诸目标组成的动作技能领域。

1. 认知领域的目标分类

在 1956 年公布的认知领域的目标分类中，布卢姆将认知目标由低级到高级分为六级，分别是知识、领会、应用、分析、综合、评价。而安德森等人在 2001 年修订完成的 *A Taxonomy for Learning，Teaching，and Assessing：*

A Revision of Bloom's Taxonomy of Educational Objectives 中，吸收了自 1956 年认知领域目标公布后 40 多年来认知心理学的研究成果，从心理机制上较好地解决了知识与能力的关系问题，将认知过程划分为记忆、理解、应用、分析、评价和创造六个类别，如表 4-1 所示。

表 4-1　认知过程的六个类别及相关认知过程

过程类别	认知过程及其例子
1. 记忆/回忆（remember）——从长时记忆中提取相关知识	
1.1 识别（recognizing）	如识别美国历史中重要事件的日期
1.2 回忆（recalling）	如回忆美国历史中重要事件的日期
2. 理解（understand）——从口头、书面和图像等交流形式的教学信息中建构意义	
2.1 解释（interpreting）	如阐释重要讲演和文献的意义
2.2 举例（exemplifying）	如列举各种绘画艺术风格的例子
2.3 分类（classifying）	如将观察到的或描述过的精神疾病案例分类
2.4 总结（summarizing）	如写出录像带所放映事件的简介
2.5 推断（inferring）	如学习外语时从例子中推断语法规则
2.6 比较（comparing）	如将历史事件与当代的情形进行比较
2.7 说明（explaining）	如说明法国 18 世纪重要事件的原因
3. 应用（apply）——在给定的情境中执行或使用程序	
3.1 执行（executing）	如两个多位数的整数相除
3.2 实施（implementing）	如在牛顿第二定律适用的问题情境中运用该定律
4. 分析（analyze）——将材料分解为他的组成部分，确定部分之间的相互关系，以及各部分与总体结构或总目的之间的关系	
4.1 区别（differentiating）	如区分一道数学应用题中的相互数字与无关数字
4.2 组织（organizing）	如将历史描述组织起来，形成赞同或否定某一历史解释的证据
4.3 归因（attributing）	如依据其政治观点来确定文章作者的立场
5. 评价（evaluate）——基于准则和标准做出判断	
5.1 检查（checking）	如确定科学家的结论是否与观察数据吻合
5.2 评论（critiquing）	如判断解决某个问题的两种方法哪一种更好

续表

过程类别	认知过程及其例子
6. 创造（create）——将要素组成内在一致的整体或功能性整体；将要素重新组织成新的模型或体系	
6.1 产生（generating）	如提出解释观察现象的假设
6.2 计划（planning）	如计划关于特定历史主题的研究报告
6.3 生成（producing）	如有目的的建立某些物种的栖息地

安德森认为无论目标是外显的还是内隐的，它都应该包括认知过程的部分和知识本身的部分，并将认知领域的学习归结为四类知识的学习，即事实性知识、概念性知识、程序性知识和元认知知识。

（1）事实性知识：通晓一门学科或解决其中的问题所必须了解的基本元素。其又分术语知识、具体细节和要素的知识。

（2）概念性知识：能使各成分共同作用的一个大结构中基本成分之间的关系知识。其又分为分类知识、概念和原理知识、理论、模型和结构的知识。

（3）程序性知识：知晓如何做事，探究方法，运用技能、算法、技术和方法的标准。其又分为特殊学科的技能和算法知识、特殊学科的技术和方法知识、决定何时运用适当程序的标准的知识。

（4）元认知知识：一般认知的知识以及有关自我认知意识的知识。其又分为策略性知识、关于任务的知识和自我知识。

在教学活动之前，上述知识是外在于学习者的，教学的任务就是将这些外在的知识转化为学生个体的知识。学生获得外在知识的过程要经历记忆、理解、应用、分析、评价和创造这一由低到高的认知过程，因此可以构建由知识类型与认知过程水平两个维度组成的认知领域教育目标分类表，如表 4-2 所示。

表 4-2　布卢姆认知目标修订二维分类表

知识维度	认知过程维度					
	记忆	理解	应用	分析	评价	创造
事实性知识						
概念性知识						
程序性知识						
元认知知识						

193

按以上两个维度对教学目标中的认知领域进行分类有利于教师更好地开展教学和测评的工作，不仅能够帮助教师确认经过一系列教学行为之后学生对某一知识点的掌握应达到哪一水平，还能够根据目标知识的分类采取更有针对性的教学方法。例如，教师在教授概念性知识时，会将重点放在概念性知识的特征上，并且将此概念放在更大的概念框架中讨论概念之间的相同点及不同点，以帮助学生在理解该概念时达到相应的认知水平。

2. 情感领域的目标分类

布鲁姆在对教育目标进行分类时指出，人在认知的过程中，情感会发生一系列的变化，而这一情感变化的基础是"内化"。1964年，克拉斯沃尔(Krathwohl)等据此制订了情感领域的目标分类，将情感领域从低级到高级分为以下五级。

(1)接受(注意)：指学生愿意注意特殊的现象或刺激(如课堂活动、教科书、文体活动等)。从教方面来看，其任务是指引和维持学生的注意。学习结果包括从意识——事物存在的简单注意到学生的选择性注意。它是低级价值的内化水平。

(2)反应：指学生主动参与。处于这一水平的学生，不仅注意某种现象，而且以某种方式对它做出反应(如自愿阅读规定范围外的素材)，以及反应的满足(如以愉悦的心情阅读)，这类目标与教师通常所说的"兴趣"类似，强调对特殊活动的选择与满足。

(3)价值化：指学生将特殊的对象、现象或行为与一定的价值标准联系。包括接受某种价值标准(如愿意改进与团体交往的技能)，偏爱某种价值标准或为某种价值标准做奉献(如为发挥机体的有效作用而承担义务)。这一阶段的学习结果所涉及行为的一致性和稳定性使这种价值标准清晰可辨。"价值化"与教师常说的"态度"和"欣赏"类似。

(4)组织：指将许多不同的价值标准组合起来，克服它们之间的矛盾、冲突，并开始建立内在一致的价值体系。重点是将许多价值标准进行比较、关联和系统化。学习的结果可能涉及某一价值系统的组织学习结果，也可能涉及某一价值系统的组织。与人生哲学有关的教学目标属于这一级水平。

(5)价值与价值体系的性格化：指个人能用新的价值标准长时期控制自己的行为，其行为是普遍的、一致的和可以预期的。这一水平的学习结果包括范围广泛的活动，但强调学生行为的典型性和性格化。这一阶段的教学目标着重学生的一般适应模式(包括个人的、社会的和情绪的)。

3. 动作技能领域的目标分类

布卢姆领衔的团队未完成动作技能领域的教育目标分类。1972年辛普森(Simpson)和哈罗(Harrow)出版了《动作技能目标分类》，将动作技能教育目标分为七级。

(1)知觉：指运用感官获得信息以指导动作。

(2)定向：指对稳定活动的准备。其包括心理定向(心理准备)、生理定向(生理准备)和情绪准备(愿意活动)。知觉是其先决条件。

(3)有指导的反应：指复杂动作技能学习的早期阶段，包括模仿和尝试错误。通过教师或一套适当标准可判断操作的适当性。

(4)机械动作：指学习者的反应已成为习惯，能以某种熟练和自信水平完成动作。这一阶段的学习结果涉及各种形式的操作技能，但动作模式并不复杂。

(5)复杂的外显反应：指包含复杂动作模式的熟练的动作操作。操作的熟练度以迅速、精确和轻松为指标。

(6)适应：指技能的高度发展水平。学生能修正自己的动作模式以适应特殊的装置或能满足具体情境的需要。

(7)创新：指创造新的动作模式以适合具体情境。强调以高度发展的技能为基础的创造能力。

(二)学科核心素养为教学目标的制订提出了现实要求

学科核心素养既是一门学科对人的核心素养发展有着独特贡献和作用，也是一门学科的独特教育价值在学生身上的体现和落实。厘清学科核心素养的内涵，清晰地界定和描述本学科对人们发展的价值和意义，以体现本学科对于学生成长的独特贡献，从而使学科教育真正回到服务于人们发展的方向和轨道上来。核心素养的提出从根本上回答了"教育应该培养什么样的人"这一问题，体现了教书与育人的统一。生物学学科核心素养将生物学科教学内容与"立德树人"的宏观要求相结合，清晰具体地描述生物学课程的育人价值，包括生命观念、科学思维、科学探究和社会责任四个维度。

1. 生命观念

生命观念是指对观察到的生命现象及相互关系或特性进行解释后的抽象，是人们经过实证后的观点，是能够理解或解释生物学相关事件和现象的意识、观念和思想方法，是最能体现生物学学科特点的要素。不同于生物学事实与生物学概念，生命观念是在深入理解生物学概念的基础上进一步总结凝练得出的，比一般的概念更加抽象，更加上位。对于高中生来说，生命观念就是其在学完高中生物学课程之后，具体概念早已忘记却仍留在脑子中的东西，是能够统领组成生命的物质，生物的结构与功能，生物的遗传、变异与进化，生物与生物、生物与环境之间的关系等问题的一系列思想、观点。

目前学者们对生命观念的外延还没有明确的定义。课程标准以举例的形式指出学生应该在理解生物学概念的基础上形成的生命观念，包括结构与功能观、进化与适应观、稳态与平衡观、物质与能量观等，其中涵盖的物质与能量观是物理、化学、生物等科学学科共有的科学观念，是跨学科的。基于对国家生物学课程的主要概念体系的研究，将高中生物学课程需要予以落实的生命观念概括为系统观（从生命系统的组成、结构与功能抽象出来的思想和观念）、进化观（时间轴上看生命，追溯生命的源头与历史，解答生命为什么是这样）、生态观（空间轴上看生命，生命在哪里，它与环境的相互关系）三大观念，具体内容如表 4-3 所示。

表 4-3　生命观念内容要点

观念群	生命观念	观念内容要点
系统观	结构与功能	生命系统存在从细胞到生态系统的多个层次，都是结构有序的系统；结构与功能相适应依赖于物质的运输
	物质和能量	生命系统是物质的，生命活动依赖于物质的运输和变化；物质的运输和变化往往与能量供应、流转相伴随
	稳态与变化	生命系统是开放的，内部也时刻在发生物质变化和能量转换，但多数时候又维持相对的稳定状态
	信息与调控	生命系统的正常运转离不开信息的传递，基因是最根本的生命信息，维持稳态离不开调控，调控依赖于信息传递
	生殖与发育	细胞能分裂，个体能繁殖，群体能繁衍，细胞、个体能生长发育
进化观	统一性与多样性	生命存在着丰富的多样性，多样性中又蕴含着深刻的统一性
	遗传与变异	生命因遗传而延续因变异而多样
	进化与适应	生命存在着精巧的适应性，适应性是进化的结果
生态观	群体与共存	生命无法孤立存在与延续，而是依赖于群体共存
	生物与环境	生物与环境构成统一的整体

引领学生建立生命观念需要教师对生命观念有系统的把握和认识，在梳理生命观念对应的概念与事实的基础上，帮助学生在生物学事实与生物学概念之间

建立联系，进而在众多概念中找关联，总结提炼出更为抽象且具有统摄性的观念，形成科学的自然观和世界观，并以此指导探究生命活动规律，解决实际问题。同时还要注意科学学科之间的整合与融合，培养跨学科的综合性人才。

2. 科学思维

科学思维是指尊重事实和证据，崇尚严谨和务实的求知态度，运用科学的思维方法认识事物、解决实际问题的思维习惯和能力。在基于核心概念的生物学教学中，教师应培养学生基于生物学事实和证据运用归纳与演绎、抽象与概括以及批判性思维等科学思维方法，阐释生命现象及规律，审视或论证生物学社会议题。

科学思维方法的种类、基本内涵以及在生物学中的应用举例如表 4-4 所示。

表 4-4　科学思维方法的内涵、相互关系

科学思维方法	基本内涵	相互关系	应用举例
比较与分类	比较是确定事物之间的共同点和差异性的思维方法；分类则是根据对象的共同点和差异性，把对象分为不同种类的逻辑思维方法	比较是分类的基础，只有比较对象的共同点和差异性，才能进行科学的分类。分类分为"分"和"类"，"分"的依据是对象的不同点，"类"的依据是对象的相同点，分类体现了客观事物的共性和个性的差异	植物和动物类群的划分，原核细胞和真核细胞的分类
归纳与演绎	人们对事物的认识往往从个别开始，然后扩展到一般，再从一般认识个别。归纳是从个别中发现一般的推理形式和思维方式，演绎是从一般发现个别的推理形式和思维方式	在进行归纳时不可能穷尽所有的个别，归纳出来的结论不一定正确，还需要演绎推理论证，因此，归纳和演绎是相互作用的	动、植物的分类；各种动物的特征的建立；细胞学说的建立
分析与综合	分析是把研究对象的整体分解为一个个部分或局部，分别进行研究的思维方法；综合与分析相反，从整体上去认识和把握研究对象科学方法	自然科学中的任何活动都离不开分析，无论是比较与分类，还是归纳与演绎都离不开分析，分析是最基本的科学方法。在分析的基础上进一步综合，是思维的延续和发展	概念的形成一般需要经过分析与综合

科学思维方法	基本内涵	相互关系	应用举例
抽象与概括	抽象是在观念里把事物的共同属性、本质特征抽取出来、舍弃其有所不同的、非本质特征的过程。抽象出的共同的、本质特征结合在一起就是概括的过程	抽象与概括是两种方向性不同的思维方法，抽象侧重于分析和提炼，概括侧重于归纳和综合。但二者又有着密切的关系。抽象是概括的基础，概括是抽象的发展	生物学概念的形成一般是抽象与概括的结果
批判性思维	是指具有目的性和反思性的判断。包括好奇，敏锐、求直等思维特性也包括阐释、分析推理评估解释和自我调整等认知技能	批判性思维具有求证、理性、开放、灵活、正确评价审慎做出判断、愿意重新考虑并做出调整等特点	科学发现中经常用到批判性思维

生物学中的科学思维，要以生物学基本事实、概念为基础，而生物学概念也依靠科学思维方法来形成。在课堂中教师应重视学生对核心概念的理解，引导学生关注生物学知识的系统性。学生可通过构建思维导图的方式将具有相关性的大量零散知识，包括核心概念的内涵与外延，按照个人的理解整理在一起，从而建立概念与概念之间的逻辑联系，形成生物学知识的规律，揭示生命现象的因果关系。同时，科学探究、科学史等教学方式能帮助学生体验科学的方法与过程，有利于培养学生思维品质的批判性，从而综合提升学生的科学思维水平。

3. 科学探究

科学探究是指能够发现现实世界中的生物学问题，针对特定的生物学现象，进行观察、提问、实验设计、方案实施以及对结果的交流与讨论的能力。科学教育的重要部分就是让学生学会科学和工程学实践，而科学探究是科学实践的重要组成部分。科学探究的过程能够给学生提供学习所需的直接反馈和亲身体验，让学生认同多种用于研究、建模和解释世界的方法，从而提升学生的科学思维能力，帮助学生更好地理解科学知识和科学本质。同时，探究性学习是生物学课程中具有标志性的主动学习方式，能够培养学生独立思考、乐于探索的能力。

科学探究在课堂上一般是以活动的形式进行，学生亲历发现过程，通过主动探究将知识与生活经验相联系，进而探索生命现象的规律并揭示其因果关系。科学探究教学过程需要教师结合多种教学策略和教学技能。教师不能一味地遵循科学探究的固定套路与环节，应该在明确规划学习任务的基础之上，灵活设计探究式教学活动环节，允许学生探究活动的不同和多样，鼓励学生多参与思考、观察、动手、记录和交流等科学探究过程。从而帮助学生加深对于科学探究的整体认识、掌握科学探究的基本思路与方法，并在科学探究的过程中增强思维品质的灵活性与创造性，在分析探究内容过程中提升批判性思维能力。

4. 社会责任

社会责任是指基于生物学的认识，参与个人与社会事务的讨论，做出理性解释和判断，具有解决生产生活问题的担当和能力。学生应能够以造福人类的态度和价值观，积极运用生物学的知识和方法，关注社会议题，参与讨论并做出理性解释，辨别迷信和伪科学；结合本地资源开展科学实践，尝试解决现实生活问题；树立和践行"绿水青山就是金山银山"的理念，形成生态意识，参与环境保护实践；主动向他人宣传关爱生命的观念和知识，崇尚健康文明的生活方式，成为健康中国的促进者和实践者。

生物学学科核心素养下的社会责任既有价值观念也有能力和品格，需要教师有计划、有目的地培养。社会责任在生物学教学中的成果主要体现在能够基于生物学事实以及基本概念，科学地思考社会性议题，并用生物学的观念和规律对问题或议题进行判断，依据证据和信息做出决策，从而形成科学的世界观和方法论。在课堂教学中，教师可通过在教学过程中引入科学性社会议题、引导学生参与社会实践等教学策略来培养学生的社会责任感。生物学在诸多焦点上都涉及了当今的社会问题，如转基因技术、试管婴儿等。教师可根据具体的教学内容引入恰当的社会科学性议题，引导学生进行分析与讨论，为学生提供应用知识的机会，鼓励他们发现生物学与社会之间的相互作用，理解如何运用生物学研究成果承担社会责任，从而促进学生形成和发展社会责任。

虽然课程标准将生物学学科核心素养划分成了生命观念、科学思维、科学探究及社会责任四个维度，但这四个维度并不是彼此孤立的个体，而是立体关联的整体，共同呈现着生物学学科的育人价值。生命观念是构成生物学学科核心素养中最具有学科特色和生物学育人价值的维度。生命观念的建立需要以概念为支撑，以思维为工具，以科学探究为途径，从而最终形成具有生物学学科特色的品格与能力并将其应用于社会生活中。科学思维是生物学学科核心素养"能力"因素的关键部分，是建立生命观念的工具也是科学探究的基础，同时在科学探究的过程中可以提升科学思维能力。社会责任是一个人在社会生活中品格、能力外显的途径，是其他三者与社会、与生活建立联系的连接点。

三、教学目标的确定应考虑多方面因素

教学目标是教学活动的出发点和归宿。明确的教学目标是教学优化的前提，因此，教师在制订教学目标的时候应该考虑多方面的因素。

(一)教学目标的确定应依据课程标准

教育系统中目标体系建构方式颇多，大致可概括为教育目标、课程目标、教学目标这三个层次。课堂教学目标是课程目标在学科领域的分解、细化与落实，是教育目标在特定学科背景下的体现。宏观层面的教育目标和中观层面的课程目标一般是国家政策制定者与课程专家设计，由教育行政部门颁布，而微观层面的教学目标则主要由一线教师根据学情自行设计并具体实施。

课程目标是沟通教育目标与教学目标的桥梁，是教学目标设计的依据。课程专家根据国家教育的总目标，立足于不同学科的学科背景中制定相应的学科课程标准，并由教育部颁布实施，以规范基础教育课程并对课程实施提出相应的要求和教学、评价以及教材编写方面的建议。因此，课程标准是教师制订教学目标的重要依据。教师在制订具体的教学目标时应该认真研读课程标准，明确各个学段的教学目标分别是什么，并将每个学段的教学目标分解成单元或章节的目标，进一步分解和制订每小节的教学目标，将各阶段的目标具体化。在细化教学目标时，教师应注意以下几点：①教师要充分理解课程标准的内涵，既要考虑课程性质，也要考虑学生的认知水平，贯彻实施课程标准的基本理念、课程目标和内容要求。②教师应具备扎实的专业基础、丰富的教学经验、先进的课程理念以及刻苦钻研的精神。为避免教师因个人经验的不足而导致在细化标准时出现偏差，建议教研组集体备课，集思广益，优势互补。

(二)教学目标的确定要聚焦发展生物学学科核心素养

我国基础教育正从"知识本位"时代走向"核心素养"时代。这是一个全球性教育趋势。为了贯彻生物学科的课程总目标，培养学生的生物学学科素养，教学目标作为生物学学科素养形成的要素与途径必须要指向生物学学科素养。如何确定指向核心素养的教学目标？首先，目标的行为主体必须是学生，核心素养是针对学生而言的。其次，目标的结果必须指向核心素养，学习或教学的最终目标如果只是掌握知识、形成技能，这种教育培养出来的对象并非"全面发展的人"。因此，针对教学目标的设计，教师应聚焦于发展学生的核心素养，系统性地思考：学生为什么学习该主题、具体学习哪些知识、学习它们可形成什么能力、从中可内化什么品格，从而最终确定指向"促进人全面发展"的教学目标。

（三）教学目标的确定要把握好教材

教材体现了学科课程标准要求，是教学内容的载体，是支持教师开展教学活动的素材，也是学生学习的工具。教师在制订教学目标时，要认真研读教材，把握好教材内容的知识衔接，根据教学需要和所教班级学生的特点，以课程标准为依据对教材内容进行选择和组合，充分挖掘教材中蕴含的育人要求。

（四）教学目标的确定应考虑学生的心理特征

学生是教学目标的行为主体，教师在细化课程标准、制订教学目标时应考虑学生的年龄特点，顺应学生心理发展规律，以学生的特点为根据制订相应的学习目标，让学生明确经过一系列教学活动之后自己的认知和能力能得到哪些提高，如能掌握某种技能或者能解决某些问题等，从而体现"以学生为主体，一切为了学生发展"的新教育观。对于不同学段的学生，教师还应考虑学生的思维能力水平。中学生已经具备一定的具体思维能力和抽象思维能力，但初中阶段学生的抽象思维能力还处于较低水平，对一些抽象的概念掌握还不到位。到了高中阶段，学生的抽象思维能力有了很大的发展，大部分学生能够掌握抽象的概念并形成一定的逻辑。因此，教师在制订教学目标的时候，要针对不同学段的学生设计不同层次的教学目标。

四、教学目标的陈述应具有可操作性

要想教学目标得以充分实现，教师在陈述教学目标的时候要清晰且操作性强。目前陈述教学目标普遍使用的是 ABCD 模式。

（一）教学目标的陈述模式（ABCD 教学目标陈述模式）

教学目标的 ABCD 陈述模式包含四个要素，分别是教学对象（audience）、行为（behavior）、条件（condition）和程度（degree）。

1. 教学对象

教学目标是学生预期达到的教学效果，体现的是学生经过一系列教学活动后行为的变化，只有当学生积极主动思考的时候，学习才最有可能发生。因此教学目标的对象应该是学生而不是教师。教师在陈述教学目标时应以学生为主体，描述学习者的行为。如通过学习细胞核的功能，学生能阐明遗传信息主要储存在细胞核中。

2. 行为

陈述教学目标的核心是动词，体现了教学活动完成后学生技能或行为的变化，教师在陈述教学目标时应选择含义清晰、可观察、可测量的动词，避免出现如"知道""了解"和"理解"这种含糊不清，表达不明确的行为动词。例如，"解释 ATP 是驱动细胞生命活动的直接能源物质"比"了解 ATP 是驱动细胞生命活动的直接能源物质"表述更加清晰，后者没有体现达到怎样的程度才算是了解。《义务教育生物学课程标准(2011 年版)》中对行为动词的介绍如表 4-5 所示。

表 4-5　《义务教育生物学课程标准(2011 年版)》中的行为动词

项目	各水平的要求	内容标准中使用的行为动词
知识性目标动词	**了解水平** 再认或回忆知识；识别、辨认事实或证据；举出例子；描述对象的基本特征等	描述，识别，列出，列举，说出，举例说出
	理解水平 把握内在逻辑联系；与已有知识建立联系；进行解释、推断、区分、扩展；提供证据；收集、整理信息等	说明，举例说明，概述，区别，解释，选出，收集，处理，阐明，写出，估计
	应用水平 在新的情境中使用抽象的概念、原则；进行总结、推广；建立不同情境下的合理联系等	分析，得出，设计，拟定，应用，评价
技能性目标动词	**模仿水平** 在原型示范和具体指导下完成操作	尝试，模仿，进行，制作
	独立操作水平 独立完成操作；进行调整与改进；与已有技能建立联系等	运用，使用
情感性目标动词	**经历(感受)水平** 从事相关活动，建立感性认识	体验，参加，参与，交流
	反应(认同)水平 在经历基础上表达感受、态度和价值判断；做出相应反应等	关注，认同，拒绝
	领悟(内化)水平 具有稳定态度、一致行为和个性化的价值观念等	确立，形成，养成

3. 条件

教学条件指学生完成学习行为所需要的环境和条件。教师在描述教学目标的时候应指明学生展示相应技能的条件，同样的行为表现若是条件不同，学习行为的性质和要求就是不同的。例如，"说出体液免疫的过程"和"通过观看体液免疫过程视频，说出体液免疫过程"，这两个教学目标虽然都是要让学生掌握体液免疫的过程，但前者侧重考查学生的识记能力，后者侧重考查学生总结和归纳的能力。

4. 程度

程度即学习者能够达到的最低表现水平，体现了教学活动完成后学习者对知识点的熟练程度和精确程度。例如，学生能够准确说出两点动物细胞和植物细胞的区别，其中"准确说出"就是学习者应达到的表现水平。为了更好地落实培养学生的生物学学科素养，《普通高中生物学课程标准(2017 年版 2020 年修订)》中列出了生物学学科核心素养四个层次的水平划分，教师在确定教学目标的过程中可参照其中的水平划分来明确学生通过学习所要达到的生物学学科素养水平。综合陈述教学目标四要素，教学目标可表示如下：

<u>学生</u> <u>能以血糖、体温、pH 和渗透压等为例，</u> <u>准确</u> <u>阐明</u>机体通过调节
　行为主体　　　　　　行为条件　　　　　　表现程度　行为动词

作用保持内环境的相对稳定，以保证机体的正常生命活动。

而在实际操作中并不是所有的教学目标都要包括这四个要素，四要素中行为表述是基本部分，条件、标准是可选部分。行为主体通常会在教学目标的表述中被省略掉，但教学目标的陈述中必定有指明认知过程的动词和指明知识名词。

(二)教学目标表述中应注意的问题

明确的教学目标是教学优化的前提，教师在制订教学目标的时候要注意以下问题。

1. 教学目标应指向生物学学科核心素养

生物学学科核心素养与三维目标的内在联系，是三维目标的整合与提炼、继承与超越。生物学学科核心素养下的目标表述应以三维目标为基本方法和策略，以生物学学科核心素养为基本取向，使得生物学教学目标表述方式回归三维目标，而最终体现和落脚在生物学学科核心素养上。

2. 教学目标的行为主体是学生而不是教师

教学目标应该用一些可观察可测量的术语来表述学生的学习行为而不是教

师的教学行为。例如，"通过调查某种常见的人类遗传病，培养学生调查和分析数据的能力"，这类目标侧重于描述教师的教学活动，而没有表述学生经过一系列教学活动后应该达到的教学效果，最终会导致学生的学习行为缺少目的性。

3. 陈述教学目标的时候应根据学生的特点来选取行为动词

有些教师在制订教学目标时会参照一些优秀教案而忽视自己学生的特点、认知水平和学习能力，从而导致教学目标无法达成且教学效果无法达到预期。这样不仅不能满足学生发展的需要，也不能体现教师的教学风格。因此，教师应该根据学生的特点以及心理发展规律来选取恰当认知水平层次的行为动词。

4. 教学目标的陈述应清晰且可观察和测量

避免出现"知道""掌握"和"理解"这一类含糊不清的词语，如"掌握光合作用的原理"，哪种熟悉程度才能定义为掌握？掌握和理解之间的区别又在哪里？若表述为"能够用自己的话准确阐明光合作用的原理"则会清晰得多。

案例展示："伴性遗传"教学目标

依据课程标准的内容要求、学业要求和学业质量标准，并围绕培养学生核心素养的要求，制订如下教学目标。

1. 通过两种典型伴性遗传的案例学习，形成"性染色体上基因的遗传和性别相关联"的观点。

2. 通过遗传系谱图信息加工过程，建构伴性遗传概念并总结几种伴性遗传的特点，以发展演绎推理、归纳概括等科学思维能力。

3. 通过确定红绿色盲基因染色体位置的探究性学习，提升科学探究能力。

4. 通过分析几种典型伴性遗传病的遗传特点，建立关注遗传病防治和预防遗传病的责任意识。

【本节要点】

1. 教学目标是教师完成教学任务所要达到的要求或标准，体现了课堂教学活动实施的方向和预期达成的结果，有导学、导教和导测评的功能。

2. 我国的基础教育改革先后经历了"双基"教育、"三维目标"教育和"核心素养"教育。其中学科核心素养是对三维目标的继承和超越，三维目标是核心素养形成的要素与途径。在制订教学目标时应以三维目标为基本方法和策略，以生物学学科核心素养为基本取向，使得生物学教学目标表述方式回归三维目标，而最终体现和落脚在生物学学科核心素养上。

3. 教育目标分类学理论为教学目标的制订提供了基础。教师对教学目标中的认知、动作技能以及情感领域进行分类有利于更好地开展教学和测评的工作。

4. 生物学学科核心素养为教学目标的制订提供了现实要求。教师在制订教学目标时应熟读课程标准，准确把握生物学学科核心素养的内涵与外延。

5. 教学目标的制订应该考虑课程标准的要求、教材内容以及学生的心理特征等因素。

6. 教学目标的 ABCD 陈述模式包含四个要素，分别是教学对象、行为、条件和程度。教学目标的阐述应指向生物学学科核心素养。

【学以致用】

1. 阐明教学目标在教学设计中的意义。

2. 请与你的同学讨论，在制订教学目标的过程中，如何促成生物学学科核心素养的达成。

3. 请在高中生物学必修教材中选取一节教学内容，设计该节课的教学目标。

第三节　教学媒体的选择决定了信息传递的媒介

【聚焦问题】

以下是 A、B、C 三位生物学教师在讲解有丝分裂的过程时，采用教学媒体的情况。

教师 A：主要借助教科书进行讲解，让学生在书上画出重点内容，标注每个时期的主要特点。

教师 B：主要借助板画，将有丝分裂不同时期的特征以板画的形式呈现，并将重要特点在对应板画中用红色粉笔标注。

教师 C：主要采用多媒体动画和模型，先用多媒体动画呈现完整的有丝分裂过程，再将间期、前期、中期、后期和末期的过程单独播放，学生根据动画一一分析不同时期的特点；并出示模型让学生辨别不同分裂时期。

问题：

1. 三位教师采用了不同的教学媒体，你认为哪位教师选用的教学媒体最好？为什么？

2. 选择教学媒体的依据是什么？

问题探讨：教科书、板画、多媒体动画和模型都属于教学媒体，三位教师在自己的课堂中选择了不同的教学媒体讲授同一个知识点，他们的教学效果会一样吗？在教学中如何选择教学媒体？选择教学媒体应注意哪些方面是本节要重点探讨的问题。

一、教学媒体是教学内容传递的媒介

"工欲善其事，必先利其器。"对于教学而言，"器"就是教学媒体。教学媒体是指教学活动中教师向学生直接或间接传递教学信息

> **核心概念：**教学媒体是承载和传播教学信息的载体或工具。

的载体，具备以教学为目的进行信息的存储与传递、能够用于教与学的全过程等基本要素。从狭义上说，教学媒体专指教学工具，简称教具，包括：实物、标本、模型、图表等传统媒体和幻灯、投影、电视、电影、微机软件等现代媒体。从广义上说，教学媒体泛指一切负载教学信息的人和物，教科书、复习资料，乃至教师的语言、板书、板画等都属于教学媒体。

二、按照不同的标准划分教学媒体的类型

按照不同的划分标准，教学媒体可以分为多种类型，如表 4-6 所示。

表 4-6　教学媒体的类型

划分标准	类别	举例
发展顺序	传统教学媒体	教科书、黑板、粉笔、挂图、标本、模型、实验演示装置等
	现代教学媒体	幻灯、投影、电影、广播、电视、录音、录像、多媒体教室、微格教室、计算机系统等
接受信息的感觉器官	听觉型媒体	收音机、录音机、CD 唱机、MP3 播放器
	视觉型媒体	教材、挂图、标本、幻灯、投影、视频实物展台
	视听型媒体	电影、电视、录像
	交互型媒体	多媒体教学平台、语言实验室、微格教室

续表

划分标准	类别	举例
信息交流方式	单向教学媒体	教科书、演示、电影、电视等
	双向教学媒体	计算机辅助教学等
组合方式	单项教学媒体	广播、录音等
	多项教学媒体	电视、电影等

（一）按教学媒体的发展顺序分类

根据教学媒体的发展顺序可将媒体分为传统教学媒体和现代教学媒体。传统教学媒体，通常是指传统教学中常用的媒体，如挂图、标本、模型、实验演示装置、板书等。现代教学媒体，是指利用科技成果发展起来并引入教学领域的电子传播等媒体，如幻灯、投影、电影、广播、电视、录音、录像、电子计算机等。另外，多媒体综合教室、微格教室、计算机系统等也属于现代教学媒体。

（二）按接受信息的感觉器官分类

根据接受信息的感觉器官可将教学媒体分为听觉型媒体、视觉型媒体、视听型媒体和交互型媒体。听觉型媒体是指接受者通过听觉刺激而感知信息的媒体，如收音机、录音机、CD 唱机、MP3 播放器等；视觉型媒体是指接受者通过图形、文字等视觉方式接受信息的媒体，如教材、挂图、标本、幻灯、投影、视频实物展台等；视听型媒体是指接受者通过听觉刺激和视觉方式接受信息的媒体，如电影、电视、录像等；交互型媒体是指接受者与媒体或者接受者之间借助媒体达到互动的状态，即能够实现人与机、人与人之间的媒体沟通，如多媒体教学平台、语言实验室、微格教室等。

（三）按教学媒体的信息交流方式分类

根据教学媒体的信息交流方式可将教学媒体分为单向教学媒体和双向教学媒体。单向教学媒体是指信息只能单向地由传者传递给受者，而很难提供受者向传者发送信息的机会，如教科书、演示、电影、电视等。双向教学媒体则是指不仅可使信息由传者传递给受者，而且可以为受者提供反馈机会的媒体，如计算机辅助教学等。

（四）按教学媒体的组合方式分类

根据教学媒体的组合方式可将教学媒体分为单项教学媒体和多项教学媒体（多媒体系统）。单项教学媒体指仅有某一感官来接受信息的媒体。多媒体系统是指通过两种或两种以上的媒体（如幻灯片和声音）呈现信息的系统。因此，这些系统意味着知觉中不止一种感官的参与。多媒体系统不仅仅指多种媒体，它关注的是多媒体系统中的每一种媒体是如何互补的。

目前，多媒体辅助教学被普遍关注。以往教师仅使用计算机与电子投影就可满足大部分教学需求，但随着科技日新月异的发展，新兴的媒体有交互式电子白板、希沃白板、智能手机和虚拟实验系统等。新兴媒体的运用让课堂更加生动，也进一步促进了学习的深度。如希沃白板为教师提供云课件、学科工具、教学资源等备、授课功能，在课堂上的使用较传统媒体也更具优势。

希沃白板使用示例："生态系统结构和能量流动"复习课部分活动片段①（表4-7）。

表4-7　希沃白板使用示例

教学活动	学生行为	希沃白板的使用	意图
活动1：请选择合适的素材，设计并制作生态缸。（素材：太阳、蜜蜂、田螺、金鱼、蜻蜓、花土、红鲤、水草、锦鲤）	动态拖曳可将合适的素材移至生态缸，而超级分类可使非合适素材无法移至生态缸	希沃"班级优化大师"：随机选取1位学生；希沃课件：动态拖曳＋超级分类	希沃"班级优化大师"能随机选取1位学生回答问题，以解决学生不主动问答的现状
活动2：请将不同的素材进行分类，并说明你的分类依据。 有无生命{非生物：阳光、水 / 生物：{生产者 / 消费者 / 分解者}（在生态系统中的作用）}	将非生物和生物图片分别拖曳至不同的区域，用橡皮擦出被蒙层的文字	希沃课件：图片拖曳＋"蒙层"技术	"蒙层"技术可将课前设置的文字显现，以节省大篇幅板书的时间

① 设计与授课人：邓娟，长沙市长郡中学教师，该课为长沙市教育技术与学科融合示范研讨课（2019）。

续表

教学活动	学生行为	希沃白板的使用	意图
活动3：请挑选出下列属于生产者的生物。（希沃效果中各元素均随机出现）发菜、螺旋藻、菠菜、海带、纤维素分解菌、西蓝花、根瘤菌、韭菜、酵母菌、红薯、硝化细菌、菟丝子、屎壳郎、豆浆、蘑菇、黑藻、毛霉	从随机出现的生物中选择出属于生产者的生物	希沃"班级优化大师"：随机选取2个小组，由各小组推荐1名学生代表上台操作；希沃课件的"分组竞争"：2位学生限时同时比赛	"分组竞争"将题目的形式由静态的文字变为动态的游戏，增强了趣味性和交互性
活动4：根据生态系统的成分知识解题。关于生态系统成分中生物部分的叙述正确的是（　　）A. 消费者不一定都是异养型B. 生产者可以是真核生物，也可以是原核生物，但一定都是自养型生物C. 细菌都属于分解者，其呼吸类型有需氧型和厌氧型两类D. 病毒是异养生物，在生态系统中属于分解者	使用反馈器抢答问题	希沃"反馈器"：全班抢答；希沃课件的"触发动作"	希沃"反馈器"可实现针对一道问题的全班抢答，此竞争机制对活跃课堂，调动学生积极性也有一定的帮助。触发动作可立即反馈正确答案

　　手机已是最常见的媒体，将其作为一种教学媒体，可弥补学校硬件配备不足的问题。另外，在智能手机装上 Plickers 软件（一款即时学生反馈系统），老师就可以给每位学生打印一张 Plickers 专属的有编号的卡片。学生回答老师的问题时只需要拿起卡片，把所选答案朝上放置，老师用智能手机一扫就能得到全班学生回答情况的统计结果，让课堂反馈更及时。

　　虚拟实验教学系统是一种运用虚拟现实技术模拟真实实验的网络化计算机教学系统。它采用多媒体技术在计算机上建立虚拟实验室环境，提供可操作性的虚拟实验仪器，使学生在互联网上通过接近真实的人机交互界面完成实验，同时提供网络实验教学的一体化管理功能。该系统超越传统实物教学方法，使微观实验、危险性实验、高成本实验等成为可能，并可进行无限制、多样式的重复操作。该系统通过指导模式进行全程观看指导，通过实验模式进行交互操作训练。

多媒体辅助教学仅有硬件是不够的，还需要软件对文本和图片等进行处理，以达到最佳的呈现效果。常用的计算机软件有 PowerPoint、会声会影、Xmind 等，这些软件的具体教学功能如表 4-8 所示。

表 4-8　几种常用计算机软件的教学功能

软件名称	教学功能
PowerPoint	呈现文本、图片、视频等，制作动画等
会声会影	制作视频、微课等
Xmind	制作概念图、思维导图等

三、教学媒体的选择需兼顾诸多因素

影响教学媒体选择的因素有很多，英国著名教育技术家罗密斯佐斯基(A. J. Romiszowski)提出了一个影响教学媒体选择因素的模型，揭示了影响教学媒体选择的因素，如图 4-3 所示。

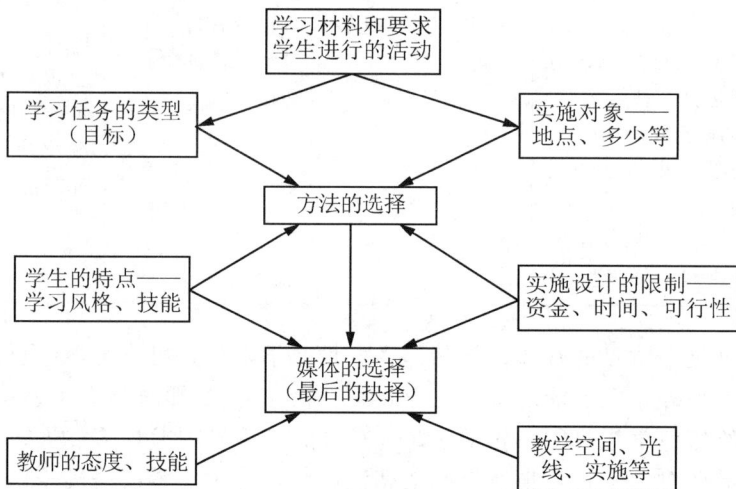

图 4-3　影响教学媒体选择的因素

(一)教学媒体的选择依据一定的教学目标

教学目标是教学工作的出发点，每个单元、每个课题都有一定的教学目标。教学媒体的选择过程中，必须考虑教学目标的需要。例如，在学习鸟的双重呼吸时，为实现"描述双重呼吸的过程，形成结构与功能观"这一教学目标，学生首先需要学习鸟的呼吸系统结构，在此基础上说出每个结构对应的功能，之后才能清楚地描述出整个呼吸过程。结构是静态的，呼吸过程是动态的。因此，对于结构的学习可以选择板画、挂图等静态教学媒体，而对于整个呼吸过程应选择多媒体动画、动态教具等教学媒体。结构与功能观是生物学中最重要的生命观念之一，而合理的教学媒体可帮助学生建立这一观念。鉴于此，对于核心素养四个维度的培养，教师更应该分析不同教学媒体之间的差异。

（二）教学媒体的选择依据相应的学习内容

不同的学习任务和学习内容，要求采用的教学媒体也有差异。生物学教学中的新授课作为一种主要的课型，其教学目标之一在于帮助学生认识生物体的形态结构和生理功能，因此恰当地选择传统教学媒体中的标本和模型，是上好这类课必不可少的，如草履虫这一类身体微小、肉眼难以观测内部结构的学习内容，可以在教学中配以模型，并且结合课件演示其内部结构，有利于学生形成深刻的印象。生物学中的实验课是为了培养学生的独立操作能力，教师可以选用录像资料示范基本操作要领，用投影分析实验原理等，效果都非常显著。单元总结或者复习课的内容较多，教师可用投影等教学媒体，浓缩单元教学内容，建立系统科学的认知体系，突出重点、难点，帮助学生归纳和总结。

（三）教学媒体的选择依据学生的认知特点

教师应根据学生不同的认知发展阶段来选择合适的教学媒体。中学生正处于青春期，身体快速生长发育，心理的情感日渐丰富细腻，对事物充满好奇心，喜欢探索新鲜未知的事物，对感官上的刺激反应更为灵敏，印象也更为深刻。根据中学生的认知特点，生物学教学要生动、贴近生活、直观，切忌晦涩难懂的名词解释及长篇枯燥的板书、资料。教师尽量多运用综合媒体手段，调动起学生视觉、听觉、触觉等多感官，举生活中常见实例，力求知识深入浅出，旨在激发学生兴趣、发散学生思维。对于学生认知能力上的个体差异要做好能力较差学生的辅导工作，不要让其丧失信心与兴趣。在选择教学媒体时，低年级学生因形象思维能力较逻辑思维强，因此应多选用直观手段辅助教学。

（四）教学媒体的选择依据现有的教学条件

教学中能否选用某一种或几种媒体，还要看当地的实际条件，包括经济条件、师生技能、管理水平等。计算机辅助教学是目前发展很快的常用教学媒体，应用时除了需要资金购买设备，还要求培训使用人员，这在一定程度上限制了它的使用和发展。其次，教师素质也是不容忽视的因素，特别是教师对教学媒体的态度和操作的熟练程度。选择媒体的最终目的是为课堂教学服务，如果教师不能很好地操作它，其作用就不能很好地发挥。因此，应该根据实际情况，选择教师容易操作的媒体。

四、教学媒体的应用要遵循心理学的一般规律

合理运用教学媒体，有利于调动学生多种感官对知识的感知，实现信息传递的多渠道化，从而加强学生对知识的感知度，提高学生对知识的接收率。因此，教师对教学媒体的应用要遵循心理学的基本原理，以求科学合理，获得最佳效果。

(一)注意是心理活动的重要特征

注意是心理活动对一定对象的指向和集中。根据产生和保持注意有无目的性和意志努力的不同，可把注意分为无意注意和有意注意。无意注意是事先没有预定的目的，也不需要做努力的注意。有意注意是有预定的目的、需要做一定努力的注意。无意注意与有意注意两者是紧密联系且可相互转化的。学生长时间的有意注意，会引起注意力涣散，如教师运用语言、黑板等传统教学媒体进行教学，学生容易注意力不集中，但多项教学媒体可能引起学习的无意注意，又难以达到最佳的教学效果。如教师利用多媒体等进行教学，播放动画或音乐时间较长等。因此，教师使用教学媒体时，要充分利用两种注意的配合与互相交替，以提高学生的学习效率。

(二)感知是人脑对当前客观事物的直接反映

感知，即感觉和知觉。感觉是人脑对当前客观事物个别属性的反映，知觉是人脑对当前客观事物的整体反映。感知规律是指人脑对当前客观事物直接反映的内在规定性。它包括强度律、差异律、活动律、协同律等。

强度律是指被感知对象的刺激达到一定强度，才易被感知，刺激强度不够，则不易被感知。就视觉对象而言，强度可以表现在物体的大小、形状、颜色、位置等诸多方面。例如，观察实验应体现强度律。如对微小的草履虫的观察，便借助放大镜和显微镜的放大作用，方能观察清楚它的形态构造。放大，即增强刺激强度。此外，也可以制成放大的模型、挂图，以增强刺激强度，达到良好的感知效果。

差异律是指被感知的对象与背景的差别越明显，则越容易从背景中区别出来。教师用彩色粉笔(如红粉笔)板书定义、公式等，这些红字对象，便从白粉笔字中突出，显得非常醒目。教师的教学语言，平叙的多为背景，强调的则为对象，这种语言对象易被感知。

活动律是指活动的物体比静止的物体容易感知。教学媒体中使用活动模

型，一般比挂图好。具有动感的 Flash 动画要比静止投影片效果好。活体观察比观察标本效果好。教师边讲解，边画图，要比课前画好的板图效果好。直观的演示实验比单纯的讲解实验效果好。总之，活动的对象，易被感知。

协同律是指在观察过程中，有效地发动各种感知器官，分工合作，协同活动，这样可以提高观察的效果。也指同时运用强度、差异、对比等规律去观察对象。有研究表明，在接受知识方面，看到的比听到的给人留下的印象深。实验研究证明：采用听觉识记、视觉识记和视听结合识记，其识记效率分别为 60％、70％和 86％。因此，在教学媒体的应用中充分调动学习者视觉、听觉与其他感觉的协同活动，可以增加信息量，从而获得更好的感知效果。

(三)记忆是人脑对经历过的事物的反映

从信息加工的观点看，记忆就是对信息进行输入、加工、储存、提取和输出的过程。首先，利用意义识记的规律选择教学媒体，将一些枯燥的材料转换为有意义的材料，使学生易于进行意义编码，进行长时记忆。其次，利用短时记忆的规律使用教学媒体，一次呈现的学习项目应限于(7±2)个。如使用多媒体幻灯片时，一张幻灯片内字形、色彩、声音等元素的种类数目不宜太多，图表最好不超过 5 行，文字行数为 7 行左右最佳。步骤繁多时可以通过改变组块的形式，依照内在的逻辑关系将其分为包含 5 个相关步骤的组，将本来难记的问题变成易记的问题。

【观点碰撞】

复习课——绿色植物的呼吸作用教学流程(表 4-9)[①]

表 4-9　绿色植物的呼吸作用教学流程

教学环节	教师活动	学生活动	教学媒体的选择与意图
导入新课 3min	一、创设生活情境，导入复习课 情境创设：当下很多人都在养殖多肉植物，其形态样式多种多样，美不胜收。可是老师家中养的一株多肉却是这样的一番景象。究其原因是我浇水太频繁，造成了多肉烂根的现象。	思考情境，回答：缺少氧气，植物无法进行呼吸作用，不能为植物体本身提供能量，因此植物烂根而死。	以情境导入，并展示图片，激起学生学习兴趣，为本节课的学习奠定知识基础。

---

① 设计与授课人：唐菁菁，长沙市西雅中学教师 长沙市岳麓区信息技术与生物学教学融合示范课(2019)。

教学环节	教师活动	学生活动	教学媒体的选择与意图
回忆旧知 5min	PPT展示情境图片 问题：为什么浇多水的植物会烂根呢？ 二、回忆旧知，温故知新 问题：什么是呼吸作用？ 请同学们借助课本完成学案中的概念图。 氧气　二氧化碳　有机物　水　分解有机物，释放能量　合成有机物，储存能量　叶绿体　线粒体 **希沃白板展示呼吸作用概念图**	【利用希沃白板技术】上台构建呼吸作用概念图	利用希沃白板技术，学生在回顾教材的基础上，上台展示呼吸作用概念图的构建过程。学生的思维活动被可视化，有利于教师充分了解学情。
合作探究 15min	三、合作探究，呼吸作用原理应用 问题：前两天咱班有个同学来问我题目，他误以为植物只进行光合作用，不进行呼吸作用。若请你帮他走出误区，给你以下器材，你会如何设计实验来证明植物是会进行呼吸作用的呢？ PPT展示提示： **思考：你会如何设计实验来证实植物是会进行呼吸作用的呢？** 提示：因为呼吸作用会（产生/吸收）＿＿＿＿＿，所以我利用＿＿＿＿＿的原理来验证植物会进行呼吸作用。 锦囊求助 问题：大家的思考有不同的角度，请选择其中的一个角度来验证植物会进行呼吸作用。你会如何选材？请将你设计的装置在白板上展示出来，并预测实验现象。	思考并回答：因为呼吸作用会（产生/吸收）氧气/二氧化碳，所以我利用氧气的助燃性/二氧化碳遇澄清石灰水变浑浊的原理来验证植物会进行呼吸作用。	

续表

教学环节	教师活动	学生活动	教学媒体的选择与意图
	PPT 展示可选器材： 注射瓶　注射器　带火星的木条　氢氧化钠（NaOH）　澄清石灰水 新鲜的菠菜叶片　煮熟的菠菜叶片　黑色塑料袋　白色塑料袋 问题：为什么选择黑色塑料袋？ 问题：你所预测的实验现象如何？ 【利用希沃授课助手同屏技术】投屏展示学生作品 学生作品1： 学生作品2： 	思考并回答创设无光的条件，避免植物进行光合作用造成现象的干扰。 说明：作品1中——从放有新鲜菠菜叶一段时间的注射瓶中抽取气体，并将其通入澄清的石灰水中，澄清的石灰水会变浑浊；同样操作，煮熟的菠菜叶组则无明显现象。 说明：作品2中——将燃烧的蜡烛放入放有新鲜菠菜叶一段时间的注射瓶中，蜡烛熄灭；同样操作，煮熟的菠菜叶组蜡烛则继续燃烧。	利用模拟实验装置的图片作为教具，使学生在动脑的同时，也实现了动手操作。 利用希沃授课助手同屏技术，教师现场采集，实时投屏展示学生自主设计的实验装置。课堂知识的生成性、互动性大大提高，学生参与面扩大，充分体现了以学生为主体、以教师为主导的教学理念。

续表

教学环节	教师活动	学生活动	教学媒体的选择与意图
巩固知识 10min	四、习题巩固，知识迁移 PPT展示习题： **例1.** 某同学设计了如图的装置。下列描述中，正确的组合是：①该装置可验证植物的光合作用能产生氧气；②该装置可验证植物的呼吸作用能产生二氧化碳；③丙内石灰水保持澄清；④丙内石灰水变浑浊（**B**） A. ①③　　　B. ②④ C. ①④　　　D. ②③ 持续吹进空气 氢氧化钠溶液　幼苗　澄清的石灰水 甲　乙　丙 【运用 Plickers 技术】现场实时监控学情。		
比较学习 7min	五、比较光合作用和呼吸作用：教师改编歌曲 过渡：通过刚刚的验证实验我们发现植物不仅能进行光合作用，也能进行呼吸作用。植物的这两大作用有何区别和联系呢？ 请大家听以下两个同学所唱的歌曲，猜猜他们分别唱的是植物的什么作用？说说你的理由。（完善概念图） 播放改编歌曲： 问题：你为什么认为第一首歌唱的是光合作用？ 补充说明：场所为叶绿体，实质是合成有机物，储存能量。 问题：第二首歌你又是怎么判断的呢？ 补充说明：场所主要为线粒体，实质是分解有机物，释放能量。	用小卡片进行作答	PPT展示练习题，运用 Plickers 技术，打破了智慧课堂对设施设备的高要求，仅通过一台手机和人手一张的小卡片便实现了学生现场答题情况采集，为教师及时调整教学提供了可靠的依据。

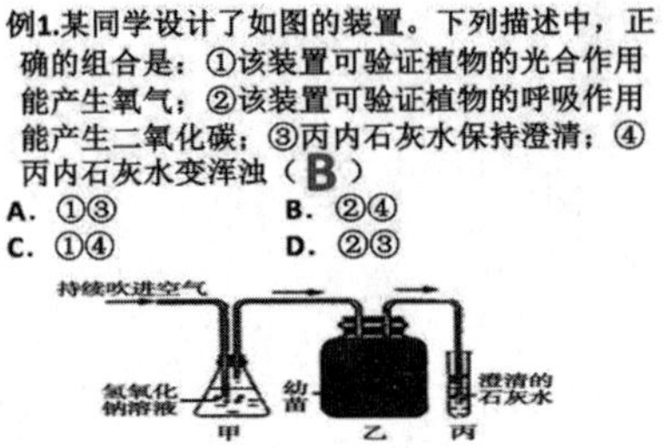

教学环节	教师活动	学生活动	教学媒体的选择与意图
应用知识 5min	六、呼吸作用在农业生产上的作用 过渡：通过这个习题的分析，想提高农作物的产量，你会怎么做？ PPT展示习题： **例2.** 如图中的两条曲线，分别表示某株植物昼夜24小时内光合作用、呼吸作用活动强度随时间变化的情况，请据图回答问题。 （1）表示光合作用的曲线为<u>甲</u>（甲或乙），其活动强度最强的时间为<u>P</u>点（用字母表示）。 （2）从图中可以看出，乙所表示的生理活动强度白天比夜间<u>强</u>，引起这种差异的主要非生物因素是<u>温度</u>。 （3）从M点到N点的时间区间里，光合作用强度<u>大于</u>（"大于"或"小于"）呼吸作用，有机物积累最多的点是图中的<u>N</u>（用字母表示）。 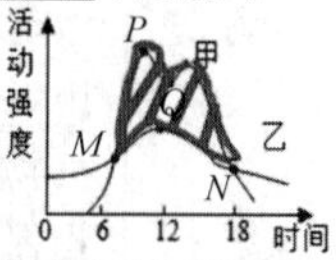 问题：农业生产上还有很多地方应用到了呼吸作用相关知识。例如，春季播种前进行松土；春季雨水较多，农民伯伯会进行挖沟排涝。你能说说原因吗？ 问题：到了收获的季节，农民伯伯储存粮食前经常晾晒处理；收获的果实、蔬菜则会放入冰箱，或用保鲜膜包裹。你能说说其中蕴含道理吗？ 问题：今年植树节那天，西雅校园内移植了一株石榴树，我们希望来年9~10月能吃到甜而多汁的石榴，你会给学校护苗人员提供哪些建议？	思考并回答：需要阳光（条件），孕育其他生物（有机物），维持碳氧平衡（吸收二氧化碳，释放氧气）。 思考并回答：呼吸作用。需要氧气和有机物才能存活（原料）。 思考并回答：增加昼夜温差，白天提高光合作用效率，夜晚降低呼吸作用效率，增加有机物的积累。新疆的哈密瓜特别甜就是这个原因。	整合音频、图片等多媒体技术：一首自编歌曲将光合作用与呼吸作用的区别及联系展示出来，增加了课堂的趣味性。

续表

教学环节	教师活动	学生活动	教学媒体的选择与意图
	结束语：通过今天的复习，我们不仅对植物的呼吸作用有了更深入的了解，还弄明白了光合作用与呼吸作用之间的区别和联系，这两大生理作用也恰恰揭示了生物圈中物质和能量的供应。希望大家能将我们学到的知识应用于生活，更好地生活	思考并回答：促进植物的呼吸作用，提供较多的能量使植物生长得更好。 思考并回答：这么做可以降低呼吸作用，从而减少对有机物的消耗，使食物保得更久。 思考并回答：……（综合所学的七上知识，开放式回答）	PPT 展示练习题，运用 Plickers 技术现场实时监控学情。 联系生活实际提出问题，创设真实有效的教学情境提升学生将所学知识解决实际问题的能力

分析该节课是如何利用媒体传递信息的。

观点借鉴："绿色植物的呼吸作用"是人教版初中生物学七年级上册第五章第二节的内容，本节课为复习课，内容主要为引导学生利用植物呼吸作用的原理来设计相应实验，以深刻理解呼吸作用原理和呼吸作用的应用两部分内容；最后将呼吸作用与光合作用进行比较。

学生已学过本节内容，对呼吸作用和其应用有一定的认识。但之前，学生也学了植物另一重要的生理作用——光合作用，有些学生容易将两者混淆。学生已有合作能力和初步的科学探究能力，在提供其实验材料、明确实验目的的基础上，学生可以小组进行实验方案设计。同时，初中生好奇心强，已熟悉使用希沃白板，教师利用多媒体技术进行复习，可以调动学习的积极性，活跃复习课的气氛。

本节为复习课，教学目标为：①概述绿色植物的呼吸作用，在理解呼吸作用原理的基础上，形成物质和能量观，并能用呼吸作用的原理指导生产生活中的问题，如雨季应挖沟排涝。②针对植物呼吸作用的现象，进行观察、提问、实验设计的能力，在合作探究过程中，产生好奇心和求知欲，并基于呼吸作用和光合作用，归纳和概括两者的区别。

在对教学内容、学习者和教学目标进行分析的基础上，确定选用图片、实例和资料，运用希沃白板技术、音频等，引导学生通过实验探究和问题解决自主构建知识。

【本节要点】

1. 教学媒体是指教学活动中教师向学生直接或间接传递教学信息的载体，在帮助教师达成教学目标，优化教学过程中发挥重要作用。

2. 教学媒体有多种类型。根据教学媒体的发展顺序可将其分为传统教学媒体和现代教学媒体；根据接受信息的感觉器官可将媒体分为听觉型媒体、视觉型媒体、视听型媒体和交互型媒体；根据信息交流方式可将教学媒体分为单向教学媒体和双向教学媒体；根据教学媒体的组合方式可将教学媒体分为单项教学媒体和多项教学媒体或多项教学媒体组合系统。

3. 选择教学媒体时需兼顾的因素主要有教学目标的要求、学习内容的特点、学生的认知特点以及现有教学条件等。教师需根据具体情况选择最能表达教学内容的教学媒体，做到教学内容与教学媒体相协调，从而实现教学效果的最优化。

4. 教学媒体的应用需遵循心理学的一般规律，调动学生多种感官对知识的感知，实现信息传递的多渠道化，提高学生对知识的接收率。

【学以致用】

1. 请你根据以上所学知识，任选一个教学内容，写出教学媒体选用方案并说明理由。

2. 请与同学交流你所了解的新兴教学媒体的功能，并尝试将此教学媒体运用到自己的教学设计中。

第四节　教学环节的设计展现了教学活动的蓝图

【聚焦问题】

小李是一名中学生物学实习老师，在他跟班学习的两位教师的课堂上，小李发现，A教师每节课的引入都很直接，一句"请大家将书翻到××页，我们进入××××的学习"就开启了整堂课的教学，他重视新知识的传授，讲解非常清晰，但学生参与度低，整个课堂仿佛教师唱着独角戏，课堂气氛散漫而沉闷；而B教师每堂课都会用心创设情境将学生引入新知识的学习，教学过程也始终注重学生的参与以及对学生的思维训练，各个环节环环相扣，学生丝毫没有"开小差"的机会，课堂气氛活跃而有序。

问题：

1. 如果你是小李，你更喜欢哪位老师的课堂？为什么？

2. 在教学环节的设计中应注意哪些问题？

问题探讨：影响课堂教学效果的因素很多。教师若想让自己的课堂引人入胜，充分带动学生的学习热情，科学合理的教学环节设计是必不可少的。

现代认知学习理论认为，教学活动作为一系列作用于学习者的外部活动，是为了促进和激发学习的内部过程，因此课堂教学的各环节只有符合学生学习的内在规律，才能有效促进学习。关于学生学习行为以及能促进学生学习的教学活动可以用表 4-10 表示。

表 4-10　学生行为与教学活动之间的联系

学生的行为	能促进学生学习的教学活动
1. 接受	引起注意
2. 期望	告诉学习者目标
3. 有关知识技能的回忆和检索	刺激学生对先前学习的回忆
4. 选择性知觉	呈现有关学习内容
5. 语义编码	给予学习上的指导，促进学生学习内化
6. 反应	教师加强导学行为，让学生实际操作
7. 强化	教师及时提供反馈
8. 恢复和强化	检测学习效果，评定学习行为
9. 恢复和组织	提问总结，增强记忆和促进迁移

因此，课堂教学主要由导入、新课研学、课堂小结、课堂反馈等几个基本环节组成。

一、导入环节要激趣引疑

（一）导入是教学环节的开端

导入是指在进入新课之前，教师采用一定的方法将学生引入新的学习情境，为新课的学习做铺垫，是教学环节的开端。它的作用主要有以下几点。

1. 集中学生的注意力

刚开始上课时，学生的思绪受到上节课或者课间的影响，难免出现注意力不集中的表现。导入环节可以给学生一定的心理准备时间，让学生迅速地集中注意力，快速进入课堂。

2. 激发学生的学习兴趣

俗话说："兴趣是最好的老师。"学生只有对学习内容感兴趣，才能激发学习意愿，主动地展开学习。所以在新授课之前，利用导入环节充分激起学生的学习兴趣是十分必要的。

3. 明确学习目标

任何形式的导入都不能随心所欲，必须经过精心设计，要让学生明白学完这堂课所要达成的目标，给学生指引明确的学习方向，这样学生才能有目的、有计划地进行学习。

4. 建立知识间的联系

生物学知识是一个系统，学生在新知识的学习前已经有自己的知识与经验。导入环节能在新授课的内容与学生已有知识之间建立联系，使学生的知识系统化。

（二）导入的方式灵活多变

根据教学内容、学生、教学目标及教学风格等的不同，教师可以采用不同的导入以达到最佳的教学效果。在生物学教学中导入方式多样，这里列举几种常见方式。

1. 直接导入

直接导入即教师将学习目标和要求和盘托出，言简意赅地阐明学习主题。采用这种方法时，教师一般通过口述，将学习目标与教学重点告知学生，并通过简洁的讲述或设问，引起学生的有意注意。

直接导入最大的优势就是简单省时，但是缺乏趣味性，容易导致平铺直叙、导而不入的情况。此方法适用于高年级授课以及学生对授课内容本身极其感兴趣的情况下。

2. 旧知识导入

旧知识导入即从旧知识入手，找到新旧知识之间的连接点，在帮助学生回忆旧知识的过程中进一步发现问题，从而明确学习目标，同时也为新知识的学习奠定基础。

旧知识导入在生物学教学中是一种十分常用的方法，为学生进入新知识的学习搭建了桥梁，基于旧知识去寻找问题，也便于激起学生的学习兴趣。在使用旧知识导入时，必须清晰地找到新旧知识的连接点，自然过渡。

3. 直观导入

直观导入即在讲授新课之前，教师引导学生观察与新授课内容相关的教学媒体(如实物、标本、模型、图表、视频等)，从而将学生引入教学情境。

直观导入具有生动形象、具体感性的特点，很容易引起学生的注意，激发学生的兴趣。教师在采用直观导入时，要注意所选用的内容要与新授课内容紧密联系，并且在引导学生观察时应适时地提问，激起学生的学习动机。

案例展示："水分在植物体内的运输途径"的导入

(教具准备：芹菜去根，事先插入红墨水中，至颜色扩散到其导管及叶脉)

教师：同学们，这里有两根芹菜，一根是普通的，另一根则被插入红墨水中，"喝"了大量的红墨水，仔细观察一下，它们有哪些不同？

学生：插在红墨水中的芹菜叶子变红了……

教师：整个叶子都变红了吗？

学生：没有，只有一些地方变红了，像网一样，一根根的……

教师：不错，同学们观察得很仔细，并不是整个叶子变红了，而只是把芹菜中一些像经脉一样的结构染红了。这些结构到底是什么？红墨水又是怎样从墨水瓶中被运往植物各处的？今天我们就一起来解决这两个问题。

【分析】利用实物引导学生观察，调动学生积极性，使其在直接感知中发现问题，产生学习期待。同时，通过展示浸入红墨水中的芹菜，清晰地向学生呈现植物导管的分布，预先给其一个直观的感知，有助于新课的学习。

4. 实验导入

实验导入即教师通过演示实验，引导学生仔细观察并思考一系列与新课内容相关的问题，将学生引入学习情境。生物学是一门以实验为基础的学科，实验导入能够在吸引学生注意力、激发学习兴趣的同时培养学生的科学态度。

实验导入要经过精心设计，严格遵守实验原则，实验演示要规范。在指导学生观察实验现象的同时，鼓励学生进行自主思考并得出结论，自然地引入新课题。

案例展示："物质的跨膜运输"的导入

（教具准备：三个鸡蛋，钝端敲破，蛋白蛋清已流出，尖端处蛋壳已用盐酸融掉，只剩下壳膜以模拟半透膜，鸡蛋中均装满浓度为10％的盐水，并滴入两滴黑墨水；小烧杯三只，用于盛装和固定鸡蛋，其中A烧杯盛有饱和盐水，B烧杯盛有浓度为10％的盐水，C烧杯盛有清水）

教师：同学们，我们先看一个实验。这里有A、B、C三只烧杯，烧杯中装有无色透明的液体，现在我将三个装满黑色透明液体的"鸡蛋"放进去，大家注意，这鸡蛋的下部分的蛋壳已经融掉了，只剩下一层膜。现在这层膜被烧杯里的液体浸没，下面请大家仔细观察，这三只烧杯和鸡蛋里的液体分别会发生什么变化？

（学生仔细观察发现：A烧杯蛋壳中的液体"变少"，B烧杯蛋壳中液体基本不变，C烧杯蛋壳中液体溢出，产生疑惑）

教师：为什么会这样呢？看似相同的三个实验装置，为什么会出现不一样的实验结果？

学生1：蛋壳里装的液体可能不一样吧……

学生2：也有可能是烧杯里装的东西不同……

教师：同学们都各自做出了推测。不错，其实，这三只烧杯里装有的液体是不同的，A中装的是饱和盐水，B中的是浓度为10％的盐水，C中装有清水。但蛋壳中液体确实完全一样，那为什么蛋壳中液体的变化会完全不同呢？什么物质进入了C杯的蛋壳中，什么物质从A杯蛋壳中出来，B烧杯蛋壳内液体真的是没有变化吗，造成这些变化的动力又是什么呢？今天我们就一起来解决这些疑惑，学习"物质的跨膜运输"。

【分析】利用直观的实验进行导入，引导学生对实验现象进行观察，产生疑惑，教师适当点拨并提问，调动学生思维，引起学习期待。

5. 设疑导入

设疑导入即通过设问或提问来导入新课，所问内容可以从不同方面、不同角度提出，只要有利于引入新课题即可。

设疑导入采用的问题不但要唤起学生的求知欲，同时还要与新课题内容相联系，所以教师需要精心设计问题。

6. 悬念导入

悬念导入俗称"打埋伏""卖关子"，是指教师根据学生的心理特点和新旧知识间的联系，提出问题使学生产生疑问，引起学生的好奇却不给出答案，然后通过对内容的层层交代，最后再将答案公之于众的一种导入方式。

悬念导入要注意问题的设置，紧扣新课内容，联系生活实际，激起学生的认知矛盾。

案例展示："细胞的全能性"的导入

教师：（展示一根月季枝条），同学们，这里有一根月季枝条，如果我利用它进行扦插，给予适宜的条件，它会长成一株月季吗？

学生：会，月季可以通过扦插进行无性繁殖。

教师：很好。那如果我把这根枝条剪短一点，进行扦插仍会存活吗？

学生：会。

教师：继续剪短呢？

（学生疑惑并开始讨论，不能统一意见）

学生1：会吧……如果条件适宜的话。

学生2：太短了，就不能存活了吧……

教师：同学们的意见现在有点分歧了，我们再来假设，如果我将枝条继续剪短，最后只剩下一个细胞，对它进行培养，能长出一株月季吗？

（学生讨论更加激烈，疑惑加深）

教师：一个细胞到底有没有发育成一株植物的潜能，利用一个细胞能不能培养出完整的月季呢？今天我们就一起来看一看。

【分析】教师以学生经验为出发点，连续提问，将学生从肯定一步步引至疑惑、不相信，随之产生好奇，最终转化成强烈的求知欲望和学习兴趣。

7. 经验导入

经验导入即教师以学生的学习和生活经验为出发点，将学习内容与学生的经验相联系，引发学生的共鸣，从而引导学生进入学习情境。采用这种方法能让学生体会到亲切感与实用感，越是学生关心的问题，越能激发学生的学习欲望。

教师应当时刻关注学生的动态，了解学生的课外活动及生活经验。采用经验导入，不仅有利于加强书本知识与实际生活的联系，还能起到触类旁通的作用。

案例展示："呼吸系统的结构和功能"的导入

教师：同学们，回想一下，当你们经过环境脏乱、气味难闻的地方，比方说经过厕所的时候，一般有什么样的反应？

学生1：赶紧跑开……

学生2：捂住鼻子……

教师：大家都有一些应对方法，很多时候，人们经过这些地方，或者有难闻气味飘来时，总习惯把鼻子堵上，而用口进行呼吸。这种做法科学性怎样？到底是用鼻子呼吸好，还是用口呼吸好呢？这就跟呼吸系统的结构关系密切，那呼吸系统到底有哪些结构，这些结构又有怎样的功能？今天我们就共同来学习。

【分析】从学生熟悉的生活经验出发，引起其共鸣，再对生活常识进行质疑，引导学生对"熟视无睹"的现象进行思考，自然进入新课。

8. 故事导入

故事导入即教师通过讲授与授课内容相关的生动形象的小故事，利用学生爱听故事的心理特点，让学生自觉进入学习情境。采用这种方式，教师要注意故事内容的科学性，否则容易导致学生形成迷思概念。此外，故事导入的效果不仅取决于故事本身，也取决于教师讲故事的方式，力求生动形象、栩栩如生，以达到最佳的教学效果。

案例展示："输血与血型"的导入

教师：上课前，先跟大家分享一个小故事。1818年，一位孕妇在生产时突然出现大出血，生命危在旦夕。这个时候，他的医生，詹姆士做了一个惊人的决定，为她输血。要知道，进行这人类历史上第一次输血需要多大的勇气。幸运的是，这第一次尝试不仅成功拯救了这位母亲，也成就了詹姆士。此后，多人效仿詹姆士，有一些人成功了，然而，更多的人却失败了，很多病人在输血后加速了死亡。

学生：（出现疑惑）

教师：为什么少数伤者通过输血获得救治，而另一些人在接受别人的血后出现不良反应，甚至死亡？

学生：没有进行同型输血。

教师：不错，现在我们都知道要进行同型输血，这里面又有什么生物学道理呢？这就跟我们今天的学习有密不可分的关系，今天我们一起来学习"输血与血型"。

【分析】通过提炼生物学史上"血型的发现"的故事，将学生带入情境，"输血成功救人"与"输血失败致死"形成反差，引起学生疑惑，进一步联系"同型输血"的生活经验，引导学生对常识背后的科学道理进行思考，进入学习。

（三）导入有大致统一的结构

导入类型虽多种多样，但对它们进行归纳后不难发现，它们都有着相似的结构：引起注意—激起动机—组织指引—建立联系。

1. 引起注意

新课起始，学生的思绪难免停留在对上节课的回味中，或者停留在课间的嬉闹中，导致出现注意力涣散的现象。因此，教师须利用导入引起学生的无意注意，并将其引向有意注意。

2. 激起动机

成功引起学生的注意以后，需要激发学生的学习动机。只有激发了学生的内在学习动机，学生才能将注意力贯穿整堂课。一个好的导入，能让学生明白学习该部分内容的意义，能让学生有强烈的求知欲。

3. 组织指引

激发了学生的内在学习动机之后，要进一步告知学生明确的学习目标以及学习活动的步骤和方法，让学生对学习内容和学完新内容需要达成的目标做到了然于胸，能够在学习过程中不断调整自己的步调。

4. 建立联系

教师要利用导入在新旧知识之间搭建一座桥梁，帮助学生找到新旧知识的衔接点，从已知到未知，不断促进学生的最近发展区向前发展，同时也是帮助学生把知识系统化的一个过程。

（四）导入需遵循一定的原则

导入形式多样，导入的好坏关乎学生的学习情绪，在教学环节中有着重要地位。因此，必须遵守导入的原则，才能使导入行之有效。

1. 目的性原则

导入始终要为达成学习目标服务，导入重在"入"，导入的目的是将学生引入新的学习情境，让学生明白要学什么、怎么学以及为什么学。忌喧宾夺主，只顾追求形式的新颖性而不顾学习内容。

2. 针对性原则

采用什么形式的导入要根据学生的特点和学习内容来确定。针对不同的实际情况选择最佳的导入形式。不能仅仅依据教师的喜好去设计新课导入，不搞千篇一律，也拒绝花里胡哨。

3. 科学性原则

导入虽然起到"引子"的作用，但是绝不可信口开河、夸夸其谈，必须保证内容的科学性，切不可为了达到热情高涨的课堂氛围而胡编乱造，导致学生产生错误概念。

4. 关联性原则

导入要紧密联系新课内容，能揭示新旧知识之间的关联，实现从已知到未知的过渡。不能离题千里，与新课内容完全脱节，让学生抓不住学习的重点。

5. 启发性原则

不论哪种形式的导入，教师都要循循善诱，活跃学生的思维，调动他们的求知欲。尽量做到以生动形象的实际素材出发，引入新知识、新概念；要善于设置和提出问题，激发学生的认知冲突，启发学生由疑到思。

6. 趣味性原则

好的导入能引人入胜，让人倾心向往，产生浓厚的兴趣和探究的欲望。导入要有趣，才能迅速吸引学生的注意力。导入的趣味性很大程度上依赖于素材的选择以及教师的语言，因此素材的选择应贴近生活，教师的语言须生动形象，饱含情感。

二、新课研学环节要聚焦大概念，凸显学科核心素养

新课研学环节是课堂教学的主体，新授课内容要紧紧围绕生物学科的大概念展开，聚焦发展学生的生物学学科核心素养。

（一）生物学学科核心素养引领新课研学的方向

学科核心素养是学科育人价值的集中体现。《普通高中生物学课程标准

227

（2017 年版 2020 年修订）》指出生物学教学要以核心素养为宗旨，着眼于学生适应未来社会发展和个人生活的需要，从生命观念、科学思维、科学探究和社会责任等方面发展学生的学科核心素养。生物学学科核心素养是科学素养的重要组成部分，而生物学课堂教学是其形成的主要载体和途径，因此课堂教学应聚焦学科核心素养的培养。

（二）新授课内容组织须聚焦大概念

概念即人脑中所形成的反映对象的本质属性的思维形式。把所感知的事物的共同本质特点抽象出来，并加以概括，就形成了概念。而大概念（又称核心概念）是一种高度形式化、兼具认识论与方法论意义、普适性极强的概念，是处于学科中心位置、对学生学习具有引领作用的基础知识。在生物学课程中，大概念包括了对原理、理论等的理解和解释，是生物学科知识的主干部分。例如，《普通高中生物学课程标准（2017 年版 2020 年修订）》对必修课程模块 1《分子与细胞》的内容要求表述为两个大概念：概念 1 是"细胞是生物体结构与生命活动的基本单位"；概念 2 是"细胞的生存需要能量和营养物质，并通过分裂实现增殖"。

传统生物学教学往往注重事实信息的记忆，而忽视了对核心概念的深层理解，这样的教育得来的事实性知识随着时间的流逝便会荡然无存。针对这种关注事实信息的课堂教学所产生的弊端，埃里克森（Erickson）认为教学应该超越事实，以概念为本，在教学中应该更注重思维能力的提升，而不仅仅是掌握事实性的知识。所以，教学内容应该围绕核心概念进行选择与组织，用具体事实作为铺垫来帮助学生更好地理解概念。教学应该实现从讲授事实到使用事实，学习重心也应该实现从记忆事实到理解概念的转变。

提倡核心概念的学习并不意味着事实性知识毫不重要。概念必须放在一定的应用情境下才有意义，也就是说，如果要帮助学生形成正确的生物学概念，必须提供大量的生物学事实作为支撑。教师需要注意的是，教学活动的重心不应该落在对生物学事实性知识的纯粹记忆，而要关注通过事实抽象出来的、可迁移的生物学核心概念。学生只有理解了这些囊括某类生物学事实总体特征和规律的概念，并以此建构出了合理的概念框架，才能够在新的情境下灵活运用这些概念去解决实际问题。在教学过程中，教师应该时刻关注学生脑中是否存在混淆概念，要帮助学生进行更正，建立科学概念。

案例展示："核酸是遗传信息的携带者"教学设计节选

长沙市南雅中学　吴海燕

一、教学内容分析

课程标准分析：细胞的分子组成是"模块1分子与细胞"的内容，核酸是组成细胞的重要分子之一，与之相关的具体内容标准包括："1.1细胞由多种多样的分子组成，包括水、无机盐、糖类、脂质、蛋白质和核酸等，其中蛋白质和核酸是两类最重要的生物大分子"，及其下位概念"1.1.7核酸由核苷酸聚合而成，是储存与传递遗传信息的生物大分子"。具体分析概念1.1.7，其包含2个子概念：子概念1"核酸是由核苷酸分子连接而成的长链，包括DNA和RNA两种"；子概念2"核酸是生物体储存与传递遗传信息的生物大分子"子概念1阐明核酸的分类及其分子结构的特点，是学生理解核酸的功能、建构子概念2的基础。与该板块有关的概念分析如图4-4所示。

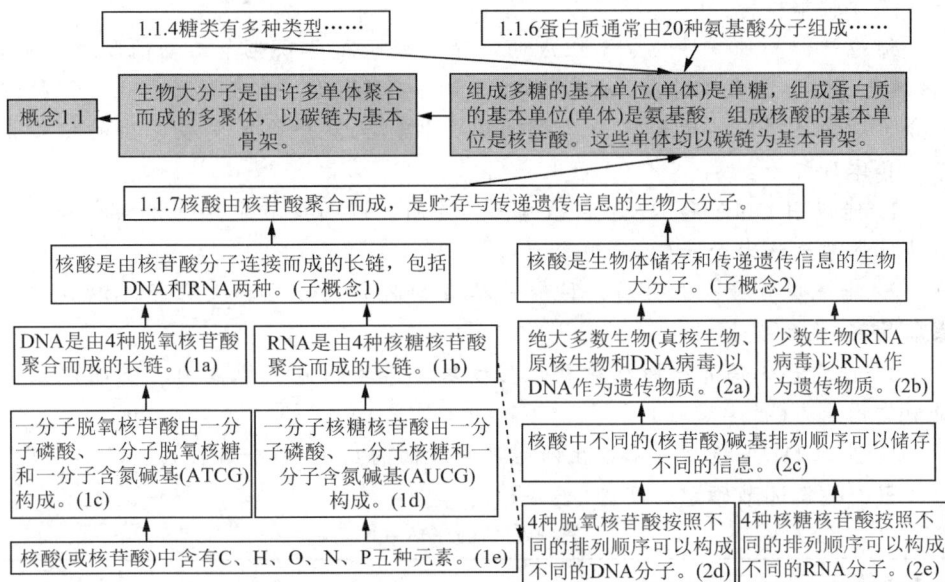

图4-4　"核酸是遗传信息的携带者"相关概念分析图

学习者和学习环境分析。

高一年级学生对生命本质的探究，具有一定的兴趣。对于遗传信息的载体，他们通过报刊、电视等传播媒体的介绍以及初中生物学的学习，已经有了一定的认识，但并未深入了解过核酸的物质结构及功能。

能力方面，他们具有一定的信息提取和综合思维能力，能从图像及文字中提取一定的信息，但缺乏系统性；同时，他们也具有一定的抽象思维能力，但不喜欢记忆生涩抽象的概念名词，更偏爱图片、视频等直观教学媒体，善于动手、乐于从实际参与中获取知识。

教材分析与处理：人教版教材中"核酸是遗传信息的携带者"位于模块一《分子与细胞》第2章第5节，是组成细胞的分子最后一节内容。该节内容具体包括三小块内容：核酸的种类及其分布、核酸是由核苷酸连接而成的长链、生物大分子以碳链为基本骨架。其中，"核酸的种类及其分布"是对核酸的整体认识，内容相对简单，学生可自主完成学习。"核酸是由核苷酸连接而成的长链"是本节的重点及难点内容，包括核酸的结构和功能介绍，是建构核心概念的最重要素材；教学中可结合学生认知特点，选择图片视频等教学辅助工具，提供实物材料引导学生进行物理模型建构，逐步习得概念，再配合以概念图等进行小结，发展能力、巩固概念。"生物大分子以碳链为基本骨架"则是对本章中所有生物大分子的总结内容，可运用表格等形式对组成细胞的生物大分子进行总结归纳。

二、教学目标

细胞是由多种多样的分子组成的，这些分子是各项生命活动的物质基础，"核酸是遗传信息的携带者"隶属"细胞中的分子"范畴，重在帮助学生了解核酸的分子结构及功能、体会生命现象的统一性，从多个维度发展学生的核心素养，具体目标为：

1. 能说明 DNA 和 RNA 在结构上的异同，阐明核酸是生物体储存和传递遗传信息的生物大分子（生命观念）；

2. 能说明多糖、蛋白质、核酸是构成细胞的几类生物大分子，以碳链为基本骨架（生命观念）；

3. 通过资料分析和模型建构，初步培养学生信息提取能力、空间想象和模型建构能力（科学思维）；

4. 关注 DNA 检测技术在生活生产等方面的应用（社会责任）。

三、教学环节确定与实施（表 4-11）

表 4-11　教学环节

基本教学环节	教师活动	学生活动	设计意图
情境导入。	结合热点事件，播放通过 DNA 分子检测确认人员身份的相关新闻或视频。提问：为什么通过 DNA 检测可以确认个人身份或亲子关系？	观看视频、产生疑惑。	利用热点新闻创设情境，迅速集中学生注意力；提问从学生已有知识经验出发，直指其知识盲区，引起疑惑、激发兴趣。

续表

基本教学环节	教师活动	学生活动	设计意图
自主阅读，学习核酸的分类和分布。	提问并组织学生阅读教材： Q1. 核酸有哪些种类？ Q2. 细胞中的核酸是如何分布的？	阅读教材，回忆旧知，知道核酸包括 DNA、RNA 两种，DNA 主要分布在细胞核，RNA 主要分布在细胞质。	利用问题引导学生有目的的阅读，再认与核酸有关的知识。
自主构建物理模型，建构子概念1：核酸是由核苷酸分子连接而成的长链，包括 DNA 和 RNA 两种。	环节一：初识 DNA、RNA，得出两者结构的异同 呈现 DNA、RNA 空间结构和平面图，提问： Q1. 从空间结构上看，DNA 和 RNA 有何区别？ Q2. 观察 DNA、RNA 结构模式图，DNA 和 RNA 分子结构有何共同点？	观察图片，得出结论：DNA 是由两条链组成的大分子，空间结构表现为双螺旋；RNA 分子通常只有一条链；DNA 和 RNA 分子都由一些类似的结构（核苷酸）连接而成。	以直观的图片资料为载体，辅以问题引导学生观察图片，在解答问题的过程中帮助学生认识核酸的整体结构，实现自主学习，并初步建构子概念1，引入对核酸的学习。
	环节二：构建核苷酸分子结构模型 呈现两种核苷酸的图片，提问： Q1. 两种核苷酸在元素组成上有什么特点？ Q2. 两种核苷酸在分子组成上有何共同点？ Q3. 具体而言，两种核苷酸的构成有何不同？	观察图片，思考问题并得出答案： A1. 核苷酸均由 CHONP 五种元素构成。（1e） A2. 核苷酸由磷酸、五碳糖、碱基构成。（1c，1d） A3. 脱氧核苷酸由磷酸、脱氧核糖、碱基（ATCG）构成；核糖核苷酸由磷酸、核糖、碱基（AUCG）构成。（1c，1d）	利用图片及问题创设情境，引导学生进行自主学习，比较分析并归纳两种核苷酸的组成和区别，初步建构相关子概念。

续表

基本教学环节	教师活动	学生活动	设计意图
	提供方形（模拟碱基）、五边形（模拟五碳糖）、圆形（模拟磷酸）的3种卡片模型及别针（模拟各成分间的化学键），要求学生构建两种核苷酸。	根据核苷酸图片，识别相应卡片模拟的基团并标上名称（其中五碳糖和碱基要求具体到类型），利用回形针连接各基团，构建核苷酸分子并进行展示。	提供相应材料，进一步引导学生的自主学习，学生动手构建核苷酸分子的物理模型，既能帮助教师检测概念学习的结果，又能帮助学生进一步完成子概念1c、1d的巩固和强化。
	环节三：构建核苷酸分子长链 提供DNA单链、RNA单链的图片，要求学生分组构建DNA单链、RNA单链模型。	对本组构建的核苷酸进行分类，并根据图片分别构建脱氧核苷酸长链、核糖核苷酸长链。	利用核苷酸链的模型构建，初步帮助学生形成对子概念1a、1b的认识。
	环节四：概念图小结 CHONP ↓组成 磷酸、核糖、碱基（AUCG）　磷酸、脱氧核糖、碱基（ATCG） ↓组成　　↓组成 核糖核苷酸　脱氧核苷酸 ↓聚合成　　↓聚合成 核糖核酸　脱氧核糖核酸 核酸	根据概念图进行回顾和总结，明确概念间的联系。	从微观到宏观，以简易概念图帮助学生完成对子概念1的梳理和强化。
问题引导观察物理模型，建构子概念2：核酸是生物体储	随机选择学生构建的2条脱氧核苷酸链，逐步提问： Q1.尽管不同的脱氧核苷酸链（或DNA分子）都是由4种脱氧核苷酸	观察模型并得出： A1.DNA分子间的不同主要在于组成DNA的脱氧核苷酸（碱基）排列顺序的不同；DNA分子中的碱基或核苷酸排列	利用构建的核苷酸链，直观呈现核苷酸链之间的不同，帮助学生体会并认同"核酸中核苷酸（碱基）的排列顺序可以储存遗传信息"，

基本教学环节	教师活动	学生活动	设计意图
存与传递遗传信息的生物大分子。	构成的，但它们是完全相同的吗？这种不同主要体现在何处？请据此推测 DNA 储存遗传信息的方式？ Q2. 观察建构的 RNA 链，RNA 分子是否也能储存遗传信息？ Q3. DNA 和 RNA 都能储存信息，哪一种才是生物体的遗传物质呢？请以真核生物、原核生物、DNA 病毒、RNA 病毒为例进行分析。 Q4. 为什么能够利用 DNA 检测技术确定人员身份？	顺序可以储存不同的遗传信息。(2d) A2. RNA 分子中的碱基或核苷酸排列顺序也可以储存遗传信息。(2e) A3. 绝大多数生物以 DNA 作为遗传物质(2a)，仅有 RNA 病毒以 RNA 作为遗传物质(2b)。 A4. 人以 DNA 作为遗传物质，同一个体的 DNA 中碱基排列顺序一样，而不同个体 DNA 中碱基排列顺序不一样。	建构子概念 2c。在此基础上，以不同生物为载体分析其遗传物质，帮助建构子概念 2"核酸是生物体储存和传递遗传信息的生物大分子"，为后续学习铺垫。 问题 4 回归课前情境，利用所学知识解决实际问题，反馈概念学习结果，并渗透科学-技术-社会教育。
回顾归纳，总结生物大分子的种类及特点。	提问： Q1. 多糖、蛋白质、核酸是已学的组成细胞的分子，它们的分子结构有什么共同点？ Q2. 组成细胞的分子有哪些，其功能如何？	思考并得出： A1. 这些分子都是由一些基本单位（单体）聚合而成的多聚体（生物大分子），以碳链为基本骨架。 A2. 组成细胞的分子包括水、无机盐、糖类、脂质、蛋白质和核酸，它们在细胞中形成不同的功能……	引导学生回顾组成细胞的分子种类，归纳生物大分子的种类及特点，体会各种物质在细胞中承担相应的功能，最终保证生命活动的正常进行。

四、板书设计

2.5 核酸是遗传信息的携带者

一、核酸的种类和分布

二、核酸的结构和功能

1. 核酸是由核苷酸分子连接而成的长链，包括 DNA 和 RNA 两种

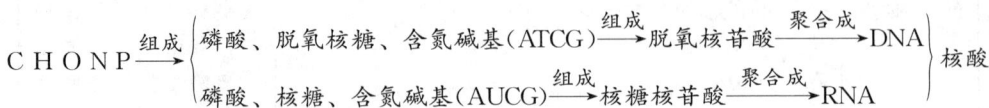

$$
\text{CHONP} \xrightarrow{\text{组成}} \left\{ \begin{array}{l} \text{磷酸、脱氧核糖、含氮碱基（ATCG）} \xrightarrow{\text{组成}} \text{脱氧核苷酸} \xrightarrow{\text{聚合成}} \text{DNA} \\ \text{磷酸、核糖、含氮碱基（AUCG）} \xrightarrow{\text{组成}} \text{核糖核苷酸} \xrightarrow{\text{聚合成}} \text{RNA} \end{array} \right\} \text{核酸}
$$

2. 核酸是生物体储存与传递遗传信息的生物大分子

三、生物大分子以碳链为基本骨架

五、教学反思

本教学设计和实践从"DNA 鉴定"这一技术手段寻找素材，创设情境，迅速吸引学生注意力，引入课堂教学。新课开始利用问题引导学生阅读教材，减少盲目性，锻炼其自学能力。重点概念的建构过程充分发挥学生的自主性，教师不断提供相关图片或实物材料、配合以问题引导，要求学生从图片等资料中提取信息，最终建构核苷酸链的物理模型，帮助学生从核苷酸→核苷酸链逐步认识核酸分子的结构、体会核酸的功能，有效帮助学生建构概念。最后，总结本章内容，组织学生归纳生物大分子的种类及特点，体会各种物质在细胞中承担相应的功能，认识生命的物质性，达成学习目标。

（三）教学策略的选择凸显生物学学科核心素养的培养

在新课研学环节，教师往往会根据不同的课型、课题以及学生的特点等选用不同的教学策略以达到最佳教学效果。教学策略是否有效取决于是否能实现教学目标和保持学习者的积极性。

1. 教学策略的选择受到教学目标、教学对象、教学者三方面的影响

（1）教学目标是制约教学策略选择的关键。

教学目标既是教学的起点也是教学的归宿，它指引着教学的方向。一切教学活动都应该围绕教学目标进行。针对具体的教学内容，聚焦核心素养制订的教学目标也不相同，有的教学内容可能侧重于生命观念的培养，有的也许侧重于科学思维的养成。因此，要针对具体的教学目标去选择合适的教学策略。

（2）学生的初始状态是制约教学策略选择的基础。

学生的初始状态是指学生现有的知识储备、心理发展水平、认知发展水平、学习态度、学习风格等。学生是学习的主体，教学活动不是单向灌输的过

程，而是引导学生自主构建知识的过程。因此，如果仅仅根据教学目标来选择教学策略，完全忽视学生的初始状态，那么教学策略就会因为缺乏针对性而失效。现代教育理论认为，有效的教学应该在学生的最近发展区进行，因此，学生的现有知识储备、心理发展水平、认知发展水平、学习态度等也需要综合考虑，对学习者的初始状态进行分析是恰当选择教学策略的基础。

（3）教师的自身特征是制约教学策略选择的主观条件。

教师有自己的教学思想、教学风格、教学经验、教学素质，教师是教学活动的组织者，在选择教学策略时，教师往往更倾向于选择与自己的教学思想、教学风格、教学经验等相符合的教学策略。因此，教师在选择教学策略时还应考虑自身的实际情况，充分发挥自身的主观能动性，同时也要尽力克服自身特征中的消极因素对教学策略选择的不利影响。

2. 教学策略的选择应重视以问题探究为特点的主动学习

以问题探究为特点的教学不仅直接影响生物学学科核心素养中"科学思维""科学探究"的落实，而且也会间接影响另外两个核心素养的达成。因此，生物学教学不仅是教师传授新知识的过程，而且也是师生交流、共同发展的互动过程。教学过程中，教师要考虑创设真实有效的教学情境，提出学生生活和社会实践中的真实问题，在解决问题中发现新问题，通过解决问题促进深度学习。

以问题探究为特点的主动学习，必须以学生为主体，围绕教学目标设计问题，所设计的问题应具有层次性和递进性。学生在解决问题的过程中将不同程度的展现其学科品质和关键能力，如分析问题的能力、归纳演绎的能力、信息提取的能力、合作交流的能力等，促进学生核心素养的达成。

案例展示："生态系统的能量流动"一节问题设计

课始呈现问题困境，暴露前概念。

小明早上只吃了个馒头，不到中午就饥肠辘辘，他吃的馒头哪儿去了？

问题串辅助学习，初步建构概念：

没有进入身体的物质最终去向如何？→进入身体的物质去向如何？→用于构建身体的物质最终去向如何？→因被捕食流入下一营养级的物质全部进入这一营养级吗？→营养物质中蕴含能量，结合实例，试以图示分析第二营养级上能量的来源和去向。

【分析】设计具有层次性和递进性的问题，帮助学生建构概念，训练学生的逻辑思维能力。

3. 教学策略的选择应重视概念的学习进阶

学习进阶是对学生学习某一核心概念时所遵循的连续的、典型的学习路径的描述，一般呈现为围绕核心概念展开的一系列由简单到复杂、相互关联的概念序列。它能帮助教师厘清概念之间的层级关系，有效解决教学中的问题。

学习进阶的组成要素包括：进阶起点，即学生在学习某个概念之前就已经具备的知识。进阶终点，学生在进阶结束时被期望获得的知识或技能，也可看作是学习目标或者是毕业生预期的成就表现，一般是由社会预期、课程标准的目标要求或者本学科的相关教育研究等确定；进阶维度，是指次级核心概念，学生学习核心概念时，一般围绕几个次级核心概念进行，最终综合各个次级核心概念达成对核心概念的深入理解；进阶水平，描述的是学生对某个核心概念的理解过程中所经历的多个相关联的中间阶段，每个更高的阶段都是以与其相邻的较低的阶段为基础的。

科学概念理解发展的层级模型将学生对科学概念的理解划分为经验、映射、关联及整合四个层级，即学生科学概念的习得经历了由简单到抽象的过程：记忆零散事实→将事实性知识抽象形成一般概念→深化一般概念形成核心概念→迁移应用核心概念，如表 4-12 所示。确定进阶水平的划分标准后，要对核心概念每个进阶维度包含的一般概念和事实性知识进行进阶水平的划分。

表 4-12　科学概念理解发展的层级模型

发展层级	层级描述
经验（experience）	学生具有尚未相互关联的日常经验和零散事实
映射（mapping）	学生能够建构日常经验和零散事实与抽象术语之间的映射关系
关联（relation）	学生能建立抽象术语和更多零散事实之间的关系
整合（intergration）	学生能从系统层面上协调各要素的关系，形成核心概念，并能进行迁移应用

学习进阶能呈现学生学习概念时经历的典型路径，帮助学生正确地构建科学的知识网络。维果斯基的最近发展区理论认为学生的发展有两种水平：一种是学生独立活动时所能达到的解决问题的水平；另一种是学生通过他人或者教学所获得的可能的发展水平。两者之间的差异就是最近发展区。学习进阶中相邻进阶水平之间存在逐级深入和完善的关系，就像一个个相互联结的最近发展区。教师在教学中，利用合适的教学策略，设计具体的教学步骤和学习活动，帮助学生从一个最近发展区到达另一个最近发展区，最终帮助学生形成对核心

概念的深入理解。因此根据学习进阶分析核心概念，能使教学过程具有明显的主线，呈现为由简到难的连续过程，教学策略的选择将更具针对性。

案例展示："免疫调节"一节概念教学学习进阶及
教学策略(图 4-5～图 4-6)

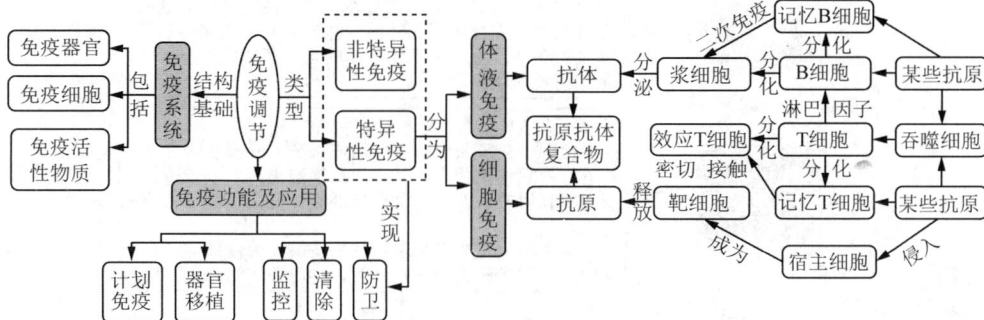

图 4-5　"免疫调节"概念图

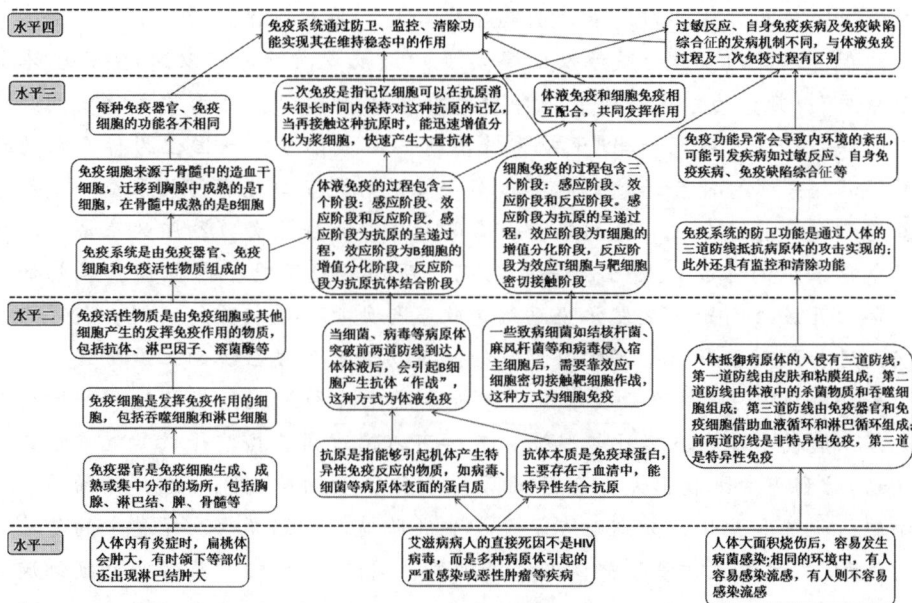

图 4-6　"免疫调节"核心概念学习进阶图

237

```
整合（I）        ┌─────────────────────────────────────────┐
   ↑            │ HIV病毒侵入人体后，人体的免疫应答是怎样的？解释 │
┌────────┐ ───▶ │ 并区分过敏反应、自身免疫疾病、免疫缺陷病。        │
│ 提供问 │      └─────────────────────────────────────────┘
│ 题情境 │
└────────┘      ┌─────────────────────────────────────────┐
                │ 角色扮演：利用卡纸制作大小合适的吞噬细胞、T细 │
关联（R）        │ 胞、B细胞、浆细胞、记忆细胞、抗原和抗体，分别 │
   ↑            │ 贴在7个学生的胸前，组织学生演绎整个的体液免疫 │
┌────────┐      │ 的过程。                                    │
│ 问题串辅助│ ──▶│ 提出问题：有哪些免疫细胞参与了体液免疫？→这些 │
│ 角色扮演 │     │ 免疫细胞分别行使什么样的功能？具有识别作用的有 │
└────────┘      │ 哪些？→体液免疫中产生抗体的途径有哪些？→抗体 │
                │ 是如何发挥作用的？                          │
映射（M）        └─────────────────────────────────────────┘
   ↑
┌────────┐      ┌─────────────────────────────────────────┐
│ 播放视频 │      │ 播放"泡泡男孩""人体免疫系统"视频              │
│ 问题串辅助│ ──▶ │ 提出问题：免疫系统有哪些组成部分？→医生为什么认 │
│ 头脑风暴 │     │ 为进行骨髓移植手术可能会治愈泡泡男孩？→骨髓与免 │
└────────┘      │ 疫细胞有何关系？→每种免疫细胞都是由骨髓分化而来 │
                │ 的吗？                                      │
经验（E）        │ 引导学生举出与免疫功能相关的实例，如皮肤烧伤后容 │
                │ 易感染。对实例进行甄别分类，学习人体的三道防线。 │
                └─────────────────────────────────────────┘
```

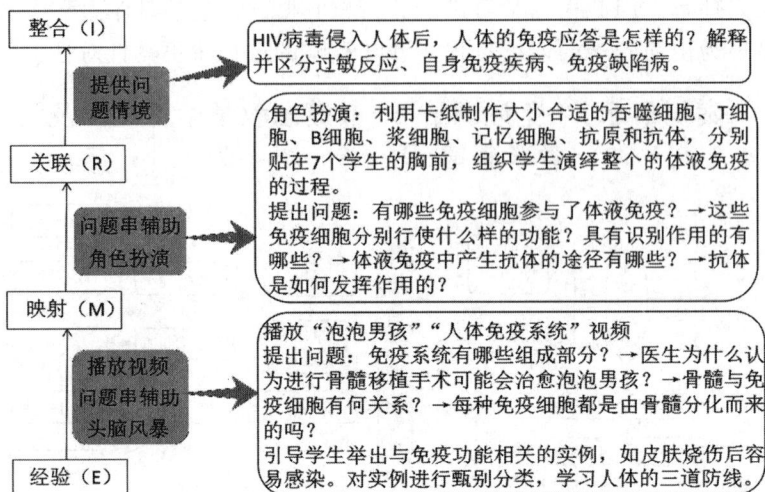

图 4-7　"免疫调节"教学过程和教学策略

经验阶段（E）：为学生提供免疫调节的生活实例，如播放"泡泡男孩"的介绍视频等，作为学生学习起点，引起学生兴趣，导入新课。

映射阶段（M）：该阶段涉及的事实性知识较多，教师可以通过播放"人体免疫系统"视频，为学生提供直观印象，在事实性知识与生物学术语之间建立简单的联系。同时以问题串"免疫系统有哪些组成部分？→医生为什么认为进行骨髓移植手术可能会治愈泡泡男孩？→骨髓与免疫细胞有何关系？→每种免疫细胞都是由骨髓分化而来的吗？"引导学生进一步探索免疫细胞的来源。我们有了免疫系统的保护，就可以高枕无忧，百病不侵了吗？根据头脑风暴的方法，提出开放性问题，激发学生思维，收集与免疫功能相关的实例，引导学生对实例进行甄别区分，初步学习免疫的防卫功能及免疫系统的三道防线。

关联阶段（R）：该阶段要求学生掌握体液免疫和细胞免疫的过程，清楚每种免疫细胞的功能，内容比较抽象。教师可以通过角色扮演等教学策略组织课堂活动："利用卡纸制作大小合适的吞噬细胞、T细胞、B细胞、浆细胞、记忆细胞、抗原和抗体，分别贴在7个学生的胸前，组织学生演绎整个的体液免疫的过程"引导学生初步了解体液免疫过程；同时以问题："有哪些免疫细胞参与了体液免疫？→这些免疫细胞分别行使什么样的功能？具有识别作用的有哪些？→体液免疫中产生抗体的途径有哪些？→抗体是如何发挥作用的？"启发学生思维，使学生在交流、探索的过程中将众多概念关联起来，进一步理解特异性免疫过程。

整合阶段(I)：此阶段要求学生从系统和稳态的角度整合概念之间的联系。教师可为学生提供问题情境："HIV病毒侵入人体后，人体的免疫应答是怎样的？解释并区分过敏反应、自身免疫疾病、免疫缺陷病"，引导学生在分析解决问题的过程中，对学习的知识进行巩固应用，形成免疫调节的知识网络。

三、课堂小结增进知识的系统化

（一）小结是对课堂内容的高度概括

课堂小结即教师在完成某课时教学任务的终了阶段，通过归纳总结、拓展延伸和转化升华等方式，让学生对所学知识与技能进行系统化地概括与运用，进而将新知识同化到原有知识结构之中的一种教学活动。它的作用主要表现如下。

1. 加深印象，增强记忆

在一堂课的结束阶段，将本节课的中心内容加以总结归纳，提纲挈领地加以强调、梳理，可以帮助学生厘清思路，抓住重难点，将新知识同化到知识结构之中，变瞬时记忆为长时记忆，记忆更加牢固。

2. 知识系统，承上启下

生物学科的知识具有严密的逻辑性和系统性，新旧知识必然存在着内在的联系，在课堂结束阶段，通过总结归纳能帮助学生将所学知识结构化、系统化，形成知识网络；同时通过对旧知识的巩固可以为后面新知识的吸收提供基础，有利于学生更牢固灵活地掌握知识与技能。

3. 指导实践，培养能力

在新课结束之时，教师可以适当地、有针对性地布置一些课堂练习或课外实践活动。通过实践，对相关知识进行理解与运用，进而促进知识与技能的迁移，提高学生运用知识能力及分析与解决问题的能力。

4. 质疑问难，发展智力

教师可以充分利用学生的兴趣、好奇心，精心准备一些技能训练或社会热点问题，让学生进行思考与讨论，提出自己的见解，这样既可以巩固知识，又可以培养合作交流、观察分析能力，提高学生灵活运用所学知识的能力。

5. 及时反馈，承前启后

教师精心设计的小结，可以检测本节课的教学效果，了解学生学习中的困难和对知识的掌握程度，同时也可以为下一节课的教学内容进行铺垫。

(二)小结方式应丰富灵活

小结方式丰富多样，包括系统归纳、比较异同、设置悬念、巩固练习、首尾呼应和拓展延伸等，教师应根据教学内容及学生具体情况等巧妙灵活地选择小结的方式，调动学生积极性。

1. 系统归纳

系统归纳即教师运用简洁的语言和明确的问题，引导学生归纳出本节课的重点和主线，从而帮助学生系统化地掌握知识、完善技能、发展核心素养。小结时可采用概念图、列图表、提问等方式。系统归纳是最为常见的小结方式。

案例展示："细胞中的元素和化合物"(表 4-13)

表 4-13 案例展示："细胞中的元素和化合物"

教学环节	教师活动	学生活动	设计意图
系统归纳结束新课	【提问】 1. 大量元素、微量元素、基本元素分别为哪些？最基本的元素又是什么？ 2. 组成细胞的化合物可以分为哪两类？分别包括哪些？ 3. 检测生物组织中的糖类、脂肪和蛋白质分别用什么试剂？有什么注意事项	根据教师提示回答相应的问题。 1. 大量元素：C、H、O、N、P、S、K、Ca、Mg 等； 微量元素：Fe、Mn、Zn、Cu、B、Mo 等； 基本元素：C、O、H、N； 最基本的元素：C。 2. 无机化合物：水和无机盐； 有机化合物：糖类、脂质、蛋白质和核酸。 3. 还原糖-斐林试剂-砖红色沉淀、淀粉-碘-蓝色、脂肪-苏丹 III-橘黄色、脂肪-苏丹 IV-红色、蛋白质-双缩脲试剂-紫色	通过 3 个问题，引导学生回顾本节课的重点，形成系统的知识结构

2. 比较异同

比较异同是指教师列出对立的、并列的或者易于混淆的概念，引导学生进行对比分析，找出联系与区别，进而更加准确、深刻地理解概念，转换迷思概念。

案例展示："物质跨膜运输的方式"（表 4-14）

表 4-14 案例展示："物质跨膜运输的方式"

物质出入细胞的方式	被动运输		主动运输	胞吞、胞吐
	自由扩散	协助扩散		
运输方向				
是否需要载体蛋白				
是否消耗能量				
举例				

3. 设置悬念

设置悬念是指教师在本堂课基调的基础上，提出富有启发性的问题，不做解答，从而引发学生认知冲突或激发学生探究欲望，为下节课的教学埋下伏笔。设置悬念的关键在于巧妙的设问。

案例展示："神经调节"（表 4-15）

表 4-15 案例展示："神经调节"

教学环节	教师活动	学生活动	设计意图
设置悬念结束新课	【设问引发认知冲突】通过本节课的学习，我们知道神经系统的调节对维持内环境的稳态具有重要的作用。1. 那稳态的维持是不是仅仅有神经系统就足够了呢？2. 大家思考一下专业的长跑运动员在跑完马拉松消耗大量糖类之后会不会出现低血糖的现象？	学生思考：应该不是	通过本节课的学习，学生已经知道神经系统的重要作用，联系生活实际通过步步设问，引发学生的认知冲突：生命活动的调节好像不只是要神经系统的参与，那还需要什么的参与呢？进而思考查阅资料，为下节课激素调节的学习奠定基础

续表

教学环节	教师活动	学生活动	设计意图
	3. 那如果不会的话又是什么在维持着血糖的平衡呢？是神经系统吗？大家积极思考，这个问题我们下节课再来解答	学生回答：一般都不会 学生积极思考，课后查阅资料	

4. 巩固练习

巩固练习是指教师通过针对性的提问或者精心设计的小结测验，对学生知识的掌握情况进行检测并给予评价，从而得到及时的反馈，调整教学。

案例展示："减数分裂和受精作用"（表 4-16）

表 4-16 案例展示："减数分裂和受精作用"

教学环节	教师活动	学生活动	设计意图
巩固练习 结束新课	【PPT 呈现习题】 1. 此细胞处于____分裂时期，此时有____个四分体。 2. 此细胞的全部染色体上有 DNA 分子____个。 3. 此细胞分裂后的一个子细胞中，共含有____对同源染色体，子细胞染色体的组合为____	根据本节课所学习的减数分裂，完成习题。 1. 处于减数第一次分裂前期，两个四分体 2. 8 个 DNA 3. 0 个同源染色体，13、24 或 14、23	通过图像的辨别与习题解答，教师可以引导学生回顾简述分裂各个时期的特点、做出这样判断的理由，并且可以区别于有丝分裂各个时期的图像，也能训练学生的解题能力

5. 首尾呼应

首尾呼应是指小结与导入相呼应，从而表现出更强的逻辑性。例如，在问题情境教学时，教师在小结时会结合本节课所学内容引导学生解决导入时所设置的悬念性问题。

案例展示："生态系统的能量流动"(表 4-17)

表 4-17 案例展示："生态系统的能量流动"

教学环节	教师活动	学生活动	设计意图
首尾呼应结束新课	【首尾呼应 解决疑问】 通过生态系统能量流动的学习，我们回到一开始的问题，假如你是漂流到孤岛的鲁滨孙，你到底是应该先吃鸡再吃玉米，还是先吃玉米，同时用一部分玉米喂鸡，吃鸡产下的蛋，最后吃鸡？为什么	学生结合本节课所学，思考回答：应该先吃鸡再吃玉米，这样才能减少能量的流失，获得更多的能量等待救援	首尾呼应，学生带着问题进入到新课的学习，同时又通过新课的学习解决了问题，既使课堂协调统一富有情境性，又助于联系现实生活

6. 拓展延伸

拓展延伸是指将小结作为理论与实践结合的桥梁，教师引导学生应用所学的知识，解决生产生活中的实际问题并向学科发展前沿延伸，进而发展学生的核心素养。

案例展示："植物生长素的发现"(表 4-18)

表 4-18 案例展示："植物生长素的发现"

教学环节	教师活动	学生活动	设计意图
【感性升华，拓展提高】	升华：综合整个生长素发现史及评价证明生长素极性运输的实验，可知：科学结论都是在不断地质疑与完善中得出的。 课后思考：如果存在重力影响，如何排除重力因素对生长素极性运输的影响呢	【感性认知，课后探究】通过生长素发现的整个科学体验过程，领悟到科学探究需要善于发现问题，并持之以恒地解决问题。在已有知识基础上开展课后探究	【升华课题，启发思维】有效培养学生严谨的科学态度与坚持不懈的科学精神，形成科学的自然观和世界观，并以此指导生命活动规律的探究

(三)小结需把握要点

1. 及时小结，复习巩固

根据艾宾浩斯遗忘曲线，教师应在结课时及时对所教授的内容进行系统性的回顾和总结，进而引导学生将新知识系统化地同化到原有知识结构之中；同时力求有目的地调节课堂教学的节奏，张弛有度，使课堂小结水到渠成、自然贴切。

2. 语言精练，紧扣教学目标

教师的语言要简明扼要、提纲挈领，同时小结的设计应紧扣教学目标，突出教学的重难点，脉络分明，起到画龙点睛的作用，帮助学生形成知识网络结构，以便于其记忆、检索和应用。

3. 丰富小结形式，引导学生积极参与

教学中单一的小结方式会让学生感到枯燥乏味，达不到良好的教学效果，因此教师应根据教学情境、学生特点及自己的教学风格等灵活应用多种多样的小结方式，引导学生积极主动参与其中，进行意义学习。

4. 启发学生思维，发展学生能力

课堂小结除了给学生明确的结论以外，也应注意启发学生思维，同时在引导学生积极思考、动手动脑解决问题的过程中发展其能力。

四、课堂反馈要聚焦学的效果

(一)课堂反馈实现教学高效

课堂反馈是指教师在教学过程中，通过一系列方式实时把握学生学习状况，有效、及时地了解学生学习过程中遇到的困难和问题，并分析困难和问题产生原因的一种教学活动。

它一方面可以帮助教师了解学生对于教学内容的掌握情况，把握学生的学习效果，进而了解到自己教学中的不足之处，调整教学进度及教学方式，优化教学。另一方面可以促进学生的学习，学生在反馈的过程中通过对新知识的不断确认与调整可以加深记忆，同时可以让学生了解到自己的现有水平与目标之间的差距，调整学习策略，实现学习目标。

1. 反馈目标具有导向性

课堂反馈以学生的学习目标为导向促进师生共同发展，它的目的不是将学生与学生进行比较，而是为了检测学生达到学习目标的程度，了解学生学习状态，进而从教与学两个方面进行改善，促进学生学习目标的达成。

2. 反馈信息具有描述性

在教学反馈的过程中，教师与学生均能得到一定的反馈信息，要使反馈信息真正起到指导教学的作用，教师应根据学生的具体表现，采用学生可以理解的方式描述出学生需要改进的具体方面。

3. 反馈形式具有多样性

课堂反馈的形式多种多样，教师应根据教学内容、学生的特点及当天课堂的教学气氛灵活运用多种反馈形式，进而调动学生的积极性。

（1）语言反馈。

语言反馈指在学生回答相应问题后，教师利用语言对学生进行评价，包括简单认可、明示纠错、指示引导等。

（2）肢体反馈。

教师除进行语言反馈之外，还可通过肢体上的表现对学生进行评价，包括动作反馈和神情反馈等。

（3）书面反馈。

书面反馈指教师在批改学生的习题练习之后，附以适当的评语，以帮助学生了解自己的学习情况。

（二）反馈应把握要点

1. 把握时机，及时反馈

反馈作为课堂教学的重要环节，贯穿始终。教师一定要选择恰当的时机，及时地进行反馈。既要及时从学生中获得反馈信息，又要及时地把反馈、评价信息传递给学生，达到反馈控制的目的，增强课堂反馈的有效性。

2. 关注个体，反馈到位

有效的课堂反馈必须遵循"面向全体，照顾差异"的原则，既要兼顾整体的学习进度，又要照顾到个体学习能力的差异，有针对性地做好学生的查缺补漏工作，及时发现学生的学习困难，并为学困生设计针对性的训练，及时纠正和巩固知识与技能。

3. 启发引导，加强针对性

课堂反馈不应只是将知识进行简单的堆积设问来检验学生的学习效果，教师应该联系生活实际，创设问题性的情境，通过一系列针对性的设问，引导学生思考分析，提出自己的见解，进而得到反馈信息的同时，也训练了学生的思维能力。

4. 因课制宜，以正反馈为主

要想得到真实有效的反馈信息，充分地调动学生的积极性，教师就需要根据具体的教学内容、学生学习的特点等灵活地选择各种反馈方式，并且能够综合地运用多种反馈方式。例如，在学生回答正确时可以从语言以及神情上都给予肯定，同时在学生回答错误时，教师不应采取完全否定的态度，这样会降低学生的积极性，而是应该通过设问启发，引导学生找到正确答案。

五、板书设计要促进概念教学

（一）板书体现教学内容的精髓

板书是教学必不可少的辅助手段，它是教师根据教学的需要而写在黑板上的文字、符号、图表等，由主板书和副板书构成。主板书是体现教学目标与教学内容内在联系的重难点、中心和关键，副板书是正板书的具体补充或辅助说明，一般随教学进程的发展随写随擦或择要保留。板书具有以下功能：

1. 突出教学重点，揭示教学思路

板书是一种有效的文字教学语言，教师通过板书设计，可以提纲挈领地表达讲课的内容体系和推导线索，突出教学的重点和关键，有利于形成知识结构，启发学生思考，帮助学生厘清教材脉络和加深记忆。

2. 培养思维能力，提高教学效率

教师精心设计的具有逻辑联系的、简明扼要而又符合学生认知特点的板书，便于学生理解领会，有利于学生把握与记忆。丰富多彩、富有个性的板书形式，可以充实板书的教育内涵，实现板书帮助学生建构知识与培养思维能力的统一，促进学习效率。

3. 激发学习兴趣，发挥示范效应

板书中的文字、符号、线条、简表等多样的形式，对学生有较强的视觉冲击。构思巧妙、引人入胜的板书能够激发学生的好奇心和求知欲，调动学生的学习积极性。

工整美观、布局合理的板书还可以成为课堂艺术的一部分，精心设计的板书能使学生赏心悦目、兴趣盎然，潜移默化之中提高学生的审美，起到很好的示范作用。

(二)板书类型的选择影响教学效果

板书是教学的集中体现，学生可以结合板书对教学内容进行理解，教师应根据教学内容及教学目标选择合适的板书类型。

1. 提纲式板书

提纲式是最常见的板书类型之一，它是指教师对教学内容进行分析与提炼之后，条理化、层次分明地将教学内容列在黑板上，便于学生理解与记忆。

案例展示："植物生长素的发现"板书

植物生长素的发现

一、生长素的发现过程

1. 达尔文的实验

2. 鲍森詹森的实验

3. 拜尔的实验

4. 温特的实验

5. 生长素的本质：吲哚乙酸

二、植物激素

1. 植物体内产生

2. 从产生部位运输到作用部位

3. 对植物生长发育有显著影响的微量有机物

三、生长素的产生、运输与分布

四、实验：探究生长素的极性运输

五、结论：生长素在胚芽鞘中只能从形态学上端到形态学下端。下端琼脂块中生长素来自上端琼脂块

2. 表格式板书

表格式板书适用于两种以上的事物在概念、特点、规律等方面进行类比与分析，一目了然、简洁明了，同时也有利于培养学生的分析归纳能力。

案例展示："物质跨膜运输的方式"板书（表 4-19）

表 4-19　物质跨膜运输的方式

物质出入细胞的方式	被动运输		主动运输
	自由扩散	协助扩散	
运输方向	顺浓度梯度	顺浓度梯度	逆浓度梯度
是否需要载体蛋白	不需要	需要	需要
是否消耗能量	不消耗	不消耗	消耗
举例	氧气分子进入肺泡细胞	葡萄糖分子进入红细胞	小肠上皮细胞吸收葡萄糖

3. 图文式板书

图文式板书是指教师运用简单的线条、符号、图形等，配以简要的文字说明来显示教学内容，化抽象为直观。

案例展示："细胞膜的流动镶嵌模型"板书

细胞膜的流动镶嵌模型

一、生物膜结构探索历程

1. 欧文顿：膜由脂质构成

2.20 世纪初：膜中含脂质和蛋白质

(1)磷脂排布

模型建构一：　　　　模型建构二：

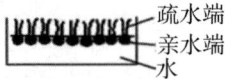

疏水端
亲水端
水

空气-水界面　　　完全浸没在水中

3. 荷兰科学家：细胞膜的磷脂双层排列

4. 罗伯特森：蛋白质-脂质-蛋白质

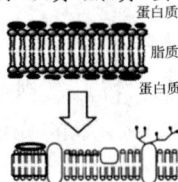

蛋白质
脂质
蛋白质

5.1970 年：膜具有流动性

6. 桑格和尼克森：

细胞膜——流动镶嵌模型

4. 结构式板书

结构式板书是根据各部分的因果、隶属等逻辑关系将各部分内容运用箭头、线段等联系起来的结构图，它适用于逻辑性较强的知识模块。

案例展示："生态系统的能量流动"板书

生态系统的能量流动

1. 能量流动的过程（图 4-8）

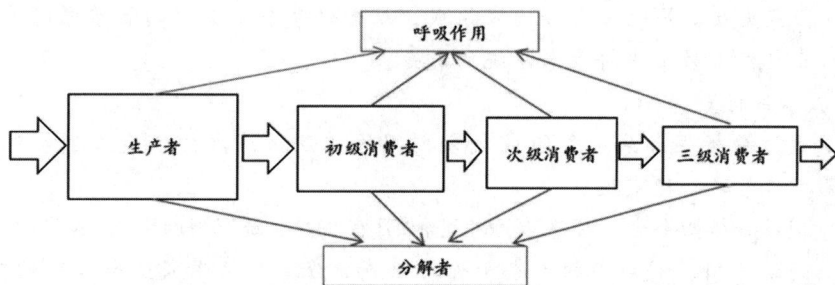

图 4-8　能量流动过程图

2. 能量流动的特点：①单向流动；②逐级递减……

（三）板书设计要把握要点

1. 纲举目张、条理清晰

生物学科属于自然科学范畴，具有较强的逻辑性与条理性，生物学课堂的板书应直观形象地向学生展现教学目标与教学思路，体现逻辑性，帮助学生理解。

2. 重点突出、主次分明

教师应在认真分析教材之后利用板书来体现一堂课的主要内容和线索，同时可利用彩色粉笔帮助学生抓住重点、分清主次、把握逻辑关系。

3. 兼顾艺术性、示范性

课堂的艺术性离不开贯穿始终而又直观形象的优美板书，板书的设计应新颖美观、精巧别致，富有创意和可欣赏性；同时学生具有较强的模仿性，教师的一手好字不仅能吸引学生的注意，还能激起模仿的欲望，因此教师在板书时一定要注意字形、字体和笔顺是否正确。

案例展示：第一节　生态系统的组成（第1课时）

生态系统的成分[①]

长沙市雅礼实验中学　王逗

【教材分析】

"生态系统的组成"选取自苏教版《生物学》八年级上册第七单元第十九章第一节。本课题内容既是对光合作用、动物在生物圈中的作用、细菌和真菌等内容的深化和串联，又是后面学习生态系统的物质循环和能量流动等内容的基础，在教材中起着承前启后的作用。该课题由生态系统的成分、食物链和食物网、生物富集及其影响三部分内容组成。综合教参确定本课题教学课时为2课时，本节内容为第1课时生态系统的成分。

【教学目标】

1. 通过分析生态系统各组成成分之间的相互联系，初步建立生命观念的系统观，动态平衡稳定观。

2. 通过分析四个生态瓶存活的时间和"月宫生态系统"的设计，体验科学探究。

3. 通过分析三种典型的生态系统的组成成分，归纳生成生态系统的概念，培养学生分析归纳思维。

4. 初步树立珍爱地球家园的情感。

【教学重难点】

1. 教学重点

(1)说出生态系统中的基本组成成分。

(2)举例说明一个生态系统中各种生物之间的联系。

2. 教学难点

利用本节所学知识，尝试构建"月宫生态系统"。

【学情分析】

本节内容面向的是八年级的学生，学生已经储备了植物的光合作用、细菌真菌在自然界中的作用等内容且求知欲较强，理解与表达能力较七年级有所提升。但知识零散，自主归纳能力较弱，抽象思维能力不够，社会责任感欠缺。因此在教学中，要有意识地引导学生自主探究、合作交流，培养学科素养。

---

① 该教学设计获2018年湖南省初中生物学教师赛课一等奖。

【教学方法】

采用激-探-创的教学模式，通过引导-探索-归纳法、模型构建法、资料分析法引导学生在自学、合作、探究中，积极主动参与知识建构。

【教学准备】

1. 教师准备：生态瓶，资料袋，磁性图片，白板，马克笔，课件，微课。

2. 学生准备：课本，笔。

【教学过程】

一、情境体验，观察生态瓶（表 4-20）

表 4-20

教师活动	学生活动	设计意图
展示四种生态瓶，提问：你觉得哪个生态瓶中的生物会存活最久呢？导入新课	观察生态瓶，思考，回答问题	创设问题解决型学习任务的真实情境，激发兴趣，初识生态系统

二、小组合作，初探生态系统（表 4-21）

表 4-21

教师活动	学生活动	设计意图
1. 为每个小组随机分配 1 个任务袋。森林：阳光、空气、土壤、常春藤、松树、苔藓、松鼠、啄木鸟、菜青虫、蚯蚓、枯草杆菌、银耳。淡水：阳光、温度、水分、荷花、芦苇、水绵、白鹭、鲫鱼、野鸭、芽孢杆菌、水霉。城市：阳光、空气、水分、柳树、栀子树、银杏、蜜蜂、人、狗、蘑菇、枯草杆菌、青霉。		通过对比分析多种生态系统，归纳总结生态系统的组成；小组互动、互评，答疑解惑，加深知识理解；思维碰撞中，激发学生理性思维。
2. 组织学生自主学习教材第 101～102 页，小组合作，给任务袋中的图片分类，并将结果展示在白板上。	自主学习后小组合作归类。	磁铁贴片的应用，化抽象为形象，提高了课堂表现力。
3. 教师巡视、指导，组织学生交流展示，小组之间互评。	部分小组展示，其他小组互评。	

教师活动	学生活动	设计意图
4. 师生一起归纳出生态系统的组成成分，并板书。		
5. 总结：生态系统由生物成分和非生物成分组成。非生物成分可以为生物提供必要的物质和能量；生产者主要是绿色植物，它们能够利用无机物合成有机物，并释放氧气，自然界中还有极少部分细菌也可进行该生理过程；消费者主要是动物，它们通过食物，直接或间接地从生产者获取现成的有机物，其他寄生在活生物体内的生物也属于消费者；分解者主要是细菌和真菌，它们能分解动、植物遗体残骸中的有机物。	思考并发言、聆听、做笔记	进一步加深对生态系统各成分作用的理解。
6. 提问：生态系统各成分之间是独立存在，互不干扰，还是紧密联系，互相作用呢？你能来分析每一种成分的重要性吗？	思考、积极发言	通过对比探索生态系统各成分的重要性，初步认识生态系统各成分之间的作用，培养学生分析表达能力。
7. 过渡、提问：生态系统中每一种成分都具有不可或缺的作用。接下来请大家完善生态系统的结构图。请将左边的文字填入合适的位置。	思考、积极发言	通过完善生态系统的结构图，形象具体的认知生态系统各成分之间的联系。
8. 总结：生产者从无机环境中获取无机物，通过光合作用，合成有机物，为自然界中所有的生物提供物质和能量，因此生产者是生态系统的基石；分解者将动植物遗体中的有机物分解成水、无机盐、二氧化碳，供绿色植物吸收和利用，如果没有分解者，动植物的遗体等就会堆积如山，生态系统就会崩溃；消费者也可以通	聆听、笔记	深入理解生态系统各成分之间相互作用，相互依存的关系，充分认识到生态系统是一个统一的整体。初步建立生命观念的系统观，动态平衡稳定观。

续表

教师活动	学生活动	设计意图
过呼吸作用分解有机物，加快生态系统的物质循环。		
9. 生成生态系统的概念：在一定区域内的生物与环境之间，通过不断地物质循环和能量流动，互相作用，互相依存而形成了一个统一的整体。		
10. 提问：请同学们分析存活最长的生态瓶是哪个？	思考、积极发言	首尾呼应，利用所学，解决实际问题。
11. 过渡：一个小小的生态瓶可以维持小鱼一定时间的生存。而人类也一直在尝试建立一个与生物圈类似，可供人类生存的生态系统。20 世纪 80 年，美国建立了生物圈 2 号。去年，我国科学家建立了月宫一号。我们通过 1 个视频来了解。		
12. 播放视频	观看视频	通过播放视频，使学生初识"月宫一号"人工生态系统

三、创新应用，设计"月宫生态系统"（表 4-22）

表 4-22

教师活动	学生活动	设计意图
1."月宫一号"也就像两间教室那么大，在这个狭小密闭的空间内，应选取什么样的成分来维持 4 名宇航员的生存呢？请大家尝试设计一个月宫人工生态系统吧！		

教师活动	学生活动	设计意图
2. 下发材料，组织学生设计"月宫生态系统"。 可供选择的材料：小麦、水稻、小球藻、螺旋藻、苹果树、黄瓜、草莓、黄粉虫、猪、鸡、枯草杆菌、水、光、氧气（图片背面有提示）。	小组合作，从信封中选择合适的材料并设计"月宫生态系统"，将结果展示在白板背面。 展示，点评	小组合作互助，利用所学解决科学问题。激发思维、激活思维，培养学生创新精神。培养学生热爱科学的情感。
3. 播放"月宫生态系统"内部真实情况的视频进行总结。	观看视频	通过了解"月宫一号"真实情况，培养学生生命观念的系统观、动态平衡稳定观。
4. 情感升华："月宫一号"这个人工生态系统实现了 370 天的稳定运行，创造了新的世界纪录。而我们生活的地球，从第一个原始生命出现至今，已经稳定运行了 36 亿年。从人类出现至今，也已经历经了几百万年。未来，人类会在太空中走得越来越远，但无论多远，地球永远是最值得我们珍爱的家园。		树立学生珍爱地球家园的情感。
5. 课后拓展作业：在 3 号生态瓶的基础上，制作一个生态瓶，调整放入生物的种类、数量和比例，使生态瓶可以维持更久	记作业	激活学生思维，增加知识深度、广度

【板书设计】

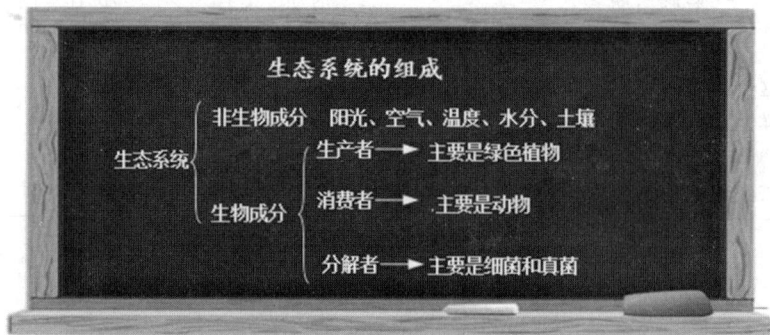

【教学评价与反思】

1. 通过任务引领，问题驱动，使课堂"活"起来。"观察生态瓶"激发兴趣，"找归属"初探新知，"设计月宫生态系统"实践应用，教学环节循序渐进，环环相扣，既符合知识由浅入深的呈现规律，又充分考虑了学生的学习特点和理解能力。

2. 兴趣主导，灵活开放，突出以学生为主体。教学素材贴近生活，联系实际，使学生在活动中快乐学习。许多环节开放性强，学生的意见得以充分表达。

3. 探究与实践相结合，既有知识的生成，也有知识的应用。以自主学习为基础，培养学生的主动性、独立性。小组合作学习，实现生生互动、互补、互助。通过实践育人，提升核心素养。

【本节要点】

1. 课堂教学主要由导入、新课研学、课堂小结、检测反馈等几个基本环节组成；教师若想让自己的课堂引人入胜，充分带动学生的学习热情，科学合理的教学环节设计必不可少。

2. 导入是教学环节的开端，是教师采用一定的方法将学生引入新的学习情境，从而为新课的学习做铺垫。教师应该在遵循导入的基本原则与结构的基础上，根据教学内容、学生、教学目标及教学风格等的不同，采用恰当的导入以达到最佳的教学效果。

3. 新课研学环节是课堂教学的主体，教学内容的组织要聚焦大概念，教学策略的选择应重视问题探究和概念的学习进阶，凸显学科核心素养的培养。教师可以根据教学目标、教学对象及自身等因素选择合适的教学策略。

4. 小结是对课堂内容的高度概括，是有助于学生将新知识同化到原有知识结构之中的一种教学活动。小结方式灵活多样，教师应力求在把握要点的基础上使课堂小结水到渠成、自然贴切。

5. 课堂反馈是指教师在教学过程中，通过一系列方式实时把握学生学习状况，有效、及时地了解学生学习过程中遇到的困难和问题，并分析困难和问题产生原因的一种教学活动，对教学起到及时调控作用。

6. 板书体现教学内容的精髓，其类型影响教学效果。板书设计要把握要点，促进概念教学。

【学以致用】

1. 请比较不同教学策略的适用范围，并尝试根据不同的教学任务选择教学策略。

2. 在高中必修教材中任选一课时内容，完成该内容的教学设计，并分析如何落实生物学学科核心素养的培养。

第五节　评价方案的设计确保了教学效果的检测

【聚焦问题】

某中学生物组有小王、小李两位老师，小王老师对学生的评价完全"以分数论英雄"，考分高的学生，小王老师格外喜欢，而考分低的学生经常会被他批评，甚至冷落；而小李老师对每一个学生都非常有爱心和耐心，即使是成绩不佳的学生，他也会在课上、课下用言语鼓励，在课内外活动中肯定每个学生的优点，也能公正地指出学生的不足，帮助学生不断成长。

问题：

1. 这两位教师对学生的评价方式会对他们的教学效果产生什么影响？

2. 教学中应该如何评价学生的学习？

问题探讨：两位老师的评价方式不同，可能会导致学生学习兴趣以及教师教学效果的差异。仅以成绩来评价学生，不符合现代教育评价的理念。课堂教学评价是按照一定的标准，对所实施的课堂教学行为进行测量和评价，从而比较并分析课堂教学活动所达到教学目标程度的过程。生物学课堂教学评价作为教学设计的重要组成部分，是获得教学活动反馈信息的重要途径，它既是教学工作的一个重要组成部分，也是生物学教育测量与评价的一个重要环节。

一、教学评价是教学活动不断增值的重要手段

教学评价是以教学目标为依据，运用科学的可操作手段、通过系统地收集有关教学的信息，对于教学活动的过程和结果做出价值上的判断，并为评价者的自我完善和有关部门的科学决策提供依据的过程。

教学评价是整个教学系统不可缺少的环节。教学评价通过提供教学活动的

反馈信息，激励师生教与学的积极性，并不断调节、完善教学活动，是促进教学活动不断增值的重要手段。

> **核心概念：** 教学评价是以教学目标为依据，运用科学可行的方法，研究教师的教和学习者的学的价值过程。其中，最主要的是对学习者学习效果的评价和教师教学工作的评价。

传统意义上的评价活动一般是在新课学习结束时进行，或是以学期为单位进行的期中期末测试。课程论研究者建议教师不仅要重视授课结束后的评价，更要在备课阶段就考虑、设计评价方案。根据教学评价的结果，教师可以得知自己教学与学生学习的效果，以便查漏补缺，优化教学，针对性地进行教学设计与授课。教学评价包括对教学过程中教师与学习者的活动、教学内容、教学方法、教学环境、教学资源等诸因素的评价，尤其关注对学习者学习效果的评价和教师教学工作的评价。

（一）教学评价具有多种类型

教学评价根据不同的分类标准有着不同的评价类型。根据评价的时间和目的的不同，可以将其分为诊断性评价、形成性评价和终结性评价三类。

1. 诊断性评价

诊断性评价是指在进行教学活动之前，教学者对学习者的学习准备程度做出评价鉴定，包括知识储备、能力状态等，以便教学者采取相应措施使教学计划能够顺利、有效实施而进行的测定性评价。诊断性评价一般在课程、学期、学年开始或教学过程中需要的时候进行。

2. 形成性评价

形成性评价是指在教学过程中，教学者为调节和完善教学活动，确定学习者在某段学习期间的学习成果，保证教学目标得以实现而进行的评价。形成性评价的主要目的是改进、完善当前的教学工作。

3. 终结性评价

终结性评价是以预先设定的教学目标为基准，对评价对象达成目标的程度（即教学效果）做出评价。终结性评价注重考查学习者掌握某门学科的整体程度，概括水平较高，测验内容范围较广，常在学期中或学期末进行。

（二）教学评价发挥着多重作用

通过教学评价，能使教师和学生掌握教学过程的结果，并及时给予教师与学生相应的教学信息，从而使教师对教学设计进行针对性修改以设计出更合适的教学过程，及时调整教学安排；也能让学生逐步跟上教师的教学思路以获得最佳的学习效果。教学评价有着诸多的功能，具体如下。

1. 教学评价具有学习诊断功能

通过教学评价，教师可以了解学生学习已达到的水平和学习中存在的问题，准确把握学生学习中的难点和知识缺漏，及时调整教学方案。

2. 教学评价具有反馈调节功能

教学评价可以反馈有关教学活动的信息，所反映出的信息不仅能让教师及时知道自己的教学情况，也可以使学生得到学习上成功或失败的体验，从而调整教与学之间的行为。这种信息反馈包括两类：一类是以指导教学为目的的对教师教学工作的评价。获得评价的反馈信息能使教师明确教学目标和目标实现程度，明确教学活动中所采取的形式和方法是否有利于促进教学目标的实现，此外，还能使教师了解自己的教学方法和教学过程组织中的某些不足之处，以及时地调节自己的教学工作，并诊断出学习者在学习上存在的问题，从而据此修正教学计划、改进教学方法并完善教学指导。另一类是以自我调控为目的的自我评价，即学习者通过自我评价获得反馈信息，能加深对自己当前学习状况的了解，以便调整学习策略，改进学习方法，确定适合自己的学习方式，并据此查漏补缺，变更学习策略、改进学习的方法增强学习的自觉性。

3. 教学评价具有激励功能

教学评价可以调动教师教学工作的积极性，激起学生学习的内部动因，还能使教师和学生把注意力集中在教学任务的某些重要部分。实践证明，适时地、客观地对教师教学工作做出评价，可使教师明确教学中取得的成就和需要努力的方向，可促使教师进一步地研究教学内容、教学方法，以提高自己的教学水平。对于学生来说，获得外界的表扬、鼓励等，能够提高学习的积极性和学习动力。同时，教学评价能促进学生根据外部获得的经验，学会独立地评价自己的学习结果，即自我评价。

(三)教学评价应该遵循基本原则

课堂教学评价的基本目的在于促进学生发展，提高和改进课堂教学实践。在教学评价实践中应该遵循基本的原则。

1. 教学评价应体现多元性

多元性是指在课堂教学评价中，应该从多个角度、运用多种方法对课堂教学的过程和课堂教学的结果进行评价。要考虑评价目标多元、评价形式多元、评价方法多元、评价主体多元，全方位评价课堂教学。

2. 教学评价应体现过程性

过程性强调以教学过程中评价对象的表现作为评价的主要内容，以促进评价对象的发展为根本目的，改变过去过分重视终结性评价的倾向，关注学生在教学过程中发生的变化。

3. 教学评价应体现客观性

在进行教学评价时，从测量的标准和方法，到评价者所持的态度，特别是最终的评价结果，都应符合客观实际，不能主观臆断或掺入个人情感。

二、学习者学习的评价方案设计应多元化

学生学习评价是在系统、科学、全面地收集和整理、分析学生信息的基础上，对学生在德智体美劳等方面的发展和变化做出价值判断的过程，目的是使学生得到全面发展，学生学习结果也是课堂教学评价的主要指标之一。学生学习评价的时机可以是课前、课上、课后。这里主要讨论在教学活动过程中进行的评价，即在课堂教学过程中的评价，有助于强化教师教学与学生学习的评价方式。

（一）学习评价的方法多元

对学生的学习进行评价方式多样，根据评价所采用的方法可以分为纸笔测验、表现性评价、档案袋评价等。

1. 纸笔测验是检测学生知识获取情况的基本方法

纸笔测验即试题评价，在新课研学环节结束后的随堂练习也属此类，测验的目的主要在于了解学习者的知识获取情况。目前的测验试题主要为客观性试题与主观性试题两大类。客观性试题主要包括选择题、填空题、判断题、匹配题等；主观性题目主要包括简答题、论述题、材料分析题等。在课堂教学中，教师通常在新课研学环节结束之后，或是一个新的知识点教学结束后，向学生出示随堂习题，要求学生当堂独立完成并口头作答，是常用的帮助学生巩固知识、检验学生学习效果的手段。

课堂练习的编制方法与试题的编制方法类似，此处不进行赘述。在使用课堂练习时，教师应该注意：课堂练习题应该注重学生兴趣的培养，试题难度适中，不应由于试题过难给学生挫败感，也不能由于试题过于简单使学生厌倦。试题出示的时间也应该符合学生的心理特点，一般在新授课环节开始和结束时用于诊断和检验学生的学习成果。课堂练习应该突出重难点，分多个问题层次

设计。同时，课堂练习题的数量也应适中，以 3～5 个为宜，过少的习题不能达到检验学生学习的预期效果，过多的习题也会影响课上其余环节的进行。

案例展示："动物的行为"当堂练习题

练习 1：蜂巢中的蜂蜜被黑熊偷吃，蜜蜂群起而攻之，蜜蜂的这种行为属于（　　）行为。

练习 2：请将下列动物行为与相关实例用线条连接起来。

取食行为　　　　　孔雀开屏

防御行为　　　　　棕熊捕食

繁殖行为　　　　　小狗撒尿占圈

攻击行为　　　　　两只狮子为占据领域而争斗

领域行为　　　　　变色龙体色随周围环境发生变化

2. 表现性评价是检测学生知识与技能结合情况的基本途径

所谓表现，指的是学生把自己的想法、感受、态度等内在素养通过体态、动作、语言、符号等媒介表达出来，它可以是学习过程中的表现，也可以是呈现出来的学习结果。而表现性评价指通过观察学生在完成实际任务时的表现来评价学生已经取得的发展成就。学习者表现性评价重视对学习者学习过程评价，重点关注学习者知识与技能的结合，不再是单纯的知识性测量。为课堂教学所设计的表现性评价，既可以评价学习者的观察、提问、设计等认知过程，也可以评价学习者最后的学习成果。如"DNA 分子的结构"一节，教师可以在课堂上安排活动，要求学生使用教师提供的教具构建 DNA 分子的模型，通过模型建构过程了解学生对该部分内容的掌握情况，这就是一种表现性评价。教师在学生构建模型、阐述理由的过程中即可完成对学生的评价，并且根据学生的表现强化学生的知识。

表现性评价也可以是通过教师特定的观察，看出课堂教学中某学习小组或某位学生学习态度的变化，如刚开始上课时学生的状态，是注意力集中或心不在焉；授课完成时学生的状态，是理解了所学内容还是充满疑惑。根据这类观察，教师可以及时纠正学生的行为，并且根据实际情况调整自己的教学活动；教师也可以对课堂上投入不够的学生进行课后的访谈，以确定学习者课上"开小差"的原因，修正自己的教学设计。

3. 档案袋评价是检测学生学习成就发展过程的基本形式

档案袋评价又称成长记录评价，是指根据教育教学目标，教师和学生有意识地将各种有关学生表现的材料收集起来，并进行合理的分析与解释，以反映学生在学习与发展过程中的努力、进步状况或成就。

学生收集、记录自己或同伴做出评价的有关材料，如学生自己的作品、反思及其他相关材料等，以此来评价学生学习和进步的状况。它是一种通过建立和查阅学生学业或个人发展的档案，从而评价个体内差异和比较个体与他人之间的差异的一种评价方法。国内学者将其定义为："用于显示有关学习者学习成就或持续进步信息的一连串表现、作品、评价结果以及其他相关记录和资料的汇集。"因此也称为学习者的"成长记录袋"评价。

为了更好地对学习者的学习做出评价，教学者需要针对不同的个体设计相适应的档案袋。档案袋的建立需要关注以下几个问题。

(1)明确评价目的。若是为了展示学习者的实作成果，即用"档案袋"展示学习者最好的作品；若是为了反映学习者的进步，即通过形成性评价，证明学习者的进步，则应该收集体现学生在学习过程中持续性变化的素材；若是一种评价工具，即把"档案袋"作为一种终结性的评价工具，则应展示学习者已经完成了什么，完成得如何，从而对学习者做出评价。

(2)确定评价的内容。即档案袋评价的是学习者的理论知识水平还是技能水平，或者是两者并存；如果我们的目的是"展示"，那么，只要收集学习者最满意的作品即可；如果我们的目的是"反映学习者的进步"，那么，档案袋中既要收集过程性作业，也要收集结果性作业；既收集学习者的作品，也收集其他一切可以描述学习者进步的材料。同时，学习者的自我反省和自我评估材料也可放入其中。

(3)确定评价的对象。档案袋评价的对象范围可以包括各年级的学习者，教学者可以根据自己确定的评价目的，灵活地选择具体的评价对象。如果建立档案袋的目的是为了促进与家长的沟通，那么，评价对象就应包括班上的所有学习者，且必须收集学习者的一系列作品；如果建立档案袋只是为了收集某一特定教学内容的反馈信息，进而做出教学诊断，那么，只要收集一部分学习者的信息即可。

(4)确定要收集的内容和收集的次数频率。若为考查知识获取水平，则可以根据需要收集学习者周考测量卷、月考测量卷或者期末测量卷等。

(5)确定评分程序。教学者可以调动和指导学习者积极参与档案袋的收集工作，并与家长积极进行沟通，在交流与分享计划中确定成长记录袋评分的最适方法，制订评价结果。

运用档案袋进行评价，一方面学习者通过自己的全程参与，能够提高自我反思能力，有利于学习者深入了解自己的学习情况，从而确定进一步努力的方向；另一方面为教学者最大限度地提供了有关学习者学习与发展的重要信息，既有助于教学者形成对比，又有助于教学者制订相应的教学计划。

由于这种评价涉及的内容与范围广，因此教学者的工作量明显增大。此时可以让学习者自己来完成成长记录袋内容的收集、编排和保存等工作，教学者主要负责指导、鼓励学习者自省与反思，负责定期召开成长记录袋的反思交流与评分会议。除此之外，教学者可灵活运用抽查、集体展示与评比、集体指导、答疑等方式进行监控、指导。

（二）学习评价的主体多元

根据评价的不同主体，可以分为自我评价、他人评价（同伴评价、教师评价）等方式。

1. 自我评价是学生反思自己学习的基本方法

自我评价是学生对自己的学习活动进行自我反思的过程。学生通过反思自己在课堂上的表现，如听课情况、发言情况、与他人合作的情况、课堂作业情况、学习效果情况等，对自己的学习有一个比较全面的分析，找到学习中的不足并促使自己不断改进。

2. 他人评价是促使学生获得及时反馈的基本途径

他人评价的主要形式有同伴评价和教师评价。

（1）同伴评价可以让学生及时获得来自学习伙伴的信息反馈。

同伴评价也叫同伴互评、同伴反馈，是指学习者对其他同等水平学习者的成果与表现、价值与质量的考虑与衡量。同伴评价可以提供及时有效的反馈信息，提供学习者的批判思维与纠错能力。

在生物学教学中，对于一些要求学生实作、展示类的活动可以采用同伴评价的方式进行。如在"转基因生物的安全性"一节教学中，可以让学生以小组为单位查阅资料、分组进行汇报、阐述支持和反对转基因技术的理由，其他小组成员作为评委对各组的表现进行评分。通过实施同伴评价活动，有助于负责展示的小组提高收集信息和表达交流的能力，负责评分的小组则提高综合运用知识评价、决策的能力，有助于从社会责任维度培育学生的生物学学科核心素养。在"细胞的基本结构"一章学习结束后，学生将制作细胞模型，教师可安排学生根据细胞模型的科学性、美观性、经济性等因素互相进行评分，促进学生对知识的理解运用能力。

（2）教师评价可以让学生及时获得来自学习活动主导者的反馈。

教师作为教学活动的主导者，会对学生的学习情况进行评价。教师的评价有显性和隐性之分。显性评价如教师的口头评价、分数、作业或试卷评语等，隐性评价即那些难以预期的、伴随着教学活动和教学评价随即出现的、对学生的发展起着潜移默化的影响作用的价值判断。这种价值判断是不容易察觉的，但事实上是对学生及其表现做出的价值判断。教师的肢体语言、面部表情、语音语调等反馈都可以成为一种对学生的隐性评价。

教师在授课之前应该在脑海中考虑自己惯用的语音语调、肢体语言以及神态对教学的作用，对可能出现的情形做出预案。如教师在提问学生时，面带微笑，采用优雅和蔼的肢体语言，对学生来说是一种正向的评价，有助于激发学生的学习热情。当学生回答错误时，教师应该采用温和的语言语调来纠正，不能打击学生的学习热情，更不可随意贬低学生。

（三）学生学习评价的基本内容应聚焦学习效果

学生学习评价的目的是为了检测学生的学习效果，以便教师调整教学设计方案，因此，在学生学习评价中应把握以下几点。

1. 注重对学生生物学学习过程的评价

对学生生物学学习的评价，既要关注学生对知识与技能的掌握情况，更要关注学生情感态度价值观的形成与发展；既要关注学生的学习结果，更要关注学生在学习过程中的变化发展，着眼于学生生物学学科核心素养的培养。

2. 关注学生基础知识与基本技能的理解与掌握情况

对学生基础知识与基本技能的评价，应遵循课程标准的基本理念，以该学段的知识与技能目标为基准，考查学生对于基础知识与基本技能的理解与掌握情况。

3. 重视对学生发现问题和解决问题能力的评价

考查学生在教师指导下，从日常生活中发现并提出简单的生物学问题，能否选择适当的方法解决问题，是否愿意与同伴合作解决问题，能否表达解决问题的大致过程和结果，是否养成反思自己解决问题过程的习惯等。

（四）学生课堂表现评价量表示例（表 4-23 和表 4-24）

表 4-23 示例 1 学生课堂表现评价量表

等级 项目	A 级	B 级	C 级	自我 评价	同学 评价
听课情况	听课认真，没有走神、讲闲话等现象	听课比较认真，偶尔有走神、讲闲话等现象	听课不认真，走神、讲闲话现象比较严重		

续表

等级 项目	A 级	B 级	C 级	自我 评价	同学 评价
发言情况	积极举手发言，并有自己的见解	能举手发言，但自己的见解比较少	很少发言，不表达自己的观点		
合作学习情况	乐于与人合作，虚心听取别人的意见	能与人合作，能接受别人的意见	缺乏与人合作的意识，难以接受别人的意见		
课堂作业情况	认真迅速地完成作业，作业质量高	能按要求完成作业，速度稍慢或质量一般	不能按要求完成作业		
我这样评价自己					
同学眼里的我					
老师眼里的我					

表 4-24　示例 2　学生学习效果评价量表

评价方式	评价内容	评价等级			
		A	B	C	D
自我评价	对本节课知识的兴趣	浓厚	较浓厚	一般	弱
	本节课独立思考的情况	强	较强	中	弱
	体验到学习成功的愉悦	多	较多	一般	少
	与同伴交流的意识	强	较强	一般	弱
	在知识、方法等方面获得收获的程度	高	较高	一般	低
同伴互评	本节课发言的次数	多	较多	一般	少
	本节课发言的质量	高	较高	一般	低
	本节课课堂练习的正确性	高	较高	一般	低

续表

评价方式	评价内容	评价等级			
		A	B	C	D
教师评价	听课的专心程度	专注	较好	一般	分心
	参与教学活动的程度	高	较高	一般	低
	课堂发言反映出的思维深度	强	较强	一般	弱
	课堂提出问题的能力	强	较强	一般	弱

三、教师授课的评价方案设计应基于教学效果

教师授课评价即课堂教学评价，是依据现代教育评价理论，对课堂教学活动和价值所进行的判断。它具有考查和激励的作用。一般来说，教师授课的评价方案设计应该在授课之前完成，并且应重点基于教学效果设计。由评价方案指导教师的教学与专家、领导、同行对课程的评价过程，评价结果也可以作为教师考核与晋级的重要依据。

（一）教师授课评价促进教学目标的达成

1. 教师授课评价有助于督促教师落实教学目标

设计科学合理的授课评价方案有助于督促教师落实教学目标。在评价方案的指导与监督下，教师会有意识地规范自己的教学行为，落实课程标准的要求，促进学生学科核心素养的形成。

2. 教师授课评价有助于激发教师教学积极性

合理的授课评价对教师可以起到一个正向反馈的作用。他人对教师的积极评价有助于提升教师教学工作的积极性。随堂的授课评价不同于传统"以学生考分论英雄"的教师评价，它更科学合理，能够从教师课堂教学这一维度对教师的工作进行评价，可以更科学、更合理地反映一位教师的教学水平，有助于激发教师工作的积极性。

3. 教师授课评价有助于教师改进教学方法，提高教学水平

授课评价同样具有诊断性评价的作用，教师根据自身的评价结果，可以有针对性地改进自己的教学方法、优化教学设计，并且针对教师授课的评价行为也能促进同行之间的交流与探讨，有助于提高教师的教学水平。

（二）教师授课评价的方法多样

教师授课评价的常用方法有分析法、调查法和综合量表评价法等。

1. 分析法

分析法是指通过对课堂教学的各方面工作进行定性分析来评价教学质量优劣的方法。采用分析法评价课堂教学的依据主要是凭借评价人员的学识和经验，评价结果以定性描述为主。该方法可用于自评，也可用于他评。

自我评价是教师在一定的教育理论指导下，依据一定的评价原则，对照事先确定好的评价标准，自己制订发展目标，对自我的素质、工作职责和工作绩效等进行主动的价值判断的过程。通过积极的自我评价，教师可以发现自身的优势与不足，及时挖掘自身潜力，从而有效地促进自己的专业发展。

学校领导和其他老师也可以运用分析法对课堂教学进行评价，在观察课堂教学活动后，分析其成功之处与不足，帮助授课教师提高教学水平。

分析法操作简单，能突出课堂教学的主要问题和特征，是课堂教学评价的常用方法之一。但其评价标准不够明确，受评价者主观因素影响大，具有一定的局限性。

2. 调查法

调查法主要有问卷调查和座谈两种形式。问卷调查是针对课堂教学活动，设计专门的调查问卷，向相关人员发放问卷进行调查，收集处理问卷上的有关数据，最后对教师的教学工作做出定性和定量的评价。

座谈是指组织有关教师和学生召开专门会议，调查某教师的课堂教学情况，了解与会人员对某教师教学工作的意见，最后对某教师教学工作做出评价。

案例展示：教师教学情况问卷调查表

1. 你认为该老师上课时的出勤情况如何？

A. 很按时，无迟到现象　　　　　　B. 偶尔有迟到早退现象

C. 经常有迟到早退现象　　　　　　D. 有缺课现象

2. 你认为该老师对待你们的态度如何？

A. 十分热情　　　　B. 一般　　　　C. 不够热心　　　　D. 冷漠

3. 你认为该老师的教学态度和敬业精神如何？

A. 认真负责　　　　　　　　　　　B. 能按要求履行职责

C. 勉强完成任务　　　　　　　　　D. 敷衍塞责，不负责任

4. 你认为该老师的课堂教学效果如何？

A. 优　　　　　　B. 良　　　　　　C. 一般　　　　　　D. 差

5. 你认为该老师的课堂组织能力如何？

A. 纪律好   B. 纪律较好

C. 纪律一般   D. 较差

6. 你认为该老师的授课声音如何？

A. 声音洪亮，吐字清楚   B. 声音适中，能听清楚

C. 声音较小，听起来费劲   D. 声音很小，听不清楚

7. 你认为该老师上课时讲解的知识是否通俗易懂？

A. 清楚易懂   B. 较为清楚   C. 一般   D. 含糊不清

8. 你认为该老师的答疑解惑能力如何？

A. 很强   B. 较好   C. 一般   D. 较差

9. 你认为该老师上课对启发思维、培养创新能力如何？

A. 很强   B. 较好   C. 一般   D. 较差

10. 你认为该老师的授课激情如何？

A. 很强   B. 较好   C. 一般   D. 较差

11. 你认为该老师调动课堂气氛的能力如何？

A. 很强   B. 较好   C. 一般   D. 较差

12. 你认为该老师的教学方法如何？

A. 教学方法灵活多样   B. 能运用一般教学方法

C. 教学方法较为死板   D. 完全照本宣科

13. 你认为该老师的课堂互动情况如何？

A. 师生积极互动   B. 对学生的反应不够敏锐

C. 不重视与学生的沟通   D. 没有互动

14. 你认为该老师的课堂教学节奏掌控能力如何？

A. 很强   B. 较好   C. 一般   D. 较差

15. 你认为该老师的作业量如何？

A. 适宜   B. 偏少

C. 偏多   D. 太多以致无法完成

16. 你认为该老师的作业批改情况如何？

A. 认真负责   B. 一般

C. 不认真   D. 不批改

17. 你认为该老师组织考试的情况如何？

A. 认真负责   B. 一般

C. 不够客观公正   D. 不认真

18. 你认为该老师的早晚自习情况如何？

A. 每次都准时到并认真辅导　　　　　B. 有时到并认真辅导

C. 有时到也不认真辅导　　　　　　　D. 很少到

19. 你对该老师教学情况的总体评价为

A. 很好　　　　　　　　　　　　　　B. 较好

C. 一般　　　　　　　　　　　　　　D. 较差

20. 你认为该老师是个享有威望，深受欢迎的好老师吗？

A. 很受欢迎，我们爱听他(她)的课

B. 一般吧，我们能听他(她)的课

C. 不太受欢迎，勉强听课而已

D. 不受欢迎，根本不想上他(她)的课

年　　月　　日

3. 综合量表评价法

综合量表评价法是指评价者在听课的基础上，运用课堂教学评价表逐项对某教师的课堂教学给予一定的分数或等级，运用一定的统计方法对所有评价者所赋分数或等级进行统计和分析，得出某教师的总得分或等级。综合量表评价法注重对课堂教学活动的具体分析，评价指标比较具体，注重量化处理，是一种定量分析。

课堂教学评价表可以由教育主管部门提供或者由学校、评价小组自己制订，如表 4-25、表 4-26 所示。

表 4-25　生物学课堂教学评价表

科目：　　　　　　　　任教学校：　　　　　　　　执教者：

教学内容：＿＿＿＿＿＿＿＿＿＿			
要素	要素细则	设定分值	得分
教学目标	1. 目标明确，体现认知、技能和情感的统一。 2. 目标具体，可以观察和测量。 3. 目标完整，符合课程标准的要求	8～15 分	
教学内容	1. 按照教学目标，教学内容的选择和编排系统循序渐进、有梯度。 2. 教学内容安排突出重点，分解难点	8～15 分	
教学策略	1. 依据教学目标，选择策略恰当。 2. 教学策略的使用符合师生实际	8～15 分	

续表

要素	要素细则	设定分值	得分
教学方法	1. 方法选择恰当，有利于内容呈现和目标实现。 2. 学生能参与教学活动，对学生的思维启发有一定的深度。 3. 重视学法的指导	8～15 分	
教学媒体	1. 从实际出发，选择恰当的媒体。 2. 媒体的使用适时、适度、适量、有效	6～10 分	
教学评价	1. 有效实施反馈、控制。 2. 能达到预期教学目标	6～10 分	
教师基本功	1. 精神饱满，教态亲切自然。 2. 教学语言清晰、流畅、简洁。 3. 板书设计及书写精巧、端正	8～15 分	
教学理念	1. 具有处理突发事件的教学机智。 2. 课堂教学是否具有创新意识	1～5 分	

等级	优	良	一般	及格	不及格
	100～90 分	89～80 分	79～70 分	69～60 分	60 分以下

总得分	

评价人：　　　　　　　　　　　　　　　　　　　　　　　　　　　年　月　日

表 4-26　生物学课堂教学评价表

年　月　日　　　　　　　　　　　　　　　第　节

班级_____　执教老师_____　　　　教学课题_____　　评价人_____

一级指标	二级指标	三级指标	评价等级			
			优秀	良好	一般	较差
教师的课堂行为（60 分）	教学态度（10 分）	情绪饱满、稳定，热情				
		准备充分，熟悉掌握学生的学习情况				
	教学设计（30 分）	教学目标全面、具体、并能转化成学生的学习目标，让学生充分了解				
		教学内容安排符合学生的认知特点，具有科学性、趣味性，与学生的经验和生活实际联系紧密				
		根据教学内容的特点采取不同的教学方法，有利于学生的参与				

续表

一级指标	二级指标	三级指标	评价等级			
			优秀	良好	一般	较差
教师的课堂行为（60分）	教学设计（30分）	提问设计巧妙，有启发性，有梯度，能照顾到各层次的学生				
		注重生物学研究方法的教授，有意识培养学生提出问题和解决问题的能力				
		有意识指导学生掌握生物学的学习方法				
	教学素质（20分）	注意倾听学生的回答并给予恰当的语言或非语言反馈				
		根据学生反馈信息及时对教学过程和难度进行调整，时间安排合理				
		生物学术语准确、规范，板书、板画、演示实验等基本功扎实				
		善于运用教具、多媒体等多种教学手段使学生始终保持良好的注意力				
学生课堂行为（40分）	课堂气氛（20分）	师生关系平等、融洽、情感多向交流				
		绝大多数学生积极参与各项学习活动，参与行为持久				
		学生注意力集中，始终保持良好的注意状态				
	参与状态（10分）	思维活跃，回答问题积极、踊跃				
		教师鼓励下能大胆提出问题，敢于质疑				
		有兴趣进行讨论和交流				
		学生之间交往、合作默契				
	学习成果（20分）	当堂掌握教学内容，如课堂练习、回答问题正确率较高				
		能掌握生物学概念的来龙去脉以及之间的联系				
		通过学习获得成功感和满足感				
		学习兴趣浓厚，表现出强烈的学习动机				

续表

一级指标	二级指标	三级指标	评价等级			
			优秀	良好	一般	较差
综合评价						

（三）教师授课评价的基本内容应聚焦学习效果

1. 教学目标要全面、具体，要落实生物学学科核心素养的培养

教学目标的制订要符合课程标准的要求，密切结合教学内容，联系学生的实际情况，以保证全面实施素质教育，落实生物学学科核心素养的培养。

2. 教学过程应围绕教学目标的达成，体现学生主体

教学内容要科学、系统，重点与难点的处理到位。教师能恰当地选用教学策略和教学媒体，创设良好的学习条件，营造民主、和谐的课堂氛围，重视课堂的生成性。教师在课堂上不仅要调动学生学习的积极性，而且要有效、合理地使用教育资源，帮助学生养成收集信息、整理信息、使用信息的能力，多给学生动手实践的机会。教师不仅是学生学习的促进者、学生学习能力的培养者，同时也是学生学习的合作者。

3. 学生的学习状态和学习结果是教师授课的重要评价指标

课堂上学生的学习状态，如班级中有多少学生在积极地投入学习活动，在主动地思考问题、提出或回答问题，有多少学生在观察、分析、对比探索；学生在探究活动中提出或回答问题的深刻程度，特别是能否有根据地提出或回答问题，解决问题的能力等是评价教师授课效果的重要依据。

（四）教师授课评价的实施应重视课堂观察的作用

对教师授课评价的方法很多，课堂观察法是课堂教学评价最常用、最基本的方法。

1. 课前准备工作要充分

课前应了解授课教师的教学进度和教学内容，熟悉生物学课程标准对该部分教学内容的具体要求。确定听课的重点（如教学语言、教学结构、教师提问、师生互动等），并设计听课记录表和评价表。课堂教学评价表可以根据评价指标、评价标准自行设计，也可以运用现成的评价表。在听课前，评价者还需了解学生和授课教师的基本情况，可以在课前通过对师生的访谈来了解。

2. 听课和记录要围绕观察重点展开

评价者应该在上课之前进入教室，根据观察需要坐在教室的合适位置，以减少对授课教师和学生的心理和听课视线的干扰。上课铃响后，听课者即进入观察和记录阶段，将教师和学生的行为记录下来（如果听课者之间有分工，即记录自己重点观察的内容）。课堂观察的内容包括教学内容、教学方法、教学环境、教学效果、课堂氛围等。崔允漷等提出的课堂观察框架（表 4-27）为课堂观察提供了依据。

知识链接： 扫描下列二维码，了解更多关于课堂观察的知识。

表 4-27　课堂观察框架（第三版）

维度一：学生学习	
视角	观察点举例
准备	·课前准备了什么？有多少学生做了准备？ ·怎样准备的（指导/独立/合作）？学优、学困生的准备习惯怎样？ ·任务完成得怎样（数量/深度/正确率）
倾听	·有多少学生倾听老师的讲课？倾听多长时间？ ·有多少学生倾听同学的发言？能复述或用自己的话表达同学的发言吗？ ·倾听时，学生有哪些辅助行为（记笔记/查阅/回应）？有多少人发生这些行为
互动	·有哪些互动/合作行为？有哪些行为直接针对目标的达成？ ·参与提问/回答的人数、时间、对象、过程、结果怎样？ ·参与小组讨论的人数、时间、对象、过程、结果怎样？ ·参与课堂活动（小组/全班）的人数、时间、对象、过程、结果怎样？ ·互动/合作习惯怎样？出现了怎样的情感行为
自主	·自主学习的时间有多少？有多少人参与？学困生的参与情况怎样？ ·自主学习形式（探究/记笔记/阅读/思考/练习）有哪些？各有多少人？ ·自主学习有序吗？学优生、学困生情况怎样
达成	·学生清楚这节课的学习目标吗？多少人清楚？ ·课中有哪些证据（观点/作业/表情/板演/演示）证明目标的达成？ ·课后抽测有多少人达成目标？发现了哪些问题

续表

维度二：教师教学	
视角	观察点举例
环节	• 教学环节怎样构成(依据/逻辑关系/时间分配)的？ • 教学环节是怎样围绕目标展开的？怎样促进学生学习的？ • 有哪些证据(活动/衔接/步骤/创意)证明该教学设计是有特色的
呈式	• 讲解效度(清晰/结构/契合主题/简洁/语速/音量/节奏)怎样？有哪些辅助行为？ • 板书呈现了什么？怎样促进学生学习的？ • 媒体呈现了什么？怎样呈现的？是否适当？ • 动作(实验/制作/示范动作)呈现了什么？怎样呈现的？体现了哪些规范
对话	• 提问的时机、对象、次数和问题类型、结构、认知难度怎样？ • 候答时间多少？理答方式、内容怎样？有哪些辅助方式？ • 有哪些话题？话题与学习目标的关系怎样
指导	• 怎样指导学生自主学习(读图/读文/作业/活动)？结果怎样？ • 怎样指导学生合作学习(分工/讨论/活动/作业)？结果怎样？ • 怎样指导学生探究学习(实验/课题研究/作业)？结果怎样
机智	• 教学设计有哪些调整？结果怎样？ • 如何处理来自学生或情境的突发事件？结果怎样？ • 呈现哪些非言语行为(表情/移动/体态语/沉默)？结果怎样

维度三：课程性质	
视角	观察点举例
目标	• 预设的学习目标是怎样呈现的？目标陈述体现了哪些规范？ • 目标是根据什么(课程标准/学生/教材)预设的？适合该班学生的水平吗？ • 课堂有无生成新的学习目标？怎样处理新生成的目标的
内容	• 怎样处理教材的？采用了哪些策略(增/删/换/合/立)？ • 怎样凸显本学科的特点、思想、核心技能以及逻辑关系？ • 容量适合该班学生吗？如何满足不同学生的需求？ • 课堂中生成了哪些内容？怎样处理的
实施	• 预设哪些方法(讲授/讨论/活动/探究/互动)？与学习目标适合度？ • 怎样体现本学科特点？有没有关注学习方法的指导？ • 创设什么样的情境？结果怎样

续表

维度三：课程性质	
视角	观察点举例
评价	·检测学习目标所采用的主要评价方式有哪些？ ·如何获取教/学过程中的评价信息（回答/作业/表情）？ ·如何利用所获得的评价信息（解释/反馈/改进建议）
资源	·预设哪些资源（师生/文本/实物与模型/实验/多媒体）？怎样利用？ ·生成哪些资源（错误/回答/作业/作品）？怎样利用？ ·向学生推荐哪些课外资源？可得到程度怎样

维度四：课堂文化	
视角	观察点举例
思考	·学习目标怎样体现高级认知技能（解释/解决/迁移/综合/评价）？ ·怎样以问题驱动教学？怎样指导学生独立思考？怎样对待学生思考中的错误？ ·学生思考的习惯（时间/回答/提问/作业/笔记人数）怎样？ ·课堂/班级规则中有哪些条目体现或支持学生的思考行为
民主	·课堂话语（数量/时间/对象/措辞/插话）是怎样的？怎样处理不同意见？ ·学生课堂参与情况（人数/时间/结构/程度/感受）是怎样的？ ·师生行为（情境设置/叫答机会/座位安排）怎样？师生/学生间的关系怎样？ ·课堂/班级规则中有哪些条目体现或支持学生的民主行为
创新	·教学设计、情境创设与资源利用怎样体现创新的？ ·课堂有哪些奇思妙想？学生如何表达和对待？教师如何激发和保护？ ·课堂环境布置（空间安排/座位安排/板报/功能区）怎样体现创新的？ ·课堂/班级规则中有哪些条目体现或支持学生的创新行为
关爱	·学习目标怎样面向全体学生？怎样关注不同学生的需求？ ·怎样关注特殊（学习困难/残障/疾病）学生的学习需求？ ·课堂话语（数量/时间/对象/措辞/插话）、行为（叫答机会/座位安排）怎样？ ·课堂/班级规则中有哪些条目体现或支持学生的关爱行为
特质	·在哪些方面（环节安排/教学处理/导入/教学策略/学习指导/对话）体现特色？ ·教师体现了哪些优势（语言/学识/技能/思维/敏感性/幽默/机智/情感/表演）？ ·师生/学生关系（对话/话语/行为/结构）体现了哪些特征（平等/和谐/民主）

3. 整理听课记录、填写评价表要客观

整理听课记录的目的是厘清课堂教学的结构和思路，将重要的细节补充完整。听课结束后，评价者对照听课记录，对课堂教学的过程和思路再次进行梳理，将来不及记录完整的细节补全，有利于评价者对授课教师的教学设计和结构安排进行评价。在生物学课堂教学评价中，评价表是常用的一种工具，评价者根据评价表中的评价指标和评价标准打分，或选择等级优、良、合格、不合格。

4. 评价结果的反馈要及时

听课结束后，评价者应及时将评价结果反馈给授课教师。在反馈评价结果时，应考虑根据不同对象和不同条件采取不同的反馈方式，既要考虑保护授课对象的自尊心、自信心不受到打击，又要考虑评价应起到的作用；既可采用集体反馈的形式，也可采用个别反馈的形式进行。

【本节要点】

1. 教学评价是以教学目标为依据，运用科学可行的方法研究教师的教和学习者的学的价值过程，具有学习诊断、教学反馈以及激励的功能，有助于教师与学生不断调节、完善教学活动。实施教学评价时应体现多元性、过程性和客观性原则。

2. 根据评价的时间和目的的不同，可将教学评价分为诊断性评价、形成性评价以及终结性评价三类。诊断性评价一般在课程、学期、学年开始或教学过程中需要的时候进行，形成性评价主要在教学过程中实施，而终结性评价常在学期中或学期末进行。

3. 教学评价中最主要的是对学习者学习效果的评价和教师教学工作的评价。前者是对学生在德智体美劳等方面的发展和变化做出价值判断的过程，目的是使学生得到全面发展。后者是对课堂教学活动和价值进行判断的过程，具有考查和激励的作用。

4. 学生的学习进行评价方式多样，根据评价所采用的方法可以分为纸笔测验、学习者表现评价、档案袋评价等；根据评价的不同主体，可以分为自我评价、他人评价(同伴评价、教师评价)等方式。

5. 教师授课评价的常用方法有分析法、调查法和综合量表评价法。教师授课评价的实施应重视课堂观察的作用。

【学以致用】

1. 简述教学评价的意义。

2. 设计某一节课的随堂练习题。

3. 调查一所中学的课堂教学评价方案，并尝试用所学的知识进行评价。

第五章 教学设计方案的编制

【学习目标】

1. 了解教学方案的设计具有不同的形式。
2. 明晰课时计划能够促进次位概念的形成。
3. 明确单元教学计划能够促进大概念和重要概念的形成。
4. 掌握课时计划和单元教学计划的撰写。
5. 理解教学案例的定义和特征。
6. 能从对教学案例的评析中提升教学设计能力。

【内容提要】

本章围绕教学设计方案的编制，从教学设计方案的形式、课时教学计划、单元教学设计、教学案例及其评析四个方面进行阐述，并附有具体的教学设计和教学案例，旨在指导学习者全面地认识教学设计方案，并提升学习者的教学设计能力。

【学法指引】

在学习本章内容之前，学习者应当明确本章的学习目标，把握总体要求和内容概要。在学习每节内容时，应以节前的"聚焦问题"为切入口，结合教材所提供的示例或具体教学案例，进一步明确学习重点，理解教学设计的流程和基本要求，掌握教案设计的不同形式，能够编制课时教学计划以促进次位概念的形成，以及掌握编制单元教学计划的能力以促进大概念的形成，同时学会对教学案例进行评析，在反思性思考的过程中，将理论与实际相联系，从而提升教学设计能力。在每节的学习内容后有"学以致用"栏目，学习者可以通过完成各项任务检测学习效果。

第一节 教学方案的设计具有多种不同的形式

【聚焦问题】

在实际教学过程中，教学方案的设计是每一位一线教师的必备技能。教学方案设计就像工程师笔下的建筑蓝图，是一个系统规划教学系统的过程，也只有合适的教学方案设计才能帮助教师更好地开展教学活动。以下是几位教师关于教学方案设计的看法。

教师 A：教学方案就是在上每节课之前设计一下教学过程。

教师 B：教学方案就是教研组对整个教学进度做一个整体规划。

教师 C：教学方案应包括长期规划和短期设计。

教师 D：教学方案有一定的基本要求，但是关键还是要根据实际需求选择合适的教学方案。

问题：

1. 你比较赞同哪一位教师的看法？为什么？

2. 你认为教学方案的设计是否只有一种形式？为什么？

问题探讨：每一位教师对教学方案的设计都有不同的看法，但实际上教学方案的设计其本身就具有多种不同的形式，教师要根据实际需求选择不同形式的教学方案，但是不论是哪一种教学方案设计形式，都有教学方案设计的要点和关键环节。

一、教学设计方案的形式多种多样

根据教学内容的范围来看，教学方案的设计形式可以分为课时教学计划和单元教学计划。课时教学计划，旨在针对某一课时的内容进行教学方案的设计。单元教学计划，则以某一单元或某一主题的内容进行整体教学方案的设计。随着核心素养的出台，单元教学计划日益受到重视，原因在于单元教学

> **核心概念**：教学设计方案是指依据一定的理论，在明确授课内容、教学对象的基础上，对教学过程进行系统规划并拟定的教学实施设计稿。

计划往往聚焦生物学学科的大概念和重要概念，可以从整体上对教学进行规划，实现深度学习和学生素养提升。所以单元教学计划是撬动课堂教学从"以知识传授为本"向"以学生发展为本"转变的支点，是学科教育育人价值的充分体现，能够发展学生的学科核心素养，可以改变当前"高分低能、有分无德、唯分是图"的教学结果，落实立德树人的根本任务，从应试教育走向素质教育。

从教学方案设计的流程来看，教学设计方案的形式可以分为传统教学设计和逆向教学设计。逆向教学设计由格兰特·维金斯（Grant Wiggins）和杰伊·麦克泰格（Jay McTighe）首先提出的，具体是指教学方案的设计过程是按照从

教学目标的制订到教学评价的确立再到教学活动的规划，区别于传统教学设计中的从教学目标到教学活动再到教学评价。

从不同类型的知识来看，教学方案的设计可以分为陈述性知识的教学设计、程序性知识的教学设计和问题解决的教学设计。陈述性知识主要关注"是什么"的问题，如在生物学习过程中，学生知道什么是基因，基因是如何指导蛋白质合成的等，都属于陈述性知识范畴。关于陈述性知识的教学方案设计需要特别注意引起和维持学习者的注意，提示学习者回忆原有知识，呈现经过精心安排和组织的新知识，引导学习者建立新知识与已有认知结构之间的联系，指导学习者巩固新知识，对新知识学习进行测量和评价。程序性知识是关于"如何做"的知识，包括智慧技能、动作技能和认知策略三大部分。有关程序性知识的教学方案设计除了陈述性知识学习所必要的，还需要特有的条件，如提供例证、不断练习反馈等。问题解决的教学设计是陈述性知识和程序性知识二者的综合。基于问题解决的学习是一种与建构主义学习理论及其教学准备相适应的教学设计思想。现阶段非常重视核心问题的解决，核心问题能够帮助教师锁定重要标准，进而让学生的学习过程可以集中焦点的同时深入探究。

依据不同的划分方式，教学设计可以划分为不同的形式，但不论哪一种形式的教学设计都有其各自的独特之处。

二、根据需求选择不同设计形式的教学设计方案

教学设计方案的形式多种多样，教师需要根据教学的实际需求来选择某种设计形式的教学方案。教师可根据不同类型的课程来选择不同的教学设计。例如，单元课时计划往往是用来帮助学生大概念的形成，是教师在对一个单元或者是一个主题内容进行统筹规划的时候选择的教学设计形式。为了落实每一节课的知识，教师还是需要采用课时教学计划，以便于学生次位概念的形成。以上两种教学方案的设计形式将在后面展开具体的讨论。逆向教学设计的设计形式可以帮助我们极大程度地达成教学评一致的教学效益。针对不同类型知识的教学设计形式往往是选择不同的教学策略，依照不同类型知识学习的特点来选择合适的教学策略。

除此之外，教学方案选择还有一定的依据，主要包括以下几点：一是现代教学理论，教学方案设计的形式要依据现代教育教学理论，不可随意使用，否则会影响教学质量。二是系统的科学原理与方法，具体是指要以系统的方式指导。三是教学目标，应当首先明确教学目标，在教学目标的指引下，选择合适的教学方案，教学方案的设计是为了教学目标的达成，与此同时，也要考虑教

学条件、教学环境因素等。四是学习者，教师必须把学生身心和认知的发展规律作为依据，从而决定教什么、什么时候教、怎么教等问题，全面考虑学生的发展需求。五是教师，教师具有一定经验，可以依据教师的经验进行选择，但是不可完全按照自身的教学经验而不顾教学理论的支撑，脱离理论可能会导致教学过于随意。

教学方案的选择也有一定的原则，主要包括以下几个方面：一是系统性原则，教学设计其本身就是一项系统的工作，选择合适的教学方案，需要综合考虑教学目标、学习者、教学内容、教学方法等基本要素。要素之间虽然相互独立但又是一个统一的整体，所以均需要考虑，能够做到辩证的分析和讨论，选择合适的教学方案形式。二是程序性原则，教学方案设计属于程序性的工程，每一要素之间既可以看作是并列的，也可以是相互递进的，每一要素都会制约其他要素，因此，教学方案设计形式选择时要注意教学设计中各要素的联系性和科学性。三是最优原则，即便是同一课程内容，不同的老师选择的教学方案都会有一定的差别。每种教学方案其目的都是教学目标的达成，但最关键的区别在于教学目标达成的质量如何。因此，在对教学设计方案进行选择时，我们应当秉持最优原则，选择最合适的教学方案形式。

三、教学方案的设计要考虑五个要点

在上一章学习的过程中，我们已经明晰生物学教学设计的流程主要分为五个方面，在之前的学习中我们也已经明确教学方案的设计形式多种多样，我们需要根据教学中的实际需求选择合适的教学方案设计形式，但是不论选择哪一种形式的教学方案设计，我们都必须注意到教学方案设计中的要点，其中五个要点是我们必须考虑的，因为它们对教学方案的设计有很大影响。

一是教学对象。教学方案的设计本身就是以学习者为中心，这是根本问题，是在设计方案之前必须考虑和回答的因素。传统的教学设计往往只注重教师的教而忽视了学生的学，结果导致教学设计是站在教师的角度来看教学过程设计得如何，而不是站在学生的角度来看教学设计实施得如何。教学设计明确指出，应当以学习者为中心，因此一定要分析学习者的特点，明确学习者的起始程度，了解学习者的最近发展区，检测学习者的进阶程度。

二是教学目标。教学目标是针对学习者所需要达到的目的进行可观察可测量的描述。教学目标是教学设计的起始环节，教学设计中其他的要素均是为了教学目标的达成而服务的，因此，只有在明确教学目标之后，我们才可以选择一种适合于达成该教学目标的教学方案设计形式。

　　三是教学内容。教学目标是需要教学内容来实现的，结合学习者和教学目标，我们需要根据教学内容进行详细的任务分析，将教学目标具体化为一个个可以实施的教学任务。

　　四是教学策略。教学策略的选择往往需要结合学习者、教学目标和教学内容，教学策略的设计多种多样，主要是需要采用经济而有效的教学策略使学习者可以通过学习任务达成学习目标。

　　五是教学设计的评价。该评价应当贯穿整个教学设计，根据实际情况，可以在教学设计实施之前、中、后对其进行评估。不同时期评估的重点不同，实施前主要是看教学方法、教学策略等是否可行，是否与教学内容等相适应。实施中则主要评估教学设计实施得如何，目的在于调整教学活动等，从而保证教学目标最优化达成。最后的评估往往是检测教学成果是否与最初的教学目标一致，从而根据结果来对下一次的教学进行修正。

　　五个要点都是教学方案设计中必不可少的部分，唯有对这五个要点有详细的认识后，教师才能选择合适的教学方案设计形式。完成一份精美的教学设计后必须将教学设计应用于教学实践中，因为教学是一种实践，教学设计是为更好的教学服务的，所以教学设计绝非是停留在纸上的文字，不然就成了纸上谈兵。

四、教学方案的设计要把握关键环节

　　我们不仅要明晰教学方案设计中的要点，我们还必须抓住教学方案设计中的关键环节，这样有利于完善教学方案的设计。

　　教学方案设计的关键环节在于教学策略的选择。教学策略的选择非常考验设计者。首先教学策略是在分析学习者、教学目标以及教学内容之后需要完成的一件事情，教学设计必须认真完成前三者的分析，并在此基础上对三者的分析进行综合判断，从教育教学理念出发选择最为合适的教学策略。主要考虑怎样的教学形式最为有效且经济，怎样的教学活动可以最大限度地达成教学目标，怎样的教法和学法可以保证学生主动地参与学习，如何利用教学辅助工具以及怎样的教学资源需要挖掘和利用，更加需要思考安排设计什么样的教学环节可以让教学任务有线索地展开等。该环节是在前者分析基础上的应用，其次也是之后评估的重点对象。所以说教学方案设计的关键环节就是教学策略的选择。

【本节要点】

　　1. 教学方案的设计形式多种多样，根据不同的划分依据会有不同类型的教学设计形式，例如，按照教学内容的范围来划分，可以分为课时教学计划和单元教学计划。

2. 不同形式的教学方案都各具特色，教师需要根据教学的实际需求选择合适的教学方案设计形式。

3. 教学方案的设计要点和关键环节将是我们编制教学方案的制胜法宝。

【学以致用】

现有一位教师需要设计一节"基因指导蛋白质合成"的教学方案，但是该教师不知道如何选择才能设计出一份精彩的教学设计，请你通过本节课的学习为这位教师出谋划策，尝试自己写一份教学设计，并与自己的同伴交流，说一说你这么设计的理由。

第二节　编制课时教学计划利于推进次位概念的形成

【聚焦问题】

赵老师、钱老师与孙老师是入职时间大致相同的三位高中生物学老师。高中生物学必修 2 教材中的"染色体通过配子传递给子代"一节中次位概念众多，且易与有丝分裂的知识混淆。

赵老师在教授这一课时的内容前详细书写了课时教学计划，对每一概念的传授都细细规划了合适的教学活动；钱老师在网上随意找了一份课件在课堂使用；孙老师则没有做任何准备。

结果，赵老师的课堂条理清晰，重点突出，绝大部分学生都形成了相关次位概念；钱老师使用的 PPT 虽然制作精美，但一味讲授，课堂枯燥，学生兴致不高；孙老师的课堂较为混乱，且超时严重。

问题：

1. 分析上述三位教师授课效果不同的原因。

2. 课时教学计划的价值是什么？

问题探讨：造成这一现象的主要原因是课前的准备是否充分。赵老师通过书写课时教学计划，对课堂进行了细致的规划，精心设计的教学活动都有利于次位概念的传授。除此之外，赵老师通过书写课时教学计划，提炼需要传授的次位概念，也是熟悉教材和有关概念的过程。当教学环节设计得当，相关概念也了然于心，课堂进行就会相对顺利，能够更准确地达成教学目标。

钱老师与孙老师都没有书写课时教学计划，未做充分准备，课堂的发展不受控制，很难顺利达成教学目标，使学生形成次位概念。

这提示我们书写课时教学计划的重要性及其对次位概念形成的积极作用。

一、课时教学计划是有关课堂教学的书面计划

课时教学计划也称作教案。19 世纪，德国教育家齐勒尔与赖因在赫尔巴特"教学形式阶段"学说的基础上提出了"五段教学法"。在"五段教学法"中，教学设计的文本为教案，即课时教学计划，这也是课时教学计划最早的定义。此后，课时教学计划的概念虽得到了延续与发展，但其定义却并未发生较大改变。

> **核心概念**：课时教学计划是教师在备课过程中，以课时为单位，围绕课堂教学活动所做的课堂教学书面计划，其目的是在钻研教材、了解学生与设计教法的基础上，促使课堂教学顺利完成。

国内学者大多关注课时教学计划对于备课的价值，认为这是一种为课堂教学而设计的书面计划。与此不同，《西方教育词典》对课时教学计划的定义更强调教师与学生需要在课堂中共同完成的任务。

（一）课时教学计划需包含必备的要素

虽然课时教学计划以课堂教学活动为重点，但其要素通常包含以下几个方面。

（1）背景：如学校、班级、授课科目、课本版本、授课教师与授课日期。

（2）教学目标：根据《普通高中生物学课程标准（2017 年版 2020 年修订）》，本节课结束时学生在生命观念、科学思维、科学探究与社会责任四个方面达到的要求。

（3）教学重难点：教学重点是根据课标与教材要求，学生在一堂课中必须掌握的内容，如生物学科的大概念。教学难点是根据学生现有发展水平而确定的，学生学习时存在困难的内容。

（4）课的类型：课的类型分类多样。根据一堂课中完成教学任务的数量可分为单一课与综合课，单一课通常只完成一项教学任务，综合课完成多项不同的教学任务。根据完成的教学任务可分为新授课、巩固课、技能课与检查课等。还可根据教学方法分类，可分为演示课、实验课、讲授课等。

(5)教学方法：教师在一节课中通常需要运用多种教学方法以完成不同的课堂教学活动，达成不同的教学目标。最常用的教学方法为讲授法，是教师通过口头语言传授知识的教学方法。高中生物学课堂中也常运用实验法，使学生在教师指导下操作一定仪器设备，观察实验现象，分析得出实验结论。此外，常见的教学方法还有练习法、讨论法、演示法等。

(6)教具与教学媒体设计：教具种类多样，可分为实物、标本、模型、挂图、演示器、替代物与电视录像等。教学媒体以计算机技术与网络技术为基础，通常与演示法或直观法结合。教具与教学媒体都是教师用以辅助教学的工具，在选择与运用时都需要慎重，谨防喧宾夺主。

(7)教学过程设计：这是课时教学计划的基本部分与重点，主要由学生活动与教师活动组成。一堂高中生物课包含的教学环节主要为导入新课、教授新课、课堂小结、布置作业，此外还有组织教学环节贯穿整个课堂。在每个环节，教师都应设计不同的师生活动，选择合适的教学方法，对教学内容进行适当处理，合理安排用时。

(8)板书设计：板书设计包括主板书与副板书的设计。主板书重点突出、鲜明，副板书要充分发挥对知识的补充、理解作用。

(9)作业及其答案：作业既可用于课堂教学中的形成性评价，以及时了解新课的讲授情况；也可用于课后的总结巩固，促进学生对知识的掌握。

除上述基本要素之外，课时教学计划以促进教学为目的，还应包含教师的自我分析与反思。有研究者建议在课时教学计划的主体部分后加上备注一栏，以方便教师书写自己的思考。

(二)课时教学计划书写可有不同形式

课时教学计划的定义与要素较为统一，但课时教学计划的书写形式并不统一。教师可根据需要选择合适的形式书写课时教学计划，完成对课堂教学的设计。

根据课时教学计划书写的详细程度可将课时教学计划分为详案与简案。详案设计详尽，它将课堂教学的各方面都考虑在内进行详细规划与设计。简案设计简明，通常只包含教师认为关键或特殊的内容。

根据课时教学计划书写的格式可将课时教学计划分为条目式课时教学计划、表格式课时教学计划与卡片式课时教学计划。

在条目式课时教学计划中，各个元素按一定顺序排列成条目。其优点在于每个条目下的篇幅不限，教师可以详细书写自己的设计，将每一教学活动按顺序标号，写下师生活动的具体内容，包括教师传授的新知识、传授的方法、对学生提出的问题与要求等，也可以简明表达自己的规划，条理清晰。但其排版不如表格式课时教学计划清晰，教学活动设计太过详细可能会限制教师在课堂教学中的灵活性与艺术性。

表格式课时教学计划是以表格形式呈现的课时教学计划。表格分为不同的栏目，每个栏目的内容可由教师自己确定，没有统一要求。例如，表格式课时教学计划的教学过程设计可以分为两栏，左栏列出某一教学活动的大概描述，右栏为活动时间或备注，以便于教师控制时间或进行评价反思。但表格空间有限，书写的容量有限。

卡片式课时教学计划是以卡片形式呈现的课时教学计划。卡片式课时教学计划的内容较为凝练，通常只记述教师认为重要的内容，简案一般以卡片式课时教学计划的形式书写。其优点在于重点突出且携带方便，节约备课时间。但它对使用教师的要求较高，需要教师具备较强的教学水平且对所要讲授的内容非常熟悉。

【案例赏析】

以基于问题驱动的"生命活动的主要承担者
——蛋白质"2 课时为例

案例一　条目式课时教学计划

（一）蛋白质的主要功能

驱动性问题一：请大家展示并讨论课前收集的有关蛋白质的资料，说一说这些资料都体现了蛋白质的哪些功能？

学生展示并说明，小组其他成员记录。待学生讨论结束，教师提出任务：自主学习教材，结合资料讨论，以表格形式对蛋白质的功能进行归纳和整理。

设计意图：在平时生活中，学生已经对蛋白质的功能有所了解，在此基础上展开学习，更加符合学生的认知规律。学生通过对生活中的实例进行查找、收集、分析和整理，掌握利用工具收集资料，并展示成果的能力；学生通过课上的讨论和交流，增强对有关问题进行解释判断、表达交流的能力；学生通过自主归纳和整理蛋白质的功能，培养科学思维的能力。

（二）蛋白质的结构

驱动性问题二：通过之前的学习我们知道蛋白质是生物大分子，而生物大分子通常都有一定的结构基础，那么蛋白质分子的结构基础是什么呢？

教师提供课前准备的小球和细线若干（小球代表氨基酸分子），要求学生结合教材图，小组合作建构出不同氨基酸种类和数目的多肽链，并将其以不同的方式盘曲、折叠，最终建构出完整的蛋白质物理模型。成果以小组形式进行展示，教师评价。

设计意图：由于"氨基酸脱水缩合形成多肽"的具体过程较为复杂，易造成学习障碍。因此对于蛋白质的结构及其形成过程的讲解，笔者采用逐步剖析、由易到难的方式来进行。通过模型制作，使学生对蛋白质的形成过程首先建立起一个整体、直观的认知，锻炼学生的科学思维能力和动手能力。

驱动性问题三：多肽链是由氨基酸分子相互连接而成的，那么在生物体中，组成蛋白质的氨基酸有多少种呢？是什么样的结构特点使得氨基酸分子之间可以相互结合呢？

综合学生的分析和回答，教师再次强调氨基酸分子的结构特点。此后提供不同颜色的组合型小球和棍棒若干，并做简要说明，要求每位学生至少构建出一种氨基酸的结构模型。待所有学生搭建完成，教师将 20 种氨基酸模型收集起来，逐一向学生展示并提问："这是哪种氨基酸？其结构特点是什么？"以此强化学生对每种氨基酸结构的认识。

设计意图：以问题形式驱动学生自主归纳和总结，增强学生的科学思维能力。在掌握了氨基酸结构的基础上，尝试建构其结构模型，增强学生的直观理解和感性认识，形成生命观念。

驱动性问题四：观察氨基酸分子的结构，你认为氨基酸分子是以怎样的方式相互结合形成多肽链的？该过程又有什么样的特点？

教师要求小组利用刚才的球棍模型，合作组装出任意多肽结构，并派代表上台演示，由其他小组进行质疑和补充。此后，教师展示"氨基酸脱水缩合形成多肽链"的动画，并对学生刚才的演示结果进行分析和评价，之后请学生讨论总结出该过程的特点。

设计意图：小组通过模型组装、讨论分析来进行探究，形成自己的初步理解，此后由教师利用制作的动画进行演示并验证，学生在亲历探究过程的同时，提高自身的思维水平和探究能力。

驱动性问题五：仔细观察并说出由 2 个氨基酸分子形成的二肽结构中，氨基酸残基数、肽键数、氧原子和氮原子数以及肽链条数和脱水数分别是多少？它们之间有着怎样的数量关系？由 N 个氨基酸分子脱水缩合形成的多肽结构中，这些物质之间的数量关系又是怎样的呢？

请三个小组代表分别上台书写出三肽、四肽、五肽的形成过程，教师引导学生通过类比推理，共同归纳出氨基酸脱水缩合的数学模型，并进行展示和验证。最后由教师总结和评价。

设计意图：氨基酸脱水缩合过程中所隐含的数量关系是本节课的难点，通过组织学生进行类比推理、小组合作、建构数学模型，使学生由易到难逐步攻克难点，在掌握计算规律的基础上，学会演绎推理和归纳概括的科学思维方法。

（三）蛋白质结构和功能的多样性

驱动性问题六：通过观察蛋白质的结构层次示意图，并结合多肽链的形成过程，请大家阅读以下资料，思考影响蛋白质结构的因素有哪些？是什么原因导致了蛋白质具有不同的功能？

资料1：镰刀状红细胞贫血是一种单基因疾病。正常成人红细胞血红蛋白的 β 肽链上第 6 位谷氨酸的位置若被缬氨酸所取代，原本水溶性的血红蛋白则会聚集成丝，相互粘连，导致红细胞变形成为极易破碎的镰刀状，从而产生贫血。

资料2：肌红蛋白是肌肉内储存氧的蛋白质，血红蛋白是红细胞内运输氧的蛋白质。研究发现血红蛋白和肌红蛋白的 α 与 β 亚基具有相似的三级结构，不同的是，血红蛋白具有四级结构，而肌红蛋白只具有三级结构，所以两者在功能上有所差异。

待学生讨论完毕，要求学生对蛋白质结构和功能多样性的原因分别做出解释，由小组进行记录和补充。

设计意图：结合示意图以及对资料的分析，促进学生理解蛋白质的一级和高级结构与其功能之间的关系，在解释蛋白质结构多样性原因的过程中，锻炼科学思维水平。在讨论资料的同时，逐步形成结构与功能相适应的生命观念。

（四）归纳总结，构建思维导图

教师引导学生通过建构本节课的概念图来做最后的总结和深化，下次课进行收集和评选最完美的作品，供其他学生学习和交流。

设计意图：在对本节课的知识有了整体认识的基础上，通过构建思维导图，不仅帮助学生厘清知识之间的逻辑关系，更培养学生运用工具进行归纳与总结的科学思维和良好的学习习惯。

（五）拓展科学视野

教师向学生提供资料"人类肝脏蛋白质组计划"，供学生下课自主学习，并在下节课谈谈读后感。

设计意图：通过对拓展资料的学习，引导学生关注蛋白质的科学研究进展，认同蛋白质对生命活动的意义，倡导健康的生活方式和饮食习惯。

案例二 表格式课时教学计划(表5-1)

表 5-1 表格式课时教学计划

活动	时间
展示资料,以表格形式对蛋白质的功能进行归纳和整理	7 min
通过问题,引导学生构建蛋白质模型、氨基酸模型	20 min
演示动画,总结氨基酸脱水缩合形成蛋白质过程的特点	20 min
类比推理,总结氨基酸脱水缩合过程中隐含的数量关系	20 min
阅读材料,思考问题,引导学生理解蛋白质结构与功能的多样性	10 min
归纳总结,构建思维导图	12 min
拓展科学视野	1 min

案例三 卡片式课时教学计划

一、展示并讨论课前收集的有关蛋白质的资料,说一说资料中都体现了蛋白质的哪些功能?

二、蛋白质分子的结构基础是什么呢?

三、在生物体中,组成蛋白质的氨基酸有多少种呢?是什么样的结构特点使得氨基酸分子之间可以相互结合呢?

四、观察氨基酸分子的结构,你认为氨基酸分子是以怎样的方式相互结合形成多肽链的?该过程又有什么样的特点?

五、仔细观察并说出由 2 个氨基酸分子形成的二肽结构中,氨基酸残基数、肽键数、氧原子和氮原子数以及肽链条数和脱水数分别是多少?它们之间有着怎样的数量关系?由 N 个氨基酸分子脱水缩合形成的多肽结构中,这些物质之间的数量关系又是怎样的呢?

六、通过观察蛋白质的结构层次示意图,并结合多肽链的形成过程,阅读资料,思考影响蛋白质结构的因素有哪些?是什么原因导致了蛋白质具有不同的功能?

(本案例改编并引自《生物学教学》2021 年第 46 卷第 2 期 程思等人)

课时教学计划的编写在教师的备课工作中居于重要地位。它能帮助教师熟悉课程内容,将内涵包含广阔的大概念——拆解为更易于传授的次位概念,通过精心设计的师生活动,使学生达成教学目标。也就是说,课时教学计划能够帮助教师更好地进行教学设计,还能够促进课堂教学的顺利进行。此外,课时教学计划还能促进教师的专业成长。教师在课时教学计划中记录下自己的思考、反思与评价，不断提高自身的教学水平。

二、课时教学计划从多个方面促进次位概念形成

(一)课时教学计划使次位概念教学更有针对性

在书写课时教学计划前，教师需要梳理相关概念，挑选课堂教学中需要传授的次位概念。教师应对这些次位概念做一定的研究，为次位概念的教学做好充分准备。

在书写课时教学计划时，教师需确立教学目标。当教师对学生应达到的目标了然于心，明了学生对次位概念应掌握的程度时，就能够针对不同学习要求的次位概念选择不同的教学方法，设计不同的教学活动。例如，相比于仅做记忆要求的次位概念，对于应达到理解程度的次位概念的教学应更加细致，所花费的时间也应该更多一些，教学方法也不应局限于讲授法。因此，课时教学计划能使对次位概念的教学更加合理，也更有针对性。

(二)课时教学计划使次位概念教学轻重有序、详略得当

课时教学计划的基本要素之一为教学重难点。教师确定本节课重点讲授的次位概念后，可围绕这些重点概念设计教学活动，合理安排课堂时间，使教学有详有略，重点突出。学生也能够对必须掌握的重要内容记忆更加深刻，理解更加充分。

教学难点的确定也有利于学生次位概念的形成。教师明确概念传授过程的难点，分析造成难度的原因，并依据这些原因选择合适的教学方法。例如，某些次位概念较为抽象，教师明确抽象这一难点之后，便可以采取直观法，运用直观教具与教学媒体辅助学生理解，使其获得对抽象概念的具体了解。

(三)课时教学计划有助于厘清学生已有概念

在设计课时教学计划时，教师需要对学生进行分析，尤其需要了解学生的已有概念。这样有利于教师传授新知时联系学生已有概念，促进新概念的整合，同时通过新旧概念的对比，帮助学生区分易混淆的概念，使学生对新概念获得更准确的认识。

通常在导入环节，教师可以联系学生已有概念，在厘清已有概念的基础上，为新概念的传授做铺垫。

(四)课时教学计划使次位概念教学方法多样

课时教学计划要求教师在教学前对自己的教学活动有精心的设计，不同的教学活动具有不同的特征，也需要采取不同的教学方法。通过设计课时教学计

划，教师在传授次位概念时可以避免盲目，灵活运用多种适合教学活动的教学方法，使次位概念的教学达到事半功倍的效果。

（五）课时教学计划可为学生学习次位概念提供框架

课时教学计划以书面文本形式为课堂教学提供了一个大致框架，同时也为次位概念的教学提供了一个框架，使次位概念的教学流程化的同时也增强了次位概念教学的逻辑性，使学生对次位概念的学习更有条理，促进学生对次位概念的掌握。而且这一框架并不死板，教师在课堂教学中仍旧可以发挥教学机智，根据课堂实际情况调整自己的教学行为。教师不仅可以在这一宽松的框架中充分体现教学的艺术性与灵活性，甚至可以打破既定框架以适应变化的课堂。

（六）课时教学计划能及时为学生提供反馈

课时教学计划往往包含对课堂中形成性评价的设计，教师通过提前设计好的课堂中即时的问答或练习题，了解学生对新概念的掌握程度，并且通过对学生作答的评价，为学生提供反馈，使学生了解自己的学习情况。

此外，课时教学计划还可用于教师课后自评，教师可在教学活动旁预留备注栏，以便课后书写自己的回顾总结与反思，从而提高自身的教学水平以及教学质量。

三、编制课时教学计划应符合相应原则

在明晰课时教学计划对学生次位概念形成的促进作用后，教师需要考虑如何编制课时教学计划促进学生次位概念的形成。课时教学计划即教案，这里将按照课时教学计划包含的要素分点提供其设计思路。

（一）根据课程标准与教材确定学生需要掌握的次位概念

以概念为本的教学设计要求教师在设计表现型评价任务时就明确学生需要知道什么、理解什么并最终学会什么。尽管这种教学设计以单元教学形式呈现，但其中蕴含的理念可延伸至课时教学计划，即在编写课时教学计划前，教师也应确认学生需要知道与理解并最终学会的次位概念是什么。

为达到这一目的，教师应先钻研课程标准与教材，确定本节课学生需掌握的次位概念。以浙科版生物学必修 1 教材"分子与细胞"模块为例，涉及的次位概念有：细胞元素组成；生物大分子（包括糖类类型及其功能、脂质及其功能、蛋白质分子组成及其空间结构与功能、核酸结构及其功能）；水的功能；无机盐；质膜及其功能；细胞器类型及功能；细胞核及其功能；细胞各部分结构相互联系、协调一致，共同执行细胞的各项生命活动；细胞形态和功能多样，但

都具有相似的基本结构；原核细胞与真核细胞的最大区别是原核细胞没有由核膜包被的细胞核；质膜具有选择透过性；物质进出细胞的方式；酶的本质及其活性影响因素；ATP；光合作用能量转化；呼吸作用能量转化；细胞有丝分裂的意义；细胞的分裂、分化、衰老与死亡等。

教师应该根据学生现有发展水平，结合课标要求与课时要求，合理选择能够在一节课中精心传授的次位概念。

（二）教学目标依据核心素养确立

根据课标要求，教学目标可从生命观念、科学思维、科学探究与社会责任四个方面进行确立。其中，生命观念目标与次位概念的形成最为密切，因为生命观念由概念抽象而来，要形成生命观念，必须掌握组成它的相关概念。教学目标中的生命观念维度应包含形成次位概念的要求。

由于概念是思维内容的基本单位，学生科学思维的提升将有利于其次位概念的形成。例如，培养学生的模型与建模思维，将线粒体描述为动力车间，可促进学生对线粒体功能这一次位概念的掌握；培养学生的批判性思维，使学生辨别不同概念之间的差异，避免概念混淆；培养学生的归纳与概括思维，促使学生从个例推导共性，进而掌握某一类概念；还可培养学生的演绎思维，即在学生学习某一概念后，举出个例令学生判断是否属于该概念，以巩固学生对概念的理解。因此，设定教学目标时不可忽视科学思维的培养对学生形成次位概念的重要作用。

科学探究与科学思维是相辅相成的，科学思维保证学生顺利完成科学探究任务，而完成科学探究任务的过程反过来又能促进学生科学思维的提升，从而间接促进学生次位概念的形成。此外，一些科学探究任务对学生次位概念的形成起直接的促进作用，例如，为探究酶的作用特性所设计的教学活动，能够促进学生对酶的专一性、高效性等次位概念的掌握与巩固。因此，在设定科学探究目标时也应将次位概念的形成纳入考虑范围。

案例展示：以"细胞的能量'货币'ATP"1课时为例

（一）生命观念

1. 通过学习 ATP 化学组成和结构特点及 ATP 功能，形成 ATP 的结构与其功能相适应的生命观念；

2. 通过学习 ATP 合成与分解处于动态平衡，形成稳态与平衡观；

3. 通过学习 ATP 合成与分解伴随着能量的吸收与释放，形成物质与能量观。

（二）科学思维

1. 根据已有的实验证据得出 ATP 是萤火虫发光的直接能源物质的结论，建立批判性思维；

2. 通过 ATP 合成与分解的学习，能归纳出 ATP-ADP 循环的模型，提升归纳与概括的科学思维能力。

（三）科学探究

小组合作利用放射性同位素标记原理设计"ATP 高能磷酸键断裂位置"的实验、预测实验结果，提升实验探究能力，并养成求真务实的科学态度。

（四）社会责任

关注氰化物中毒、兴奋剂与 ATP 药物区别等社会性话题，积极运用 ATP 是细胞中生命活动的直接能源物质知识，解决生活中的实际问题。

（案例提供者：浙江师范大学 2020 级教育硕士　陈馨）

（三）教学重、难点围绕次位概念确立

教学重点是一节课中需要学生重点掌握的内容，也是需要教师重点讲解且讲透的知识。课标提出"内容聚焦大概念"的教学理念，常以生物学科大概念为教学重点。而大概念之下又依次为重要概念和次位概念，次位概念是重要概念以及大概念形成的基础。因此，为促进学生次位概念的形成，在设计教学重点时应细致，将大概念逐级拆分成重要概念至次位概念。

教学难点是就学生现有发展水平而言，掌握起来有一定难度的内容。教师在确立教学难点时需根据最近发展区理论，充分了解学生现有的发展水平及其已经具备的知识，在学生已有概念的基础上帮助学生构建新概念。

案例展示：以"酶是生物催化剂"1 课时为例

重点：酶的本质，酶活性的影响因素。

难点：酶活性的影响因素。

（四）课的类型选择应有利于次位概念的形成

课的类型要为教学目标的达成服务。学生将新概念纳入已有图式时，需要联系已有概念，比较新旧概念的异同。因此，为使学生顺利地将新概念整合进自己的知识结构，教师在传授新概念前，可以通过带领学生复习与新课有关的旧概念导入新课。即为促进学生次位概念的形成，教师可选择上一堂包含组织教学、导入新课（复习旧知）、传授新知、巩固新知与布置课外作业五个环节在

内的综合课。

（五）多样教学方法的组合更利于促进次位概念形成

教学方法的选择要考虑教学目标、学生特点及学习任务特征等因素。通常一堂综合课中，需要完成多项学习任务，设计多项教学活动，因此，教学方法往往是多样的。

例如，在导入新课环节，教师可选择谈话法中的复习谈话法，通过与学生的简短问答，促使学生回想与新课有联系的旧有概念，再在旧有概念的基础上导入新概念。

传授新知是一堂综合课的中心环节，这一环节由于教学活动的多样，采取的教学方法往往并不是单一的，并且活动与方法的设计还要适合教学目标与学生特点。如果学生抽象思维水平较高，对旧概念的掌握也较扎实，教师在讲授新概念时可采取讲授法，通过语言的讲解，枚举相关事实，使学生理解并掌握新概念；如果学生抽象思维水平较低，教师在采取讲授法的同时还可运用演示法，通过模型、挂图与动画等直观教具，帮助学生认识新概念。另外，教师还可组织学生进行讨论，对概念进行辨析，在形成次位概念的同时促进学生相关科学思维的发展。除了可以在导入环节使用谈话法，在传授新知环节同样也可使用谈话法，通过师生对谈，破除学生混淆概念的现象，启发引导学生主动获取新知。

在巩固新知环节，常常采用练习法或者谈话法，以练习题或教师口头提出的问题检验学生的学习情况，总结强调新课的重点内容，帮助学生巩固新概念。

除了上述传统的教学方法，其他教学方法，如探究教学法、合作学习法、逆向教学法等可贯穿整个课堂教学过程。这些教学方法将学习的主动权转移给学生，使学生自己构建对次位概念的理解，促进学生对次位概念的深度学习。

案例展示：以"细胞膜控制细胞与周围环境的联系"1 课时为例

运用探究教学法，引导学生猜想磷脂分子在细胞膜上可能的排布方式，推理确定磷脂分子在细胞膜上排列成连续的双层结构，使学生掌握磷脂双分子层的相关知识。

再运用直观法结合讲授法，展示磷脂双分子层动画模型，使学生对磷脂双分子层的认识由静态转为动态，使微观层面的结构肉眼可见，也使学生对这一概念的认识更加符合真实情况。

（案例提供者：浙江师范大学 2020 级教育硕士　钱雨菁）

（六）教具与教学媒体的选择需服务于次位概念的建构

直观教具与教学媒体可辅助教师对概念的讲解，有利于学生次位概念的形成。但直观教具与教学媒体的选择不能随意，教师需精心挑选与设计。直观需适当，若直观过多，导致为直观而直观，反而会分散学生的注意力，不利于课堂教学。

知识链接：扫描下方二维码，观看微课《光合作用的过程》。

直观教具与教学媒体的选择需符合学习任务的特征。若传授细胞器的结构等静态概念，教师可选择挂图与模型，使学生对细胞器的结构形态有具体的认识；若传授细胞分裂过程等动态概念，教师可选择播放动画或展示一系列代表细胞分裂不同状态的图片，使细胞分裂过程在学生头脑中顺序清晰而特点鲜明。学习任务的特征还可分为形成宏观概念与形成微观概念，这两类概念都是学生在课堂中难以直接观察到的，这也需要教师选择适当的教具，或者动画或者图片，帮助学生进行认识。

此外，在翻转课堂等一些区别于传统课堂的形式中，学生常通过多媒体技术如观看视频、阅读电子书籍、浏览网页资料进行自主学习。

案例展示：以"光合作用将光能转化为化学能"1课时为例

光合作用这一课时次位概念繁多，较为复杂。教师可采用翻转课堂形式，重新分配学生课内外学习时间。教师让学生在正式上课前观看与该课时教学重难点"光合作用过程"相关的微课，初步了解这一课时包含的重要且烦琐的概念。在自学完成后，学生需填写学习任务单以发现自己的问题。教师根据回收的学习任务单讲解学生的共性问题，边播放光合作用过程动画边讲解，加深学生对相关概念的动态理解。

"光合作用过程"学习任务单

1. 光合作用光反应阶段发生在叶绿体_____。
2. 光合作用暗反应阶段需要的酶存在于叶绿体_____。
3. 光反应阶段物质变化。水的光解：_____；

ATP 的合成：_____。

能量变化：_____。

4. 光合作用暗反应中 CO_2 进入叶绿体后与_____结合，此过程称为_____；该阶段_____与三碳酸结合生成_____，同时需要_____供能，此过程称为碳酸的还原。

5. 光合作用暗反应阶段能量变化：_____。

6.（2016 天津理综，2）在适宜反应条件下，用白光照射离体的新鲜叶绿体一段时间后，突然改用光照强度与白光相同的红光或绿光照射。下列是光源与瞬间发生变化的物质，组合正确的是（　　）。

A. 红光，ATP 下降　　　　　　　B. 红光，未被还原的 C_3 上升

C. 绿光，[H]下降　　　　　　　D. 绿光，C_5 上升

（案例提供者：浙江师范大学 2020 级教育硕士　钱雨菁）

（七）教学过程设计是课时教学计划的重点内容

课堂导入是教学过程的第一个环节，它主要为新知识做铺垫，激发学生的学习兴趣，吸引学生的注意力。课堂导入方法众多，但都不宜太复杂且应与新课有关联。常用的有利于学生次位概念形成的导入方法：①复习导入，具体见上文介绍；②直观导入，通过展示与新概念有关的图片、动画、视频或模型等，不仅能使学生获得关于新概念的具体印象，活跃课堂气氛，还能把学生的注意力集中在即将讲授的新知识上；③实验导入，通过一个简洁的小实验引出将要学习的新概念，这一实验通常为教师演示实验，实验现象应鲜明，实验时间应尽量简短，以避免占用新课时间。此外，还有设疑导入、活动导入与经验导入等导入方法供教师灵活选择。

导入之后即是一系列有逻辑关联的教学活动，这些教学活动的设计应围绕新知识的传授，同时考虑教学目标、学生特点以及教学环境和条件等。在设计教学活动时，教师可以绘制一张表示这些概念相互关系的概念图；依据概念图将概念分组，确定每一个教学活动需围绕哪些次位概念设计；根据某一教学活动所需讲授的次位概念的数量及其重要程度，结合学生对这一概念所要达到的掌握程度以及学生已有水平，选择合适的教学方法与教具、教学媒体，设计教学活动的细节；合理排布教学活动，教学活动之间应有一定的过渡语，以承上启下。

在课堂结束前，教师应预留一定时间以巩固新知。教师可以设计练习题供师生共同检查学生的学习情况，巩固学到的知识；也可以通过口头提问的方式，带领学生回顾课堂重点，对重难点知识再一次给予强调，以帮助学生理解记忆与整合新概念。

（八）板书应呈现重要的次位概念及统领性内容

为促进学生次位概念的形成，教师可将学生需要掌握的次位概念作为主板书的内容。但并不是所有新概念都必须出现在板书中，由于黑板空间有限，主板书的内容应是一节课的重点内容，或起到统领作用的内容。在设计板书时，

应考虑到黑板有限的空间，还应仔细排布板书内容，使板书整洁且整齐。

另外，在主板书之外还需设计副板书，以对主板书的内容做补充。

案例展示：以"水和无机盐是构成细胞的重要无机物"1课时为例

第一节　水和无机盐是构成细胞的重要无机物

一、水为生命活动提供了条件

1. 细胞的含水量：$60\% \sim 90\%$

2. 作用 $\begin{cases} 极性：溶剂 \\ 氢键：调节温度 \end{cases}$

二、盐与细胞生活密切相关

$\begin{matrix} 无机盐 \\ （多数：离子） \end{matrix} \begin{cases} 血浆：维持浓度，酸碱平衡 \\ 细胞组成成分 \begin{cases} Mg^{2+}：叶绿体 \\ Fe^{2+}：血红蛋白 \end{cases} \end{cases}$

三、细胞主要由 C、H、O、N、P 和 S 等元素组成

（右侧方框：PPT展示区）

下面将分别展示条目式课时教学计划、表格式课时教学计划与卡片式课时教学计划的范例，并做简要评析。

【观点碰撞】

范例一：指向深度学习的"免疫应答"教学设计

一、教学目标

（一）生命观念

通过分析讨论新型冠状病毒入侵机体后引起的免疫识别、免疫应答，阐述人体免疫功能，树立稳态与平衡观、结构与功能观。

（二）科学思维

通过图示、曲线和模型，理解免疫细胞如何识别入侵者、体液免疫与细胞免疫的生理过程与作用机制。

（三）社会责任

通过学习免疫学知识，养成正确对待新型冠状病毒和病毒感染者的科学态度，主动运用相关防控知识保护自身和他人健康。

二、教学时数：1课时

三、课的类型：综合课

四、教学方法：启发法、直观法、讨论法、模型法

五、教学用具：巨噬细胞示意图、免疫过程模型、免疫应答概念图、"初次免疫和再次免疫抗体浓度变化"图

六、教学过程

（一）联想与结构——以认知冲突促进学生经验向知识的转化

以"新型冠状病毒是抗原吗？病原体和抗原是同一回事吗？"设疑导入，通过阅读教材和实例辨析，引导学生准确说出抗原的特点及病原体与抗原的关系，解释抗原、抗体的概念。

设计意图：在进入教学之前，学生已对病原体、抗原、抗体有了初步认识，这些认识或是粗浅的或是错误的，需要在教师的帮助下唤醒、改造，融入课堂教学并得以提升，最终形成关于抗原和抗体的化学本质、特点的科学认知。

（二）活动与体验——以课堂活动生发学生内心的真实体验

环节1：出示巨噬细胞（具有抗原呈递功能）、B细胞、T细胞识别抗原的示意图，并设计以下问题串供学生以小组为单位展开讨论交流：①MHC分子的存在部位、化学本质、作用、特点分别是什么？②巨噬细胞如何识别和呈递抗原？抗原与抗原-MHC复合体的区别在哪里？③T细胞依靠什么结构识别抗原-MHC复合体？④每一种T细胞表面有多少种抗原受体？⑤B细胞依靠什么结构识别抗原？⑥每一种B细胞表面有多少种抗原受体？不同B细胞表面的抗原受体区别在哪里？⑦巨噬细胞、T细胞和B细胞识别抗原的区别在哪里？

设计意图：免疫细胞识别抗原的过程涉及MHC分子、T细胞抗原受体、抗原-MHC复合体、B细胞抗原受体等多种免疫分子和巨噬细胞、T细胞、B细胞等多种免疫细胞。教学中通过组织学生观察分析示意图和思考讨论问题串等活动，帮助学生理解免疫细胞识别抗原的结构基础和生理机制，体会免疫功能的发挥是以免疫器官、免疫细胞和免疫分子为基础的，无形中树立起结构与功能相统一的观念。

环节2：请学生阅读教材，找出细胞免疫和体液免疫中出现的关键词，如巨噬细胞、辅助性T细胞、细胞毒性T细胞、记忆T细胞、B细胞、浆细胞、记忆B细胞、细胞因子等，教师配合展示相应的纸片模型，让学生进行辨析。借助问题串"B细胞、细胞毒性T细胞分裂分化的条件分别是什么？细胞免疫中怎么消灭靶细胞？体液免疫中怎么消灭抗原？"引导学生深度思考，并布置学习任务——以小组为单位运用纸片、箭头、必要的文字说明构建免疫应答的过程模型。

设计意图：关键词提炼、模型建构等活动是学生科学思维的外在表现。围绕关键词运用纸片辨析免疫细胞和免疫分子，既达成区分易混淆概念的目的，又为后续挑战性学习任务的开展奠定基础。在模型建构活动中，学生通过与同伴的沟通、交流、竞争、评价，不断地进行着思维碰撞，在厘清免疫应答的结构层次和内在逻辑的同时，也深刻地体验着社会生活中人与人之间鲜活的情感。

（三）本质与变式——以提供丰富且典型的反例来帮助学生把握事物本质

对免疫应答的过程模型进行图文转换，在学案中展示含有典型错误的免疫应答概念图，组织学生继续以小组为单位开展"大家来找茬"活动，修正后获得正确的概念图。

设计意图：以学生的知识易错点、遗漏点为起点，设计和提供丰富而又具有典型意义的反例，借助质疑、辩论、反驳等方式可帮助学生把握知识的内在联系和科学本质，全面理解体液免疫和细胞免疫的生理过程与作用机制。

（四）迁移与应用——以生活实例增进学生对知识的理解和应用

运用数学模型，发展科学思维：请学生完善初次免疫和再次免疫抗体浓度变化图并解释初次免疫和再次免疫中抗体浓度变化的原因。联系社会生活，引导学生分析"接种新冠疫苗相当于给机体输入什么？为什么有些疫苗要接种多次？为什么从重点疫区回来的师生复工复学时需做新型冠状病毒抗体检测与核酸检测？"

设计意图：深度学习的价值在于运用生物学知识和思维方法解释现实生活中的现象、解决社会实践中的问题。以数学模型为基础，利用曲线变化直观解释疫情期间人们普遍关注的问题，促使学生将所学知识应用于现实生活，真正实现学以致用，承担起应尽的社会责任。

（五）价值与评价——以多样化的评价促进学生价值观和理性精神的形成

布置学习任务：以人体免疫系统、人类社会对抗新型冠状病毒为主题进行创作。作品形式自选，篇幅不限。

设计意图：在深度学习中，"免疫应答"知识的学习不仅仅是纯粹的关于生物学知识的学习，还是学生形成理性精神和正确价值观、实现自我成长的过程。因此，相应的教学评价既需关注学生的学业成就，又要重视个体进步。评价应依据评价内容和对象的不同，采用多元评价方式，如课堂上的师生对话、生生对话，教师的课堂观察，小组活动时的组内组间互评，课后的师生访谈、日常的作业练习、期中期末考试、学生作品等。

（本案例改编并引自《生物学教学》2021年第46卷第4期 赵正瑜）

该条目式课时教学计划有哪些优缺点？

　　观点借鉴：此课时教学计划的形式为条目式课时教学计划，文本内容较为详细具体。在这一课时教学计划中，教师依据深度学习的五个特征规划教学环节。在联想与结构环节，教师通过制造认知冲突，引入抗原、抗体的概念。在活动与体验环节，通过两个学生活动，灵活运用启发法、直观法、模型法与讨论法等多种学习方法，使学生更深入、更直观地理解免疫应答过程及其特点。在本质与变式环节，通过对概念图的纠错与完善，转变学生的迷思概念，深化学生对免疫应答的认识。在迁移与应用环节，教师突破难点，使学生认识与现实生活紧密相连的疫苗注射问题。在价值与评价环节，学生通过创作与对抗新型冠状病毒有关的作品，促进正确价值观与理性精神的形成。此外，这一课时教学计划在教学目标中即已确立本节课要求学生掌握的次位概念，因此教学活动的设计均围绕传授的次位概念进行。

【观点碰撞】

范例二：基于科学史的"兴奋在神经元之间的传递"课时教学计划（表 5-2）

表 5-2　基于科学史的"兴奋在神经元之间的传递"课时教学计划

班级		课题	兴奋在神经元之间的传递	编号	
教学目的	一、生命观念： 1. 通过解释突触的信号传递过程，了解突触各部分结构的关系，总结出传递过程的特点，发展结构与功能相适应的生命观念。 2. 阐明神经冲动在突触处传递的信号转化，认识到神经信息能够有规律地组织物质运动，形成相同的信息在生命系统中也能有不同表现形式的生命信息观。 二、科学思维： 1. 通过双蛙心灌流实验，解释现象，提高提炼和处理信息的能力，发展推理能力。 2. 结合信号传递的过程，猜测毒品对人体造成影响的原因，提升合理推测的能力。 三、科学探究： 通过重现双蛙心灌流实验，能够根据已有现象合理推测下一步实验步骤，并且设计实验方案，预测实验现象，并解释实验现象得出结论。 四、社会责任： 通过对药物依赖和毒品成瘾的分析，认同健康的生活方式，主动向他人宣传健康生活和关爱生命等相关知识，并做到抵制毒品				
重难点	重点	概述突触的结构，解释突触的信号传递			
	难点	解释突触的信号传递，分析药物依赖和毒品成瘾的原因			

续表

教学设想	课时	1 课时	课的类型	综合课	教具与教学媒体	突触图片、兴奋在突触处的传递过程的动画
	教学方法	灵活采用直观法、启发法、讨论法、讲授法等教学方法				
	教学活动					时间
	教师引导学生回忆初中反射弧知识，并引入谢灵顿研究狗的屈腿反射的经典实验科学史，让学生了解突触的提出背景。紧接着教师展示电子显微镜下的突触图片，引导学生猜想，神经冲动在突触之间的传递是否还是以电信号的形式，以此导入新课					5min
	教师重现勒韦的双蛙心灌流实验，分步呈现实验步骤、实验现象，学生小组讨论，解释实验现象并得出结论。教师引导学生对第三、第四步实验步骤进行合理猜想，设计实验方案，最后推断出神经冲动是以化学信号的形式在突触间传递的。之后教师引导学生回忆兴奋在神经元上的传导形式，让学生总结出神经冲动的传递在突触处发生了"电信号-化学信号-电信号"的转化					20min
	学生仔细阅读书本，细化突触各部分结构，明确化学信号即为神经递质，了解神经递质的类型，并将突触前膜和后膜细化到是什么结构的膜，总结出突触的三种类型。之后教师播放兴奋在突触处的传递过程的动画，学生在认识了突触的结构的基础上，以乙酰胆碱为例，分解信号传递的过程并能够说出每个环节的变化情况					10min
	教师列举毒品的危害，并让学生结合本节课所学知识猜想毒品使人体长时间保持兴奋的原因可能有哪些					5min
	教师引导学生回忆兴奋在神经元上的传导特点，让学生从速度、形式、方向三方面比较兴奋在神经元上的传导和突触处的传递过程，着重引导学生从突触的结构上分析突触处信号传递的单向性原因					5min
教学后记						

（案例提供者：浙江师范大学 2020 级教育硕士　黄侠慧）

表格式教学计划的形式有哪些优点？

观点借鉴：此课时教学计划的形式为表格式课时教学计划，文本内容简洁直观。在这一课时教学计划中，教学目标与教学重难点的确立共同明确了1课时中需要学生掌握的次位概念，教学活动也紧紧围绕上述次位概念进行设计。通过引入谢灵顿研究狗的屈腿反射的经典实验以及勒韦的双蛙心灌流实验两个科学史，让学生对相关次位概念的理解更加深刻更加真实，也使教学更加生动。

此外，表格中还列出了每一教学活动的进行时间，有利于教师更严格、准确地把控时间。表格底部的教学后记一栏供教师书写自己的教学反思，有利于提高教师教学水平与教学质量。

【观点碰撞】

范例三：基于模型建构的"细胞通过分裂增殖"课时教学计划

科目：高中生物 编号：

课题："细胞通过分裂增殖"教学纲要（次位概念）

一、细胞增殖：包括物质准备与细胞分裂两个连续的过程，分裂间期比分裂期时间长；细胞周期只在连续分裂的细胞中存在，起始点为一次分裂完成时，结束点为下一次分裂完成时。

二、细胞有丝分裂的过程以及各个时期的典型特征（构建物理模型）。

三、细胞分裂过程中染色体、染色单体、DNA的数量变化（利用构建的细胞分裂物理模型，模拟操作，总结数量变化，构建数学模型）。

四、动植物细胞有丝分裂异同。

五、无丝分裂。

（案例提供者：浙江师范大学2020级教育硕士 武凡轲）

卡片式课时教学计划有哪些优缺点？

观点借鉴：此课时教学计划为卡片式课时教学计划，卡片上只书写了重点概念及步骤，通过构建物理模型与数学模型突破有丝分裂教学中的重难点。卡片式教学计划既可节省书写课时教学计划的时间，又可使重点清晰。教师可在围绕次位概念的基础上，充分发挥教学机智，灵活地进行课堂教学，体现教学的艺术性。这种形式适合教学技能娴熟，对相关知识非常熟悉的教师使用。

【本节要点】

1. 课时教学计划也称作教案。它是教师在备课过程中，以课时为单位，围绕课堂教学活动所做的课堂教学书面计划。其目的是在钻研教材、了解学生与设计教法的基础上，促使课堂教学顺利完成。

2. 课时教学计划的基本要素有：背景（如学校、班级、授课科目、课本版本、授课教师与授课日期等）、教学目标、教学重难点、课的类型、教学方法、教具与教学媒体、教学过程、板书设计以及作业及其答案等。

3. 课时教学计划的编制有利于次位概念的形成，原因如下：课时教学计划使次位概念教学更有针对性；课时教学计划使次位概念教学轻重有序、详略得当；课时教学计划有助于厘清学生已有概念；课时教学计划使次位概念教学方法多样；课时教学计划可为学生学习次位概念提供框架；课时教学计划能及时为学生提供反馈。

4. 课时教学计划的书写形式主要为条目式、表格式与卡片式，教师可根据实际需要选择书写形式。

5. 在书写课时教学计划促进学生次位概念形成前，先要选定能在一节课中传授的、教学目标与教学重难点明确所需传授的次位概念。教学活动围绕次位概念展开，辅以教具与教学媒体传授较为抽象或学生肉眼观察不到的概念或形态结构。设计板书时，教师将学生需要掌握的次位概念作为主板书的内容。作业答案及结果要及时向学生反馈，以使学生了解自己的学习情况，促进学生学习进步。教师还可在课时教学计划中预留书写教学反思的位置，促进自己教学水平的提高以及教学质量的提高。

【学以致用】

1. 请比较不同书写形式的课时教学计划，并根据不同教学要求选择书写形式。

2. 在高中必修教材中任选一课时内容，完成该内容的课时教学计划，并分析如何落实次位概念的传授。

第三节　编制单元课时计划利于促成重要概念和大概念的构建

∙∙

【聚焦问题】

以下是两位教师在进行"免疫调节"这部分内容教学时的教学设计思路。

案例一（表5-3）：

表5-3　"免疫应答"一节学生的学习基础和教师的教学策略

知识点	学习基础	教学策略
抗原与抗体	在生活中接触过抗原、抗体这类名词，但不能准确说出两者的定义，未能准确区别病原体与抗原	以"新型冠状病毒是抗原吗?""病原体和抗原是同一回事吗?"设疑导入，引发学生的认知冲突
免疫细胞如何识别入侵者	知道B细胞和T细胞，未系统学习过淋巴细胞的来源、功能；教材中对巨噬细胞处理、呈递抗原过程有详细的文字表述但缺少配图，B细胞识别抗原有准确的配图，T细胞识别抗原缺少具有针对性的配图	通过文本阅读明确抗原、抗体的定义与特点，整理、修改和补充免疫细胞识别抗原的配图，利用文字和图片生动解释免疫识别机制
细胞免疫、体液免疫	初中已学过人体三道防线的组成和功能，但未能深入了解免疫应答的机制和过程；对免疫中出现的多个名词不能准确定义和区别；高一年级学生的抽象思维能力水平不高，对免疫过程的理解存在困难	梳理易混淆名词；借助模型构建活动将免疫应答这一抽象过程具体化；通过修正概念图活动促进学生科学思维的发展；采用小组合作，组内互助、互评的方式突破难点
免疫接种	有接种疫苗的经验，部分学生知道自己接种疫苗的种类、时间和预防疾病的类型	联系生活实际，利用所学知识解释免疫接种能预防传染病的原因

案例二(图 5-1):

模块核心概念: 生命个体的结构与功能相适应、各结构协调统一共同完成复杂的生命活动,并通过一定的调节机制保持稳态

↓

单元重要概念: 免疫系统能够抵御病原体的侵袭,识别并清除机体内衰老、死亡或异常的细胞,实现机体稳态

↓

单元核心问题: 机体如何通过各结构协调统一地抵御病原体的侵袭,识别并清除机体内异常细胞,并通过免疫调节机制保持稳态

次位概念1: 免疫细胞、免疫器官和免疫活性物质等是免疫调节的结构与物质基础	次位概念2: 人体的免疫包括非特异性免疫和特异性免疫	次位概念3: 特异性免疫通过体液免疫和细胞免疫两种方式针对特定病原体发生免疫应答	次位概念4: 免疫功能异常可能引发疾病,如过敏、自身免疫疾病,艾滋病和先天性免疫缺陷病等
课题: 免疫系统是免疫调节的基础(1课时)	**课题:** 免疫系统具有防御功能(1课时)	**课题:** B细胞和T细胞参与特异性免疫应答(2课时)	**课题:** 免疫功能异常引发的疾病(1课时)
任务1: 举例说出免疫系统的物质和结构基础	**任务2:** 举例说明免疫系统的防御功能	**任务3:** 阐明特异性免疫是通过体液免疫和细胞免疫两种方式针对特定病原体发生的免疫应答	**任务4:** 了解免疫功能异常引发的疾病及预防和治疗措施
学习情境: 当细菌等病原体入侵人体时,机体会做出哪些反应?有哪些器官、细胞和物质参与这些反应呢	**学习情境:** 小孩子喜欢一边玩一边吃东西,但为什么并非都生病呢	**学习情境:** 当流感病毒侵染人体后,机体免疫系统是如何清除病毒的	**学习情境:** 人体的免疫力是不是越强大越好
活动1: 基于炎症反应化验单的数据,分析、归纳免疫系统的组成(科学思维、生命观念、社会责任) **活动2:** 基于"威尔逊"实验的事实与证据,演绎推理免疫细胞如何识别"异己"(科学思维、科学探究) **活动3:** 基于MHC分子科学史,探究干细胞移植等医学问题(科学思维、科学探究)	**活动1:** 结合实例,运用图示等方式阐释非特异性免疫的防御功能(生命观念、科学思维) **活动2:** 结合诺贝尔奖科学研究成果的事实和证据,运用概念图的形式阐释如何启动特异性免疫应答(生命观念、科学思维、科学探究)	**活动1:** 结合生活实例,分析说明免疫系统的调节对内外环境的变化做出反应,以维持内环境稳态(生命观念、科学思维、社会责任) **活动2:** 结合科学探究实验和生活实例,阐释细胞免疫和体液免疫的机制(科学思维、科学探究) **活动3:** 结合疫苗接种的生活经历,探讨针对传染病的防控措施(科学思维、社会责任)	**活动1:** 结合生活实例,运用免疫学原理,认识免疫失调引发的疾病及危害(科学思维、社会责任) **活动2:** 开展对艾滋病病因的探究,运用多种方式整理、分析与讨论探究结果,提高对疾病防控的意识(科学探究、科学思维、社会责任)

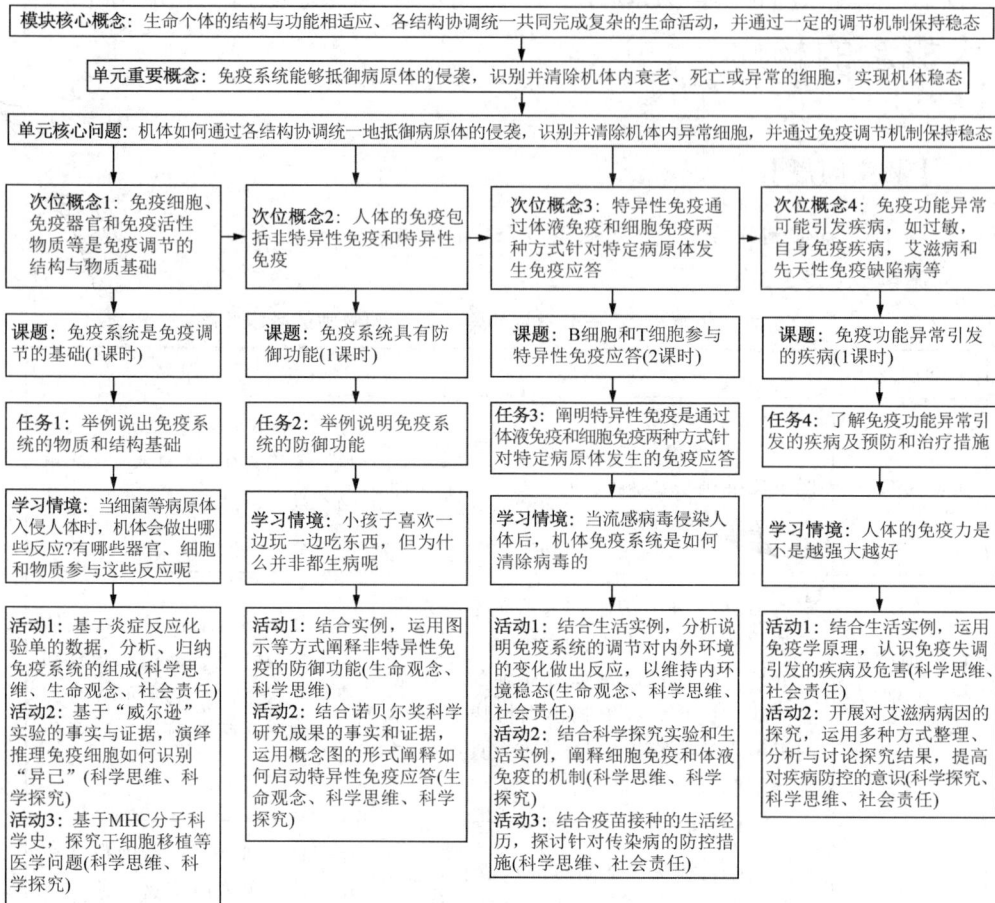

图 5-1 单元教学设计思路框架

问题:

1. 这两种教学设计有何不同?

2. 进行单元教学设计应该注意哪些因素?

问题探讨: 案例一中的教学设计旨在让学生通过课时的学习,掌握抗原、抗体、免疫细胞、两种特异性免疫方式等相关知识,从学生的已有知识出发,帮助学生完成学习进阶。本案例以免疫应答为例,结合新型冠状肺炎席卷全球这一事件,从深度学习的特征出发设计课时教学,有利于推进次位概念的学习,能够让学生更好地明确和掌握课时重点内容、概念,从而达成课时学习

目标。

　　案例二以"重要概念"设计单元核心问题并根据"次位概念"设计任务情境，以学习活动来解决情境问题，建构"重要概念"，为本模块核心概念的建构奠定基础，逐渐发展学生的生物学核心素养。

　　单元课时计划关注学科知识间的整体性、关联性和综合性，是一种关注整体，打破"零碎化"知识点传授的教学设计形式。单元课时计划有助于教师突破"只见树木不见森林"的课时思维，转变教师只注重零散知识点落实的传统课堂教学理念，帮助教师从"长时段"整体筹划学科教学，注重学科整体组织化、结构化知识的建构。整体化的单元课时计划应关注学科大概念、重要概念的理解和运用，注重学生学科体系的构建，落实发展学生的学科核心素养的目标。

一、单元课时计划是为促进学生"理解"而进行的整体化教学设计

　　"单元"通常指整体中相对独立且自成体系的组成部分。在教育教学中，通常把"单元"等同于教材中的"章"或"单元"。有关"单元"一词的界定存在不同的观点。崔允漷认为，单元是指一个学习单位、一个学习事件、一个完整的学习故事，即一个单元就是一个微课程。它是将目标、课时、情境、任务、知识点等要素按照需求和规范组织起来而形成的一个结构化的整体。钟启泉则认为单元

> **核心概念**：单元课时计划是以单元大概念和重要概念为统领，对单元教学进行整体设计的一种教学设计形式。强调整体性的有序设计，是在单元教学的基础之上形成的一种整体化、综合化的教学设计模式。

是基于一定目标与主题而构成的教材与经验的模块、单位，可以将其分为基于系统化的学科所构成的教材单元（学科单元）和基于学习者的生活经验所构成的经验单元（生活单元）。而生物学教学中的单元通常是围绕新课标中的学科大概念和重要概念，依据课程标准，考虑学科知识逻辑、学生认知规律等要素来编排的，对内在联系较为密切的相关学习材料进行结构化组织而形成特定的学习单位，是一个系统性的学习模块。

　　单元教学是以特定的单元主题为核心，以课程标准中的学科大概念和重要概念为统领，将相关知识联系和整合，达到单元知识系统化、综合化的目的的一种教学策略。通常以单元主题与任务为线索，关注单元学习活动、单元作业、单元评价与单元学习目标的一致性，循序渐进地完成一个系列的学习活动。单元教学遵循整体的、综合的、系统的理念，具有明确的单元目标、完整

的单元知识和内容结构，全面的组成、优化的过程等特点。通过单元教学以期实现预期的单元目标。

单元课时设计就是从一章或者一个单元的角度出发，根据章节或单元中不同知识点的需要，综合利用各种教学形式和教学策略，通过一个阶段的学习让学习者完成对一个相对完整的知识单元的学习。它是指在进行单元教学时，以单元大概念和重要概念为统领，对单元教学进行整体设计的一种教学设计形式。强调整体性的有序设计，是在单元教学的基础之上形成的一种整体化、综合化的教学设计模式。

延伸阅读：扫描下方二维码，阅读有关单元教学设计的文献。

（一）单元课时计划注重学科知识的整体性、综合性

整体化有序的单元课时计划以单元为模块，在设计教学时既做到目标为本、统揽全局，又能实现有序操作、步步落实。与课时教学计划下碎片化的"知识点"学习不同，单元教学计划注重知识、概念学习的整体性、综合性，有机整合相关的学习内容，注重学生的高阶思维、创新精神、分析和解决实际问题等能力的培养。传统的"课时思维"过于关注琐碎的知识和技能的学习，忽视课时与课时之间的联系，忽视学科知识及概念间的联系，导致学生的学习停留在浅层的知识记忆、技能掌握，无法获得全面深刻的体会，很难形成学科整体框架和体系，阻碍素养和能力的发展，不利于学科核心素养目标的落实。单元课时计划注重学科知识和概念间的整体性、综合性，让教师站在一个更高的角度去思考教学内容之间的结构，具有全局性，也能让学生的学习更具综合性，使其更好地掌握和理解学科大概念、重要概念，而不是仅仅停留在零碎知识点的学习上。

（二）单元课时计划注重概念学习的关联性、进阶性

单元教学中包含单元大概念、重要概念、次位概念等诸多不同层次的概念。单元是有关联的众多概念的集合，大概念构成了学科的基本框架，使得学科成为一个有机的整体。大概念、重要概念由多个次位概念和生物学事实支撑，大概念及其下位的重要概念、次位概念、学科事实之间相互联系，相互补充，共同指向学科核心素养。核心素养的落实，

延伸阅读：扫描下方二维码，阅读有关学习进阶的文献。

应通过连续的、进阶性的单元教学计划来实现，逐步构建重要概念、大概念，而不是直接教授。

高中生物学新课标围绕着几个大概念展开，基于大概念描述了具有学科逻辑、符合高中生认知特点的重要概念，形成课程的内容框架。这些概念既是相对独立的，又具有一定的联系，从纵向看，以生物学事实为起点，依次向上整合进阶为次位概念、重要概念、大概念，再由多个大概念提炼、升华为生命观念。从横向看，这些概念相互联系、相互补充，共同组成学科内容体系。以概念为节点的思维路径即学习进阶，以学科大概念和重要概念为统领的单元教学也具有这种学习进阶的特性，以大概念为统领，构建单元概念的进阶关系，能够让学生逐步掌握学习内容，进而形成素养和能力。

(三)单元课时计划注重概念学习的情境性

单元教学计划注重情境的创设，既有单元整体情境(即能够支撑整个单元的、整合性的情境)，也有多个相互联系、密切相关的小情境。单元整体情境贯穿整个单元学习，是单元教与学的依托，多个小情境利于不同单元教学任务和活动的推进，让学生在真实的情境中进行深度学习。素养的养成不仅需要知识的累积，更需要能力和品格的提升，从关注知识到指向素养的教学目标的转变、转化离不开情境，特定情境下的知识不再是抽象的符号，而是培育核心素养的媒介，体现了课堂教学从知识本位到素养本位的转变。学科知识离不开特定的情境，脱离特定的情境，学科知识就会僵化，缺乏生命力。单元教学的学习过程需要情境的支撑，学生在情境中学习，脱离浅层、表面的学习，转向深度学习。单元教学计划通过创设真实的生物学情境，将知识学习和能力培养蕴含在特定的情境中，让学生在情境中感知相关信息，学习和理解学科知识，提升学生知识迁移和问题解决能力，在习得生物学知识的同时形成生物学学科的核心素养。

(四)单元课时计划注重学生的理解性和迁移性

单元课时计划强调学生对所学内容的"真正理解"，所谓"理解"就是指学生在学习了相关知识、内容后，能够将自己的理解、知识和技能有效应用到新的情境中，即实现学习迁移。同时能够对所学知识、技能进行意义建构，与实际生活、真实问题建立联系，获得更深层次的理解。这种强调"意义建构，理解为先"的单元课时计划关注学科大概念和重要概念的学习，旨在帮助学生对所学内容获得深入而持久的理解，并实现迁移，而不是停留在单纯的概念、知识记忆上，而是逐步落实学科核心素养。

二、逆向教学设计是一种有效的单元教学设计的模式

(一)逆向教学设计是一种追求"理解"的教学设计

UbD(Understanding by Design,追求理解的教学设计)是追求"理解"的单元设计的模式,旨在通过教师的教学设计来促进学生的深层次理解。UbD关注学生对于大概念和学科重要概念的理解并将其所学应用到新的情境中。它不同于以往关注零散知识点传授的课时思维,也不同于传统"目标-活动-评价"式的教学设计,而是将目标作为教学设计的出发点,以目标定评价,以评价调整教学活动,即"目标-评价-活动",因此,也被称为"逆向设计"。UbD模式

知识链接:扫描下方二维码,阅读有关逆向教学设计的文献。

框架下的教学设计首先要考虑的是教学要达成什么样的目的,进而思考哪些证据能够证明学习达到了这些目的。在进行教学时,人们倾向于教什么,如何教,但一个好的单元教学设计首先应该关注预期的学习结果是什么,这就需要教师和课程开发者在开展教学活动之前就先确定好教学要达成的目标,这样才有可能产生适合的、更有针对性的教学行为。

(二)理解以下八个要点有利于逆向教学设计的实施

(1)UbD是一种以撰写课程计划为目的的思考方式,而不是一种刻板的"施工"项目或者处方性方案。

(2)UbD的主要目的是深化学生的理解,即通过"基本思想"理解学习内容并将学习结果进行迁移。

(3)UbD将内容标准和与完成任务挂钩的目标转变为第一阶段的相关要素以及第二阶段的基本评估要求。

(4)当学生自主领会并将学习成果应用到实际学业表现情境中时,就表明其已经真正理解了课程内容。理解有六个维度——解释、释义、应用、洞察、移情和自知,以此作为衡量理解的标准。

(5)有效的课程是"以终为始"来开展设计的,即从预期学习结果出发,到评估证据的确定再到教学活动的设计。避免出现"覆盖教材内容"和"活动导向教学"两个弊端,学习要目的明确、重点突出。

(6)教师要成为培养学生理解能力的教练,而不仅仅是内容和活动的供应商,要确保学生的学,而不仅仅只是关注自己是如何教的。先确立目标,再检

查落实情况，确保学习者理解意义并迁移。

（7）对单元和课程的设计标准进行定期审查以提高课程质量和效果。

（8）UbD 是一个不断通过改进达到目标的方法，根据设计的结果、学生学业表现对课程和教学进行适当的调整。

（三）逆向教学设计包括三个基本阶段

逆向教学设计不是简单的"翻转"，它强调学生在教学活动中的"实际获得"。其中，教学的中心在于学生对于学习内容的理解、内化以及技能的培养。一般逆向教学设计分为三个阶段：①确定预期结果；②确定合适的评估证据；③设计学习体验和教学。图 5-2 体现了 UbD 逆向设计的三个阶段。

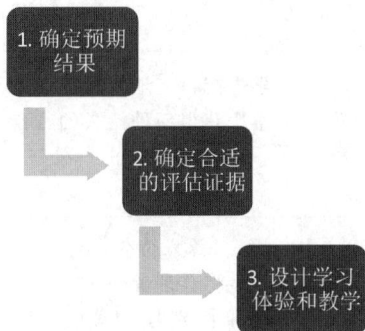

图 5-2　UbD 逆向设计三阶段

1. 确定预期的学习结果是引导单元教学方向的重要保障

进行教学时，人们习惯从输入端开始思考教学，即教材内容、擅长的教学策略和方法以及常见的教学活动等角度去思考如何进行教学，而很少从输出端开始思考教学，即从预期的学习结果出发，反推怎样的教学才能达成目标。这两种教学思路的不同本质上也体现出了学生观的不同，从输入端出发，教师往往关注的是自己需要教什么，教得如何，而没有关注到学生的"学"，为了达成目标，学生需要学什么。这是一种典型的内容导向而非目标导向的教学。而逆向教学设计恰恰相反，从教学的输出端出发，考虑教学要达到的预期学习结果，进而采取相应的教学活动和行为，是一种关注学生的教学设计。

预期的学习结果即学习目标是基于课程标准、教材内容以及学情等确定的。要制订合理的单元学习目标需要教师厘清单元内容、知识框架，从中提取出大概念和核心问题。

UbD 单元强调了三种不同却又相互联系的学习目标。①实现迁移：将所学的东西应用到新的情境中，实现真正的理解并达到新的境界，学会迁移这也是教育的长期目标。②理解意义；UbD 强调"意义学习，理解为先"。知道并不等于真正的理解，"真正获得理解"的学生能够做到以下两方面：第一，做出有效的推断，将不同事实建立联系，并用自己的话阐述结论。第二，学以致用，即能够灵活准确地将所学应用到新的情境中。③掌握知能（知识和技能）：短期目标是让学生掌握知能，知识和技能是获得深入持久理解以及学会迁移的基础。

表 5-4 所示为 UbD 模板 2.0 版（预期的学习结果）。

表 5-4　UbD 模板 2.0 版（预期的学习结果）

阶段一：明确预期学习结果		
课程标准 本单元要达到的内容标准和任务目标是哪些? 本单元要发展的思维习惯和跨学科的目标（如 21 世纪技能，核心胜任力等）是哪些	**学习迁移**	
	学生能自主地将所学运用到…… 学生获得何种持久的、自主的学习成果	
	理解意义	
	深入持久理解 学生将会理解…… 教师特别期望学生理解什么? 学生如何将它们联系在一起	核心问题 学生将不断思考…… 何种引入思考的问题能促进学生的质疑问难、理解意义和学习迁移
	掌握知能	
	学生该掌握的知识是…… 学生应当掌握并能再现哪些事实和基本概念	学生应形成的技能是…… 学生应当学会运用哪些具体的技能和程序

案例展示：基于"UbD"理论的"细胞的基本结构"大单元教学设计

阶段一　确定预期结果

依据《普通高中生物学课程标准（2017 年版）》（以下简称《课程标准》）和"UbD"理论持久性理解的六个维度，为了使学生在单元教学结束时明确知道什么、能做什么，最终实现对知识和技能的持久性理解，"细胞的基本结构"大单元教学设计需要完成四个确定。

1. 确定预期目标

基于《课程标准》的"内容要求标准"，本单元学习目标为：概述细胞各部分结构及功能并构建出细胞结构知识框架图；解释细胞各部分结构与功能及各种结构之间的联系，并能构建出细胞的三维结构；举例说明细胞各部分结构如何相互联系、协调一致，共同执行细胞各项生命活动；联系实际，阐明细胞在适应环境过程中细胞结构可能会发生的变化并创新设计出"未来细胞"。

2. 确定需要深入持久理解的内容

针对单元大概念：细胞各部分结构既分工又合作，共同执行细胞的各项生命活动。教师希望学生能够理解：①细胞是一个有机体，各部分相互协调配合，共同完成一系列活动；②细胞的结构与相应的功能相适应。因此，设置问题：①细胞基本结构由几部分构成？②细胞膜具有哪些特点与功能？③细胞器之间是如何分工与合作的？④细胞核作为细胞控制中心的依据是什么？⑤适应环境变化的细胞结构可能会发生哪些适应性的变化？

3. 确定核心问题

本单元确定的核心问题是：在适应环境变化过程中，细胞结构可能发生哪些变化？这一问题很容易吸引学生眼球，从而促使学生自主思考。为了有效地解决核心问题，确定出适切的核心任务，教师还要为学生的学习认知过程搭好脚手架，围绕核心任务设计出适切的子任务，进而帮助学生真正地实现知识和技能的理解、应用、迁移，最终实现深度学习，提升素养。

4. 确定重要的知识和技能

作为本单元的学习结果，学生还将获得如下重要的知识和技能：①学生将掌握的知识：说出细胞各部分的结构特点及功能；准确描述出细胞膜的结构与功能；能够描述细胞器之间的分工与合作；理解环境对细胞结构产生的影响。②学生将形成的技能：学会高倍镜的使用；解释细胞膜结构与功能相适应；学会构建模型；学会创新思考。

（本案例引自《中学生物学》2020 年第 36 卷第 9 期 金术超）

2. 确定合适的评估证据是检验单元学习目标的有效指标

明确了预期结果后，我们如何才能知道学生是否达到了预期的结果呢？哪些证据能够证明学生达到了这些目标呢？这就需要我们确定合适的评估证据来检验目标的达成情况，在这个阶段，需要教师像评审员一样思考，收集和采用恰当的证据检测目标达成度。

表 5-5 所示为 UbD 模板 2.0 版(确定恰当评估办法)。

表 5-5　UbD 模板 2.0 版(确定恰当评估办法)

阶段二:确定恰当评估办法		
目标代码	评估的标准	评估的证据
是否所有的预期学习结果都进行了合理的评估	采用何种标准来评估预期学习结果的成就?不考虑具体形式,评估中最重要的本质属性是什么	真实情境任务: 将用哪些表现说明学生实现了理解…… 在复杂的情境任务中,学生将如何展示自身的理解(理解意义和学习迁移)
		其他评估: 通过其他哪些方式说明学生达成了"阶段一"中的目标? 教师将收集哪些其他证据说明学生达成了"阶段一"中的目标

案例展示:基于"UbD"理论的"细胞的基本结构"大单元教学设计

阶段二　确定合适的评估证据(表 5-6)

表 5-6　确定合适的评估证据

表现性任务
①自主学习,并根据学习内容绘制出细胞各结构及其相互关系的框架图(可以是思维导图或框架图),具体绘制效果参照子任务一量规进行。 ② 根据学习内容,构建出植物细胞或动物细胞的三维结构。材料自选、呈现方式可以灵活多样,具体构建标准参照子任务二量规进行。 ③ 请你结合所学习的细胞结构的相关知识,创新设计并绘制出生物体细胞在适应不良环境条件(雾霾、干旱等)下,为了更好地适应环境、保护细胞自身而可能发生变化的细胞结构示意图(图中写出设计思路)

其他证据	学生的自评与他评
课前诊断:学生利用教师提供的学习工具,课前自主学习细胞结构的内容,根据图示能够识别细胞各类结构。 课后诊断:为学生提供有针对性的诊断作业	自评:学生通过诊断与反馈情况对学习效果进行自评,并针对学习目标反思学习达成情况。 他评:学生针对三项子任务的完成成果进行他评

(本案例引自《中学生物学》2020 年第 36 卷第 9 期 金术超)

3. 设计学习体验和教学是学生融入学习情境的重要载体

在确定了预期的结果以及关于理解的合适证据后，此时，教师就可以开始考虑并实施教学活动了。丰富的学习体验是学生融入学习情境的重要载体，同时也能够最大限度地激发学生自主学习的意愿。灵活运用多种教学策略达成教学目标，如科学史教学及学生体验，只要是适合教学内容的，均可以进行重新整合和搭配。规划合理的学习经验和必需的教学活动要和阶段一的预期学习结果以及阶段二的相应的评估方法保持一致。

表 5-7 所示为 UbD 模板 2.0 版（规划相关教学过程）。

表 5-7　UbD 模板 2.0 版（规划相关教学过程）

阶段三：规划相关教学过程		
目标编码	前测 教师采用何种前测方法来确定学生已有的知识、技能、水平和潜在的误解	
每个学习活动的目标（类型）是什么	教学活动 学生的学习迁移、理解意义和掌握知识技能取决于…… 教学活动是否致力于达成三种类型的目标（知识技能、理解意义和学习迁移）？ 教学活动是否体现了学习的基本原则和最佳的教学实践？ 阶段一和阶段二之间是否始终保持一致？ 教学活动对学生是否有吸引力和有效果	教学监控 在课堂活动中，教师如何监控学生知识技能、理解意义和学习迁移的学习进程？ 学生潜在的薄弱点和误解是什么？ 学生如何获得必要的反馈

案例展示：基于"UbD"理论的"细胞的基本结构"大单元教学设计

阶段三　设计学习体验和教学

教师出示生活在不同环境下的动植物图片（仙人掌、胡杨、沙漠狐等），提出问题：这些生物有哪些独特的形态结构特点？影响形态结构变化的因素可能是什么？为了更好地适应不良环境，这些生物的细胞结构是否会产生一定的变化？接着，出示几张雾霾天气、干旱缺水区域、新装修房屋等图片，提出问题：生物长时间生活在不良的环境下，细胞结构是否会发生变化？若发生变化，哪些结构可能会发生适应性改变？要了解到相应的改变，需要具备哪些知识呢？

首先，教师介绍本单元的核心问题、核心任务、学习目标，展示本单元最终要完成的子任务(探秘细胞结构及其相互间的关系、构建细胞结构模型、细胞变变变)、学习工具、学习资源、评估量规等。学生自主学习相关内容与学习资源，明确细胞的基本结构，初步掌握每部分的结构及其功能。根据任务一的量规要求，每位学生绘制出本单元有关细胞基本结构的知识框架图。

其次，教师提供细胞结构的动画视频并出示细胞各部分结构的图片信息，着重强调叶绿体、线粒体等重要的细胞器的结构与功能，并扩充相关知识。在学生完成子任务一之后，引导学生课后构建出细胞的三维结构模型，进一步巩固学生对细胞结构的认识，实现知识与技能的应用。

通过班级内部展示、评比的方式，评选出若干个优秀模型，并请学生分享制作心得。学生根据子任务三提供的学习资源和任务要求，绘制出细胞适应环境变化可能产生的结构变化设计图。学生科学表述自己的设计思路，说出细胞结构发生变化的部分及其可能具有的功能。针对子任务三学生提交的设计图，学生评选出最佳创意设计奖。

最后，教师利用课后诊断，进一步掌握学生知识和技能的综合运用情况。学生通过诊断与反馈情况对学习效果进行自评，并针对学习目标，反思学习达成情况。

(本案例引自《中学生物学》2020年第36卷第9期 金术超)

【观点碰撞】

案例一 "生物的进化"单元教学设计

一、前期分析

1. 学习内容分析

本单元学习内容为《普通高中生物课程标准(2017年版2020年修订)》中高中生物必修模块内容要求的概念4："生物的多样性和适应性是进化的结果"，这一概念又包括两个重要概念：一是地球上的现存物种丰富多样，它们来自共同祖先；二是适应是自然选择的结果。本单元以人教版必修2第6章生物的进化为主要教学参考资料，以达尔文进化论的两大学说——共同祖先学说和自然选择学说为大框架展开。本单元是必修2最后一个章节，是安排在学习完细胞、分子以及遗传等内容的学习内容，是对前面所学内容的综合与提升，也为让学生从微观走向宏观分析生物进化，为后续种群、群落等的学习奠定基础。

2. 学习者分析

本单元的教学对象为高二年级学生，该阶段的学生通过初中阶段和高中阶段的学习以及日常生活的经验，已经认识到地球上的现存物种丰富多样，知道物种有共同的祖先以及物种是逐渐进化而来，也了解自然选择中的适者生存和生物的适应性。但是学生并不明确引起生物多样性的原因，不清楚物种具有共同祖先这一结论是如何得出的，对自然选择和生物进化只停留在浅层的了解，并未理解自然选择学说的核心内容以及未掌握现代综合进化论是如何逐步发展而来的，同时会片面地认为目前对于生物进化现象的解释已经是毋庸置疑的。该阶段的学生已掌握从分子和细胞水平理解遗传的内在机制，因此可在此基础上进一步学习现代综合进化论。

3. 学习重难点

学习重点

(1)基于不同角度的证据支持生物是进化的以及当今生物来自共同祖先。

(2)解释达尔文的自然选择学说，同时理解适应和生物多样性是自然选择的结果。

(3)概述以达尔文自然选择学说为核心的现代进化理论，并能用该理论解释现实生活中生物的适应和进化的生物学现象。

(4)认同生物进化理论还在不断发展。

学习难点

(1)解释达尔文的共同由来学说和自然选择学说，形成基于事实证据进行推理的思维方式。

(2)概述现代生物进化论，并能解释生活中的适应和进化现象。

二、单元教学目标

1. 利用比较、归纳等科学研究方法，从化石、解剖学、胚胎学、细胞生物学、分子生物学、免疫学等多方面呈现的事实性资料中寻找证据，概括推理形成生物是进化的且具有共同祖先的重要概念。(科学思维，科学探究)

2. 了解神创论、物种不变论、拉马克学说、达尔文的自然选择学说以及现代生物进化论的发展过程，理解适应是如何形成的以及多种多样的物种是如何起源的，明白达尔文自然选择学说的实质及不足，深入理解现代生物进化论的核心要素。发展适应与进化观，认同科学并非一成不变，而是在动态发展的过程中不断完善的，并认识到进化论仍有争议，还在不断发展。(生命观念，

科学思维)

3. 认同人类同其他生物一样也是进化的产物，物种之间没有高低贵贱之分，保护物种多样性就是在保护人类，自然界的生物之间以及生物与环境之间都是协同进化的。(生命观念、社会责任)

4. 利用现代生物进化理论解释生活中的生物进化和适应的现象，解决生活中的实际问题。(科学思维、科学探究、社会责任)

三、单元教学过程

问题导入：

展示一幅体现生物多样性的图片，并提出以下问题：

问题 1：如此丰富的物种从何而来？

问题 2：不同的物种又是如何形成的呢？

问题 3：为什么会有如此丰富多样的物种呢？

设计意图：以问题导入单元课程，一是引发学生的好奇心，二是在基本问题的统筹下有助于学生更好地理解本单元的核心概念。

任务一：当今生物都是由共同祖先进化而来的吗？

活动：教师由问题 1 引出达尔文的"共同由来学说"。学生小组合作，通过教师下发的资料(资料内容包括：化石、解剖学、胚胎学、细胞生物学、分子生物学、免疫学等多方面的事实性资料且每个小组的资料不同，只包含一个角度)完成任务单(任务单主要包括主张、支持主张的证据、该证据存在的局限性)，小组合作完成后全班共同讨论，各小组间的证据互为补充、相互印证，从而有力地支持"共同由来学说"。

设计意图：该任务的设计主要是让学生能够学会从事实性资料中形成证据来论证自己的主张，发展学生的论证能力而不是仅仅记住共同由来学说这个概念。

任务二：既然来自共同祖先，为何有如此丰富多样的物种？不同的物种又是如何形成的呢？

任务二的完成需要以下各项活动的相互支持。活动 1、2、3 是为了解释问题 2，活动 4 是为了解释问题 3。

活动 1：从自然选择学说角度解释适应的形成。

教师展示一段长颈鹿形成的描述性资料，学生独自从资料中找到各种事实以及从事实形成相应的推论。独立完成后全班进行讨论修改，在教师的指导下完成达尔文的自然选择学说解释模型。

反馈：教师再展示同一环境中的两种蝴蝶，指导学生从自然选择学说这一角度来解释该生物学现象。

设计意图：从具体的资料中引出推论，可以锻炼学生的推理能力，反馈可检查学生是否真正理解适应是自然选择的结果以及自然选择可导致物种的形成。

补充：以科学史为线索了解自然选择学说的发展。

教师提问是否人类一开始就知道物种的适应性是通过自然选择形成的呢？进而简单介绍神创论、物种不变论以及拉马克学说的整个发展过程。

设计意图：简述科学史可以让学生体会到科学的发展过程，认识到科学是在不断发展的。

补充：通过生物进化论的相关时代背景资料等将学生带到达尔文生活的年代以及之后一段时间的年代，去探讨达尔文进化论对人们思想观念的影响。

设计意图：将学生带入当时的年代可引发学生的共情能力，体会到自然选择学说提出的不易及其伟大影响。

活动2：让学生回顾之前所学的知识来探讨达尔文自然选择学说的不足之处。

仅局限于性状水平，未从基因水平解释遗传和变异，并以此为切入点探究自然选择对种群基因频率的影响。教师呈现有关桦尺蛾的资料并提出问题：桦尺蛾中的 s 基因的频率为什么越来越少？学生基于之前所学的知识做出假设。教师呈现起始以及之后每年基因型频率和基因频率的数据，让学生基于数据来分析自然选择对种群基因频率的影响。

反馈：教师提供抗生素对细菌作用的实验资料（包括实验过程和实验结果），学生讨论相应的问题。

设计意图：让学生从自己所学的知识出发提出质疑而不是直接告诉学生进化论是如何发展的是为了培养学生敢于质疑的精神。用探究的方式让学生掌握基于数据能够分析出结论的能力，同时理解可遗传的变异提供了生物进化的原材料并且进一步理解变异是不定向的，但是在自然选择的作用下种群基因频率的改变是定向的，导致生物朝着一定的方向不断进化。反馈可让教师明确学生是否掌握了变异是不定向的但是自然选择对种群基因频率的影响是定向的。

活动3：教师展示地理隔离导致产生两个鼠种群的示意图，让学生讨论隔离在物种形成中的作用。

反馈：教师展示加拉帕戈斯群岛地雀的相关资料，学生讨论回答人教版必修2第117页的问题。

设计意图：基于以上3个活动，尤其是最后一个反馈可让学生明确突变和基因重组提供进化的原料，自然选择导致种群基因频率的定向改变，进而通过隔离形成新的物种。

活动 4：教师展示生物进化的历程示意图，先让学生根据已有经验从宏观上讲解生物进化的整体脉络，教师给予适当的补充。教师再从中选择代表性的片段，例如原始大气中的生物都是厌氧生物，光合生物产生氧气后出现了需氧生物，以此理解生物和环境的协同进化，再从捕食关系和昆虫与虫媒花例子中了解生物与生物之间的协同进化，理解协同进化进而导致生物多样性的形成。

任务三：生物进化理论是否已经完善了呢？

活动：教师展现当今在生物进化这一方面仍旧存在的争论和疑点，针对这些争议，让兴趣相同的同学自主搜集资料，形成自己的观点，课堂上合作交流，最后撰写相应的报告。

设计意图：最后展示现在仍旧存在的争议是为了让学生认识到科学是在不断发展的，学生可以在课后继续查阅资料，进一步学习生物的进化。

四、单元教学评价

学习完本单元后，请各位同学完成以下几项任务。

1. 请各位同学按照自己的方式制作本单元的思维导图。

2. 请问你认同我们人和其他物种存在或多或少的亲缘关系吗？请说出你的理由。

3. 请用达尔文的自然选择学说解释下面的实验。

将黑腹果蝇分两组进行实验，第一组把许多果蝇混合饲养、自由交配，同时加入一定剂量的 DDT。果蝇群体一代代地繁殖，每代都用 DDT 处理，并逐渐增加药剂的浓度。经过几十代后，发现它们有明显的抗药性，能忍受比原来高几百倍剂量的药剂。

4. 请根据实验结果，从分子水平说明果蝇抗药性产生的原因。

为进一步说明果蝇抗药性产生的原因，必须进行第二组实验，这组实验不是把许多果蝇放在一起饲养，而是在每只瓶中放一对，并繁殖为一个家系。然后，将每个家系的果蝇分两瓶饲养，一瓶放有 DDT，另一瓶不放。如果某一家系中放 DDT 的一瓶死亡率很高，那么整个这一家系都被淘汰，如果某一家系中放 DDT 的一瓶存活率很高，就将同系的另一瓶不放 DDT 的选留下来，按照最开始的方法，如此循环往复，经过十多次的选择，出现了具有明显抗药性的果蝇家系，其抗药性增加的速度与上题第一组实验相似。在第二组实验中，DDT 仅起甄别作用，选留下来的是不接触 DDT 的那一半果蝇。

5. 请从现代生物进化论角度谈谈你是如何理解生物多样性的。

6. 推荐阅读《物种起源》《自私的基因》《道金斯传》。

五、单元整体框架(图 5-3)

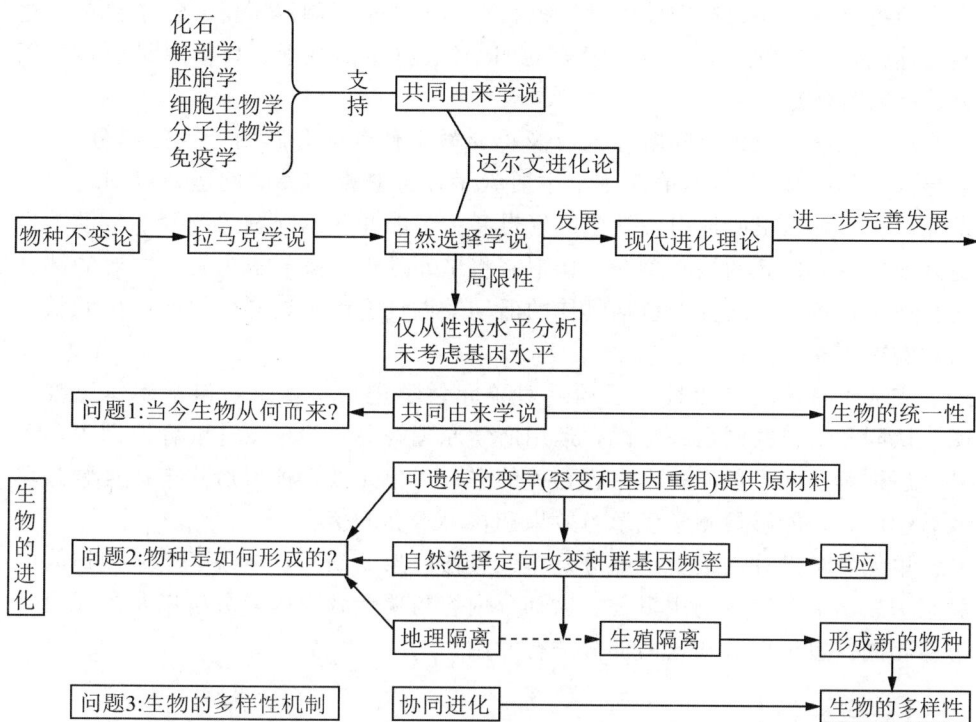

图 5-3 单元整体框架

（案例提供者：浙江师范大学 2020 级教育硕士 童琳佳）

分析该案例是如何设计单元教学设计的。

观点借鉴：该单元教学设计包括前期分析(学习内容、学习者以及学习重难点分析)、单元教学目标、单元教学过程、单元教学评价以及单元整体框架五个主要部分。在确定了"生物的进化"这一单元主题后，首先进行了教学的前期分析，主要包括对学习内容、学习者以及单元学习重难点的分析，其中学习内容分析介绍了本单元需要掌握的大概念及其下位的重要概念，然后介绍了本单元展开框架、与前后内容间的联系及地位。这一部分属于单元教学内容的分析，是进行单元教学的基础。在前期分析部分还对学习者以及学习重难点进行了分析，这些都是后续确定单元教学目标、安排单元学习活动的参考和依据，了解学习者的已有基础、学习情况等，分析本单元教学中的重点和难点有利于教师确定教学目标以及组织教学活动，促进学生的学习。

接下来是单元教学目标的确立，基于单元教学的前期分析，紧扣本单元教学内容特点以及课程标准发展学生核心素养的要求，制订了单元教学目标，这些目标包含了生物学学科核心素养的四个维度(生命观念、科学思维、科学探究、社会责任)。

单元教学过程包括问题导入以及单元教学任务的分解两个大的部分。"问题导入"部分设计了与本单元三个主要教学任务紧密相关的问题，以问题导入单元课程，可以很好地引发学生的好奇心，也能在基本问题的统筹下帮助学生更好地理解本单元的核心概念。接下来将单元教学任务分解为三个主要的部分进行教学，每一个任务下包括具体的活动及设计意图，这样能够保证单元教学活动有序顺利地推进。

完成了具体的单元教学活动后对单元教学进行了评价，包括制作思维导图、认同及解释共同由来学说，运用所学原理解释实验现象并解释原因等，此外，还推荐了与本单元教学内容相关的书籍。单元教学评价形式丰富且紧扣单元教学内容，能够检测学生学习效果和核心素养的落实。

单元教学设计的最后一部分是单元整体框架的展示，体现了单元知识间的联系、教学活动安排的逻辑等。这部分内容与单元教学内容分析以及单元设计思路相同，也可以放在这两部分进行介绍。

【观点碰撞】

案例二 "生命之网稳定的维系——生态系统的功能"单元教学设计

一、单元教学内容分析

单元教学内容分析(省略)，基于对单元教学内容的分析厘清单元知识结构如图 5-4 所示。

二、单元教学设计思路

1. 设计策略

通过问题情境的解决，使学生在主动参与实践活动的过程中，深刻理解、构建和应用重要的生物学概念，并利用多元的评价策略，培养学生运用能量观、物质观、信息观分析生态系统的意识，发展学生的生物学学科核心素养。

2. 单元任务分解

课题顺序上，正如教材所述"一切生命活动都伴随着能量的变化。没有能量的输入，也就没有生命和生态系统"，可见能量流动的重要性，同时必修 1 "分子与细胞"模块中，呼吸作用、光合作用是宏观生态系统层次能量流动的细胞学基础。因此，将能量流动安排为第一课题，突出知识的生物学意义，符合

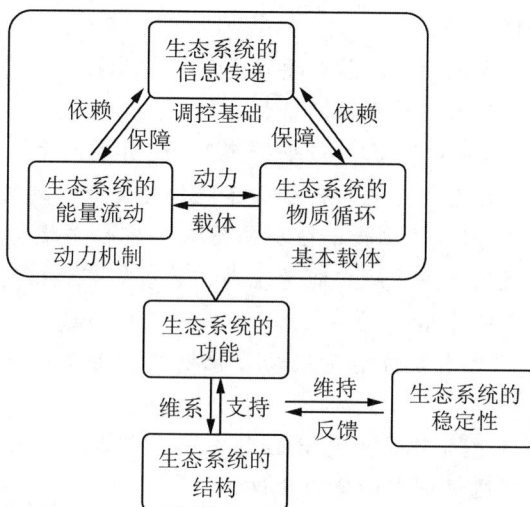

图 5-4　单元知识结构

学生的认知规律；同时，能量流动以物质为载体，物质周而复始的循环，是一切生命活动的齿轮，是人类社会发展与进化的基本载体，物质循环与能量流动同时进行、不可分割。因此，将物质循环安排为第二课题，体现知识的连贯性、关联性。将信息传递安排为第三课题，是因为信息传递作为生态系统的又一大功能既存在于能量流动、物质循环过程中，又把各个组分连成一个整体，能够随时对系统进行控制和调节，对稳态的维持意义重大(图 5-5)。

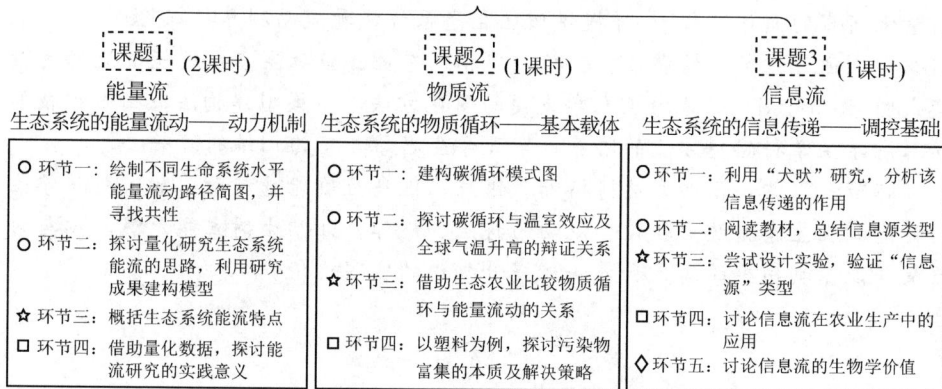

注：◇〇☆□分别指向　生命观念　科学思维　科学探究　社会责任

图 5-5　单元任务分解

三、单元教学目标

基于课程标准的内容要求、学业要求和学业质量标准，并围绕培养学生核心素养的要求，制订了如下单元教学目标。

1. 能从"物质与能量观""稳态与平衡观"，说出生态系统的物质循环与能量流动的关系，以及信息传递对维持生态系统的稳定所起到的重要作用；

2. 尝试建立模型并运用比较、分析与综合、定性与定量、批判性思维等科学思维的方法，说明生态系统中能量流动、物质循环和信息传递的过程、特征及其在生态系统中的作用；

3. 尝试提出关于生态系统能量流动量化研究、生态系统信息源类型探究实验的实验方案；

4. 能够对相关生态学现象做出合理的分析和判断，为生态资源的合理利用及维持其可持续发展提出有价值的建议。

四、主要单元教学过程

1. "生态系统的能量流动——动力机制"课题共分为四个教学环节

环节一：力争以已有学习知识为铺垫[图 5-6(a)(b)]，建立有关"能量"知识间的联系，体会生态学研究的层次性、系统性，使学生从低级层级的能量流动路径中得到对高级层次宏观现象及其规律的深入理解，也以高级层次为背景，更清晰地厘清低层次的能量流动路径；并引发学生对生态系统水平能量流动特殊路径(即"传递")的思考，体会生态系统能量流动研究的重要意义；此外，定性模式图的绘制为环节二中定量模式图的建构奠定基础。

环节二：提供具体的生态研究区域，引导学生讨论"进行该生态区能量流动量化研究的大体流程"，并提供该区生态系统能量流动测算数据[图 5-6(c)]，组织学生通过对数据的整理、分析，建构山东俚岛鱼礁生态系统能量流动定量模式图[图 5-6(d)]，体验生态学重要的研究方法——模型建构法，由知识技能转入对学生学科思想方法的培养，实现学生思维与行为训练的统一。

环节三、四：借助塞达博格湖、银泉、俚岛鱼礁能量流动图解，引导学生讨论能量在生态系统中转化、流动的特点、规律，让学生树立能量观，参与讨论提高能量利用率的途径和方法，提升知识的实践价值。

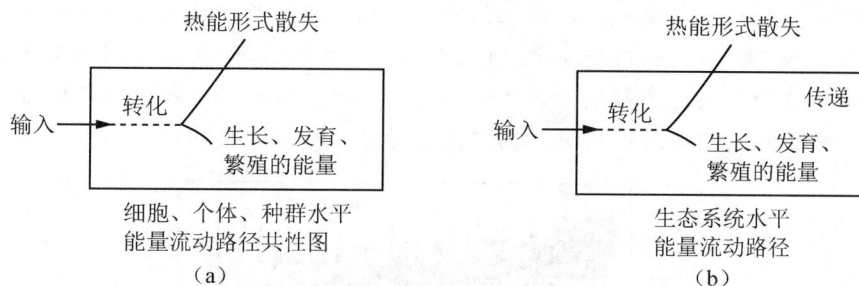

细胞、个体、种群水平
能量流动路径共性图

（a）

生态系统水平
能量流动路径

（b）

山东俚岛鱼礁生态系统能量测算数据表

功能组	能量/(10^3kJ·km^3·n^t)			
	总量	呼吸消耗量	被捕食量	被分解量
浮游生物捕食者	2 407	1 490	0	742
底栖动物捕食者	2 943	1 821	0	907
底栖动物	27 641	16 584	3 399	7 002
浮游动物	15 862	9 517	1 951	4 018
底栖藻类和海草	273 910	57 515	29 582	23 241
浮游植物	128 899	27 066	13 921	10 937

（c）

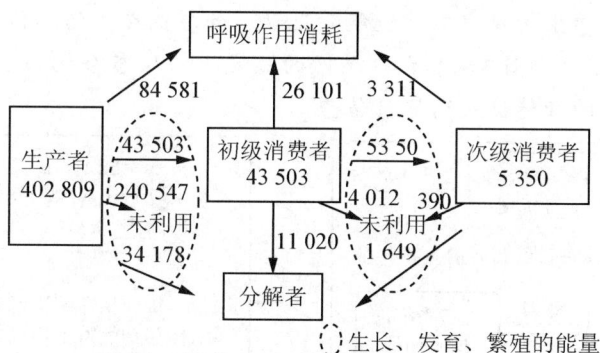

山东俚岛鱼礁生态系统能量流动图解
（图中数字为能量数值，单位是10^3kJ·km^3·n^t）

（d）

图 5-6　生态系统动力机制的形成

2．"生态系统的物质循环——基本载体"课题

该课题的知识难度不大，因此侧重对学生科学思维和社会责任意识的培养和训练。如环节二，借助研究数据（图 5-7）引导学生分析"全球气温升高是否只与温室气体的排放有关？"训练学生的批判性思维。再如环节四，选择贴近学生生活的社会热点问题进行研讨，切实落实对学生社会责任意识的培养。

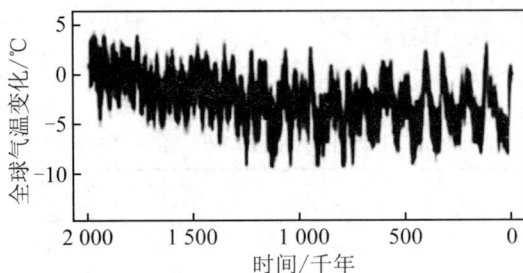

图 5-7　全球气温变化统计

3．"生态系统的信息传递——调控基础"课题

通过对学术研究成果的分析，训练学生的科学探究能力，并为后续"稳态与平衡观"的形成奠定基础。在学生体会信息传递意义的同时，尝试使学生体会信息传递在生物进化中的作用，不断渗透进化观，使其成为学生在生态学研究中从方法到结果再到解释全过程的指导原则。

4．关联知识 体悟价值

最后，引导学生构建生态系统能量流动、物质循环、信息传递之间的关系（图 5-8），总结单元题目"维系生命之网的稳定——生态系统的功能"，并思考生态学研究方法的独特性及研究价值。

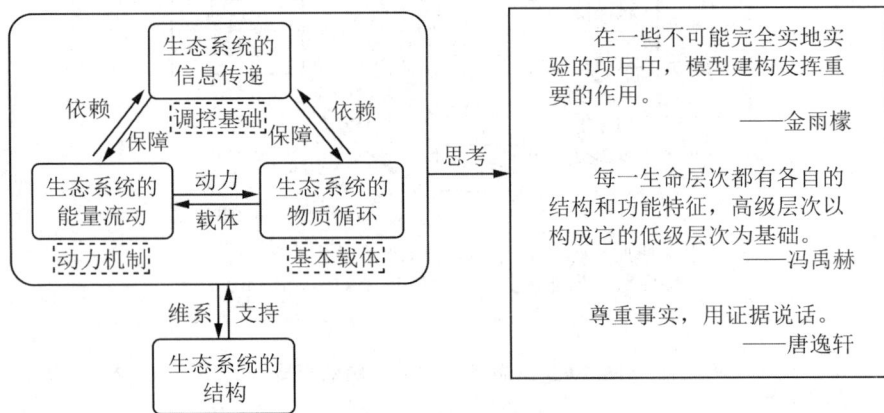

图 5-8　单元教学效果反馈

五、单元教学反思

1. 借用生态学研究方法，建构生态学概念

本单元设计贯穿了模型建构法的方法，突破了三部分知识间的独立性，有效帮助学生厘清复杂生态系统中能量流动、物质循环、信息传递在研究方法上的一致性。

2. 利用科研素材和真实事件，搭建学生学习能力展现的舞台

精心选用与教材内容密切相关的真实、丰富的科研素材，并与教材内容合理整合，使学生在真实且开放的情境中习得知识，提升能力。

3. 巧用问题激发社会责任意识，倡导学生学以致用

以学生熟悉的社会热点问题为切入口，在对大气中 CO_2 含量的变化、有害物质富集、秸秆焚烧、沼气利用等问题的探讨中培养学生的社会责任意识，真正实现为生态文明培养传播者、为美丽中国培养建设者。

（本案例引自《生物学教学》2019 年第 44 卷第 10 期 姚亭秀 白建秀 陈侠）

该案例是如何围绕生物学学科核心素养设计单元教学的？

观点借鉴：

以"生态系统的功能"为单元主题，该案例详细分析了教材的单元知识特点和结构，并对本单元的三个重要内容"能量流动""物质循环"和"信息传递"的关系进行了分析，利于后续教学活动的安排。对单元内容进行分析后，指明了单元设计的策略并对单元任务进行分解，将生态系统的功能分为三部分（能量流动、物质循环和信息传递）进行教学，每部分教学内容下又设置了四个相应的教学环节帮助学生理解和掌握次位概念，发展生物学学科核心素养。这样拆分单元任务有利于学生从下位的概念开始学习，逐步进阶到单元重要概念、大概念的掌握，也有利于教师更好地开展教学活动。基于课程标准的内容要求、学业要求和学业质量标准，并围绕培养学生核心素养的要求制订单元教学目标，涉及生命观念、科学思维、科学探究以及社会责任四个维度，单元目标的制订紧扣发展学生生物学学科核心素养的要求。单元教学过程从能量流动到物质循环再到信息传递，最后是引导学生构建生态系统能量流动、物质循环、信息传递之间的关系，将三部分内容关联起来，体悟价值。每部分内容的教学都有相应的教学环节及活动安排，有利于单元教学的开展。单元教学环节基于单元内容的特点及单元教学目标进行教学活动的设计，分四部分内容依次进行最后统整，活动的开展旨在促进学生的概念理解进而发展学生的核心素养，教学环节有序且相互联系。在单元教学结束后有教学反思。

【观点碰撞】

案例三"高等动物的神经调节"单元教学设计

一、单元教学分析及设计思路(图 5-9、图 5-10)

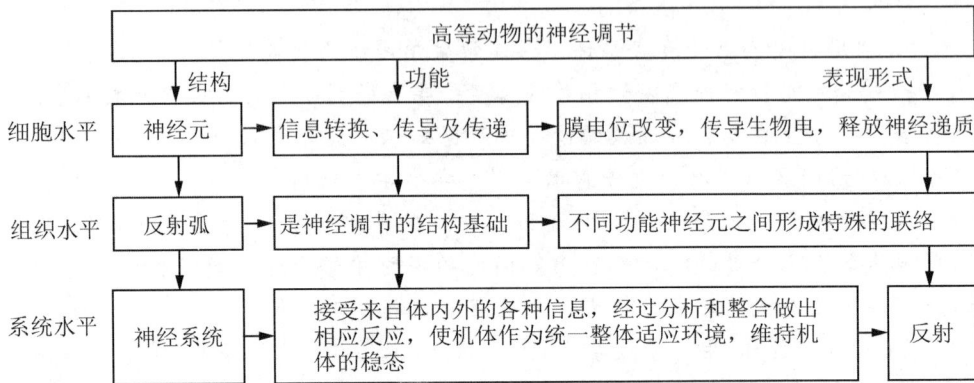

图 5-9　单元知识结构图

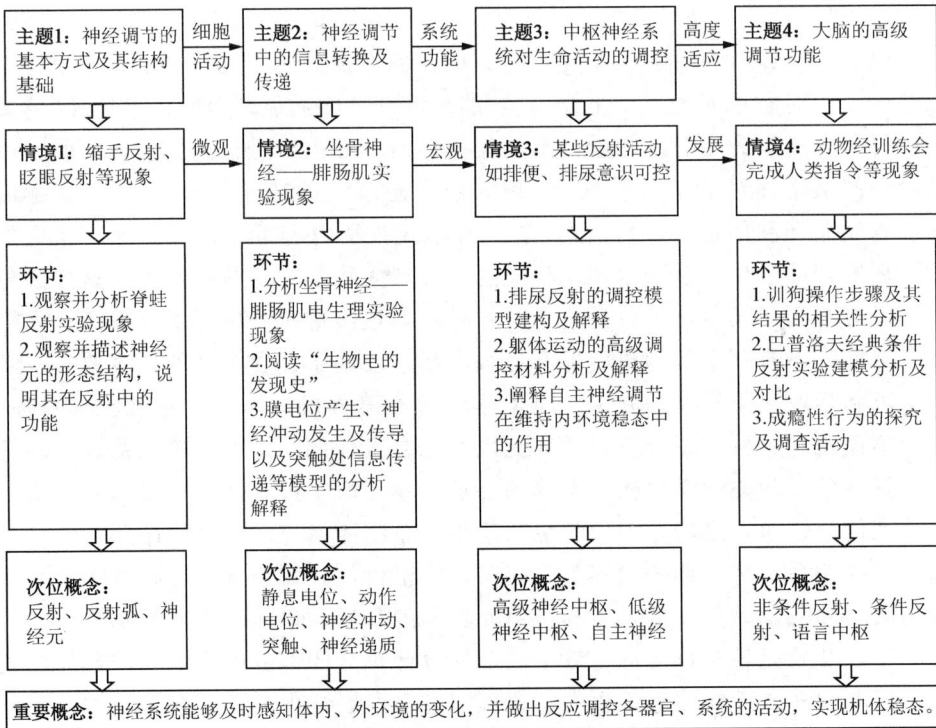

图 5-10　单元教学设计思路框架图

二、单元教学目标

基于课程标准的内容要求、学业要求和学业质量标准，并围绕培养学生核心素养的要求，制订了如下教学目标。

1. 通过现象分析、读图及科学史阅读等活动，让学生基于实证建构"反射弧是反射的结构基础""神经元通过传导生物电及释放神经递质完成信息传递""低级神经中枢与高级神经中枢相互联系、协调，共同调控器官和系统的活动以维持机体的稳态"等概念，感悟并应用结构与功能观、进化与适应观、稳态与平衡观等生命观念解释现象、解决问题。

2. 通过列举比较、分析实验结果和资料、构建"生物电发生""排尿反射的意识控制"的生理模型等活动，应用归纳与概括、模型与建模、批判性思维等科学思维方式解释、解决神经系统参与稳态调节的现象和问题。

3. 通过"电生理学发展历程"科学史的学习、经历实验的假设预测和分析讨论等活动，提升科学探究的能力和兴趣，尝试运用科学探究的思路方法开展"成瘾的生理机制及危害"等问题的探讨交流。

4. 通过分析推理动物的"学习行为"及资料分析，应用结构与功能观、进化与适应观等生命观念说明脑的高级调节功能对动物生存的意义，认同"远离成瘾行为，践行规律作息"等健康文明的生活方式，尝试应用学习和记忆的原理提高学习效率，关注神经科学的发展及相关的社会议题，加深对科学、技术与社会相互关系的认识。

三、主要单元教学过程

主题1：反射是神经调节的基本方式(1课时)，具体的教学过程如下。

创设情境1：以日常生活中不慎被灼热的物品烫到或被尖锐的物品刺痛的经历为例，思考为何在意识到发生伤害性刺激之前，手已经"不假思索"地迅速缩回了。

环节1：播放"牛蛙脊髓反射"实验视频，引导学生分析实验现象并概括反射的概念及其结构基础——反射弧。此后，通过比较实验中的简单反射现象与动物在复杂环境中的防御行为，学生归纳、区分反射的两种类型——非条件反射和条件反射，感悟这两种反射类型对动物生存的意义，深化"进化与适应观"的生命观念。

环节2：呈现神经元显微照片及结构模式图，学生将神经元与其他细胞的形态进行比较，概述神经元的基本结构及功能。教师引导学生概述反射弧的细胞学基础，感悟"结构与功能观"的生命观念。

主题2：神经调节过程涉及信息的转换及传递(2课时)，具体的教学过程如下：

创设情境 2：播放坐骨神经——腓肠肌电生理实验视频，提出问题：实验中引发腓肠肌收缩的电流是生物电，还是施加的经导电的生物材料传导的电刺激？

环节 1：引导学生分析实验现象并思考，目的是培养学生基于实验现象提出假设的科学探究能力及批判性思维能力。

环节 2：学生阅读相关材料，同时联系必修 1"分子与细胞"模块中物质跨膜运输的相关内容，层层剖析，阐明静息电位的细胞学机理，目的在于培养学生运用模型方法阐明微观复杂的生命现象的能力。

环节 3：学生尝试依据神经元兴奋过程中 Na^+ 电导率和 K^+ 电导率先后变化的实验数据来推测动作电位的形成过程。目的是培养学生应用"结构与功能观"解释神经元实现信息转换的细胞学原理。随即教师引导学生讨论实验中生物电传播方向的特点及其原理，学生通过归纳概括能完整阐明神经纤维上神经冲动产生及传导的过程。此环节意在让学生学习科学家开展电生理学研究的技术和方法思路，学会应用跨学科知识综合分析解决问题，以及运用科学术语精确阐明实验结论的科学探究能力。

环节 4：学生通过对"双蛙心灌流实验"的结果分析及阅读科学史资料，尝试绘制突触处神经信号传递的模式图。目的是让学生体会科学家巧妙的实验构思，学习科学家实验设计的方法思路，感悟科学实验的严谨性；同时激发探究兴趣和热情，培养学生基于实证阐明观点的方法习惯，提高建构模型的能力水平。

环节 5：学生列表比较"神经纤维上冲动的传导"和"突触的神经信号传递"，应用结构与功能观、进化与适应观、稳态与平衡观等生命观念归纳概括神经调节的方式特点及其对于机体稳态的意义。在此基础上，引导学生辩证看待河豚等生物的神经毒素在自然界存在的价值，并且学以致用，关注其在医学上的应用。

主题 3：神经中枢调控机体的生命活动（2 课时）具体的教学过程如下：

创设情境 3：以体检抽血时能有意识控制肢体的活动及正常情况下尿意袭来时能有意识地控制为例，思考其生理调控机制。

环节 1：呈现意识控制"排尿反射"的背景材料，引导学生分析讨论并尝试绘制调控过程的模式图，利用模式图解释"尿潴留"和"尿失禁"的原理及原因，培养学生推理演绎的思维能力。紧接着通过观察人体神经系统结构模式图，学生应用"进化与适应观"分析神经系统高度进化的结构特点及其对生命活动调节的意义，建构概念：低级神经中枢和高级神经中枢共同调控器官和系统的活动，维持机体稳态。

环节 2：教师出示人大脑运动皮层的功能性磁共振成像图以及小儿麻痹症（脊髓灰质炎）等相关资料，学生依据上述材料推测控制躯体运动的神经中枢的分布及其调控机制，进一步感悟神经系统通过发达的神经网络高效率实现信息传递与整合，进而迅速、精准地调节机体的生命活动；感悟"稳态与平衡观"的生命观念，并探讨诸如"中枢性运动障碍"等现象，积极宣传并自觉践行"远离酒精、拒绝酒驾"的健康生活理念，树立社会责任意识。

环节 3：教师紧接着提出问题：运动过程中自主神经是如何控制心率和呼吸频率的？学生结合生活经历，通过比较归纳，概括交感神经和副交感神经各自的调节功能，列举其在稳态调节中的重要作用；说明自主神经功能紊乱的发生原因和后果，积极宣传和自觉践行规律作息的健康生活习惯。

主题 4：条件反射是大脑的高级调节功能（1 课时），具体的教学过程如下：

创设情境 4：播放"经过训练的狗会执行人类的指令"视频，结合"望梅止渴"的典故，说明高等动物普遍存在条件反射现象。

环节 1：分析"驯狗活动"，引导学生结合大脑皮层功能区定位图，感悟神经系统的高度进化是高级反射活动出现的先决条件，进一步深化结构与功能观、进化与适应观等生命观念。

环节 2：阅读巴普洛夫经典条件反射的实验资料，学生尝试构建条件反射建立过程的模式图。分析、比较"驯狗"条件反射与经典条件反射，归纳并概括两者间的区别和联系，尝试概述学习、记忆与条件反射的关系。

环节 3：列举几种常见的"成瘾"现象，提出问题："成瘾"的神经活动基础是否涉及"记忆"？要求课后学生以小组为单位合作开展关于"成瘾的生理机制及其危害"的小课题探究。教师同时指出：有关神经科学，人类还有许多未解之谜，对其进行深入研究将给人类社会的未来带来一场革命。引导学生关注有关神经科学的发展及相关的社会议题，加深对科学、技术与社会相互关系的认识。

四、单元教学反思

本单元教学设计聚焦概念建构，采取"情境创设—现象观察和资料分析—问题解释及解决—建构概念"的线索展开教学，目的是基于现象或事实的探讨，使微观抽象的电生理现象和复杂的调控机制变得"可观察""模型化"，支持次位概念的建构，深化生命观念的感悟，同时提升科学思维能力和探究能力，善于解决生活中的具体问题，全面提升学科核心素养。

（本案例引自《生物学教学》2020 年第 45 卷第 12 期 乐黎辉）

分析该案例是如何帮助学生理解单元重要概念及大概念，进而发展核心素养的。

观点借鉴：该单元教学设计的主题是"高等动物的神经调节"，在确定了教学主题后，该教学设计首先对单元知识结构进行了分析，构建了单元知识结构图。厘清单元知识及概念层次间的关系，利于后续单元教学目标和活动的制订及安排。基于对单元内容及概念的梳理明确需要掌握的单元次位概念，每个次位概念对应一个单元教学子主题，在此主题下设置相应的情境及教学环节，且这些情境都是密切相关的。掌握次位概念利于单元重要概念的建构，形成观念、发展思维和能力，培养社会责任。单元教学设计思路清晰，利于后续单元教学的推进。

基于课程标准的内容要求、学业要求和学业质量标准，紧紧围绕发展学生核心素养的要求，制订了单元教学目标（单元教学目标与生物学学科核心素养的四个维度即生命观念、科学思维、科学探究和社会责任相契合）。基于单元教学目标确定了本单元的具体教学过程：分四个子主题进行，每个子主题下设置相应的教学活动旨在帮助学生掌握每个主题概念。单元主题确定了学生学习本单元应该掌握的单元大概念或重要概念，这些概念下又包括很多的次位概念，学生通过具体的活动理解这些次位概念，最终掌握单元重要概念及大概念，进而发展核心素养。在单元教学后进行了教学反思，以利于后续单元教学的改进。

【本节要点】

1. 单元课时计划是指在进行单元教学时，以单元大概念和重要概念为统领，对单元教学进行整体设计的一种教学设计形式。单元课时计划强调整体性的有序设计，是在单元教学的基础之上形成的一种整体、综合的教学设计模式。其目的在于帮助学生掌握单元核心内容，理解单元重要概念、大概念，进而形成学科体系，落实生物学学科核心素养。

2. 单元课时计划的特点有：注重学科知识的整体性、综合性，注重概念学习的关联性、进阶性和情境性，注重学生学习的理解性和迁移性。

3. UbD 是一种强调"意义学习，理解为先"的逆向单元设计模式，关注学生的深层次理解、掌握大概念和学科重要概念并将其应用到新的情境中。它颠覆了传统"目标-活动-评价"式的教学设计，将目标作为设计的出发点，以目标定评价，以评价调整教学活动，因此也被称为"逆向设计"。

4. 强调"理解"的逆向教学设计分为三个阶段：①确定预期结果；②确定合适的评估工具；③设计学习体验和教学。

【学以致用】

1. 请比较课时教学计划与单元课时计划的异同点，说明单元课时计划的重要性。

2. 在高中生物学教材中任选一主题内容，进行单元教学设计并实施单元教学，分析如何有效地促进学生掌握单元重要概念及大概念，落实学科核心素养。

第四节　教学案例的评析是设计能力的提升之道

【聚焦问题】

以下是"生物膜的流动镶嵌模型"教学案例评析的部分片段。

陶行知说："发明千千万，起点是一问。"当代心理学研究表明，问题是在一定的情境中通过主体的活动而产生的。本节课由一张光镜下的视野照片引发学生对动物细胞结构的探索，"细胞膜"的回答早已被教师料到，故而进一步追问、质疑：你看到过细胞膜吗？真的有膜吗？教师此时非常巧妙地举证"水滴"和"油滴"，提出问题：它们有膜吗？课堂上立刻沉寂下来。"水滴"和"油滴"与那个完整的动物细胞非常相似。细胞真的有膜吗？细胞膜是物质实体吗？如果是，如何证实？此时沉寂的课堂弥漫着一种理性、科学的味道。这样的问题导入一下子抓住了学生的心理，激发学生的求知欲。这是第一个大问题，本节课共有五个大问题：真的有细胞膜吗？真的有脂质成分吗？脂真的是双层吗？真的有蛋白质吗，它又如何排布的？膜流动的过程中是什么物质在动？这些问题构成了本节课的主线。这五个大问题也是五点质疑，每个问题提出后都会引起学生思维上的涟漪。教师通过出示科学史料、演示实验或建构模型的方式，使学生重温科学研究的历程，意识到限于当时的技术水平，这些研究均停留在推理层面，帮助学生厘清推理与定论之间的关系，体现着"怀疑是审视的出发点、实证是判别的尺度、逻辑是论辩的武器"的科学基本特征，训练着学生的分析综合、模型与建模、归纳与概括、批判性思维等的科学思维方法和习惯，能够让学生感受到科学是一个动态的过程，在不断地怀疑和求证、争论和修正中，并随着技术的革新向前发展，从而帮助学生发展科学理性的思维习惯和能力。人的思维常因解决问题而被激活，问题推动人积极思维。教师利用本节课所学习的知识作为载体，以问题驱动，着重训练学生的科学思维，同时充分挖掘学科的育人价值。

（本案例引自《中学生物学》2020年第36卷第9期 白建秀）

问题：

1. 你认为教学案例的评析应该怎么做？

2. 为什么说教学案例的评析是设计能力的提升之道？

问题探讨：通过前面章节的学习，我们已经认识了生物学教学设计的相关理论和基本流程。要写出一份精美的教学设计，我们可以从教学案例出发提升教学设计能力。在此基础上，我们必须探讨教学案例是什么，为什么教学案例的评析可以提升教学设计能力以及我们该如何对教学案例进行评析。通过本节的学习，相信大家一定会有所收获。

一、教学案例是教学方案的真实体现

（一）教学案例是对教学过程的客观记录

教学案例是教师对具体教学事件和实践场景的客观记录和真实描述，并在此基础上运用相关教育教学理论加以分析和评价。

知识链接：扫描下方二维码，阅读本节聚焦问题完整文献。

从结构上来看，教学案例大体可以分为三个部分：一是案例背景，一般是对案例发生的时间、地点、人物以及本案例研究的主题做一个简单的介绍，起到一个提纲挈领的作用，篇幅不宜过长。二是教学案例的描述，是教学案例的主体部分，篇幅较大，是对教学过程中的事件进行客观真实的描述。三是教学案例的分析，即运用相关教育教学理论对教学事件进行分析评价和论述。从层次上来看，教学案例首先是一个事件，是对教学过程进行发展过程动态性的描述；其次，不是所有的教学事件都可以作为教学案例，只有具有一定问题，有典型意义，会给人以启发的教学事件才可以作为教学案例的素材；最后，教学案例并不是停留在对客观事实的描述上，还需要撰写者对客观真实的教学事件进行述评。

（二）教学案例具有多种特征

教学案例具有真实性、典型性、适时性、浓缩性、启发性五种特征。真实性表现在其所记录的教学事件是真实发生的，而不是杜撰的教学故事。典型性说明教学案例中的教学事件素材并不是随机选取，而是选择一些具有普遍意义的教学事件，比方说可以围绕某一主题、问题展开讨论。适时性表明教学案例要体现当前教育改革的要求，选择教育中的热点问题进行探讨。浓缩性表明教学案例不是对教学过程完整而又详细的记录，而是选择一个具有一定主题等的教学片段。启发性是指教学案例的内容是可以给他人提供一些借鉴意见的。

教学案例有别于论文、教案、教学设计、教学实录等。与论文相比较而言，教学案例以记叙为主，兼有议论和说明，通俗地讲就是教学案例是通过故事来说明原理，论文则是以议论为主。进而也可以看出教学案例的整个逻辑思维是从具体到抽象，从具体的教学事件中归纳出一般的教育教学原理。教案和教学设计均属于教学之前所进行的预设，是对教学进行的一个规划。教学实录则是对某一课堂的教学过程全部且客观翔实的记录。教学案例则是在教学事件发生之后，且不是单纯的客观记录，是在一定的目的之下选择部分符合条件的教学事件进行客观地记录，但与此同时要对该教学事件进行评析，从而解决一定的教育教学问题或得到相应的教育教学启发。

二、教学案例的评析可以提升教学设计能力

教学案例发生在教学实践之后，并利用相关的教育教学理论对教学实践进行分析评价，相当于是教学实践的反馈。教学方案的设计应当是在教学实践之前，是在相关教育教学理念的支持下把学习与教学原理转化为教学材料、活动、信息资源和评价的规划这一系统的、反思性的过程。两者之间存在一定的共同性，舒尔曼十分重视案例教学在教师教育发展中的作用，舒尔曼的案例教学思想对我国的教师教育专业发展具有极大的启示。教学案例的评析部分是理论和实践相互联系的桥梁。在一般的教师教育课程中，学习者能够学习到抽象的教育原理，无论是之前学者的教育思想还是当前最为前沿的教育理念，学习者均可以习得。教育原理的习得却并不能代表学习者能够很好地将教育原理运用于实践，相反可能极易让理论脱离实践。当然，教师教育课程中也不乏一些实践课程，如微格教学、教育实习等实践课程的主要教学目的就是锻炼学生的实践能力，但是若只是让学习者线性地完成教学设计、教学活动、教学评价等，学习者只是进行实践，而没有进行批判性思考，学习者则不能对教育教学问题进行系统的学习。倘若开展对教学案例的学习，则有助于让学习者更好地将理论与实践相联系，能够运用教育原理批判性地去思考具有真实情境的教学事件。

三、教学案例评析要关注核心要素

教学案例如此重要，我们也应当对教学案例进行评析，从而提升我们的教学设计能力，怎样的教学案例才能称为一份好的教学案例呢？我们该从哪几个方面对教学案例进行评析呢？一份好的教学案例应当包括以下几点要求：案例特点要明晰、案例素材要适当、案例主题要鲜明、事件描述要完整、案例评析要深入、案例形式要灵活。

（1）案例特点要明晰。教学案例应当具有真实性、典型性、适时性、浓缩性、启发性，且其写作形式是与论文、教案、教学设计、教学实录等有所区别的，因此，一份好的教学案例应当具备上述所阐明的特点，否则就会使教学案例失去其本身的性质。

（2）案例素材要适当。案例素材是教学案例中的基本要素，案例素材的选择对教学案例而言至关重要。我们必须明确能作为教学案例的素材，素材不是随意选取的，而是按照我们的需求选择适宜的教学事件，比方说该教学事件是否存在一定的教育问题，这些问题是否能引发人们的思考，是否能为之后的教学带来一定的启示和感悟；事件是否有典型性，能否反映出最基本的教育背景或者隐含着一些特定的教育问题；事件是否有价值，即在对教学事件分析后的反思是否会有助于他人借鉴和学习；事件是否存在一定的故事性，故事性并非指事件是虚假的，必须明确教学案例中的教学事件都是真实的，故事性是指教学事件如果有一定的跌宕起伏，就更能吸引学习者的关注。

（3）案例主题要鲜明。教学案例的目的就是为了通过真实的教学事件反映出某一种教学理念、一个道理或是教学启发等，教学案例是为提高教学质量服务的。因此，教学案例的主题一定要鲜明，主题是案例的灵魂，它直接关系到教学案例的成败与价值。整个教学案例的中心就是主题的反映。主题可以是教师在日常教学中发现的某一教学问题，也可以是预先设计好的主题，从而再去日常教学中寻找相关的教学事件，比如说某学者以"站在系统的高度，以框架问题引领学习"为主题编制教学案例，也可以是某些学者以"基于建构主义理论"为主题的教学案例编写，也有以"新课导入"或"探究式教学"为主题的教学案例。主题的选择是多样的，但是不论选择哪一种主题都应该注意以下几点：首先，主题应当具有鲜明的时代特征，具有倾向性；其次，主题应当是学习者感兴趣的，能够引起共鸣的；最后，主题应当体现一定的教育理念，主题的切入点也应当较小，唯有如此才可以分析得更加透彻和深入。

（4）事件描述要完整。教学案例中最大的一个主体就是教学事件，所以教学事件描述得是否翔实对于教学案例而言至关重要。事件的描述一定要实事求是，切忌虚拟构造，教学事件中的内容应当选择性地进行取舍，但是一定要保证取舍后的教学事件是完整的片段，在描述时一定要客观，语言应当简明扼要，篇幅不宜过长，但是要把最基本的事件发生背景以及一些基本情况（教师、学生、教学条件、教学环境等）描述清晰，尤其是条件和事件发生的起因，说清楚事件的来龙去脉。关于整个教学事件的过程，一般来说是按照事件发展顺序进行记录，但是整个过程不能描述成课堂实录，而应当进行一定的加工编辑，进行概括和浓缩，更要有一定的逻辑层次。如下两个案例的描述存在明显的不同，案例一更倾向于课堂实录，目前大多数案例都是以此形式呈现。案例二则做了一个归纳概括，围绕教学案例的主题进行了加工编辑。

案例一：活动二：建构磷脂双分子层模型

教师：磷脂分子如何以稳定的状态排布在水中？为什么？请同学们画在学案上。

学生：思考、尝试。

教师：巡视、交流，有的同学很快摆出来了，请这位同学用教师提供的磷脂分子模具将相关模型摆在黑板上。

学生：尝试完成。

教师：能解释吗？

学生：根据磷脂分子的双亲特点，亲水的头部都向水的一面，疏水的尾部紧紧地靠在一起，应该是一种稳定的状态。

教师：大家认同吗？

学生：嗯，并点头示意。

教师：很好！还有没有其他形式呢？请举手示意……

教师：环视，等待……

学生：思索，顿悟后继续完成双层结构。

教师：请一位学生完成黑板上未完成的部分。可以解释吗？

学生：依然根据磷脂分子的双亲特点，两层磷脂分子的头部都向水的一面，中间的尾部为疏水，紧紧靠近。

教师：解释得非常好。这两种结构都是稳定状态，在生命体中都有存在。你认为构成膜的磷脂分子是哪一种？为什么？

学生：第二种，因为膜内外都有水。

教师（出示某人的化验单）：那么这种单层结构在生命体中哪里有呢？大家听说过"高密度脂蛋白"和"低密度脂蛋白"吗？这种单层脂质体其实就是脂蛋白

的存在形式，是用来运输胆固醇等脂质的。脂蛋白对于昆虫和哺乳动物细胞外脂质的包装、储存、运输和代谢起着重要作用，脂蛋白代谢异常与动脉硬化症、糖尿病、肥胖症以及肿瘤发生密切相关。大家看，生命是多么的神奇，生命起源于原始海洋，生命又是如此的巧妙，在千百万年的演化过程中选择了双层磷脂分子作为细胞膜的结构，而单层结构也被留下来运输身体中的脂质类的物质。

（本案例引自《中学生物学》2020年第36卷第9期　白建秀）

案例二：教师通过导学案让学生先自学各种细胞器，形成对各细胞器的初步认识，之后以细胞生命活动如何进行能量转换和怎么合成蛋白质为线索，通过问题驱动引导学生分析各细胞器的结构、功能，对生命活动的意义，与其他细胞器的联系。然后以分泌蛋白的合成为例，促使学生理解细胞器在合成分泌蛋白时如何进行分工配合，继而上升到重要概念"细胞器既分工又合作，共同执行细胞的各项生命活动"。

（5）案例评析要深入。案例评析可以说是教学案例的点睛之笔。案例评析部分主要包括反思和分析评论，其主要思想就是运用一定的教学理论对教学事件进行客观公正地评价分析，围绕教学案例的主题进行深入详细地分析评论，最终应当提炼出具有价值的观点或策略以帮助之后的教学活动。因此，案例评析应当具备以下几个特征：一是评论要密切联系教学案例中的教学设计，在实际教学案例的撰写过程中，极易发生教学事件与分析评论相互脱节的现象。因此，教学案例的评析部分应当就事实论述相应的理论，对案例中的教学事件，运用教育学、心理学等最基本的理论基础去分析，并剖析其中蕴含的教学理念和教学规律。分析应当始终结合案例中的事件，不能脱离实际而空谈一些教育理论，这样的评析就失去了其本身的意义，降低了教学案例的价值。二是评析的重点要突出，一般来说，评析的重点主要围绕教学案例的主题，深入透彻地进行分析，一定要把问题解决，道理说清，只有这样才能达到评析教学案例的目的。三是分析要独到深入，每个人分析的结果可能不同，但是在分析时都要透过现象看本质，不能只停留在浅层的分析上。每一个事件都有其背后的原因，每一个行动都会反映行动者的思想活动，我们在分析的时候应当从具体到抽象，将事件中隐含的教学规律、师生的思想活动等说清，且最终都应该从教学案例的目的出发，对事件说明了什么问题和道理，解决了什么问题，对之后的教学有何启发，是否产生了新的教学问题，在围绕主题这一部分有哪些利弊等，做出相应的分析。案例的评析部分凝集了编写者的思考，一份教学案例的质量高低往往由思考的水平体现，缜密的思考、独到的见解会为教学案例的评析锦上添花。如下是针对上述案例一的评析内容。

评析： 教师在这一环节用心设计了学生的两个活动，第一个活动是为第二个具有挑战性的活动做铺垫，也体现从浅至深的设计思路，并为学生精心准备了学案、磷脂分子的贴纸、磷脂分子的磁性贴，既为学生提供了学习条件并留下痕迹，又便于课堂教学展示。在学生几次的解释和最后的讲解中渗透着结构与功能观、适应与进化观的生命观念，在推理、猜测与结论之间再次体现科学思维的训练。为说明单层脂质体的存在，教师用体检报告给学生一种真实感。

（本案例评析引自《中学生物学》2020 年第 36 卷第 9 期　白建秀）

（6）案例形式要灵活。虽然教学案例有其基本的构成要素和写作规范，但是一份好的教学案例不必拘泥于这些形式上的细节。若仅仅专注于形式问题，可能在一定程度上会限制思考。因此，教学案例只要教师能从实践中发现问题最后运用教育理论解决问题，有反思和讨论即可，在具备基本要素的前提下，形式可以灵活变通。

【本节要点】

1. 教学案例是对具体的教学事件和实践场景的客观记录或描述，并运用相关的教育教学理论加以分析和评价。

2. 教学案例具有真实性、典型性、适时性、浓缩性、启发性等基本特征，且有别于论文、教学设计、教案、教学实录等。

3. 教学案例最大的教育功能在于能够将理论和实际紧密联系，可以促进教师专业发展，教师在对教学案例进行学习后，可以系统地学习在特定情境中教育原理的应用，培养教师批判性思考的能力，从而提升教师的教学设计能力。

【学以致用】

1. 谈谈你对教学案例的认识，并说一说为什么教学案例的评析可以提高教学设计能力。

2. 观摩一节生物学课，并尝试写出一份教学案例，与同学相互交流。

参考文献

[1]艾里克森. 概念为本的课程与教学[M]. 兰英，译. 北京：中国轻工业出版社，2003.

[2]白建秀. 基于教材但不拘泥于教材——"生物膜的流动镶嵌模型"教学案例评析[J]. 中学生物学，2020，36(9)：12-14.

[3]包虹. 生物学实验教学中探究性情境的创设[J]. 生物学教学，2014，39(5)：24-25.

[4]布鲁纳. 布鲁纳教育论著选[M]. 邵瑞珍，张渭城，等，译. 北京：人民教育出版社，1989.

[5]蔡建法. 在中学生物教学中渗透 STS 教育[J]. 生物学通报，1995(9)：40-41.

[6]蔡铁权. 公众科学素养与 STS 教育[J]. 全球教育展望，2002(4)：25-28.

[7]蔡铁权. 中学《科学》STS 教育的多维观照[J]. 全球教育展望，2006，35(9)：49-52＋22.

[8]曹培杰. 重新定义课堂：核心素养视角下的教学转型[J]. 现代教育技术，2017(7)：40-46.

[9]陈桂生. "备课"引论[J]. 全球教育展望，2007(2)：57-62＋13.

[10]崔鸿，郑晓蕙. 新理念生物教学论[M]. 2 版. 北京：北京大学出版社，2016.

[11]崔鸿. 中学生物教学设计与案例研究[M]. 北京：科学出版社，2012.

[12]崔允漷. 有效教学[M]. 上海：华东师范大学出版社，2009.

[13]董陈，董新娇，杨向群. 学习进阶理论下构建"生态系统"核心概念的探讨[J]. 中学生物教学，2016(20)：42-43.

[14]林恩·埃里克森，洛伊斯·兰宁. 以概念为本的课程与教学：培养核心素养的绝佳实践[M]. 鲁效孔，译. 上海：华东师范大学出版社，2018.

[15]格兰特·威金斯，杰伊·麦克泰格. 追求理解的教学设计[M]. 2 版. 闫寒冰，宋雪莲，赖平，译. 上海：华东师范大学出版社，2017.

[16]郭玉英，姚建欣. 基于核心素养学习进阶的科学教学设计[J]. 课程·教材·教法，2016，36(11)：64-70.

[17]何彬，刘恩山. 概念图和概念框架图在单元备课中的应用——以高中"遗传规律"教学单元为例[J]. 生物学通报，2014，49(10)：23-26.

[18] 核心素养研究课题组. 中国学生发展核心素养[J]. 中国教育学刊，2016(10)：1-3.

[19] 胡翰林，沈书生. 生成认知促进高阶思维的形成——从概念的发展谈起[J]. 电化教育研究，2021，42(6)：27-33.

[20] 皇甫倩，常珊珊，王后雄. 美国学习进阶的研究进展及启示[J]. 外国中小学教育，2015(8)：53-59+52.

[21] 黄建书. 站在系统的高度 以框架问题引领学习——"细胞核和细胞器(1)"教学案例评析[J]. 中学生物教学，2007(5)：34-36.

[22] 黄晓，黄志成. 再论 STS 教育的后现代性[J]. 比较教育研究，2007(10)：15-19.

[23] 解加平，辛涛. 概念图在评估学生学习中的应用[J]. 全球教育展望，2014，43(1)：40-49.

[24] 金术超. 基于 UbD 理论的大单元教学设计——以"细胞的基本结构"为例[J]. 中学生物学，2020，36(9)：29-31.

[25] 乐黎辉. "高等动物的神经调节"单元教学设计[J]. 生物学教学，2020，45(12)：23-25.

[26] 李佳涛，王静，崔鸿. 以"学习进阶"方式统整的美国科学教育课程——基于《K-12 科学教育框架》的分析[J]. 外国教育研究，2013(5)：20-26.

[27] 李润洲. 指向学科核心素养的教学设计[J]. 课程·教材·教法，2018，38(7)：35-40.

[28] 林国栋，方悦. 生物学教学技能与训练[M]. 北京：科学出版社，2016.

[29] 刘恩山，曹保义. 《普通高中生物学课程标准(2017 年版)》解读[M]：北京：高等教育出版社，2018.

[30] 刘恩山，刘晟. 核心素养作引领注重实践少而精——《普通高中生物学课程标准》修订思路与特色[J]. 生物学通报，2017，52(8)：8-11.

[31] 刘恩山. 中学生物学教学论[M]. 3 版. 北京：高等教育出版社，2020.

[32] 刘儒德. 基于问题的学习在中小的应用[J]. 华东师范大学学报(教育科学版)，2002，20(1)：22-30.

[33] 刘晟，刘恩山. 学习进阶：关注学生认知发展和生活经验[J]. 教育学报，2012，8(2)：81-87.

[34] 刘新阳. 教育目标系统变革视角下的核心素养[J]. 全球教育展望，2017，46(10)：49-63.

［35］刘玉静，高艳．合作学习教学策略［M］．北京：北京师范大学出版社，2011.

［36］洛林·W.安德森．布卢姆教育目标分类学：分类学视野下的学与教及其测评（完整版）［M］．蒋小平，张琴美，罗晶晶，译．北京：外语教学与研究出版社，2009.

［37］马德均．现代教学也需要教学板书［J］．中国教育学刊，2018（4）：107.

［38］马兰，张文杰．教学设计［M］．北京：高等教育出版社，2012.

［39］国家研究理事会．美国国家科学教育标准［M］．戢守志，金庆和，梁静敏，等，译．北京：科学技术文献出版社，1999.

［40］皮连生．教学设计［M］．2版．北京：高等教育出版社，2009.

［41］钱玲，喻潜安．教学设计理论与实践［M］．北京：教育科学出版社，2012.

［42］秦晓娟，段巍．学习进阶及其对核心概念教学设计的指导——以"免疫调节"为例［J］．生物学教学，2017，42（10）：23-25.

［43］邵朝友，崔允漷．指向核心素养的教学方案设计：大观念的视角［J］．全球教育展望，2017，46（6）：11-19.

［44］谭永平．发展学科核心素养——为何及如何建立生命观念［J］．生物学教学，2017，42（10）：7-10.

［45］谭永平．生物学学科核心素养：内涵、外延与整体性［J］．课程·教材·教法，2018，38（8）：86-91.

［46］王红梅．例谈系统论思想在高中生物学教学中的应用［J］．生物学教学，2015，40（12）：8-9.

［47］王吉文．"伴性遗传"一节的探究式教学设计［J］．生物学教学，2019，44（4）：32-33.

［48］王磊，黄鸣春．科学教育的新兴研究领域：学习进阶研究［J］．课程·教材·教法，2014（1）：112-118.

［49］威廉·威伦，贾尼丝·哈奇森，玛格丽特·伊什勒·博斯．有效教学决策［M］．6版．李森，王纬虹，主译．北京：教育科学出版社，2009.

［50］魏志琴，刘晟，刘恩山．在生物学课堂上加强社会责任的教育［J］．生物学通报，2017，52（10）：15-18.

［51］吴成军．试论科学思维及其在生物学学科中的独特性［J］．生物学教学，2018，43（11）：7-9.

[52]吴成军，张敏. 美国生物学"5E"教学模式的内涵、实例及其本质特征[J]. 课程·教材·教法，2010，30(6)：108-112.

[53]吴海燕，段巍. 基于问题式学习的概念教学策略探析——以《生态系统的能量流动》为例[J]. 生物学教学，2015，40(6)：34-36.

[54]吴宁. 生物学科学史探究教学的策略[J]. 生物学教学，2019，44(6)：12-13.

[55]吴娴，罗星凯，辛涛. 概念转变理论及其发展述评[J]. 心理科学进展，2008(6)：880-886.

[56]希建华，赵国庆，约瑟夫·D. 诺瓦克. "概念图"解读：背景、理论、实践及发展——访教育心理学国际著名专家约瑟夫·D. 诺瓦克教授[J]. 开放教育研究，2006(1)：4-8.

[57]夏焦兵. "生物膜的流动镶嵌模型"单元式教学设计[J]. 生物学通报，2011，46(5)：36-39.

[58]肖萍. "支架式教学"在高中生物教学中的应用[J]. 中学生物教学，2018(Z1)：13-15.

[59]熊春玲. 坚持实施 STS 教育努力实现素质教育目标——中学物理教学实施 STS 教育的研究与实践[J]. 课程·教材·教法，2001(10)：56-58.

[60]徐婷. 问题串在培养学生理性思维核心素养中的运用[J]. 生物学教学，2017，42(6)：35-37.

[61]许婷. 中美生物学课程标准中"大概念"的对比及启示[J]. 中学生物教学，2019(21)：17-20.

[62]杨华，崔鸿，王重力. 生物课程教育学[M]. 武汉：华中师范大学出版社，2003.

[63]杨建忠. 基于初中实验的"探究酵母菌呼吸方式"支架式教学[J]. 中学生物学，2015，31(4)：35-36.

[64]杨铭，刘恩山. 生物学核心素养视角下的科学探究[J]. 生物学通报，2017，52(9)：11-14.

[65]姚建欣，郭玉英. 为学生认知发展建模：学习进阶十年研究回顾及展望[J]. 教育学报，2014，10(5)：35-42.

[66]余文森. 从三维目标走向核心素养[J]. 华东师范大学学报(教育科学版)，2016，34(1)：11-13.

[67]余文森. 核心素养导向的课堂教学[M]. 上海：上海教育出版社，2017.

［68］俞如旺. 生物微格教学［M］. 厦门：厦门大学出版社，2007.

［69］翟小铭，郭玉英，李敏. 构建学习进阶：本质问题与教学实践策略［J］. 教育科学，2015，31（2）：47-51.

［70］翟小铭，项华，等. 基于 S-WebQuest 的主题探究模式教学实践研究——例谈信息技术与物理学科教学深度融合［J］. 中国电化教育，2015（5）：130-134.

［71］张攀峰，樊旭. 网络探究学习模式（WebQuest）的改进研究［J］. 电化教育研究，2008（9）：65-69.

［72］张迎春，汪忠. 生物学教学论［M］. 西安：陕西师范大学出版社，2003.

［73］张迎春. 中学生物教材研究与教学设计［M］. 西安：陕西师范大学出版社，2011.

［74］张颖之. 理科课程设计新理念："学习进阶"的本质、要素与理论溯源［J］. 课程·教材·教法，2016（6）：115-120.

［75］张颖之，刘恩山. 核心概念在理科教学中的地位和作用——从记忆事实向理解概念的转变［J］. 教育学报，2010，6（1）：57-61.

［76］赵德成. 到底还要不要继续推动探究式教学［J］. 课程·教材·教法，2018，38（7）：41-46.

［77］赵康. 大概念的引入与教育学变革［J］. 教育研究，2015，36（2）：33-40.

［78］郑国华，徐扬. 基于 UbD 逆向教学理论的"传染病"单元教学设计［J］. 中学生物教学，2020（1）：25-27.

［79］中华人民共和国教育部. 普通高中生物学课程标准（2017 年版 2020 年修订）［S］. 北京：人民教育出版社，2020.

［80］中华人民共和国教育部. 义务教育生物学课程标准（2022 年版）［S］. 北京：北京师范大学出版社，2022.

［81］邹艳. 基于科学史和模型建构的"生物膜的流动镶嵌模型"教学设计［J］. 生物学教学，2019，44（8）：38-40.

［82］AKCAY H，YAGER R E. The Impact of a Science/Technology/Society Teaching Approach on Student Learning in Five Domains［J］. Journal of Science Education and Technology，2010，19（6）：602-611.

［83］BADDELEY A D. The Episodic Buffer：A New Component of Working Memory？［J］. Trends in Cognitive Sciences，2000，4（11）：417-423.

［84］BLANCHARD M R，SOUTHERLAND S A，OSBORNE J W，et

al. Is inquiry possible in light of accountability?: A quantitative comparison of the relative effectiveness of guided inquiry and verification laboratory instruction[J]. Science Education, 2010, 94(4): 577-616.

[85] Duncan R G, HMELO-SILVER C E. Learning Progressions: Aligning Curriculum, Instruction and Assessment [J]. Journal of Research in Science Teaching, 2009, 46(6): 606-609.

[86]DUSCHL R A, HAMILTON R J. Philosophy of Science, Cognitive Psychology and Educational Theory and Practice[M]. New York: State University of New York Press, 1992.

[87]Helena R, Anneli E, Maarit A et al. Is successful scaffolding an illusion? -Shifting patterns of responsibility and control in teacher student interaction during a long-term learning project[J]. Instructional Science, 2003(31): 377-393.

[88]RUIZ-PRIMO M A, SHAVELSON R J. Problem and Issues in the Use of Concept Maps in Science Assessment[J]. Journal of Research in Science Teaching, 1996, 33(6): 569-600.

[89]National Research Council. A Framework for K-12 Science Education: Practices, Crosscutting Concepts, and Core Ideas[M]. Washington, DC: National Academies Press, 2011.

[90]National Research Council. Taking Science to School: Learning and Teaching Science in Grades K-8 [M]. Washington, DC: National Academies Press, 2007.

[91]NOLEN S B. Learning environment, motivation, and achievement in high school science[J]. Journal of Research in Science Teaching, 2003, 40(4): 347-368.

[92] NOVAK J D. Results and implications of a 12-year longitudinal study of science concept learning[J]. Research in Science Education, 2005, 35(1): 23-40.

[93]OH P S, OH S J. What teachers of science need to know about models: An overview [J]. International Journal of science Education, 2011, 33(8): 1109-1130.

[94]POSNER G J, STRIKE K A, HEWSON P W, et al. Accommodation of a scientific conception: Toward a theory of conceptual change[J]. Science

Education，1982，66(2)：211-227.

[95]RICE D C，RYAN J M，SAMSON S M. Using concept maps to assess student learning in the science classroom：Must different method complete? [J]. Journal of Research in Science Teaching，1998，35(10)：1103-1127.

[96]RUIZ-PRIMO M A，SHAVELSON R J. Problems and issues in the use of concept maps in science assessment [J]. Journal of Research in Science Teaching，1996，33(6)：569-600.

[97]STEVENS S Y，DELGADO C，KRAJCIK J S. Developing a Hypothetical Multi-dimensional Learning Progression for the Nature of Matter [J]. Journal of Research in Science Teaching，2010，47(6)：687-715.

[98]SUPRAPTO E. The Application of Problem-Based Learning Strategy to Increase High Order Thinking Skills of Senior Vocational School Students[J]. International Education Studies，2017，10(6)：123-129.

[99] TYSON L M，VENVILLE G J，HARRISON A G，et al. A Multidimensional Framework for Interpreting Conceptual Change Events in the Classroom[J]. Science Education，1997，81(4)：387-404.

[100]YEW E H J，GOH K. Problem-based learning：An overview of its process and impact on learning[J]. Health Professions Education，2016，2(2)：75-79.